Andreas Drouve

Südwestfrankreich – Aquitanien & Atlantikküste

„Was man von einer schönen Meeresansicht
erwarten kann, findet sich hier vereint,
malerische Gestalten eines felsigen Ufers
in der Nähe und ein unbeschränkter Blick
auf die ungeheure Fläche.“

Wilhelm Freiherr von Humboldt (1767–1835 über Biarritz)

Impressum

Andreas Drouve
Reise Know-How Südwestfrankreich – Aquitanien & Atlantikküste

erschienen im
Reise Know-How Verlag Peter Rump GmbH
Osnabrücker Str. 79
33649 Bielefeld

5., neu bearbeitete und komplett aktualisierte Auflage 2015

Gestaltung
Umschlag: G. Pawlak, P. Rump (Layout);
André Pentzien (Realisierung)
Inhalt: Günter Pawlak (Layout)
André Pentzien (Realisierung)
Fotonachweis: Andreas Drouve (ad), Caroline Tiemann (ct), www.fotolia.de (Nachweis jeweils am Bild)
Karten: Thomas Buri, der Verlag
Titelfoto: der Autor (Motiv: Boot bei Txingudy)

Lektorat: Elfi H. M. Gilissen, Caroline Tiemann
Lektorat (Aktualisierung): Andrea Hesse

Druck und Bindung: Wilhelm & Adam, Heusenstamm

ISBN 978-3-8317-2562-5
Printed in Germany

Dieses Buch ist erhältlich in jeder Buchhandlung Deutschlands, der Schweiz, Österreichs, Belgiens und der Niederlande.
Bitte informieren Sie Ihren Buchhändler über folgende Bezugsadressen:

Deutschland
Prolit GmbH, Postfach 9,
D–35461 Fernwald (Annerod)
sowie alle Barsortimente
Schweiz
AVA-buch 2000, Postfach, CH–8910 Affoltern
Österreich
Mohr Morawa Buchvertrieb GmbH
Sulzengasse 2, A–1230 Wien
Niederlande, Belgien
Willems Adventure, www.willemsadventure.nl

Wer im Buchhandel trotzdem kein Glück hat, bekommt unsere Bücher auch über unseren Büchershop im Internet: www.reise-know-how.de

218sf ad

Wir freuen uns über Kritik, Kommentare und Verbesserungsvorschläge, gern auch per E-Mail an info@reise-know-how.de.

Alle Informationen in diesem Buch sind vom Autor mit größter Sorgfalt gesammelt und vom Lektorat des Verlages gewissenhaft bearbeitet und überprüft worden.

Da inhaltliche und sachliche Fehler nicht ausgeschlossen werden können, erklärt der Verlag, dass alle Angaben im Sinne der Produkthaftung ohne Garantie erfolgen und dass Verlag wie Autor keinerlei Verantwortung und Haftung für inhaltliche und sachliche Fehler übernehmen.

Die Nennung von Firmen und ihren Produkten und ihre Reihenfolge sind als Beispiel ohne Wertung gegenüber anderen anzusehen. Qualitäts- und Quantitätsangaben sind rein subjektive Einschätzungen des Autors und dienen keinesfalls der Bewerbung von Firmen oder Produkten.

Andreas Drouve

SÜDWESTFRANKREICH – AQUITANIEN & ATLANTIKKÜSTE

Vorwort

Strände ohne Ende, das leuchtende Blau des Atlantiks, grüne Weiten aus Pinienwäldern und tief im Süden die Bergriesen der Pyrenäen – starke Argumente für Naturfans, doch nicht nur die zieht Frankreichs Südwesten in seinen Bann. In einer der landesweit beliebtesten Urlaubsregionen wechseln sich Schlösser und Burgen mit Fischerhäfen und den Urgründen kulinarischer Highlights ab. Austern aus dem Becken von Arcachon lassen Gourmets das Wasser im Munde zusammenlaufen, Liebhaber edler Tröpfchen tauchen mit Hingabe ins Reich der weltberühmten Bordeauxweine ein oder gehen unbekannteren Schätzen wie den gold- bis bernsteinfarbenen Weinen aus dem Jurançon auf den Grund. Eine Kostprobe, *dégustation,* ist eine gute Gelegenheit, Savoir-vivre zu zelebrieren und den Franzosen mit ihrer südländisch angehauchten Lebensart nachzueifern. In *La France* gilt vielerorts der alte Spruch vom „arbeiten, um zu leben" – anstatt leben, um zu arbeiten.

Südwestfrankreich ist deutschsprachigen Urlaubern längst ein Begriff und wie geschaffen für Individualisten. Pauschaltourismus und Großindustrie sind weitgehend fremd, dampfende Schlote ebenso selten wie entstellende Appartementblocks und Bettenburgen. Hingegen findet man herrliche Landsträßchen, abgeschiedene Campingplätze an Seen, Rad- und Wanderwege in idyllischem Abseits. Auf der Suche nach blühender Kultur und monumentaler Kirchenkunst führt kein Weg an der Metropole Bordeaux vorbei.

253sf ad

Dieser Reiseführer stellt die abwechslungsreichen Gebiete in all ihren Kultur- und Naturfacetten vor. Zusätzlich bieten Exkurse einen bunten Themenmix: vom Volk der Basken über Jakobsweg und Thalassotherapie bis hin zu traumhaften Campingplätzen und typischen Rezepten. Im Infoteil bekommen Freizeitsportler gleichermaßen wertvolle Tipps wie Reisende mit Kindern. Hilfreiche Hinweise zielen nicht zuletzt auf Low-Budget-Unterkunftsuchende ab.

Wer Frankreichs Südwesten auf eigene Faust entdecken möchte, liegt mit diesem Handbuch goldrichtig. Auf Reisende warten allein 250 sandige Strandkilometer zwischen Gironde und spanischer Grenze, Klassiker wie die Düne von Pilat, skandinavisch anmutende Seenplatten unmittelbar hinter der Küste, wilde Klippen im Baskenland, malerische Naturparks, Höhlen und pittoreske Dörfer – eine Region voller Überraschungen!

Selbst eingefleischte Frankreichreisende werden in diesem Buch so manches Neue entdecken. In diesem Sinne:

bienvenue – willkommen!

Andreas Drouve

Touristische Highlights

Zu Beginn jedes Kapitels findet sich ein **Kasten mit dem Titel „Nicht verpassen!“**, in dem einige besondere touristische Highlights der Region genannt werden. Diese Sehenswürdigkeiten sind im Text der dann folgenden Ortsbeschreibungen **gelb unterlegt.**

Autorentipps

MEIN TIPP: Mit diesem Kasten sind meine ganz **subjektiven Empfehlungen** jenseits der „offiziellen“ Sehenswürdigkeiten gekennzeichnet.

Natur-Tipps

Der Schmetterling zeigt an, wo man besonders gut **Natur** jenseits der bekannten landschaftlichen Schönheiten erleben kann.

Inhalt

Kartenverzeichnis

Übersichtskarten

Stadt- und Umgebungspläne

Hinweise zur Benutzung

Preisangaben

In diesem Buch wurde eine preisliche Klassifizierung der Unterkünfte und Restaurants mithilfe von Ziffern vorgenommen und in jeweils **drei Kategorien** unterteilt. Diese Preiskategorien haben mit der offiziellen Einteilung nach Sternen nichts zu tun; die offiziellen Sterne werden bei den meisten Hotels aber zusätzlich genannt. Da sich kaum etwas so schnell ändert wie Preise, können die Hinweise nur als Richtwert dienen.

Die nachstehend aufgeführten Unterkunftspreise verstehen sich als Zimmerpreise, also für zwei Personen.

Preiskategorien der Unterkünfte

① Doppelzimmer unter 80 €
② Doppelzimmer 80–130 €
③ Doppelzimmer über 130 €

Preiskategorien der Restaurants

① Menü unter 20 €
② Menü 20–40 €
③ Menü über 40 €

Exkurse

Groß- und Kleinschreibung

Am Schluss ein Hinweis zur Groß- und Kleinschreibung bei französischen Begriffen. Um den mitunter etwas verwirrenden Wechsel von der deutschen Groß- zur französischen Kleinschreibung im Fließtext zu vermeiden, haben wir uns entschieden, eingängige Begriffe wie „Rue" (Straße) und „Place" (Platz) an diesen Stellen groß zu schreiben. Dieses Vorgehen zielt nicht nur auf ein einheitlicheres Druckbild ab, sondern wahrt den Zusammenhang: So liest sich eine Rue de Condé sicherlich weniger holprig als eine rue de Condé, eine Place du Palais besser als eine place du Palais. Bei Adressen und sonstigen stichpunkthaften Angaben wurde die übliche französische Kleinschreibung vorgezogen.

SW-Fr_Uebersicht
Île d'Oléron
Marennes
Burie
Rouillac
Vars
Les Mathes
Saintes
Cognac
La Rochefoucauld
Saujon
Jarnac
CHARENTE-
MARITIME
Royan
Pointe de Grave
Cozes
Pons
Archiac
Angoulême
Le Verdon-s-Mer
Soulac-sur-Mer
Gémozac
Gironde
Saint-Hilaire
CHARENTE
Montalivet-les-Bains
Mirambeau
St. Ciers-
s-Gironde
Lesparre-Médoc
Montendre
Chalais
Ribérac
ATLANTIK
Pauillac
Hourtin
La Roche-
Chalais
Étang d'Hourtin
et de Carcans
St. Laurent-
Médoc
Blaye
Carcans-Plage
Neuvic
Montpon-
Ménestérol
Castelnau-
de-Médoc
Coutras
Lacanau-Océan
Lacanau
Mussidan
Étang de Lacanau
Ste. Hélène
Libourne
Castillon-
la-Bataille
DORDOGNE
Le Porge
1
2
Bordeaux
Bergerac
Lège-Cap-Ferret
St. Émilion
Ste. Foy-
la-Grande
GIRONDE
Andernos-les-Bains
Audenge
Sauveterre-
de-Guyenne
Cap Ferret
La Brède
Duras
Eyrenville
Pointe du Cap Ferret
Arcachon
Cadillac
La Réole
Miramont-
de-Guyenne
Le Barp
GIRONDE
Étang de Cazaux
et de Sanguinet
Langon
Seyches
Belin-Béliet
3
Biscarrosse-Plage
PARC NATUREL
RÉGIONAL
DES LANDES
DE GASCOGNE
Marmande
Bazas
Biscarrosse
St. Symphorien
LOT-ET-GARONNE
Étang de Biscarrosse
et de Parentis
Grignols
Tonneins
Liposthey
Pissos
Captieux
Pontenx-les-Forges
Casteljaloux
Aiguillon
GOLF
DE
GASCOGNE
Mimizan-
Plage
Mimizan
Labouheyre
Houeillès
Lavardac
Agen
Sabres
Nérac
4
Morcenx
Roquefort
Lapeyrade
Ligardes
St. Girons-Plage
St. Justin
LANDES
Mont-
de-Marsan
Villeneuve-
de-Marsan
Condom
Léon
Castets
Valence-
s-Baïse
Tartas
Vieux-Boucau-
les-Bains
Magescq
Grenade-
s-l'Adour
Manciet
Eauze
Pontoux-
s-l'Adour
Vic-Frézensac
Nogaro
Hossegor
Dax
St. Sever
Aire-
s-l'Adour
Capbreton
GERS
St. Jean-Poutge
5
Bénesse-Maremne
Labenne
Hagetmau
Riscle
Biarrotte
Barran
Biarritz
Bayonne
Peyrehorade
Rocher de la Vierge
Anglet
Adour
Marciac
St. Jean-de-Luz
Salies-
de-Béarn
Orthez
Maubourguet
Mirande
Cabo Higuer
Sauveterre-
de-Béarn
Hendaye
Cambo-
les-Bains
Miélan
Sare
Espelette
Morlaàs
St. Palais
Navarrenx
Vic-en-Bigorre
Bera/Vera-
de-Bidasoa
PYRÉNÉES-ATLANTIQUES
Pau
St. Jean-
Pied-de-Port
Mauléon
Oloron-
Ste. Marie
Pontacq
Pic
Etchekortia
▲1204
Doneztebe
6
Tournay
Almandoz
Valcarlos
Pic des Escaliers
▲1472
Lurbe-St.
Christau
Lourdes
Lannemezan
HAUTE-
PYRÉNÉES
Roncesvalles
Pic d'Issarbe
▲1559
Pic du Moulle
▲de Jaout
2050
Campan
Gourdan-
Polignan
Laruns
Zubiri
Pic d'Orhy
2017
Pic d'Anie
2504▲
Argelès-
Gazost
Pic de Sesques
▲2606
SPANIEN
PARC NATIONAL
DES
PYRÉNÉES
Iruñea/
Pamplona
Gabas
Arreau
Cauterets
Embalse
de Itaiz
Monte Campanil
2331▲
Aoiz
Col du Somport
1650 m
▲3298
Aragnouet
Burgui
Gèdre
Ansó
Canfranc-
Estación
Sallent de
Gállego
3222
Monte Perdido
3348
Biescas
Torla

1 Bordeaux und Umgebung | 12

Die kosmopolitische Metropole Südwest-Frankreichs besticht durch ihre Vielgesichtigkeit. Die **Flusspromenaden an der Garonne** gehören ebenso dazu wie die verschiedenen Viertel und die reichhaltigen Kulturgüter, bei denen die **Kathedrale** (S. 26) und das **prunkvolle Theater** (S. 23) Sonderstellungen einnehmen.

Weltruhm hat sich das Umland von Bordeaux durch seine einzigartigen, hochklassigen **Weine** erworben. Es gibt Weingüter wie Sand am nicht weit entfernten Meer. Besuche verdienen auch **Blaye** (S. 45) mit seiner Zitadelle und das mittelalterlich geprägte **Saint-Émilion** (S. 51).

2 Nördliche Atlantikküste | 60

Die Besucher der französischen Atlantikküste – unabhängig vom Alter – verbindet vor allem eines: der Spaß an Aktivitäten *im*, *auf* und *am* Wasser. Der nördliche Küstenabschnitt mit **Arcachon** (S. 66) als Epizentrum touristischer Urlaubsfreude, aber auch die kleineren Dependancen wie **Carcans-Plage** (S. 87) oder **Lacanau-Océan** (S. 84) versprechen nahezu unbegrenztes Strandvergnügen. Doch schon ein kleiner Abstecher ins nahe Umland zeigt, dass die Region viel mehr zu bieten hat wie z.B. den **Vogelpark in Le Teich** (S. 78) oder **Wanderungen** rund um den **Étang de Cousseau** (S. 89).

3 Am Oberlauf der Garonne | 94

Im untouristischen, vom Weinanbau geprägten Hinterland erkundet der Gast beschauliche Orte wie **Cadillac** (S. 100) oder **Langon** (S. 102) und erfreut sich an trutzigen Burgen und Schlössern wie dem **Château de Roquetaillade** (S. 103) oder dem **Château de Madaillan** (S. 110). Ein freundliches Flair pflegt die Kleinstadt **Agen** (S. 106).

4 Südliche Atlantikküste | 114

Feinsandige Strände bietet der südliche Teil der französischen Atlantikküste. Hochburgen sind hier die Orte **Biscarrosse** (S. 121) oder **Mimizan** (S. 128). Im Hinterland gilt es den **Naturpark Landes de Gascogne** (S. 124) mit seinen ausgedehnten Pinienwäldern zu erkunden. Besuchenswert ist das **Thermalbad Dax** (S. 151), in dem schon zu gallo-römischer Zeit Kranke Linderung ihrer Leiden erfuhren sowie der **Hafen von Capbreton** (S. 144) mit einer Tausendschaft Liegeplätzen für Sport- und Fischerboote.

5 Baskisches Küstenland | 156

„BAB" steht als Abkürzung für das baskische Städtetrio **Bayonne, Anglet** und **Biarritz,** das Besucher auf ganz unterschiedlichste Art begeistert. Bayonne (S. 162) zieht mit Altstadt und Kathedrale in den Bann, Anglet (S. 171) gilt als **Wassersportparadies,** Biarritz (S. 173) blickt auf eine bewegte Geschichte als **Seebad** zurück. An den dortigen Promenaden und um den Hauptstrand kann es – wie zu alten Zeiten – feudal, aber auch bodenverhaftet zugehen. Nicht minder sehenswert ist das Städtchen **Saint Jean-de-Luz** (S. 186) mit Strandbucht und Hafenflair.

6 Pyrénées Atlantiques | 200

Ob im Pyrenäen-Vorland oder im Hochgebirge: Die Landschaften sind wie geschaffen für Naturliebhaber. Das malerische Städtchen **Saint Jean-Pied-de-Port** (S. 219) liegt am Jakobsweg und ist traditionell auf Fremdenverkehr eingestellt. Südlich von **Oloron-Sainte-Marie** (S. 230) geht es dem Pyrenäen-Hochland um den magischen **Pilgerpass Somport** (S. 233) entgegen, der auch mit dem Fahrzeug erreichbar ist. Zum Facettenreichtum der Gegend gehören **Sare** (S. 211) mit seiner Höhle und nette Orte wie **Espelette** (S. 214) und **Salies-de-Béarn** (S. 228).

DE BORDEAUX

182sf ad

1 Bordeaux und Umgebung

Weingärten ohne Ende, dazwischen die Universitätsstadt Bordeaux als politisches, wirtschaftliches und geistiges Zentrum des französischen Südwestens, vor allem aber bekannt als Hauptumschlagplatz der weltweit geschätzten Bordeaux-Weine.

‹ Flussufer in Bordeaux

BORDEAUX

Großstadtflair in Bordeaux, dem Dreh- und Angelpunkt mit seiner langen Geschichte als Zentrum des südwestfranzösischen Weinhandels. **Aquitaniens Hauptstadt** sticht als einzige Metropole in Südwestfrankreich hervor und bietet alles, was das Städterherz begehrt: Museen und Monumente, Shoppingpflaster und Altstadtwinkel, Nightlife, Märkte und beste Restaurantadressen für jeden Geldbeutel.

NICHT VERPASSEN!

- An den **Flussufern** | 21
- Bummel durch die **Fußgängerzonen** | 24
- **Besichtigung der Cathédrale Saint-André** | 26
- Eintauchen in die bewegende Geschichte der Region im **Musée d'Aquitaine** | 28
- **Basilique Saint-Michel** mit 114 m hohem Glockenturm | 30

Diese Tipps erkennt man an der gelben Hinterlegung.

[>] Place de la Bourse in Bordeaux

191sf ad

Überblick

Die Metropole an der Garonne wurde einst in sumpfigem Gebiet auf einem subterranen Wald aus Eichenpfählen erbaut und ist heute enorm weit ausgeufert. Noch heute pflegt man hier die geflügelten Sätze bekannter Literaten. „Nehmen Sie Versailles, fügen Sie Antwerpen hinzu und Sie haben Bordeaux", so zitiert man gerne *Victor Hugo* (1802–85). Und *Henry James* (1843–1916) schrieb über die Weinmetropole: „Als Umschlagplatz des besten Weines der Welt ist es wahrhaftig eine heilige Stadt – geweiht dem Kult des Bacchus in diskretester Form."

Orientierung

Für Autofahrer gestaltet sich die Orientierung in Bordeaux nicht allzu schwierig, da die Stadt von einem weitläufigen **Autobahnring** (ausgeschildert als „rocade") umschlossen wird. Auf dem Weg

Richtung City orientieren sich Autofahrer am besten am Lauf der **Garonne,** einen guten Anhaltspunkt bietet die zentrale Flussbrücke **Pont de Pierre.** Tagesausflügler mit eigenem fahrbaren Untersatz sollten einen **Parkplatz im Uferbereich** nahe der Esplanade des Quinconces wählen, Übernachtungsgäste nach Möglichkeit eine Unterkunft mit hauseigenem Stellplatz oder Garage buchen.

Auch wenn es auf den ersten Blick nicht den Anschein hat, lassen sich die maßgeblichen städtischen Highlights in einem Kurzprogramm (und vereinzelt unterstützt von einer Straßenbahnfahrt) durchaus **an einem Tag zu Fuß** ansteuern – bei ausgedehnten Museumsbesuchen braucht man natürlich mehr Zeit. Die wesentlichen Sehenswürdigkeiten liegen in einem weiten Viereck mit folgenden Begrenzungen: Jardin Public im Norden, Garonne im Osten, Cours Victor Hugo im Süden und Hôtel de Ville (Palais Rohan) im Westen der Innenstadt. Im engeren Zentrumsbereich durchstreift man **traditionsreiche Stadtviertel** *(quartiers):* das Quartier des Chartrons (altes Weinhändlerviertel zwischen Jardin Public und Garonne), das Quartier de Saint-Michel (um die Basilique Saint-Michel), das Quartier Sainte-Croix (um die Abteikirche Sainte-Croix), das Quartier Saint Eloi (Bereich Rue Saint James) und das Quartier des Grands Hommes (um die Place des Grands Hommes), das Quartier de l'Hôtel de Ville (um das Rathaus).

Bordeaux wird oft etikettiert als Tummelplatz des wohlsituierten Bürgertums vergangener Zeiten. Oder als moderne Kultur-, Kongress- und Weinmetropole. Allerdings sei nicht verschwiegen, dass es auch abgewracktere **Gegenden** gibt, in denen man die Abrissbirne oder zumindest tonnenweise frische Farbe herbeisehnt. Kleiner Survivaltipp für den Alltag: **Vorsicht, Straßenbahnen!** Ob von links oder rechts. Daran ist heute nicht mehr jeder gewöhnt. In Bordeaux hat das Transportmittel Straßenbahn *(tramway)* eine ausgiebige Wiederbelebung erfahren.

067sf ad

▷ Girondistendenkmal

Geschichte und Gegenwart

Die Fäden der Historie des antiken **Burdigala** – später Bordeaux, abgeleitet von *bord d'eaux* (Wasserufer) – spinnen sich in keltische Zeiten zurück. Strategischer Pluspunkt war stets die Garonne, über die sich Waren problemlos Richtung Atlantik transportieren ließen.

Ab 56 v. Chr. brachte die römische Herrschaft einen maßgeblichen Aufschwung des Handelszentrums mit sich; auf die alten Römer soll der Beginn des lukrativen Weinbaus zurückgehen. Zu römischen Zeiten war Bordeaux als „kleines Rom" Kardinalpunkt der Provinz Aquitanien, später auch **Hauptstadt des gleichnamigen Herzogtums.** 848 war das Jahr eines großen Normanneneinfalls.

Im Jahre 1137 heirateten in der Kathedrale König *Ludwig VII.* und *Eleonore von Aquitanien.* Zwischen Mitte des 12. und Mitte des 15. Jh. zählte die Garonne-Stadt zu den französischen Besitzungen Englands, Schuld war Eleonores zweite Ehe mit *Heinrich Plantagenet,* als *Heinrich II.* später König von England. Im 14. Jh. startete der englische „Schwarze Prinz" von hier aus zu seinen Beutezügen. Erst das **Ende des Hundertjährigen Krieges** (1453) brachte Bordeaux wieder in ruhigeres politisches Fahrwasser, obgleich die Engländer den Ortsansässigen zuvor zahlreiche Privilegien zugestanden hatten. Ende des 16. Jh. bekleidete der Schriftsteller und Philosoph *Michel de Montaigne* (1533–92) einige Jahre lang das städtische Bürgermeisteramt.

Im Mittelalter hatte die Jakobswegvariante **„Via Turonensis"** für Aufschwung im Pilgerbusiness gesorgt. Viele Wallfahrer Richtung Santiago de Compostela machten im Hospital Saint-James Station und bewunderten die Portale der Kathedrale Saint André. Allerdings kam nur den höchsten Gästen die Ehre zu, die Kathedrale durch das Königsportal zu betreten. Anziehungspunkte der Gläubigen waren ferner die Abtei Sainte-Croix, die Basilika Saint-Seurin und die in gotischem Stil begonnene Basilika Saint-Michel mit ihrem 114 m hohen Glockenturm.

„Wir sind in Bordeaux angekommen, der Luxus ist enorm", berichtete *Rochefoucauld* in seiner „Voyage en France" (1781–83). Kein Wunder, denn im Laufe des 18. Jh. hatte man das Stadtbild ohne Unterlass verändert und an allen Ecken und Enden herausgeputzt: mit prachtvollen Plätzen, Alleen und Herrenhäusern. Für kontinuierlichen Wohlstand sorgten Hafen und (Übersee-)Handel. **Reeder und andere Finanzmagnaten** gaben sich ein munteres Stelldichein, an den Ufern der Garonne machten stolze Dreimaster fest, stattliche Flotten liefen in die Kolonien aus. Für ein ungewollt tragisches Intermezzo sorgten Abgeordnete der Girondisten, gemäßigte Republikaner der Französischen Revolution, von denen rund zwei Dutzend hingerichtet wurden.

Zwischen dem Ende des 18. und Beginn des 20. Jh. stieg die **Einwohnerzahl von Bordeaux** von rund 80.000 auf 250.000, in unseren Tagen kann man im Großraum von etwa 750.000 ausgehen (Kerngebiet etwa 240.000). Somit ist rund ein Viertel aller Bewohner Aquitaniens in oder um die Garonne-Stadt an-

Rundgänge und der „Bordeaux Métropole CityPass“

Mein Tipp: Franzosen haben eine sichere Hand für die Vermarktung ihrer Errungenschaften und Stätten. Die Bordeauxweine sind eine, die Aktivitäten des Fremdenverkehrsamtes von Bordeaux eine andere Geschichte. Regelmäßig und unter verschiedenen Leitmotiven wie „Das alte Bordeaux“ werden vom lokalen Office de Tourisme **Rundgänge** bzw. **Rundfahrten** angeboten, um Besuchern die Schönheiten der Stadt näherzubringen. Gute Kompaktprogramme zu fairem Preis. Darüber hinaus arrangiert man **Boots- und Radtrips, Abendrundfahrten** sowie **Ausflüge in die Umgebung** mit Besuchen von Weingütern, inklusive Verkostung.

Tipp für Reisende, die es bevorzugt unabhängig mögen: Besorgen Sie sich am besten den „Bordeaux Métropole CityPass“, den es zum Preis von 21/27/33 € für ein, zwei oder drei Tage gibt. Enthalten sind unbegrenzte Fahrten in **öffentlichen Verkehrsmitteln** (was auch für die Batcub-Flussboote gilt), **Eintritte** in über 15 wichtige Monumente und Museen, die Fahrt im Cabriolet-Bus sowie Teilnahmen an geführten **Rundgängen** zu Fuß; hinzu kommen Rabatte bei anderen Sehenswürdigkeiten und auch bei Ausflügen.

■ **Alle weiteren Informationen im Office de Tourisme,** 12 cours du XXX Juillet, Tel. 05 56 00 66 00, http://fr.bordeaux-tourisme.com, www.bordeaux-tourismus.de.

sässig, darunter zahlreiche Studenten, die der Stadt junges Leben einhauchen. Die Statistik besagt, dass 40 Prozent der Zuzüglinge der Altersstufe der 24- bis 40-Jährigen angehören.

Besuchern bietet sich ein kontrastreiches und zuweilen gegensätzliches Miteinander. **Gepflegte Prachtmeilen** wechseln sich mit erstaunlich toten und alles andere als scheckheftgepflegten Gassenzonen ab, Cafés und Brasserien bürgen für typisch französischen Lebensstil.

Kaum einem wird entgehen, welch polyglotten Charakter die Stadt trägt. Schwarz- und Nordafrikaner haben hier ebenso eine Heimat gefunden wie Portugiesen und Spanier. Für Beschäftigung sorgen der Dienstleistungssektor und die Industrien von Chemie über Nahrungsmittelproduktion bis Apparate- und Maschinenbau. Im nördlich der Innenstadt gelegenen Viertel Le Lac konzentriert sich ein modernes Kongress- und Messegelände mit adäquatem Hotelangebot. Insgesamt bietet Bordeaux eine stattliche Anzahl von rund 170 Hotels mit über 5500 Gästezimmern.

In nicht allzu ferner Vergangenheit haben die Stadtsanierer ein besonderes Augenmerk auf die Kais und das dortige Großreinemachen von städtebaulichen Altlasten gelegt – was Bordeaux ein einladenderes Gepräge beschert hat. Die Flusspromenaden sind wahre Vorzeigeansichten, parallel rollt die Straßenbahn.

Etwa drei Millionen Besucher kommen jährlich nach Bordeaux, das in die Liste des **Weltkulturerbes** der UNESCO aufgenommen worden ist: die Anerkennung für den Wert und die Einheit des Kulturerbes einer Stadt, die auf einen Reichtum von annähernd 350 historischen Bauwerken blickt. Neuestes ambi-

tioniertes Projekt ist die **„Cité des Civilisations du Vin"** (bei Redaktionsschluss geplante Einweihung im Laufe des Jahres 2016; www.citedescivilisationsduvin.com), ein zeitgenössisches Wahrzeichen, das seinen Platz am Ufer der Garonne im aufstrebenden Viertel Bassin à Flots gefunden hat. Der Bau in Form eines Turms mit runden Formen versteht sich als Symbol der tausendjährigen Weinkultur und Weinzivilisation; dahinter steht die französische Architektur-Agentur XTU. „Die Cité, weder Museum noch Vergnügungspark, stellt in einem spielerischen, spektakulären und sensorischen Multimedia-Parcours die Emotion, die Sinneswahrnehmung und den Traum in den Mittelpunkt", heißt es seitens der Stadt. Von der Spitze des Turmes aus, so stand in Planung, bietet in Zukunft eine Aussichtsplattform einen Panoramablick über Bordeaux. Unterfüttert worden ist das Vorhaben mit Geldern aus staatlichen, regionalen und europäischen Töpfen.

Glasfenster in der Église Saint-Louis des Chartrons

Sehenswertes

Quartier des Chartrons

Nördlich der historischen Altstadt taucht man ins Viertel **Chartrons** ein, wo sich die Grossisten einst am Bordeaux-Wein gesund stießen und ihren Wohlstand mit Fassaden und kunstvollen Balkonen herauskehrten. Der Name dieses Viertels geht auf Kartäusermönche (Chartreux) zurück, die Ende des

14. Jh. auf der Flucht vor Kriegswirren aus dem Périgord kamen und sich in Bordeaux niederließen.

Im Bereich der Rue Notre Dame stehen Antiquare in den Fußstapfen der geschäftigen Weinhändler von einst. Bedeutendes Bauwerk an der Rue Notre Dame ist die **Église Saint-Louis des Chartrons,** ein neogotischer Kirchbau, der die Handschrift des Bordelaiser Architekten *Pierre-Charles Brun* trägt und 1880 geweiht wurde. Im Innern des weiten Kirchenraums fällt der Blick auf die Glasfenster, die Szenen aus dem Leben Jesu (in der Apsis) sowie zahlreiche Heilige zeigen, darunter den Namensgeber des Gotteshauses, Frankreichs König *Ludwig IX. den Heiligen.* Eine der Darstellungen zeigt ihn auf Kreuzzug.

Als natürliche Orientierungslinie im Chartrons-Viertel dienen die Straße Quai des Chartrons und das Flussufer der Garonne. Ganz in der Nähe erhebt sich die **Cité Mondiale du Vin** mit ihren Kongress- und Konferenzhallen, einem Hotel und einem reichlich sterilen Vorplatz. Mit ihrer modernen Architektur und der spiegelverglasten Front hat die Cité Mondiale das homogene Bild des Viertels aufgemischt – nicht gerade zum Vorteil, sagen die Kritiker. Um beim Wein im Bilde zu bleiben: Es gibt auch ein **Weinmuseum** in der Rue Borie 41 (Musée du Vin et du Négoce, im Sommer tägl. 10–18 Uhr, sonst Mo.–Fr. nur 14–18, Sa./So. 10–18 Uhr; Eintritt mit Kostprobe, *dégustation;* www.mvnb.fr).

Nördliche Flussuferzone und Cap Sciences

Es lohnt sich, ab dem Chartrons-Viertel der Flussuferstraße ein Stück nordwärts zu folgen, ob mit der Straßenbahn oder zu Fuß. Dort setzen sich Jogging- und Flanierpromenaden fort. „Les Hangars des Quais – Quai des Marques“ heißt ein großer Einkaufskomplex, wo sich viele Geschäfte auf Outlet-Ware spezialisiert haben (Di.–So. 10–19 Uhr; www.quaides

357sf ad

marques.com; hiert findet man auch Restaurants). Schließlich ist das **Cap Sciences** erreicht, ein wissenschaftlich-technologisches Zentrum, das den Rahmen für Wechselausstellungen abgibt (Quai de Bacalan, Hangar 20, Di.–Do. 14–18 Uhr, Fr. 14–21 Uhr, Sa. und So. 14–19 Uhr, in den Schulferien auch Mo. 13–18 Uhr geöffnet; www.cap-sciences.net). Ein kleines Stück weiter ist der Bereich Bassin à Flots mit der erwähnten „Cité des Civilisations du Vin" erreicht.

Zentrale Flussuferzonen

Bordeauxs innerstädtische Flussuferzonen erstrecken sich von der Höhe des Chartrons-Viertels (Quai des Chartrons) bis zum **Pont de Pierre,** einer langgestreckten und vielbogigen Steinbrücke vom Beginn des 19. Jh. Dazwischen, an der Uferstraße, liegen zwei große Plätze, die dem Stadtbild ihren Stempel aufdrücken und an wichtige Citybereiche anbinden: die säulenflankierte Esplanade des Quinconces und die Place de la Bourse. In den künstlichen flachen Wassergärten, bekannt als „Miroir d'Eau", steht bei Windstille das Spiegelbild der Place de la Bourse – besonders schön bei Dunkelheit.

Die Flussuferbereiche und Wiesenflächen südlich der Pont de Pierre (in Richtung Pont Saint-Jean) sind Treffpunkt vieler junger Sportfans.

Esplanade des Quinconces

Die Esplanade des Quinconces öffnet sich zwischen Allées de Bristol und Allées de Munich als 12 ha umfassendes Freiplatzrechteck, das auf das **Monument aux Girondins** zuläuft. Das monumentale Denkmal ist von Bassins und Bronzeskulpturen umzogen, wurde 1894 bis 1902 errichtet und erinnert an die zu Zeiten der Französischen Revolution ermordeten Girondisten. Die zentrale Säule steigt rund 50 m in den Himmel von Bordeaux. Die Freiheitsstatue sprengt symbolisch die Ketten, im Unterbereich stiebt Pferden das Wasser aus den Nüstern. Das Skulpturenwerk auf der Esplanade runden Statuen des Literaten und Philosophen *Michel de Montaigne* (1533–92) sowie des Aufklärers und Staatstheoretikers *Charles de Montesquieu* (1689–1755) ab, beides bildhauerische Werke von *Louis Maggesi.*

Erbaut an der Stelle eines vormaligen Schlosses, bietet die Esplanade des Quinconces heute eine stratetisch günstige Verbindung zum Cours du XXX Juillet mit der **Touristeninformation** und weiter zur Place de la Comédie mit dem Grand Théâtre. Flusswärts ebnet ein Brückenstück ab der Esplanade den Weg über Fahrbahn und Straßenbahnschienen zur breiten Promenade hin.

Place de la Bourse

Die Place de la Bourse, der Börsen-Platz, ist ein architektonisches Glanzstück aus dem 18. Jh. und wurde später mit dem Brunnen der drei Grazien versehen. Sein vormaliger Name Place Royale, „Königlicher Platz", verweist auf die monarchistisch geprägte Ideologie, auf der seine Anlage fußte. Väter der Idee waren Stadt-

☐ Flusspromenade

chef *Claude Bouchet* und der Architekt *Jacques Gabriel.* Der *Marquis de Tourny* und Gabriels Sohn *Jacques-Ange* setzten das Werk fort. Das Börsen- und das einstige Zollgebäude klammern den Platz ein, verleihen ihm ein geschlossenes Bild und eine fast majestätische Ansicht.

Musée National des Douanes

An der Place de la Bourse Nr. 1 findet man den Eingang zum Musée National des Douanes, dem **Zollmuseum,** das die Geschichte des französischen Zollwesens anschaulich aufbereitet.

■ **Musée National des Douanes,** Di.–So. 10–18 Uhr; www.musee-douanes.fr.

Porte Cailhau

Zwischen Place de la Bourse und Pont de Pierre gelangt man an die Porte Cailhau, ein einstiges Stadttor mit baulichem Ursprung Ende des 15. Jh. Die Skulptur in der Außenansicht zeigt König *Charles VIII.* Aus einer Höhe von über 20 m bietet sich ein prägnanter Ausblick.

■ **Porte Cailhau,** April bis Okt. tägl. 10–12 und 13–18 Uhr, sonst stark wechselnde Zugangszeiten.

Rund um den Jardin Public

Bordeauxs grünes Herz schlägt zwischen Cours de Verdun und Rue de la Course: in Gestalt des Jardin Public, eines rund 11 ha großen **Parks,** der sich zum vielbefahrenen Cours de Verdun mit einem Zaungitter abschirmt, dem goldene Spit-

194sf ad

Schmuckvolles Zaungitter am Jardin Public

zen aufsitzen. Die Anlage dieses nett aufbereiteten Kleinods geht auf die Mitte des 18. Jh. zurück. Hier lässt sich der Großstadttrubel rasch vergessen, große Kastanienbäume spenden Schatten. Jogger drehen ihre Runden, der Nachwuchs tobt sich beim Fußball auf den Wiesen aus, Einheimische und Auswärtige legen auf Bänkchen und Wiesenflächen eine wohlverdiente Pause ein. Ein ausgedehnterer Streifzug durchs Grün führt an den zentralen Enten- und Schwanenteich. Hier nehmen Kinder Wippen und Klettergerüste in Angriff. Eingegliedert in das unregelmäßig geformte Parkfünfeck sind das Musée d'Histoire Naturelle und ein kleiner, bereits 1858 angelegter Botanischer Garten. Der Park ist zwischen den Morgen- und Abendstunden frei zugänglich und zählt zu den „Jardins Remarquables de France", den „Bemerkenswerten Gärten Frankreichs".

Musée d'Histoire Naturelle

Das Naturgeschichtliche Museum, das im **Hôtel de Lisleferme** untergebracht ist, einem Prunkbau aus dem späten 18. Jh., wartet seit Jahren auf seine Neueröffnung – bei Redaktionsschluss war es lange noch nicht soweit – um Fossilien und Exponate der zoologischen Sammlung auf dem Stand des dritten Jahrtausends zu präsentieren. Prognose: frühestens 2017.

Palais Gallien

Etwas abseits des Stadtparks, bei der Rue du Docteur Albert Barraud, liegt der Palais Gallien, der Relikte aus dem römischen Burdigala bewahrt. Das Amphitheater brachte es auf eine Länge von 130 und eine Breite von 110 m und konnte bis zu 15.000 Besucher fassen. Öffnungszeiten: nur Anfang Juni bis Ende September tägl. 13–18 Uhr.

Musée d'Art Contemporain

Zwischen Stadtpark und Garonne gelangt man in der Rue Ferrère Nr. 7 zum Musée d'Art Contemporain (CAPC), dem **Museum für Zeitgenössische Kunst.** Den interessanten und vorbildlich restaurierten Museumsrahmen bildet ein riesiges Lager *(Entrepôt Réel des Denrées Coloniales),* in dem sich noch im 19. Jh. Kolonialwaren stapelten. Der Fundus des Museums konzentriert sich auf die Zeit seit den 1970er Jahren und umfasst mehr als 700 Werke aus den Bereichen Malerei, Bildhauerei, Installationen und Video. Vertreten sind etwa 190 internationale Künstler. In ständig neuen Zusammensetzungen werden Teile der Sammlung bzw. Wechselausstellungen gezeigt. Beliebter Treffpunkt ist das Café Andrée Putman.

■ **Musée d'Art Contemporain,** Di.–So. 11–18 Uhr, mittwochs bis 20 Uhr. www.capc-bordeaux.fr.

Herzstücke der City

Grand Théâtre

Innenstädtischer Nabel und idealer Ausgangspunkt für einen Bummel durch einen Teil der weitläufigen Fußgängerzonen ist die **Place de la Comédie,** an der sich die prächtige Säulenfront des Grand Théâtre erhebt. Bordeauxs großes Theater, kulturelles Aushängeschild par excellence, geht auf das Ende des 18. Jh. und einen Entwurf des Architekten *Victor Louis* zurück; im April 1780 wurde das Haus mit einer Aufführung von *Jean Racines* biblischem Drama „Athalie" eingeweiht. Die Kolonnaden erinnern an einen griechischen Tempel, nicht fehlen darf reiches Skulpturenwerk in Form der neun Musen und der drei Göttinnen Venus, Juno und Minerva. Hinter der neoklassizistischen Fassade hält sich die gute alte Epoche mit entsprechendem Dekor lebendig. Im Grand Théâtre finden – vom Ballett über die Oper bis zur Komödie – zahlreiche, vielfältige Aufführungen statt. Im Regelfall sind Mi. und Sa. nachmittags (14.30, 16, 17.30 Uhr; www.opera-bordeaux.com) geführte Theaterbesuche möglich. An den Theaterplatz grenzt das in historischen Gemäuern untergebrachte „Grand Hôtel", moderne Akzente setzt die Straßenbahn.

Église Notre-Dame

An der Place de la Comédie verlaufen die breiten, Mitte des 18. Jh. angelegten Allées de Tourny nordwestwärts Richtung Place de Tourny. Die unscheinbarere Rue Mautrec hingegen leitet auf den Vorplatz der Église Notre-Dame, einer zwischen 1684 und 1707 errichteten Kirche mit skulpturenreicher Fassade und reich ausstaffierten Seitenkapellen (unregelmäßig zugänglich).

Von dort aus ist es nicht weit bis zur Place des Grands Hommes mit dem modernen Einkaufscenter **Galerie des Grands Hommes** und einem Markt im Quartier des Grands Hommes. Ein Blickfang im Einkaufszentrum (www.lesgrandshommes.com) ist die verglaste Kuppel.

Fußgängerzonen

Zurückgekehrt auf die Place de la Comédie, geht es geradewegs hinein in die geschmackvoll aufbereiteten Fußgängerzonen: entweder auf dem Cours de l'Intendance Richtung Place Gambette oder hinein in die extrem langgestreckte **Rue Sainte Cathérine.** Hier reihen sich Cafés und Boutiquen auf; Straßenmusiker haben es auf die klingende Münze der Passanten abgesehen. Beim weiteren Bummel dient die Schneise der Rue Sainte Cathérine als Orientierungsachse, wenn man sich in der Altstadt in einem munteren Rechts- und Links-Hopping ergeht. Wer sich von den Vorzeigeansichten abwendet, wird mancherorts abstoßende Fassaden mit bröckelndem Putz entdecken – auch das gehört zu Bordeaux: mal pompös, mal schäbig.

Von der Rue Saint Cathérine lohnt sich ein Schlenker zur **Place du Parlement** mit stimmungsvoller Einkehrzone und Anbindung flusswärts an die hufeisenförmig angelegte Place de la Bourse; etwas abseits liegt die Église Saint-Pierre (15./16. Jh.). In diesen Bereichen lernt man die typisch altstädtischen Gassengeflechte kennen. Zu den freundlicheren Plätzen im Altstadtbunde gehört die **Place Camille Jullian,** über die man sich wieder der Rue Sainte Cathérine nähert. Ein Stück weiter kreuzt die Rue Sainte Cathérine den Cours d'Alsace et Lorraine und schließlich den Cours Victor Hugo, bis die Geschäftigkeit an der 1748–

195sf ad

1769 unter *André Portier* gestalteten Place de la Victoire verebbt. Die Porte d'Aquitaine, ein freistehender Torbogen, markiert am Platz den Austritt der Jakobspilger aus der Innenstadt. Der Verlauf des Weges wird auch in Bordeaux immer wieder durch Jakobsmuschelsymbole angezeigt.

Centre National Jean Moulin

Der weitere Spaziergang führt auf die Place Saint Projet und in die heimeligere Shoppingzone um die Rue des Trois Conils, bis man bald darauf die Cathédrale Saint-André erreicht. Im Vorbereich, bei der Place Jean Moulin, ruft das Centre National Jean Moulin die schweren Zeiten des Zweiten Weltkriegs und vor allem die französische Widerstandsbewegung *(Résistance)* ins Gedächtnis.

- **Centre National Jean Moulin,** place Jean Moulin, Di.–So. 14–18 Uhr, Eintritt frei.

Palais Rohan

Im Bereich der **Place Pey-Berland** eröffnet sich ein **monumentales Ensemble:** mit der Cathédrale Saint-André, dem Tour Pey-Berland und dem 1772–84 erbauten Palais Rohan, dem einstigen Erzbischofspalast mit seinem großen Vorhof und dem majestätischen Grand Salon, seit dem 19. Jh. Sitz des **Hôtel de Ville** (Rathaus). Somit stehen sich geballte kirchliche und weltliche Macht gegenüber.

- **Palais Rohan,** Führungen meist nur Mi. 14.30 Uhr und Fr. 10 Uhr, Infos über Office de Tourisme.

Glaskuppel im Einkaufscenter Grands Hommes

Cathédrale Saint-André

Die Cathédrale Saint-André, Ende des 11. Jh. geweiht, ist romanischen Ursprungs und wurde im Laufe der Zeit kontinuierlich erweitert und verändert. Der massige Baukörper erreicht Maße von 124 m Länge und 44 m Breite, gotische Spitzentürmchen nehmen der Außenansicht ein wenig die Schwere. Im Jahre 1137 war die Kathedrale Schauplatz der legendären Heirat von Frankreichs König *Ludwig VII.* und *Eleonore von Aquitanien.* Sehenswert sind die beiden wichtigsten und mit reichlich Skulpturenschmuck ausstaffierten Portale: das Nordportal und das Königsportal mit seiner Darstellung des Jüngsten Gerichts. Im Innern fühlt man sich warm aufgenommen, das Licht fällt durch viele schöne Glasfenster. Im Sommer finden gelegentlich Orgelkonzerte statt.

■ **Cathédrale Saint-André,** wechselnde Öffnungszeiten, in der Regel Juni bis September Mo. 15–19.30 Uhr, Di.–Sa. 10–13 und 15–19.30 Uhr, So. 9.30–13 und 15–19.30 (Juli/August bis 20.30) Uhr; Oktober bis Mai Mo. 14–19 Uhr, Di.–Sa. 10–12 und 14–18 (Mi. und Sa. bis 19) Uhr, So. 9.30–12 und 14–18 Uhr; www.cathedrale-bordeaux.fr.

Tour Pey-Berland

Zur Kathedrale gehört der etwas abseits stehende und hoch aufgerissene **Glockenturm** Tour Pey-Berland, der besteigbar ist und eine gute Aussicht erlaubt. Der Turm ist in gotischem Stil gehalten, sein Bau geht auf die Jahre 1440 bis 1466 zurück. Die Turmspitze mit dem Bildnis der Notre Dame d'Aquitaine datiert aus dem 19. Jh.

■ **Tour Pey-Berland,** Juni bis September tägl. 10–13.15 und 14–18 Uhr, Oktober bis Mai Di.–So. 10–12.30 und 14–17.30 Uhr; http://pey-berland.monuments-nationaux.fr.

Musée des Beaux-Arts

Im näheren Umkreis der Kathedrale liegen das Musée des Beaux-Arts, das Musée des Arts Décoratifs et du Design, die Galerie des Beaux-Arts (Ausstellungszentrum an der Place du Colonel Raynal; Mi.-Mo. 11–18 Uhr) und die Place de la République mit ihrem alten **Palais de Justice.**

Kunstfreunde sollten einen Besuch des Musée des Beaux-Arts einplanen, des an einem inwärtigen Park gelegenen **Museums der Schönen Künste.** Die Säle splitten sich in Großbereiche mit der auf Süd- und Nordflügel verteilten Ständigen Sammlung auf. Darüber hinaus werden Wechselausstellungen initiiert.

› Tour Pey-Berland

196sf ad

Das Museum gibt europäischen Meistern des 15. bis 18. Jh. Raum, darunter *Luca Giordano, Frans Hals, Anthonis van Dyck* und *Peter Paul Rubens.* Besonders schön: eine Fluss- und Uferansicht von dem aus Bordeaux stammenden Maler *Pierre Lacour le Père* (1745–1814). Die Wände in den Sälen wirken teils etwas überfrachtet. Zu sehen sind außerdem Werke aus dem 19. und 20. Jh.; vertreten sind u.a. *Henri Matisse* und *Oskar Kokoschka* sowie die Bordelaiser Maler *Odilon Redon* (1840–1916) und *Albert Marquet* (1875–1947).

■ **Musée des Beaux-Arts,** 20 cours d'Albert, Mi.–Mo. 11–18 Uhr; www.musba-bordeaux.fr.

Musée des Arts Décoratifs et du Design

Als Ergänzung zum vorgenannten Museum kann man das Musée des Arts Décoratifs et du Design besuchen, das **Kunstgewerbe- und Designmuseum.** Interessant ist schon allein der Rahmen, der mit dem Leben der Bordelaiser Aristokratie vertraut macht: das Hôtel de Lalande, ein privater Prunkbau von 1779, Werk des lokalen Architekten *Etienne Laclotte.* Auftraggeber war der Parlamentarier *Pierre de Raymond de Lalande,* nach dessen Tod das Haus von Besitzer zu Besitzer wanderte und schließlich von der öffentlichen Hand gekauft wurde. Zu den ständigen Exponaten zählen Mobiliar, Keramik und Porzellan. Schwerpunkte liegen auf dem Bordeaux des 18. und 19. Jh. sowie auf den 1930er und 1950er Jahren; außerdem gibt es es immer wieder Wechselausstellungen zu sehen.

■ **Musée des Arts Décoratifs et du Design,** 39 rue Bouffard, Mi.–Mo. 14–18 Uhr.

Grosse Cloche

Die südliche Altstadt sieht sich durch die Rue de Cursol und den Cours Victor Hugo abgeschlossen. Fast unmittelbar am Cours Victor Hugo öffnet der klobige, alte **Rathausturm** Grosse Cloche seinen Schlund und gibt den Weg frei in die Rue Saint James. Die Ursprünge des Turms reichen ins Mittelalter zurück, die Glocke stammt aus dem Jahr 1778 und bringt annähernd 7800 kg auf die Waage. Innenbesuche sind im Regelfall zu folgenden Zeiten möglich: Juni bis September tägl. 13–19 Uhr, Oktober/November nur Sa. 13–19 Uhr. Erkundigen Sie sich zur Sicherheit vorher im Office de Tourisme.

Musée d'Aquitaine

Ganz in der Nähe der Grosse Cloche, am Cours Pasteur Nr. 20, betritt man das museale Aushängeschild der Region, untergebracht in der einstigen Fakultät für Literatur und Wissenschaften: das Musée d'Aquitaine. Der bauliche Rahmen datiert vom Ende des 19. Jh. und geht auf den Architekten *Pierre-Charles Durand* zurück. Auf archäologischer, historischer und ethnografischer Schiene macht das Museum mit der **Geschichte Aquitaniens** zwischen Prähistorie und 20. Jh. vertraut. Es ist übersichtlich aufgebaut und informativ, die Ausstellungsfläche nimmt nicht weniger als 5000 m^2 ein. Über die Regionalbezüge hinaus sind gesonderte Räumlichkeiten dem historischen Überseehandel (inklusive dem unliebsamen Thema Sklaverei) gewidmet. Zu den Prunkstücken der Sammlungen zählen folgende: die Venus von Laussel (prähistorisches Bas-Relief), der Schatz von Tayac, eine Diana-Statue, das Grabmonument von *Michel de Montaigne,* der Schatz von Pauilhac sowie eine Marmorbüste von *Montesquieu.* Wechselausstellungen runden die Eindrücke ab.

Das Musée Goupil, im selben Gebäudekomplex wie das Musée d'Aquitaine, ist nur im Rahmen von Wechselausstellungen zugänglich; die Bestände umfassen Dokumente (Drucke aller Art, Fotografien) aus der Zeit der mit Paris verbundenen **Zeitungsdynastie Goupil** (1827–1920).

■ **Musée d'Aquitaine,** Di.–So. 11–18 Uhr; www.musee-aquitaine-bordeaux.fr.

Couvent de l'Annonciade

Besucher mit Interesse an Sakralbaukunst legen einen kleinen Schlenker zum Couvent de l'Annonciade in der Rue Magendie 54 ein. Dabei handelt es sich um ein 1519 von der Annonciade-Kongregation begründetes **Nonnenkloster,** in dem der Kreuzgang im Stil der Renaissance hervorsticht. Statt regelmäßiger Öffnungszeiten gibt es zwischen Anfang Juni und Ende September jeweils mittwochs um 16 Uhr einen geführten Besuch; Dauer etwa eine Stunde.

Außerhalb der City

Basilique Saint-Seurin

Ein Stück nordwestlich der Place Gambetta, an der Place des Martyrs de la Résistance, liegt die Basilique Saint-Seurin, in deren Vorhalle interessante Kapitelle aus dem 12. Jh. zu sehen sind. Ebenfalls beachtenswert sind die romanische Krypta (11. Jh., Sarkophage) und die Kapelle Notre-Dame de la Rose, die im Jahr 1444 erbaut wurde. Zur Basilika (nur unregelmäßig geöffnet, gelegentlich Konzerte; fragen Sie im Office de Tourisme nach) gehört die **Crypte Archéologique de Saint Seurin.** Im Umfeld einer unterirdischen Nekropole sieht man Ausgrabungen, ein interessantes Zeugnis des uralten Bordeaux und gewissermaßen die Lokalwiege des Christentums.

Vom Quartier Saint Seurin aus kann man über die teils begrünte Place Gambetta in die geschäftigeren Zonen zurückkehren. Folgt man der netten Rue des Remparts, ist bald wieder die Kathedrale erreicht.

■ **Site Archéologique de Saint Seurin** Anfang Juni bis Ende September tägl. 13–18 Uhr.

Quartier Saint-Michel

Bewegt man sich von der City zum Bahnhofsviertel Saint-Jean, kommt man nahe dem Garonne-Ufer automatisch durch das Viertel Saint-Michel mit seinem prägnanten Vielvölkercharakter und umherfliegenden Sprachfetzen afrikanischer, asiatischer und portugiesischer Einwanderer.

Im Mittelpunkt des Stadtteils und selbst aus weiter Entfernung nicht zu übersehen ist der „Bordelaiser Michel". Hier schaut man auf zur himmelsstürmenden Flèche Saint-Michel, der 114 m hohen Spitze des gotischen Glockenturms, der zur nebenliegenden **Basilique Saint-Michel** gehört. Der Bau des riesigen Gotteshauses geht auf das 14. bis 16. Jh. zurück. Vom Turm aus bietet sich aus ca. 50 m Höhe ein loh-nendes Panorama über Stadt und Fluss.

- **Basilique Saint-Michel,** wechselnde Öffnungszeiten, meist kann man von folgenden ausgehen: Mo. 9.30–12.30 und 14–17.30 Uhr, an den anderen Tagen nur nachmittags 14–17.30 Uhr; Glockenturm nur Anfang Juni bis Ende September tägl. 10–12 und 13–18 Uhr. Es empfiehlt sich, die aktuellen Zeiten der Basilika vorab im Office de Tourisme zu checken.

Quartier Sainte-Croix

Gegen das vorgenannte monumentale Ensemble wirkt die weiter Richtung Quartier Saint-Jean an der Place Renaudel gelegene **Église Sainte-Croix** (nur wechselnd und spärlich geöffnet, im Hochsommer gelegentlich Orgelkonzerte) wie ein Zwerg. In der Kirche geht die Reise quer durch die Epochen: vom Portal aus dem 12. Jh. bis zum angesetzten Glockenturm aus dem 19. Jh. Die Seitenschiffe sind mit wertvollen Werken sakraler Malerei dekoriert, die Orgel datiert aus dem Jahre 1744.

Im Quartier Sainte-Croix liegen einige Kulturpole, darunter das **Théâtre National de Bordeaux en Aquitaine** (Place Renaudel, www.tnba.org) und die **École d'Enseignement Supérieur d'Art.**

Quartier Le Lac

Einige Kilometer nördlich der City stößt man ins Quartier Le Lac vor: ein modernes Viertel mit **großem See** und Wassersportangeboten, Einkaufscenter und Hotelzone, dem 30 ha umspannenden Messegelände (Parc des Expositions; www.bordeaux-expo.com) und dem Palais des Congrès (Kongresspalast).

Praktische Tipps

Informationen

- **Office de Tourisme,** 12 cours du XXX Juillet, Tel. 05 56 00 66 00, http://fr.bordeaux-tourisme.com, www.bordeaux-tourismus.de. Auf der Internetseite klicken Sie sich außerdem zu diversen Apps durch. Im Fremdenverkehrsamt aktuelle Informationen zu Führungen und organisierten Stadtrundfahrten, ebenfalls zu Besichtigungstouren von Weingütern in der näheren Umgebung. Das Büro hat täglich geöffnet; vgl. auch Info-Kasten „Rundgänge und der „Bordeaux Métropole CityPass".
- **Weitere Infobüros:** Gare Saint-Jean (Bahnhof), rue Charles Domercq, Tel. 05 56 91 64 70. Zwischen Mitte Juni und Mitte September öffnet ein Touristenbüro am Flughafen, Tel. 05 56 34 58 08.
- **www.bordeaux.fr,** die Homepage der Stadt bietet viele Informationen (nur auf Französisch).

Diplomatische Vertretung

- **Deutsches Generalkonsulat,** 377 boulevard du Président Wilson, Tel. 05 56 17 12 22, www.allemagne.diplo.de (weitere Vertretungen siehe „Praktische Reisetipps A–Z, Notfälle").

Unterkunft

■ **Grand Hôtel**③, 2–5 place de la Comédie, Tel. 05 57 30 44 44, www.ghbordeaux.com. In exponierter Lage genau gegenüber dem Stadttheater, gepflegte Eleganz mit Palastambiente, Ballsaal mit schweren Kristallleuchtern. Zwischendurch federt man über Teppiche und Läufer. Das Innendesign geht auf *Jacques Garcia* zurück. Ausgefeiltes Frühstücksbüffet, Spa-Bereich. Eine Idealadresse für all jene, die es sich leisten können. Beliebter Treffpunkt im Erdgeschoss ist die Brasserie.

■ **Petit Hôtel Labottière**③, 14 rue François Martin, Handy 06 75 67 86 21, www.petithotellabottiere.fr. Für Gäste mit erlesenem Geschmack. Unterkunft in einem historisch wertvollen Bau aus dem 18. Jh., der zu den Kulturdenkmälern Bordeauxs gehört und auf den Architekten *Etienne Laclotte* zurückgeht. Nahe dem Jardin Public gelegen, begrenzte Kapazität, Reservierung unerlässlich.

■ **Grand Hôtel Français**②-③, 12 rue du Temple, Tel. 05 56 48 10 35, http://grand-hotel-francais.com. Ein weiteres stilvolles Haus, drei Sterne, in einem Stadtpalais aus dem 18. Jh. 35 klimatisierbare Zimmer, Komfort der Best-Western-Kette. Recht breites, schwankendes Preisgefüge.

■ **Hôtel Majestic**②-③, 2 rue de Condé, Tel. 05 56 52 60 44, www.hotel-majestic.com. In idealer strategischer Lage im Zentrum, mit hauseigener Garage (gegen Reservierung, Tagestarif). Am besten, man wählt ein Zimmer zur ruhigeren rue de Condé hin.

■ **Hôtel Continental**②-③, 10 rue Montesquieu, Tel. 05 56 52 66 00, www.hotel-le-continental.com. Gute Zentrumslage nahe dem Einkaufszentrum Grands Hommes. Solide eingerichtet, drei Sterne, kleines Bad. Auch Dreier- und Familienzimmer.

■ **Résidence Adagio Bordeaux Gambetta**②, 40 rue Edmond Michelet, Tel. 05 57 30 47 47, www.adagio-city.com. 111 Appartements und Studios, zentrale Lage. Gut für jene, die mehrere Tage bleiben wollen.

■ **Maison d'Hôtes Les Séraphines**②, 26 rue Séraphin, Handy 06 88 32 93 71, www.les-seraphines.fr. Freundliches kleines Stadthotel, das in einschlägigen Bewertungsforen meist gute Noten bekommt. Nur fünf Zimmer, rechtzeitige Reservierung dringend anzuraten.

■ **Ecolodge des Chartrons**②, 23 rue Raze, Tel. 05 56 81 49 13, www.ecolodgedeschartrons.com. Gepflegtes, kleines Gästehaus im Chartrons-Viertel. Nur fünf Zimmer.

■ **Acanthe Hôtel**①-②, 12–14 rue Saint Rémi, Tel. 05 56 81 66 58, www.acanthe-hotel-bordeaux.com. Einfaches 20-Zimmer-Haus, zwei Sterne. In der Nähe liegen viele Restaurants, auch der Börsenplatz und das Flussufer sind in nächster Reichweite. WLAN ist kostenlos.

■ **Ibis Lac** ①-②, rue du Petit Barail, Tel. 05 56 50 96 50, www.accorhotels.com. Hotel mit über hundert Zimmern. Gewohnt solide Qualität der „Ibis"-Kette beim modernen Ausstellungs- und Kongressbereich weit im Norden der City (Stadtviertel Le Lac). Angebote auf der Webseite beachten!

■ **Ibis Bordeaux Centre Mériadeck**①-②, 35 cours du Maréchal Juin, Tel. 05 56 90 74 00, www.accorhotels.com. Im Geschäftszentrum gelegen und wegen der Größe des Gebäudes nicht zu übersehen! Altstadt fußläufig erreichbar, Online-Angebote beachten!

Camping

■ **Camping Le Village du Lac**①, Boulevard Jacques Chaban Delmas, Bordeaux-Bruges, Tel. 05 57 87 70 60, www.camping-bordeaux.com. Vier-Sterne-Platz im Grünen ca. 8 km nördlich des Stadtzentrums. Außer Stellplätzen werden diverse Hütten (Cottages, Chalets; bis ②) vermietet. Ganzjährig geöffnet, Sommerpool.

Essen und Trinken

■ **Dubern**③, 44 allées de Tourny, Tel. 05 56 79 07 70, http://dubern.fr. Eine der Traditionsadressen, bereits seit 1894. Hier wird Eleganz zelebriert, die Atmosphäre ist gediegen und das Publikum im Normalfall entsprechend gekleidet.

■ **Restaurant L'Entrecôte**②, 4 cours du XXX Juillet, Tel. 05 56 81 76 10, www.entrecote.fr. Der Name ist treffend gewählt – Paradies für „Fleischeslust". Von Gästen wird die butterzarte Qualität des Entrecôte gerühmt.

■ **Le Bar du Boucher**①-②, 5 rue du Parlement Sainte Catherine, Tel. 05 56 81 37 37, www.bardu boucher.com. Bekannt wegen der Fleischgerichte, gute Weinauswahl. Ebenso geeignet für den kleineren Hunger. Mittags Menü („formule du midi").

■ **Le Rajwal**①-②, 17 rue des Faussets, Tel. 05 56 44 25 97, www.rajwal-restaurant.fr. Wie wäre es zur Abwechslung mit indischer Küche in diesem nett dekorierten Restaurant? Falls nicht, finden Sie in derselben Straße reichlich andere Auswahl zu ähnlichen Preisen. Diese Gegend steht bei Einheimischen hoch im Kurs.

■ **Chez Jean**①-②, 1 place du Parlement, Tel. 05 56 44 44 43, www.restaurant.chezjeanbordeaux.fr. Typisch südwestfranzösische Küche in bezahlbarem Rahmen, stark von den Locals frequentiert. Mit Terrasse. Es gibt u.a. Salate.

■ **Chez Dupont**①-②, 45 rue Notre-Dame, Tel. 05 56 81 49 59, www.chez-dupont.com. Alles, was frisch vom Markt kommt. Schmackhaft, mit Pfiff. Unter den Einheimischen sehr beliebt.

■ **L'Orangerie**①-②, Parc Public, cours de Verdun, Tel. 05 56 48 24 41, www.lorangeriedebordeaux.com. Guter Mittagstreff am Stadtpark, aber auch für einen kalten Drink, einen Cocktail oder heißen Tee zwischendurch. Auch sonst weite Auswahl, u.a. mit Salaten.

■ **Café Napoléon 3**①-②, 6 bis cours de XXX Juillet, Tel. 05 56 81 52 26, www.cafenapoleon3.com. Getragenes Ambiente, Spezialitäten wie Salade Landaise. Menüs unterschiedlicher Qualität und Preisklasse. Täglich durchgehend geöffnet.

■ **L'autre Petit Bois**①, 12 place du Parlement, Tel. 05 56 48 02 93. In zentraler Lage. Eigentlich eine Weinbar, doch man kann auch unkonventionell essen. Fröhliche, junge Stimmung, motiviertes Personal. Es gibt Tartines in vielen Varianten, dazu passt immer bestens ein Wein.

073sf ad

[<] Vor dem Restaurant: handschriftlicher Anschlag des Tagestellers (plat du jour)

[>] Krebse im Becken eines Restaurants

Märkte und Shopping

MEIN TIPP: Sesam- und Senfkörner, Schwämme und Ledergürtel, Honig, Käse und Würste, Austern, Blumen und getragene Schuhe – Bordeauxs Märkte lassen kaum Wünsche offen. Wer nichts kaufen möchte, sollte zumindest einmal hineinschnuppern und in Form von Geräuschen und Gerüchen Bekanntschaft mit den geschäftigen Seiten der Multikulti-Metropole machen.

Über das lebendige Marktgeschehen hinaus finden Interessenten eine breite Auswahl an Boutiquen und Juwelieren, Schuhgeschäften und kleinen Weinlagern, Delikatessen- und Süßwarenshops, Parfümerien und Lederwarengeschäften. In der Reihe der Geschäftszentren steht die **Galerie des Grands Hommes,** ein Geschäftsrund in zeitgenössischer Architektur, das sich an der Place des Grands Hommes über mehrere Ebenen erstreckt. Das **Centre Commercial Saint Christoly** in der Rue Père Louis de Jabrun bündelt rund 40 Geschäfte. Freunde von **Antiquitäten** wird es im Chartrons-Viertel in den Bereich der Rue Notre Dame ziehen, doch hier wie auch andernorts verstehen sich Bordeauxs Antiquare auf ihr Geschäft!

Nachfolgend einige Ideenanstöße für den Einkaufsbummel durch Bordeaux:

Märkte

- **Marché Biologique des Quais,** kleiner Biomarkt unter freiem Himmel, Do. am Quai des Chartrons, in der Regel 6–14 Uhr.
- **Marché Biologique Saint-Seurin,** kleiner Biomarkt Fr. etwa 7–14 Uhr an der Place des Martyrs de la Résistance.
- **Marché Brocante,** täglich außer Sa. und Mo. zwischen etwa 7 und 16 Uhr an der Place Duburg. Allerleimarkt mit professionellen Händlern. So. gibt es hier und am Quai des Salinières den größeren „Sonntagsmarkt" (Brocante du Dimanche), auf dem ebenfalls nur Profis am Werk sind.
- **Marché des Bouquinistes,** rund um die Place des Grands Hommes, immer Mi. zwischen ca. 7 und 19 Uhr. Die Schwerpunkte liegen auf Kunst, Postkarten und Büchern.
- **Marché du Grand Parc,** kleiner Allerleimarkt Sa. 7–14 Uhr an der Place de l'Europe.
- **Marché des Quais,** einer der beliebtesten Open-air-Märkte So. zwischen 7 und 16 Uhr (die Nahrungsmittelstände schließen etwas früher), Quai des Chartrons.
- **Marché des Capucins,** Wochenmarkt an der place des Capucins, Außenstände und Markthalle tägl. vormittags.

■ Frisches **Obst** und **Gemüse** gibt es Sa. vormittags an der Place Gaviniès, Meeresgetier freitags morgens an der Rue de Turenne.

Wein

■ **La Vinothèque,** 8 cours du XXX Juillet, Tel. 05 57 10 41 41, www.vinotheque-bordeaux.com; die Vielzahl der Tropfen macht die Auswahl schwer.

Süßwaren

■ **Chocolatier Darricau,** 7 place Gambetta, Tel. 05 56 44 21 49, www.darricau.com; schon im Jahre 1915 gegründet, ein Sündenbabel der kalorienreichen Versuchungen.

Nightlife und Veranstaltungen

Die Epizentren des Bordelaiser Nachtlebens verteilen sich über die Bereiche Bassin à Flots, Bahnhofsviertel oder das kleine Ausgehdreieck zwischen Place du Parlement, Place Camille Jullian und Place Saint Pierre. Im Bereich der Place da la Victoire geht man gerne einen trinken, ebenso um die Rue de Saint Rémi. Ausdauernde Nachtschwärmer beenden ihren Streifzug frühmorgens auf dem Marché des Capucins (Sa. ab 5.30, So. ab 6 Uhr): bei einer Portion Austern oder Kaffee oder beidem.

■ **La Dame de Shanghai,** Bassin à Flots 1, Quai Armand Lalande, www.damedeshanghai.com. Eine der angesagtesten Diskotheken; mit Restaurantbereich. Für Disco-Fans beginnt das Nachtleben Do. um 22.30 Uhr, Fr. und Sa. um Mitternacht.

■ **Ice Room,** Hangar 19, Quai de Bacalan, www.iceroom.fr. In der Eisbar Drinks bei -10 °C. Normale Außentemperaturen herrschen auf der Terrasse an der Garonne.

■ **Cinéma Utopia,** 5 place Camille Jullian, www.cinemas-utopia.org. Alternatives Kino.

■ **Le Comptoir du Jazz,** 58–59 quai de Paludate, www.portdelalune-comptoirdujazz.com; Jazz und Blues, regelmäßige Konzerte.

Theater

■ Bordeaux trumpft mit reichhaltigen Kulturangeboten auf, die sich nicht allein auf das **Grand Théâtre** an der Place de la Comédie beschränken. Einbezogen sind auch das **Théâtre Fémina** (10 rue de Grassi, www. theatrefemina.fr), das **Théâtre du Pont Tournant** (13 rue Charlevoix de Villers, www.theatreponttournant.com), das **Théâtre des Salinières** (4 rue Buhan, www.theatre-des-salinieres.com) und der **Palais des Sports** (place de la Ferme de Richemont). Veranstaltet von der **Ópera National de Bordeaux,** sind alljährlich rund 200 Termine mit Konzerten aller Art, Ballett, Oper, Operette etc. angesetzt. Infos unter www.opera-bordeaux.com, Tel. 05 56 00 85 95.

Konzerte

■ **Rockschool Barbey** (18 cours Barbey, Tel. 05 56 33 66 00, www.rockschool-barbey.com), **Patinoire de Mériadeck/Axel Vega** (95 cours du Maréchal Juin, Tel. 05 57 81 43 70, www.axelvega.fr; auch Sporttreff) und **Base Sous-Marine** (boulevard Alfred Daney, Tel. 05 56 11 11 50).

Sport und Freizeit

■ **Skatepark:** am Quai des Chartrons.

■ **Fahrradverleih:** Liberty Cycles, 104 cours de l'Yser, Tel. 05 56 92 77 18, www.libertycycles.fr; Esprit Cycles, 27 rue du docteur Charles Nancel Pénard, Tel. 05 56 58 78 34, www.espritcyclesbordeaux.com.

■ **Schwimmbäder:** Piscine du Grand Parc (60 cours de Luze; Do. und an Feiertagen geschl.), Piscine Georges Tissot (46 rue Léon Blum; Di. und an Feiertagen geschlossen), Piscine Judaïque (164 rue Judaïque; Mo. und an Feiertagen geschlossen). Im Juli und August hat folgendes Freibad geöffnet: Piscine Stéhelin (217 avenue Maréchal de Lattre de Tassigny). Außerdem gibt es den bewachten Sommerstrand (Plage du Lac, boulevard Jacques Chaban Delmas), der im Regelfall vom zweiten Juni-Wochenende bis zum zweiten September-Wochenende geöffnet ist.
■ **Fußballmatches** der ersten französischen Liga im Stadion des Clubs Girondins Bordeaux. Außerdem finden in der sportbegeisterten Stadt Veranstaltungen wie **Rugby, Pferde- und Radrennen** statt. Aktuelle Infos über das Office de Tourisme.

Feste

■ Im Mai oder Juni je nach Jahren abwechselnd das **Flussfest** (*Fête de Fleuve;* ungerade Jahre, www.bordeauxfetelefleuve.com) oder das **Weinfest** (*Fête de Vin;* gerade Jahre; www.bordeaux-fete-le-vin.com). Im Herbst und Frühjahr Termine der Kirmes (*Foire aux plaisirs;* Termine unter http://foireauxplaisirs.com) um die Place des Quinconces, außerdem bunte **Sommerprogramme; Weihnachtsmarkt** (www.marche-de-noel-bordeaux.com) auf den Allées de Tourny.

Weitere Reisetipps

Post

■ **Postbüros** u.a.: 1 cours Aristide Briand; 40 cours d'Albret.

Autoverleih

■ Mietwagen am Flughafen und am Gare Saint-Jean.

Parken

■ **Parken,** zahlreiche öffentliche Parkplätze mit insgesamt 10.000 Plätzen u.a. am Ufer der Garonne (nahe Esplanade des Quinconces) und noch zentraler „Les Grands Hommes". Außerdem: Allées de Tourny und Place de la Bourse.

Verkehrsanbindung

■ **Flughafen:** etwa 12 km von der Innenstadt entfernt im westlichen Vorort Mérignac, nationale und internationale Verbindungen, Tel. 05 56 34 50 00, www.bordeaux.aeroport.fr. Airport Shuttle *(navette)* u.a. ab/bis Gare Saint-Jean; 7; Infos und aktuelle Fahrpläne unter http://navetteaeroport-bordeaux.com.
■ **Bahnhof:** Gare Saint-Jean, etwa 2 km südöstlich der Innenstadt nahe der Pont Saint Jean, rue Charles Domercq. Verbindungen u.a. nach Bayonne, Biarritz, Dax, Hendaye und Paris.
■ **Busse:** entweder Bahnhof Saint-Jean oder Gare routière de Quinconces (im Zentrum nahe Esplanade des Quinconces, Netz „Trans' Gironde").
■ Innerstädtischer Verkehr mit **Bussen** und **Tramway** (Straßenbahn).
■ **Flussrundfahrten:** Startpunkt ist im Regelfall der quai Richelieu; Infos im Office de Tourisme.

NICHT VERPASSEN!

- Das Prachtschloss **Château de la Brède** ist der Geburtsort des Philosophen Montesquieu | 40
- Die **Zitadelle** von **Blaye** | 45
- **Saint Émilion** versetzt den Besucher ins Mittelalter zurück | 51
- **Périgueux** bietet viele historische Bauwerke | 58
- Höhlenexkursion in **Les-Eyzies-de-Tayac** | 58
- **Domme** liegt hoch über dem Flusstal der Dordogne | 59
- **Sarlat-la-Canéda:** unbedingt sehenswert! | 59

Diese Tipps erkennt man an der gelben Hinterlegung.

Fast unendlich dehnen sich die Weingärten aus

UMGEBUNG VON BORDEAUX

In der Umgebung von Bordeaux erwarten die Besucher herrliche Weingärten und stattliche Monumente. Optional kommt ein Abstecher in die Dordogne in Betracht, wo sich Dörfer malerisch verwinkeln und Höhlen auf die Spur der Vorgeschichtler bringen. Der Abstecher in die Dordogne (die einen eigenen Reiseführer wert wäre!) ist als kleiner Zusatzservice in diesen Band aufgenommen worden und beschränkt sich daher in aller Kürze auf das Allerwichtigste.

Überblick

Unter den Ausflugszielen der Umgebung lockt Saint Émilion vollkommen zurecht die Besuchermassen an. Dieses malerische Städtchen liegt ebenso im Bordeaux-Weinanbaugebiet wie das von seiner Zitadelle beherrschte Blaye. Die Festung des Städtchens formt zusammen mit dem Fort Pâté und dem Fort Médoc den sogenannten „Vauban-Riegel“ (Verrou Vauban), benannt nach Festungsbaumeister *Vauban* (1633–1707); dieser historische Sperr-Riegel gehört zum **Weltkulturerbe der UNESCO.** Eine interessante Weintour führt durch das Médoc, wo Weingüter *(châteaux)* immer wieder ihre Tore für Besichtigungen öffnen. Hier kann man die erlesenen Tropfen gewissermaßen direkt an der Quelle kosten und sich gleich mit ein paar Flaschenladungen eindecken. An Entdeckungsfreudige, die etwas mehr Zeit zur Verfügung haben, richten sich rund um Saint Émilion Touren durch den Landstrich Libournais, ein umfangreicher Abstecher in die Dordogne und die „Grüne Route“ von Libourne über

Bordeaux und Umgebung

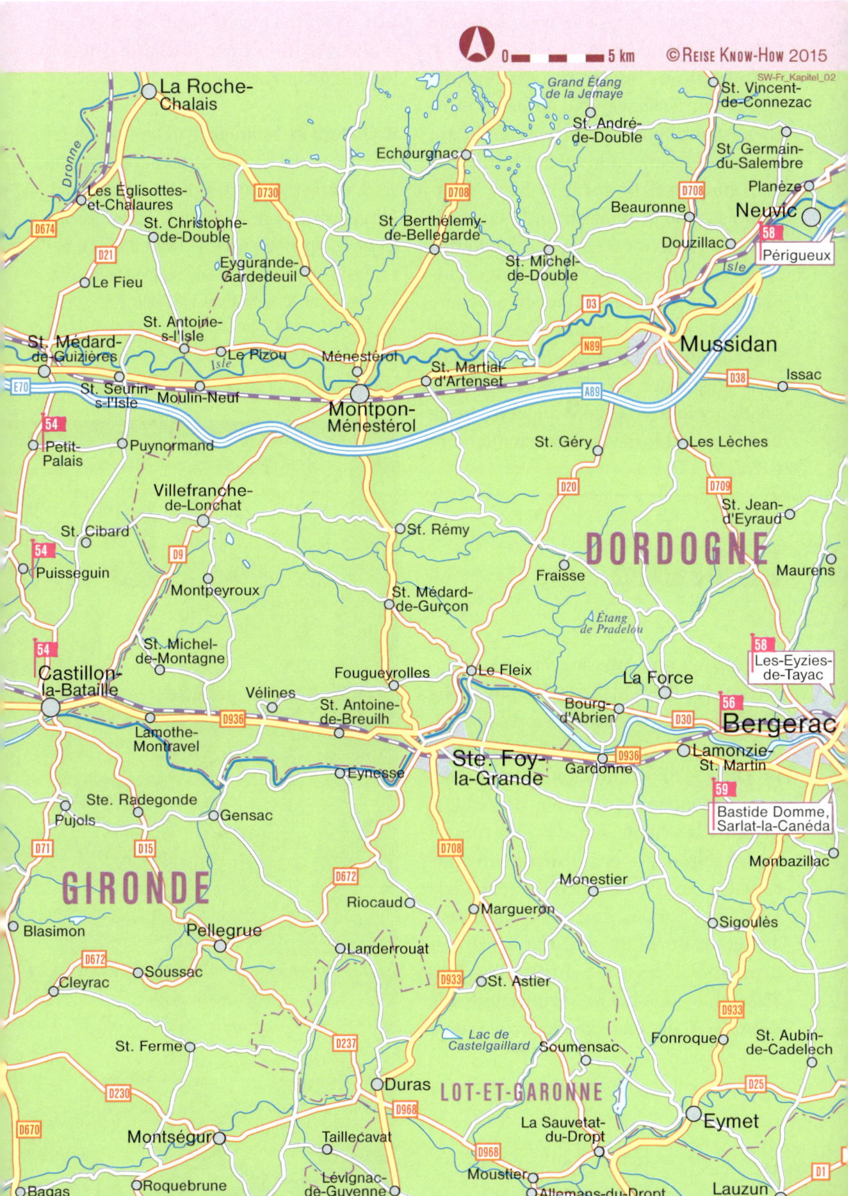
0 5 km
©Reise Know-How 2015
SW-Fr_Kapitel_02
La Roche-Chalais
Dronne
Grand Étang de la Jemaye
St. André-de-Double
St. Vincent-de-Connezac
St. Germain-du-Salembre
Echourgnac
Les Églisottes-et-Chalaures
D730
D708
D708
Planèze
Beauronne
Neuvic
D674
St. Christophe-de-Double
St. Berthélemy-de-Bellegarde
Douzillac
58
Périgueux
D21
Eygurande-Gardedeuil
St. Michel-de-Double
Isle
Le Fieu
D3
St. Antoine-s-l'Isle
N89
Mussidan
St. Médard-de-Guizières
Le Pizou
Isle
Ménestérol
St. Martial-d'Artenset
D38
Issac
E70
St. Seurin-s-l'Isle
Moulin-Neuf
A89
Montpon-Ménestérol
54
Petit-Palais
Puynormand
St. Géry
Les Lèches
Villefranche-de-Lonchat
D20
D709
St. Jean-d'Eyraud
St. Cibard
St. Rémy
DORDOGNE
54
D9
Puisseguin
Fraisse
Maurens
Montpeyroux
St. Médard-de-Gurçon
Étang de Pradelou
54
St. Michel-de-Montagne
58
Les-Eyzies-de-Tayac
Castillon-la-Bataille
Fougueyrolles
Le Fleix
La Force
Vélines
St. Antoine-de-Breuilh
Bourg-d'Abrien
56
D936
D30
Bergerac
Lamothe-Montravel
D936
Lamonzie-St. Martin
Ste. Foy-la-Grande
Gardonne
Eynesse
59
Bastide Domme, Sarlat-la-Canéda
Ste. Radegonde
Pujols
Gensac
D71
D15
D708
Monbazillac
D672
GIRONDE
Monestier
Riocaud
Margueron
Blasimon
Sigoulès
Pellegrue
Landerrouat
D672
Soussac
Cleyrac
D933
St. Astier
D933
St. Ferme
D237
Lac de Castelgaillard
Soumensac
Fonroque
St. Aubin-de-Cadelech
D230
Duras
LOT-ET-GARONNE
D25
D968
Eymet
D670
Montségur
Taillecavat
La Sauvetat-du-Dropt
D968
Moustier
D1
Lévignac-de-Guyenne
Bagas
Roquebrune
Allemans-du-Dropt
Lauzun

Blaye bis hinauf nach Marennes in die Charente-Maritime.

Ab Bordeaux bindet man rasch an die populären Feriengebiete an der nördlichen Atlantikküste an (Schwerpunkt um Lacanau-Océan, rund 60 km nordwestlich) und erreicht auf dem Kurs Westsüdwest über Autobahn und Nationalstraße nach etwa 65 km das Städtchen Arcachon am Bassin d'Arcachon. Südöstlich von Bordeaux führt eine weitere Tour entlang der Garonne über Cadillac und Langon nach Agen, unterwegs kommen Abstecher zu lohnenden Monumenten wie der Stiftskirche von Uzeste und dem Schloss von Roquetaillade in Betracht.

La Brède

Parkanlage und Wassergräben komponieren das Umfeld des **Château de La Brède,** eines Prachtschlosses, dessen historische Wurzeln ins Mittelalter reichen. Im Jahre 1689 wurde hier *Charles de Secondat Montesquieu* geboren, das Schloss bewahrt bis heute seine Erinnerungen an den Baron. *Montesquieu* begann seine Karriere als Parlamentsrat, bekleidete 1716 bis 1726 das Amt des Senatspräsidenten in Bordeaux und trat bis zu seinem Tod 1755 als Schriftsteller und Staatsphilosoph hervor. Sein Hauptwerk „Vom Geist der Gesetze“ datiert aus dem Jahr 1748. La Brède liegt rund 20 km südlich von Bordeaux, rascheste Anfahrt Richtung Langon.

■ **Château de La Brède,** stark wechselnde Zugangszeiten, die man am besten auf der Website des Schlosses checkt (www.chateaulabrede.com). Anhaltspunkte für die Teilnahme an Führungen sind folgende: April Mi.–Mo. 14–18.30 Uhr, Mai nur Sa./So. 14–18.30 Uhr, Juni und September Mi.–Mo. 14–18.45 Uhr, Juli und August Mi.–Mo. 9.30–18.45

Die Franzosen sind stolz auf ihre Weine

Uhr, Anfang Oktober bis Mitte November nur Sa./So. 14–18.30 Uhr (November bis 17.30 Uhr), während des übrigen Jahres geschl.

Information

■ Das für die Gegend maßgebliche **Office de Tourisme** findet man im nahen Martillac: 3 place Marcel Vayssière, Tel. 05 56 78 47 72, www.tourisme-montesquieu.com.

Weintour durch das Médoc

Mein Tipp: In und um Bordeaux herum liegt der – in französischem PR-Deutsch: – „größte und älteste Weingarten feiner Weine dieser Welt“. Wobei das Wort „Garten“ ein wenig untertrieben scheint,

197sf ad

denn die gegenwärtig kultivierte Fläche nimmt rund 120.000 ha ein. Die **Anbaugebiete der Spitzentropfen** liegen dort, wo es Flüsse gibt: nördlich von Bordeaux und dort wiederum westlich der Gironde (z.B. Médoc, Haut-Médoc, Listrac Médoc) und östlich der Gironde (z.B. Côtes et Premières Côtes de Blaye) bzw. südlich von Bordeaux im Einzugsgebiet der Garonne (z.B. Premières Côtes de Bordeaux, Bordeaux Supérieur). Im Süden reichen die Anbaugebiete Vignoble de Bordeaux bis hinter Langon und östlich von Bordeaux bis auf die Höhe von Castillon-la-Bataille. Bei den fortan weiter vorgestellten Ausflügen nach Blaye und Saint Émilion werden weitere Rebenreiche präsentiert.

Die Trauben werden von der Sonne reich verwöhnt, erfreuen sich eines durchweg milden Klimas und der kalk-, kies- und lehmhaltigen Böden. Zu unterscheiden gilt es zwischen knapp 60 **kontrollierten Herkunftbezeichnungen** *(Appellation d'Origine Contrôlée).* Pro Jahr beläuft sich die Produktion im Weinanbaugebiet Bordeaux auf **über fünf Millionen Hektoliter,** die Zahl der Winzer liegt bei rd. 10.000 und jene der direkt und indirekt im Weinbau Beschäftigten bei 56.000. Genug der Zahlenspiele.

Die allgemeine Weinpalette umfasst gleichermaßen trockene Rote wie liebliche Rosés und trockene Weiße, die Rebsorten reichen von **Merlot** bis **Cabernet-Sauvignon.** In Bordeaux gibt es eine eigene **Weinschule** *(École du Vin),* Studien füllen ganze Bände und Listen mit Produzenten ganze Broschüren. Internetseiten wie www.vins-bordeaux-negoce.com und www.medoc-wines.com machen mit den guten Tropfen vertraut – doch kosten muss man sie natürlich selbst!

Die **Weingüter** *(châteaux)* wirken manchmal wie kleine Prunkschlösser und öffnen Besuchern zuweilen ihre heiligen Hallen. Bei Führungen geht es in die Lager *(chais)* hinein, hier steht die fast obligatorische Verkostung *(dégustation)* an – natürlich geknüpft an den Anspruch, etwas zu verkaufen. Einfach probieren und sich verabschieden, nein, das zählt in Frankreich nicht zum guten Ton. Während der Weinlese im Herbst haben jedoch die wenigsten Weingutverantwortlichen Zeit für Besucher. Das Office de Tourisme in Bordeaux **arrangiert Weinguttrips.** Zu beachten ist, dass manche Weingüter eine **Vorab-Reservierung** für den Besichtigungstermin verlangen.

Routenvorschläge

Einer der Routenklassiker führt im Norden von Bordeaux entlang dem Westufer der Garonne bzw. der Gironde durch das Médoc, das „Land der Mitte" zwischen offenem Atlantik und geschützten Flüssen: über **Blanquefort, Cussac-Fort-Médoc** und **Pauillac** bis hinauf in die Gegend um **Valeyrac.** Viele Orte im Weingebiet Médoc stoßen nicht einmal an die 1000-Einwohner-Marke – ein ideales Umfeld, um sich mit dem Landleben und den mitunter knapp 1000-jährigen kleinen Kirchen vertraut zu machen. Weiter im Hinterland des Flusses setzen sich die Anbauzonen bis **Castelnau-de-Médoc, Saint Laurent-Médoc, Lesparre-Médoc** und **Saint Vivien-de-Médoc** fort.

Eine gute und sehr **ausgedehnte Rundtour** ab/bis Bordeaux sähe wie folgt aus: Bordeaux – Blanquefort – Macau – Labarde – Margaux – Lamarque – Cussac-Fort-Médoc – Pauillac – Saint Estèphe – Valeyrac – Saint Vivien-de-Médoc – Lesparre-Médoc – Saint Laurent-Médoc – Moulis-en-Médoc – Castelnau-de-Médoc – Le Taillan-Médoc – Bordeaux. Wer nach einer Tour durch die Weinwelten des Médoc nicht nach Bordeaux zurückkehren möchte, sollte sich entweder die Küste samt dahinter liegendem Seengebiet vornehmen (siehe Kap. „Nördliche Atlantikküste") oder in **Lamarque** mit der Autofähre über die Gironde in die Zitadellenstadt **Blaye** übersetzen. Auf der anderen Flussseite locken weitere Weingärten!

Interessante Orte im Weinland

Nachfolgend eine kleine, alphabetisch geordnete Auswahl von interessanten Gemeinden im Weinland mit Stichworten zu den **Sehenswürdigkeiten** und Adressen von **Weingütern.**

- **Blanquefort,** Festungsreste aus dem 11.–14. Jh., Parc de Majolan, www.ville-blanquefort.fr, www.gahble.org.
- **Cantenac,** Port d'Issan, Château d'Issan aus dem 17. Jh. (Weingut, Tel. 05 57 88 35 91, www.chateau-issan.com); Besuche sind im Regelfall Mo.–Fr. von 9 bis 16 Uhr möglich.
- **Castelnau-de-Médoc,** Kirche aus dem 12. Jh. www.mairie-castelnau-medoc.fr.
- **Cussac-Fort-Médoc,** Fort Médoc aus dem 17. Jh., ein Werk des berühmten Festungsbaumeisters *Vauban* (Febr. und März tägl. 13–17, April tägl. 10–18, Mai–Sept. täglich 10–19, Okt. und Nov. tägl. 11–17 Uhr, sonst geschl.); im Château Lanessan Weinbesichtigungstour und das Musée du Cheval (Pferdemuseum mit historischen Kutschen und Stallbereich; Tel. 05 56 58 94 80, www.lanessan.com; Öffnungszeiten im Regelfall tägl. 9–12 und 14–18 Uhr, telefonische Reservierung vonnöten oder per Mail infos@lanessan.com). Generelle Infos unter www.cussac-fort-medoc.fr.
- **Labarde,** Kirche Saint Martin aus dem 18. Jh. Weingut Château Giscours (Tel. 05 57 97 09 09, http://chateau-giscours.com).
- **Lamarque,** Château de Lamarque mit Wurzeln aus dem Mittelalter (www.chateaudelamarque.fr). Autofähre nach Blaye. Weingut Château Haut-Bellevue (Tel. 05 56 58 91 64, www.chateauhautbelle vue.fr).
- **Lesparre-Médoc,** Tour de l'Honneur aus dem 11./12. Jh. Kirchen Saint-Trelody und Notre-Dame-de-l'Assomption.
- **Le Taillan-Médoc,** Château du Taillan aus dem 17./18. Jh. (Tel. 05 56 57 47 00, www.chateaudu taillan.com.
- **Macau,** Port de Macau, romanischer Glockenturm. Weingut u.a. Château Cambon la Pelouse (Tel. 05 57 88 40 32, www.cambon-la-pelouse.com).
- **Margaux,** Weingüter u.a. Château Margaux (Tel. 05 57 88 83 83, www.chateau-margaux.com) und Château Labégorce (Tel. 05 57 88 71 32, www.labegorce.com).
- **Moulis-en-Médoc,** Romanische Wehrkirche. Im Château Maucaillou das Musée des Arts et Métiers de la Vigne et du Vin (Museum des „Winzerhandwerks"; Öffnungszeiten im Regelfall tägl., am besten vorab telefonischer Kontakt unter Tel. 05 56 58 01 23 oder über das Kontaktformular auf der Homepage www.maucaillou.com). Hier stehen auch fünf Gästezimmer zur Verfügung.
- **Pauillac,** Kais, Jachthafen, Kirche Saint-Martin, Île de Patiras, Château Pichon Longueville Comtesse de Lalande mit Glas-Sammlung. Diverse Sommeraktivitäten. Besuch von Weingütern z.B. bei Château Fonbadet (Tel. 05 56 59 02 11, www.chateau fonbadet.com). Eine Besichtigung des bekannten Château Lafite Rothschild ist nur nach rechtzeitiger Reservierung möglich (www.lafite.com); die Gruppengröße bei Führungen (auf Französisch oder Englisch) ist auf maximal 15 Teilnehmer begrenzt.

■ **Queyrac,** diverse Weingüter wie Château Saint-Hilaire (13 rue de la Rivière, Tel. 05 56 59 80 88, www.chateau-st-hilaire.com); westwärts sind Radausflüge bis an die Küste um Montalivet-les-Bains möglich, nordostwärts lohnt sich ein Ausflug an die Gironde mit dem besuchbaren Phare de Richard aus dem 19. Jh. (www.phare-richard.com). Weitere Infos unter www.mairie-queyrac.fr.

■ **Saint Estèphe,** Port de Saint Estèphe, www.mairie-saint-estephe.fr.

■ **Saint Laurent-Médoc,** Église de Benon aus dem 12./13., Église de Saint-Laurent aus dem 13./14. Jh., Markt freitags vormittags.

■ **Saint Sauveur,** romanische Kirche. Weingut u.a. Château La Fon du Berger (Tel. 05 56 59 51 43, www.lafonduberger.com).

■ **Saint Seurin-de-Cadourne,** Port de la Maréchale. Weingut beispielsweise Château Moulin de Blanchon (Tel. 05 56 59 38 66; www.chateau-moulin-de-blanchon.com). www.saint-seurin-de-cadourne.fr.

■ **Saint Vivien-de-Médoc,** Mittwochvormittag Wochenmarkt. www.stviviendemedoc.fr.

■ **Saint Yzans-de-Médoc,** Port de Laména, Colonne à la Vierge. Weingüter u.a. Château Loudenne (Tel. 05 56 73 17 88; www.chateau-loudenne.com) und Château Bois de Roc (Tel. 05 56 09 09 79; www.chateau-boisderoc.com).

■ **Valeyrac,** Port de Goulée. Weingüter u.a. Château Le Bourdieu (Tel. 05 56 41 58 52, www.lebourdieu.fr) und Château Bellerive (Tel. 05 56 41 52 13, www.chateau-bellerive.com).

Praktische Tipps

Information

■ **Offices de Tourisme** im Médoc u.a. in **Lesparre-Médoc** (7 bis place du Maréchal Foch, Tel. 05 56 41 21 96, www.tourisme-coeurmedoc.com), **Pauillac** (La Verrerie, Tel. 05 56 59 03 08, www.pauillac-medoc.com), **Saint Laurent-Médoc** (1 rue de St-Exupery, Tel. 05 56 59 92 66; http://officedetourisme-saintlaurentmedoc.fr).

■ **Weinhäuser (Maisons du Vin)** sind eine weitere gute Kontakt-, Info- und Kaufadresse, z.B. in **Listrac-Médoc** (36 avenue de Soulac), **Margaux** (place de la Trémoille), **Moulis-en-Médoc** (Le Bourg), **Pauillac** (selbe Adresse wie Office de Tourisme, s.o.) und **Saint Estèphe** (place de l'Église).

Unterkunft

Blanquefort

■ **Hôtel des Criquets**②-③, 130 avenue du 11 Novembre, Tel. 05 56 35 09 24, www.lescriquets.com. 21 Zimmer, mit Restaurant, kleinem Hallenbad, Veranda mit Blick ins Grün. Hier sind auch Arrangements mit Halbpension möglich.

Le Pian-Médoc

■ **Hôtel Le Pont Bernet**①-②, 1160 route de Soulac, Tel. 05 56 70 20 19, www.pont-bernet.fr. 18 Zimmer, Restaurant, im Verband „Logis de France", nahe Golfplatz „Golf du Médoc". Mit Sommerpool und kleinem Park.

Margaux

■ **Hôtel Le Relais de Margaux**③, 5 route de l'Île Vincent, Tel. 05 57 88 38 30, www.relais-margaux.fr. Luxushaus, 63 Zimmer, eingefasst in ein weites Parkgelände, Gourmetrestaurant, Spa.

Pauillac

■ **Hôtel Château Cordeillan-Bages**③, route des Châteaux, Tel. 05 56 59 24 24, www.cordeillanbages.com. Gebäude aus dem 18. Jh., 28 Zimmer, Spitzenrestaurant. Betriebsferien im Regelfall Anfang Dezember bis Mitte Februar.

▷ Die Citadelle de Vauban in Blaye liegt direkt am braunen Strom der Gironde

■ **Complexe Hôtelier de France et d'Angleterre et Le Vignoble**①-②, 3 quai Albert Pichon, Tel. 05 56 59 01 20, www.hoteldefrance-angleterre.com. 48 Zimmer, beliebtes Restaurant. Ist dem Verbund „Logis de France" angeschlossen. Die Tarife im Le Vignoble sind etwas teurer und entsprechen dem höheren Niveau. Mitte Dezember bis Mitte Januar geschlossen.

Queyrac:

■ **Hôtel Les Vieux Acacias**①, 4 rue du Cocteur Donèche, Tel. 05 56 59 80 63, www.hotel-vieuxacacias.net. Familiär geführt, jedes Zimmer ist in einer anderen Dekoration gehalten. Das Haus verfügt über eine nette, gepflegte Außenanlage. In jüngster Zeit ist ein Fahrradverleih eingerichtet worden.

Camping

■ **Camping Municipal Les Gabarreys,** Pauillac, route de la Rivière, Tel. 05 56 59 10 03, camping.les.gabarreys@wanadoo.fr. Geöffnet April bis Oktober. Es werden auch Mobile Homes vermietet.

■ **Camping Le Paradis,** route de Lesparre, Saint-Laurent Médoc, Tel. 05 56 59 42 15, http://leparadis-medoc.com. Geöffnet Anfang April bis Ende Oktober, auch Vermietung von Mobile Homes verschiedener Größe. Pool, separat Wasserrutschen.

Blaye

Blaye, ein 5000 Einwohner starkes Städtchen am Ostufer der Gironde, trumpft mit einem der prächtigsten Beispiele südwestfranzösischer Militärarchitektur auf: mit der **Citadelle de Vauban,** jener Zitadelle, die unverkennbar die Handschrift des berühmten Festungsbaumeisters *Sébastien le Prestre de Vauban* (1633–1707) trägt. Sie wurde zwischen

077sf ad

078sf ad

Zwischen Inland und wildem Atlantik: Route von Libourne nach Marennes

Libourne, eine 22.000-Einwohner-Stadt mit mittelalterlicher Vergangenheit als Bastide, bildet den Auftakt zu dieser landschaftlich und überhaupt sehr abwechslungsreichen Route, die sich 167 km nordwestwärts bis nach Marennes an der Atlantikküste zieht und bedeutsame Städte wie Blaye und Royan durchläuft.

Von Libourne nach Blaye

Auf dem ersten, knapp 50 km langen Teilstück von Libourne nach Blaye geht es durch üppige Weinanbauzonen mit folgenden Stationen (mitunter ein wenig abseits der Hauptstrecke):

■ **Fronsac,** Château de Fronsac.

■ **La Rivière,** romanische Kirche, Château de La Rivière aus dem 16. Jh.

■ **Cadillac-en-Fronsadais,** Château Branda aus dem 14. Jh.

■ **Lalande-de-Fronsac,** romanische Kirche.

■ **Saint André-de-Cubzac,** Geburtsort des französischen Meeresforschers und Dokumentarfilmers *Jacques Cousteau* (1910–97); romanische Kirche (geht auf den Orden der Benediktiner zurück); Cloître des Cordeliers aus dem Jahre 1626; Château Robillard aus dem 16. Jh., prachtvolle, von Architekt *Victor Louis* entworfene Schlossanlage des Château du Bouilh mit schöner Parkanlage (18. Jh.; begrenzte Öffnungszeiten; vor der Planung eines Besuchs am besten Kontaktaufnahme über das Formular auf der Website http://chateaudubouilh.jimdo.com).

■ **Saint Gervais,** romanische Kirche, Rathaus (vormals Château Julie).

■ **Prignac-et-Marcamps,** Prähistorische Bilder von vor mehr als 25.000 Jahren in der Grotte de Pair-non-Pair, die außerdem eine wichtige archäologische Fundstätte war (alleine 6000 Knochenfunde von 60 unterschiedlichen Tieren); hier geht es nur im Rahmen von Führungen hinein, die Besucherzahl ist begrenzt, Reservierungen unter Tel. 05 57 68 33 40 bzw. E-Mail: pair-non-pair@monuments-nationaux.fr; www.pair-non-pair.monuments-nationaux.fr; ganzjährig geöffnet außer Mo.; Mitte Juni bis Mitte September Führungen um 10, 11.15, 14.30, 15.30, 16.30 und 17.30 Uhr, während des übrigen Jahres um 10, 11.15, 14.30 und 16 Uhr.

■ **Bourg-en-Gironde,** Reste der Crypta de la Libarde (11. Jh.), Zitadelle, Flusshafen; Altes Waschhaus (Vieux Lavoir); Stadtmauern; Museum „Au temps des Calèches" (Kutschen; Anfang Juni bis Ende September tägl. 10–13 und 14–19 Uhr, März bis Mai sowie Oktober nur an den Wochenenden). Freier Zugang in den Garten der Zitadelle.

■ **Gauriac,** romanische Kirche.

■ **Villeneuve,** Château de Mendoce, Glockenturm aus dem 14. Jh.

■ **Plassac,** Gallo-römische Villen, dokumentiert seit dem 1. Jh. (Mai bis August tägl. 10–12.30 und 14–18.30 Uhr; April, September tägl. 10–12.30 außer So. vorm. und 14–17.30 Uhr; in den restlichen Monaten nur nach Vereinbarung unter Tel. 05 57 42 84 80); es gibt außerdem ein Museum. Weitere Infos unter http://plassac.gironde.fr.

■ **Blaye** mit der Zitadelle, einem architektonischen Schmuckstück, verdient einen längeren Stopp (s. Ortskapitel).

079sf ad

Von Blaye nach Marennes

Weiter nördlich löst sich die Route von der unmittelbaren Flussumgebung und bindet erst wieder bei Mortagne-sur-Gironde an die Gironde an. Wegbegleiter durch seichtes Hügelland bleiben die Weingärten, auf dem fruchtbaren Boden gedeihen auch Mais und Sonnenblumen. Nördlich von Saint Ciers-sur-Gironde verlässt man das Département Gironde und fährt in die Charente-Maritime ein, zu deren Strandaushängeschildern Saint Georges-de-Didonne und die Urlaubshochburg **Royan** zählen. In und um das an der Gironde-Mündung gelegene Royan findet man zahlreiche Übernachtungsmöglichkeiten in Hotels und auf Campingplätzen. Unterwegs stehen gelegentlich Wein, Käse und Pineau des Charentes (ein Mix aus Traubenmost und Cognac) direkt vom Erzeuger zum Verkauf. Ebenfalls angenehm: Der zwischen Blaye und Royan verlaufende Streckenabschnitt der Route ist normalerweise touristisch nicht allzu stark frequentiert.

Streng genommen gehört die Charente-Maritime nicht mehr in dieses Reisehandbuch, der Vollständigkeit halber seien nachfolgend jedoch alle wesentlichen Stationen der Route auf den verbleibenden 120 km von Blaye bis Marennes erwähnt.

- **Saint Ciers-sur-Gironde,** an der Gironde Port des Callonges; Vogelpark „Terre d'Oiseaux" (www.terresdoiseaux.fr; März bis Okt. tägl., sonst nur Mo.–Fr. geöffnet).
- **Saint Bonnet-sur-Gironde,** Kirche romanischen Ursprungs.

⌃ Weinanbaugebiete an der Route zwischen Libourne und Marennes

080sf ad

Saint Thomas-de-Conac, Moulin de la Croix von 1820 (Windmühle); Château de Conac.

Saint Dizant-du-Gua, Château de Beaulon (15. Jh.); Naturquellen Fontaines Bleues.

Saint Fort-sur-Gironde, Église Saint-Fortunat aus dem 12.–15. Jh.; Port Maubert.

Mortagne-sur-Gironde, netter Flusshafen; Ermitage Monolithe.

Les Monards, Flusshafen.

MEIN TIPP: **Talmont-sur-Gironde,** einer der malerischsten Orte der Charente-Maritime, denkmalgeschützt und für Fahrzeugverkehr gesperrt (Parkplatz am Ortsrand). Die beeindruckende romanische Kirche Sainte Radegonde thront auf einem Felsplateau über dem Wasser, zum Gassengeflecht gehören üppige Rosenstöcke vor kalkweißen Häusern.

Meschers-sur-Gironde, Grottes du Régulus et des Fontaines.

Saint Georges-de-Didonne, Conche de Saint Georges und weit geschwungener Sandstrand mit schöner Promenade; Kiefernhaine des Fôret de Suzac, mehrere Campingplätze.

Royan, Seebad an der Mündung der Gironde mit ausgedehnten Sandstrandarealen an der Hauptbucht Grande Conche. 1945 verheerende Kriegszerstörungen, 18.000 Einwohner. Weitere und etwas verstecktere Stadtstrände wie Foncillon und Pontaillac, reges Sommer-Nightlife, ausgedehnter Hafen, Markthalle, moderne Kirche, zahlreiche Restaurants und Hotels. Ausflugsmöglichkeit per Boot zum Phare de Cordouan, einem 67 m hohen Leuchtturm (Informationen zu Ausflügen: www.pharedecordouan.com). Regelmäßige Autofähre *(bac)* über die Gironde-Mündung nach Pointe de Grave/Le Verdon-sur-Mer, ab dort Anbindung an Feriengebiete wie Soulac-sur-Mer und Carcans-Maubuisson.

Saint Palais-sur-Mer, Feriengemeinde der „Fünf Strände".

La Palmyre, Gebiet der „Wilden Küste" (Côte Sauvage), Sandstrand Bonne Anse, Hafen; modern aufbereiteter Zoologischer Garten mit 1600 Tieren, tägl. geöffnet 9–18 Uhr, im Sommer abends bis 19 Uhr, www.zoo-palmyre.fr; Promenaden, Kiefernwälder, in der Umgebung gute Radtourmöglichkeiten und Ausflug zum 64 m hohen Phare de la Coubre (Leuchtturm).

Marennes, Regionale „Austern-Hauptstadt", Anbindung an die lohnende Insel Oléron und weiter nordwärts nach Rochefort und La Rochelle.

Information

Offices de Tourisme an der Route unter anderem in **Blaye** (siehe dort), **Bourg-en-Gironde** (place de la Libération, Tel. 05 57 68 31 76, www.tourisme.bourg-en-gironde.fr), **Libourne** (40 place Abel Surchamp, Tel. 05 57 51 15 04, www.tourisme-libournais.com), **Royan** (1 boulevard de la Grandière, Tel. 05 46 23 00 00, www.royan-touris me.com) und **Saint André-de-Cubzac** (9 allée du Champ de Foire, Tel. 05 57 43 64 80, www.cubzaguais-tourisme.com).

◁ Das Seebad Royan bezaubert mit seinen Stränden und seinem Sporthafen

1685 und 1689 erbaut und formte zusammen mit dem Fort Pâté und dem Fort Médoc ein ausgeklügeltes Verteidigungssystem an der Gironde.

Am besten, man stellt sein Fahrzeug auf dem Großparkplatz unweit der Mauern ab und betritt von dort aus den Festungsring. Da sich im Innern der Zitadelle ein richtiger kleiner Wohnort befindet, ist der Eintritt frei und jederzeit möglich. Man sollte die Passagen über die Burggräben in Angriff nehmen, sich von den Festungstoren Porte Dauphine oder Porte Royale schlucken lassen und die Welten der alten Mauern und Wachtürme erkunden, die sich über dem Fluss erheben.

Das Gassen- und Wegenetz führt an die **Plaçe d'Armes** heran, an den Couvent des Minimes und an die **Tour de l'Eguillette.** Rundherum bietet sich eine gute Aussicht auf die Gironde, die als breites, braunes Band vorbeizieht. Blaye vorgelagert sind die Flussinseln Île Sans Pain, Île Nouvelle und Île Bouchaud. Heute sind die kriegerischen Zeiten passé. Das Innenleben der Zitadelle bietet friedlich-beschauliche Bilder. Mittendrin gibt es das Hôtel La Citadelle und den örtlichen Mini-Campingplatz, Kunsthandwerkerläden bzw. -ateliers, ein Ausstellungstzenrum und das Archäologisch-Historische Museum im vormaligen Gefängnis. Ende August findet das Theaterfestival in der Zitadelle statt, jederzeit interessant ist ein Besuch der unterirdischen Festungsanlagen. Informationen zu Führungen im Office de Tourisme.

Im näheren Einzugsbereich von Blaye erstrecken sich weite **Weinanbaugebiete.** Kenner schätzen die Rot- und Weißweine „Premières Côtes de Blaye". Aufschluss geben Besuche einzelner Weingüter (Infos im Office de Tourisme von Blaye) und Blayes örtliches Weinhaus.

Information

- **Office de Tourisme,** rue des Minimes, La Citadelle, Tel. 05 57 42 12 09, www.tourisme-blaye.com.
- **Weinhaus:** Maison du Vin de Blaye, 11 cours Vauban, Tel. 05 57 42 91 19, www.vin-blaye.com.

Unterkunft

- **Hôtel La Citadelle**②, plaçe d'Armes, Citadelle de Blaye, Tel. 05 57 42 17 10, www.hotellacitadelle.com. Im Innern der Zitadelle, 21 Zimmer, Schwimmbad, Restaurant mit Spezialitäten der Region.

Camping

- **Camping Municipal,** Citadelle de Blaye, Tel. 05 57 42 00 20. Sehr klein, geöffnet meist nur Anfang Mai bis Ende September.

Verkehrsanbindung

- Ab Blaye regelmäßige **Fahrzeugfähre** *(bac)* über die Gironde nach Lamarque, die letzte Fähre verlässt Blaye meist um 18 Uhr (im Sommer meist 19.30 Uhr bzw. Sa./So. um 21.30 Uhr). Aktuelle Fahrpläne und Tarife auf der städtischen Homepage zum Download unter „Horaires et tarifs du Bac" (www.tourisme-blaye.com).

In der Umgebung

Blaye liegt rund 45 km nordwestlich von Bordeaux und ist an die touristisch interessante **Route** von Libourne nach Marennes angeschlossen, die im Wesentlichen parallel zur Gironde verläuft (siehe hierzu Exkurs „Zwischen Inland und wildem Atlantik"). Blaye ist auch Start- bzw. Durchgangspunkt diverser Wanderwege.

In der näheren Umgebung führen **Bootstouren inklusive Inselstopps** über die Gironde (Auskunft im Office de Tourisme) und Über-Land-Ausflüge u.a. zur Lamafarm „Les Lamas de Brandacot" nach **Saint Paul** (www.elevagelama.com) sowie zu den gallo-römischen Villen von **Plassac,** deren älteste Bauteile aus dem 1. Jh. stammen (April, September und Oktober tägl. 10–12.30 außer So. vorm. sowie 14–17.30 Uhr, Mai bis August tägl. 10–12.30 und 14–18.30 Uhr; während des übrigen Jahres geschl.). **Saint Martin-Lacaussade** hat eine Templerkirche aus dem 12. Jh. In **Cars** gibt es den Glockenturm der Église Saint-Pierre mit farbglasierten Ziegeln zu bewundern und **Cartelègue** wartet mit dem romanischen Schmuckstück Église Saint-Romain auf, eine historische Station von Jakobswegpilgern. Naturliebhaber besuchen den von Feuchtgebieten geprägten Vogelpark „Terre d'Oiseaux" in Saint Ciers-sur-Gironde (Port des Callonges, www.terresdoiseaux.fr; Mitte Juni bis Mitte September täglich 10–20 Uhr, sonst abends je nach Jahreszeit bis 17/18/19 Uhr).

Saint Émilion und das Libournais

Eines der schönsten **mittelalterlichen Städtchen** im Südwesten Frankreichs, eingefasst in ein weitläufiges Weinbaugebiet, mittendrin ein Traumgeflecht aus Gassen und Plätzen – das ist Saint-Émilion, rund 35 km östlich von Bordeaux gelegen. An Sommertagen kann es jedoch vorkommen, dass sich Menschenmassen in den Gassen stauen; übers Jahr verteilt kommen zwischen 800.000 und einer Million Besucher in den Ort aus Stein. Die pittoresken Ansichten des einstmals stark befestigten Fleckens sind halt kein Geheimnis und lassen sich auch in diesem Buch nicht als Geheimtipp etikettieren. Türme und Mauern, Ziegeldächer und ineinander verschachtelt wirkende Häuser komponieren die typischen Bilder Saint Émilions. In der kleinen Altstadt haben sich Weinshops wie Restaurants auf die starke Nachfrage eingestellt. Insbesondere die Bereiche um Place de l'Église Monolithe und Place du Clocher laden zur Einkehr ein.

Die Lokalgeschichte reicht bis ins 8. Jh. zurück, als sich ein Eremit namens *Émilion* hier niederließ und sein bescheidenes Dasein in einer Grotte fristete – doch schon er hatte keine dauerhafte Ruhe. Dem Einsiedler folgten im Laufe der Jahrhunderte zahlreiche Glaubensgenossen wie Augustiner und Franziskaner. Mit Fakten belegbar ist allerdings nicht, dass *Émilion* jemals lebte und im Jahre 767 verstarb ...

Sehenswertes

Gassen und Plätze mögen malerisch sein – doch nicht minder interessant zeigen sich die **unterirdischen Denkmäler,** die einzig bei organisierten Führungen über das Fremdenverkehrsamt zugänglich sind. Hinter der Dreifaltigkeitskapelle (Chapelle de la Trinité, 13. Jh.), die ihrerseits an die Place de l'Église Monolithe stößt, führen 25 Stufen hinab in die **Einsiedlergrotte des Émilion** (Grotte de l'Ermitage), über die sich ein niedriges Felsendach wölbt. Das Licht ist gedämpft, es gibt einen Brunnen, Moos hat sich über die Steine gelegt. Zurückgekehrt ans Tageslicht, geht es in die Dreifaltigkeitskapelle, die in romanisch-gotischem Übergangsstil gehalten und mit Gewölbemalereien über den Glasfenstern ausgeschmückt worden ist.

Ein separater Zugang nahe der Dreifaltigkeitskapelle führt in die **Katakomben** (Catacombes), die nach dem Tod *Émilions* geschaffen wurden. Seile wurden verwendet, um die Verstorbenen hinunterzutransportieren. In schummerigen Licht sind heute zwar noch an den Seiten die Reste der Nischengräber, aber keine Gebeine mehr zu sehen.

Zwischen den Galerien der Katakomben und der imposanten **Felsenkirche** (Église Monolithe) liegt ein Verbindungszugang. Das Besondere: Die Kirche wurde gegen Ende des 11. Jh. nicht in herkömmlichem Stil „erbaut", sondern im Wesentlichen innerhalb von zwei Jahrzehnten in schier übermenschlicher Kraftanstrengung aus dem Fels ausgehöhlt. Wegen Einsturzgefahr und des Drucks durch den oberliegenden Glockenturm hat man die massigen Kirchbögen in moderne Metallkorsette gefasst. Von den Kirchenverzierungen vergangener Zeiten hat sich bis auf einige Basreliefs, die den Kampf des Guten gegen das Böse thematisieren, nichts erhalten. Die Felsenkirche dient heute gelegentlich als Rahmen für Konzerte und religiöse Zeremonien.

Zum monumentalen Gepräge des Ortes zählen weiterhin: der über 192 Stufen besteigbare Glockenturm der Felsenkirche **Clocher de l'Église Monolithe,** der romanisch-gotische Kreuzgang der Stiftskirche (Cloître de l'Église Collégiale) und die Stiftskirche selber, in der die schönen Glasfenster über dem Altarbereich hervorstechen. Etwas abseits des Ortskerns um die Place du Clocher liegen der mittelalterliche Turm des Château du Roy und der im 14. Jh. begonnene Kreuzgang des Franziskanerklosters **Cloître des Cordeliers.** Im unterirdischen Töpfereimuseum **Musée Souterrain de la Poterie** sind südwestfranzösische Keramikarbeiten aus diversen Jahrhunderten zu sehen (Hospices de la Madeleine, 21 rue André Loiseau; tägl. 10–19 Uhr, www.saint-emilion-museepoterie.fr). Ebenfalls interessant: die Bogenstrukturen der alten Markthalle, die an die Place de l'Église Monolithe stoßen.

Ordensgemeinschaften findet man heute nicht mehr in Saint Émilion, doch es gibt nicht nur bauliche Hinterlassenschaften. Den Ursulinen verdankt man das Rezept der Makronen *(macarons)*, die in vielen Geschäften verkauft werden.

■ **Église Monolithe, Catacombes, Chapelle de la Trinité,** nur im Rahmen von organisierten Führungen, die auf Französisch oder Englisch stattfinden (Deutsch auf Anfrage) und regelmäßig über das Office de Tourisme arrangiert werden.

Information

■ **Office de Tourisme,** place des Créneaux, Tel. 05 57 55 28 28, www.saint-emilion-tourisme.com. Auch Infos zu Fahrradverleih, organisierten Weingutbesichtigungen, Privatunterkünften auf Weingütern und Wandermöglichkeiten im Umland.

Unterkunft

■ **Hôtel Au Logis des Remparts**②-③, 18 rue Guadet, Tel. 05 57 24 70 43, www.logisdesremparts.com. Komfortabel, 20 Zimmer. Verschiedene Zimmertypen, große Preisspanne.

www.fotolia.de © sablin

■ **Auberge de la Commanderie**②, 2 rue Porte Brunet, Tel. 05 57 24 70 19, www.aubergedelacommanderie.com, 17 Zimmer mit moderner, keineswegs aber luxuriöser Note; man ist mittendrin im Geschehen.

■ **Hôtel du Palais Cardinal**②, place du 11 Novembre 1918, Tel. 05 57 24 72 39, www.palais-cardinal.com. Lage im unteren Ortsteil, mit Restaurant und kleinem Sommerpool.

Saint Émilion ist eines der romantischsten Städtchen in ganz Südwestfrankreich

Camping

■ **Camping Yelloh!,** Domaine de la Barbanne, Tel. 05 57 24 75 80, www.camping-saint-emilion.com, 125 Stellplätze, Ende April bis Mitte September, kleine Poollandschaft; auch Cottages.

Essen und Trinken

■ **Restaurant Amelia Canta**①-②, 2 place de l'Église Monolithe, Tel. 05 57 74 48 03, www.ameliacanta.com. Im Herzen des Ortes, sommerlicher Terrassenservice, verschiedene Menüs.

■ **La Table 38**①, 38 rue Guadet, Tel. 05 57 74 42 72, www.facebook.com/LaTable38. Hausmannskost und auch der „Saint-Émilion-Burger" in modernem, funktionalem Design. Sonntagsbrunch (Reservierung empfohlen).

Verkehrsanbindung

■ **Bahnhöfe** in Saint Émilion und Libourne mit Verbindungen nach Bordeaux.

In der Umgebung

Nimmt man Saint Émilion als Ausgangspunkt, kann man im Landstrich Libournais zu weiteren Entdeckungstouren starten. Die Gegend ist reich an **Baudenkmälern.** Über einen Umkreis von etwa 20 km um Saint Émilion verteilen sich weit mehr als 40 Kirchen, einige Schlösser und Windmühlen sowie Spuren der Vorgeschichtler in Form von Dolmen, Megalithen und Menhiren.

Westlich von Saint Émilion

■ **Libourne** mit Bastide Libourne aus dem 13. Jh., Tour Richard, Porte du Grand Port, Église Saint-Jean (14./15. Jh.), Place du Marché mit Rathaus, Arkaden, Fußgängerzone um die Rue Gambetta, Museum der Schönen Künste, Zusammenfluss von Isle und Dordogne. Office de Tourisme Libourne, 40 place Abel Surchamp, Tel. 05 57 51 15 04, www.tourisme-libournais.com.

■ **Vayres** an der Dordogne mit Schloss, Ursprünge im Mittelalter und Erweiterungen bis zum 17. Jh., einstmals Besitztum von König *Heinrich IV.*, mit herrlichen Parkanlagen ausstaffiert, im Juli und August tägl. nachmittags, wechselnd 14–18.30 und 13.30–19.30 Uhr, erste Septemberhälfte tägl. 14.30–17.30, sonst Frühjahr und Herbst nur sonn- und feiertags 14–18.30 Uhr, über die Wintermonate geschl.; Führungen im Regelfall zur vollen Stunde; www.chateaudevayres.com.

Nordöstlich von Saint Émilion

■ **Saint Georges** mit Château Saint Georges (18. Jh., Ursprung im Mittelalter) und kleiner romanischer Kirche.

■ **Montagne** mit romanischer Kirche und Ecomusée du Libournais, einem Ökomuseum rund um den Weinbau (9.30–12.30 und 14–18 Uhr, Ende März bis Anfang November tägl., sonst Mo.–Fr.; www.ecomusee-libournais.com).

■ **Parsac** mit romanischer Kirche und mittelalterlichen Burgruinen (Ruines de Malagin).

■ **Lussac** mit vorgeschichtlichem Mégalithe de Picampeau.

■ **Petit-Palais** mit romanischer Kirche und Glockenturm.

■ **Puisseguin** mit romanischer Kirche.

Südöstlich von Saint Émilion

■ **Castillon-la-Bataille** mit Flusslandschaft der Dordogne; Barockkirche; Mitte Juli bis Mitte August etwa ein Dutzend Termine mit Aufführungen des **Historienschauspiels „Bataille de Castillon"** in Erinnerung an die hiesige Schlacht und das damit verbundene Ende des Hundertjährigen Krieges im Jahre 1453 (www.batailledecastillon.com). Es empfehlen sich rechtzeitige Reservierungen über das Bureau de la Bataille, Tel. 05 57 40 14 53, info@batailledecastillon.com.

Weinbaugebiete

Einen Besuch lohnen die Weinbaugebiete um Saint Émilion, auf denen meist die Rebsorten Merlot, Carbernet-Franc und Cabernet-Sauvignon kultiviert werden. Einen besonderen Reiz verströmt der Herbst, wenn die Zeit der Weinlese ansteht. In der Gegend findet man zahlreiche besuchbare **Weingüter,** u.a. in und um Saint Émilion selbst, um Saint Sulpice-de-Faleyrens, Saint Pey-d'Armens, Libourne, Montagne, Saint Christophe-des-Bardes, Saint Laurent-des-Combes und Saint Étienne-de-Lisse. In besuchbaren Anlagen sind **Führungen** mitunter nur nach Voranmeldung *(avec rendez-vous)* möglich und erlauben den Einblick in Fässerlager *(chais à barriques).* Nicht fehlen darf die abschließende Verkostung; Infos über das Office de Tourisme in Saint Émilion bzw. die gut aufgebaute Homepage www.saint-emilion-tourisme.com. Als gute Besuchsadressen gelten das Château Villemaurine (Lieu dit Villemaurine, Tel. 05 57 74 47 30, www.villemaurine.com) und das Château Franc Mayne (Tel. 05 57 24 62 61, www.chateaufrancmayne.com; hier gibt es über den klassischen Rundgang hinaus auch den etwas teureren Besuch mit Ton- und Lichteffekten).

Eine besondere wirtschaftlich-soziale Rolle fällt der seit dem Mittelalter dokumentierten Winzerzunft *(jurade)* des Bezirks Saint Émilion zu, die sich zu feierlichen Anlässen nach wie vor in rote Roben kleidet, während des Frühlingsfestes ihr Urteil zum neuen Weinjahrgang proklamiert und im Herbst die Weinlese eröffnet.

Abstecher in die Dordogne

Urzeitliche Höhlen und mittelalterliche Städte, Klöster und Mauerringe, Birkenwälder und Walnussbäume, romantische Gärten und Flüsse – dies und vieles mehr erwartet Sie in der Dordogne, die im weiten Osten von Bordeaux beginnt und eigentlich abseits der in diesem Reisehandbuch vorgestellten Ziele liegt. Trotzdem: hier ein Abstecher-Tipp in der gebotenen Kürze! Zwischen Bordeaux und der Département-Hauptstadt **Périgueux** liegen rund 120 Straßenkilometer.

Auch ein zweiter markanter Begriff geistert durch die Landschaft: **Périgord.** Denn wer von der Dordogne spricht, meint das Périgord und umgekehrt. Richtig ist beides, denn *Dordogne* bezeichnet heute das Département im nordöstlichen Aquitanischen Becken, das aus dem historischen Gebiet Périgord um die Flüsse Vézère, Dordogne und Isle hervorgegangen ist. Einheimische hören den Ausdruck *Périgord* lieber. Der Name weist Jahrhunderte zurück auf jene Grafschaft, die – wegen ihrer Lage im Grenzland – zwischen England und Frankreich hart umkämpft war und unter *Heinrich IV.* mit der französischen Krone vereint wurde.

Spezialisten unterscheiden heute vier Lokalregionen: das vom Weinbau geprägte **Périgord Pourpre** (Purpurrotes Périgord) im Süden und Südwesten, das an Wäldern und Wasser reiche **Périgord Vert** (Grünes Périgord) im Norden, das zentrale **Périgord Blanc** (Weißes Périgord) der Kalksteinplateaus und das von dunklen Höhlen durchlöcherte **Périgord Noir** (Schwarzes Périgord) im Südosten. Über den gesamten Landstrich verteilen sich Dutzende sehenswerter Schlösser, z.B. das Château des Milandes (mit Wurzeln im späten 15. Jh. und vorübergehend einer besonders berühmten Besitzerin, der 1975 verstorbenen Tänzerin und Chansonsängerin *Josephine Baker;* www.milandes.com), das Château de Castelnaud (www.castelnaud.com) oder das Château de Biron. Zu den kulinarischen Schätzen zählen Trüffel und Gänseleber. Das Périgord ist durchweg ländlich-bäuerlich geprägt. Außer Weingärten findet man vornehmlich Gemüse-, Getreide- und Tabakfelder. Als größte Städte weit und breit stechen Bergerac und Périgueux hervor. Gute Tipps gibt die Seite www. guide-du-perigord.com.

Bergerac

Das rund 30.000 Einwohner zählende Bergerac wartet auf mit einer kleinen Altstadt, der Markthalle, dem schönsten Stadtplatz Pélissière, dem **Cloître des Récollets** (Struktur aus dem 17./18. Jh.; heute mit Weinhaus) sowie dem Angedenken an *Cyrano de Bergerac* (1619–55). Jenen Vorreiter der Aufklärung und Meister der Satire ließ der Dramatiker *Edmond Rostand* als Bühnenfigur aufleben, Frankreichs Filmstar *Gérard Depardieu,* aus Steuergründen später russischer Staatsbürger, hauchte der langnasigen Gestalt unnachahmliches Leben auf der Leinwand ein.

Die Kulturgeschichte des Tabaks bringt in Bergerac an der Place du Feu das **Musée du Tabac** näher. Einen Abstecher wird Schlossliebhabern das Château Monbazillac (http://chateau-monbazillac.com) wert sein, auf dem Château de Sanxet (www.sanxet.com) werden alte Automobile gezeigt.

Östlich von Bergerac liegen das **Schloss von Lanquais** (http://chateaudelanquais.fr) und die im 12. Jh. begründete **Abtei von Cadouin** mit einem prächtigen Kreuzgang. Richtung Norden lässt sich die Weiterfahrt nach Périgueux mit einem Schlenker zum stolzen **Château de Montréal** kombinieren. 12 km südlich liegt das **Château de Bridoire,** ein weiteres Schmuckstück der Renaissance (www.chateaudebridoire.com).

- **Informationen** im Office de Tourisme, 97 rue Neuve d'Argenson, Bergerac, Tel. 05 53 57 03 11, www.bergerac-tourisme.com.

Unterkunft

- Recht günstig kommen Sie in Bergerac im **Europ'Hôtel**① (20–22 rue du Petit Sol, Tel. 05 53 57 06 54, www.europ-hotel-bergerac.com) unter, ebenso im **Hôtel Verotel**① (9 route d'Agen, Tel. 05 53 24 89 76, www.hotelverotel.fr).

Verkehrsverbindung

- Bergerac ist mit seinem **Flughafen** (route d'Agen, Tel. 05 53 22 25 25, www.bergerac.aeroport.fr) ans internationale Flugnetz angeschlossen, Verbindungen u.a. mit Ryanair nach Charleroi.

› Die Kathedrale Saint-Front in Périgueux

www.fotolia.de © Nicolas ROCHETTE

Périgueux

Wesentlich mehr zu bieten als Bergerac hat das unwesentlich größere Périgueux (ca. 35.000 Einwohner), dessen Geschichte sich zurück bis in die Römerzeit spannt. Nicht weit von der Isle entfernt liegt die geschäftige Altstadt, in der man sich warm aufgenommen fühlt und lohnende Ziele ansteuert: Renaissancehäuser im Bereich der Rue des Farges sowie die weithin von ihrem Glockenturm überragte **Cathédrale Saint-Front** samt Kuppeln und Ziertürmchen. Zweites großes Sakralbauwerk ist die im 11. Jh. begonnene **Église Saint-Etienne-de-la-Cité.** An die Ära der Römer erinnern der Tempelturm **Tour de Vésone** und die Reste des **Amphitheaters.** Die Stadt ist überdies für ihre zahlreichen Märkte bekannt.

■ **Informationen** im Office de Tourisme, 26 place Francheville, Périgueux, Tel. 05 53 53 10 63, www.tourisme-perigueux.fr.

Unterkunft

■ In Périgueux kommen Sie in der **Périgueux Résidence Hôtelière**① (38 avenue Georges Pompidou, Tel. 05 53 35 70 70, www.prh-perigueux.com; mit Restaurant) sehr günstig unter. Gutes Preis-Leistungs-Verhältnis auch im **Hôtel Bristol**①-② (37–39 rue Antoine Gadaud, Tel. 05 53 08 75 90, www.bristolfrance.com).

Ausflüge in alle Himmelsrichtungen

Périgueux dient bei Ausflügen als Sprungbrett in alle Himmelsrichtungen. Über einen allerdings recht weiten Umkreis verteilen sich wichtige Baudenkmäler und Höhlen. Nordwestwärts erheben sich die **Schlossanlagen von Bourdeilles** und die **Abtei von Brantôme,** in den hohen Norden geht es zur **Grotte de Villars** (http://grotte-villars.com), in den Nordosten zum **Château de Laxion** (16./17. Jh.; Corgnac sur-l'Isle) und zum **Château de Jumilhac** (Wurzeln im 12., erweitert bis ins 18. Jh.; Jumilhac-le-Grand), in den Südwesten zum **Château de Neuvic** (16. Jh.), weit im Osten zum **Château de Hautefort** und zur **Grotte de Tourtoirac** (www.grotte-de-tourtoirac.fr). Tief im Südosten – kombinierbar mit einer Weiterfahrt nach Domme – liegen die **Grottes de Maxange** (http://lesgrottesdemaxange.com).

Weitere sehenswerte Orte

Weit in Richtung Südosten stößt man nach **Les-Eyzies-de-Tayac** und somit ins Tal der Vézère und zur Wiege des Cromagnon-Menschen vor. Hier zeigt sich nachdrücklich: Schon die Vorgeschichtler wussten in der Dordogne zu leben und verwandelten eine Grotte in eine Kunstgalerie, indem sie dort monumentale Stiermotive auf die Wände auftrugen: in der erst 1940 entdeckten **Höhle von Lascaux,** die ebenso zum **Weltkulturerbe** der UNESCO gehört wie die nahen Grotten Font-de-Gaume, Combarelles und Rouffignac. Wermutstropfen: Die Weltattraktion Lascaux ist längst für den Publikumsverkehr geschlossen, Trost spendet ein Höhlennachbau („Lascaux 2").

In Les-Eyzies-de-Tayac bieten sich Besuche der Höhlen **Font de Gaume** und **Combarelles** an, für die beide eine strikte Besuchergrenze gilt. Die faszinierenden Karstformationen und Höhlenbilder bekommt man nur in kleinen Besuchergruppen zu Gesicht (Reservierungen unter Tel. 05 53 06 86 00, fontdegaume@monuments-nationaux.fr; http://eyzies.monuments-nationaux.fr). Ergänzend dazu: das Nationalmuseum der Vorgeschichte (Musée National de Préhistoire; http://musee-prehistoire-eyzies.fr).

Ein lohnendes Ausflugsziel in der Umgebung ist das **Château de Commarque** (www.commarque.com), das sich erhaben aus dem Landschaftsgrün abzeichnet und zwischen Anfang April und Anfang November seine Pforten für Besucher öffnet.

■ Weitere Infos über das **Fremdenverkehrsamt in Les-Eyzies-de-Tarnac:** Office de Tourisme, 19 avenue de la Préhistoire, Tel. 05 53 06 97 05, www.lascaux-dordogne.com.

■ Übernachtung in Les-Eyzies-de-Tayac z.B. im **Hôtel Le Centenaire**②-③ (2 avenue du Cingle, Tel. 05 53 06 68 68, www.hotelducentenaire.fr). Etwas außerhalb Gästezimmer in der schönen Anlage **Le Panoramique**① (Beune, Tel. 05 53 06 98 82, www.spadi-lepano ramique.com).

Im tiefen Südosten des Périgord warten mit Domme und Sarlat-la-Canéda zwei Ziele mit besonders schönem mittelalterlichem Gepräge auf. Die Ende des 13. Jh. begründete Bastide **Domme** erhebt sich hoch über dem Flusstal der Dordogne, das Geflecht aus Mauern und Gassen sowie die herrlichen Ausblicke rechtfertigen einen Abstecher von weither. Unterhalb der Bastide liegt die größte natürliche Grotte im Périgord Noir (deren Besuch zu empfehlen ist).

Ein weiterer interessanter Ausflug führt westwärts zum majestätischen **Château de Castelnaud** in Castelnaud-la-Chapelle (www.castelnaud.com).

■ **Informationen in Domme** im Office de Tourisme, place de la Halle, Tel. 05 53 31 71 00, www.perigordnoir-valleedordogne.com. Ab dem Office de Tourisme machen Führungen mit dem einstigen Gefängnis der Tempelritter (Prison aux Templiers) und ihren „Graffitis" vertraut.

■ Übernachtung in Domme preislich moderat im **Hôtel Les Quatre Vents**① (Tel. 05 53 31 57 57; www.hotel-dordogne-perigord.fr).

Sarlat-la-Canéda ist auf malerischste Weise verwinkelt und zieht Besucher mit Plätzen und efeuumrankten Häuserzeilen in seinen Bann – ein Gedicht in Stein, in dem es nicht an Einkehrmöglichkeiten mangelt. Zusätzlichen Anreiz für einen Besuch gibt der große Samstagsmarkt.

■ Alle maßgeblichen Informationen im Office de Tourisme von Sarlat-la-Canéda: 3 rue de Tourny, Tel. 05 53 31 45 45, www.sarlat-tourisme.com.

■ Gepflegte Unterkunft etwas außerhalb von Sarlat-la-Canéda im **Hôtel Meysset**②-③ (62 route d'Argentouleau, Tel. 05 53 59 08 29, www.hotel-meysset.com) inkl. Frühstück; geöffnet Mitte April bis um den 20. Oktober

Sport und Freizeit

■ Auch ohne direkten Kontakt zum Meer hat die Region im Bereich Sport und Freizeit eine ganze Menge zu bieten: allein etwa 5000 km Wanderwege, 1000 km Mountainbikewege, Hunderte Kilometer empfohlener Strecken zum Reiten bzw. für mehrtägige Pferdewagentouren *(roulotte à cheval)* sowie gute Möglichkeiten des Kanuwanderns auf der Dordogne und der Vézère.

098sf ad

2 Nördliche Atlantikküste

Ideales Urlaubsziel für Freunde von Sonne, Strand und pulsierendem Leben. Arcachon und die Feriengemeinden Le Porge, Lacanau-Océan und Hourtin bietet eine Fülle von Sportangeboten und Freizeitaktivitäten sowohl für ausgehfreudige Gäste als auch für Familien mit Kindern.

< Strand und Dünengebiete in der Nebensaison

NÖRDLICHE ATLANTIKKÜSTE UND HINTERLAND

198sf ad

Markant setzt das Becken von Arcachon einen geografischen Schnitt, süd- und nördlich davon erwarten Sie herrliche, lange Strände. Nicht zu vergessen das Hinterland mit seinen Seen, Rad- und Wanderwegen. Kulinarisch befinden Sie sich in der Hochburg der Austernzucht.

⊡ Am Abend auf der Düne von Pilat

NICHT VERPASSEN!

- Schlendern auf den **Promenaden** in **Arcachon** | 70
- Aus 60 Mio. Kubikmetern Sand besteht die **Dune du Pilat** | 75
- Imposant: der **Leuchtturm** von **Cap Ferret** | 81
- Bei Wassersportlern beliebt: der **Lac de Lacanau** | 86
- Pralles Leben in **Carcans-Plage** | 87
- Strandaktivitäten aller Art in **Hourtin-Plage** | 91
- 2600 Sonnenstunden pro Jahr bietet **Soulac-sur-Mer** | 92
- Der 67 m hohe **Phare de Cordouan** ragt einsam aus dem Wasser | 92

Diese Tipps erkennt man an der gelben Hinterlegung.

Überblick

In Arcachon werden Urlaubsträume wahr, hier wartet eine der prickelndsten Städte der Atlantikküste auf – vorausgesetzt, man reist während der wärmeren Jahreszeit an. In der Wintersaison zeigt Arcachon ein gänzlich anderes Gesicht, ausgestorben bis mausetot. Oder, positiv formuliert: ein ideales Umfeld für Ruhesuchende und eine gute Gelegenheit, die Einsamkeit im nahen Vogelpark von Le Teich oder auf den Wanderwegen zu genießen! Von klirrender Kälte kann im Winter keine Rede sein. Im Dezember und Januar halten sich die Mittelwerte um 10 °C und im Februar um 12 °C. Etwa zur selben Zeit setzt die Mimosenblüte ein. Im Juli und August bewegen sich die **Spitzenwerte um den 25 °C-Bereich.** Insgesamt verzeichnet das Becken von Arcachon ein angenehmes Jahresmittel von 2000 Sonnenstunden.

Im Sommer gibt es an der nördlichen Atlantikküste ein **riesiges Freizeitangebot.** Man sollte also wissen, auf was man sich einlässt, und sich nicht beklagen, wenn einem eine Urlaubshochburg wie Lacanau-Océan an manchen Tagen überfüllt vorkommt. Genau das Richtige

2

Nördliche Atlantikküste

SW-Fr_Kapitel_01b
Royan
Soulac-s-Mer
ATLANTIK
Carcans-Plage
Lacanau-Océan
Arcachon
84
Lacanau-Océan
Le Moutchic
86
Lac de Lacanau
84
Lacanau
D6
La Grande-Escourre
85
D5E3
D3
D5
Saumos
GIRONDE
83
Le Porge-Océan
D5E4
Le Temple
83
Le Porge
La Jenny
Canal de Lège ou du Porge
D5
81
Grand Crohot Océan
Lège-Cap-Ferret
Militär
Forêt Domaniale de Lège et Garonne
81
Arès
D106
RÉSERVE NATURELLE PRÉS-SALÉS
GOLF DE GASCOGNE
80
Andernos-les-Bains
Petit Piquey
D3
D5
Grand Piquey
80
Lanton
PARC NATUREL RÉGIONAL DES LANDES DE GASCOGNE
Île aux oiseaux
Domaine des Certes
80
Audenge
BASSIN D'ARCACHON
66
D3
N250
Cap Ferret
Arcachon
Austernhaus
Réserve Ornithologique
80
75
80
Biganos
Pyla-Sur-Mer
77
Facture
81
73
Gujan-Mestras
Le Teich
Pointe du Cap Ferret
La Teste-de-Buch
A660
Relais Nature
Mios
RÉSERVE NATURELLE DU BANC D'ARGUIN
Dune du Pilat
Zoo du Bassin d'Arcachon
Canal des Landes
Eyre
GIRONDE
75
D216
Pointe d'Arcachon
D218
77
D652
La Caplanne
Cazaux
PARC NATUREL RÉGIONAL DES LANDES DE GASCOGNE
Étang de Cazaux et de Sanguinet
Forêt de Lagnereau
Port Maguide
Sanguinet
Lugos
Biscarrosse-Plage
D652
Gare de Lugos
Forêt de Biscarrosse
Ispes
D146
Navarrosse
D46
Petit Étang de Biscarrosse
Biscarrosse

ist es für jene, die pulsierendes Leben suchen! Nicht ganz so ausschweifend geht es dagegen in kleineren Orten wie Maubuisson zu.

Zum Glück für alle dehnen sich die sandigen **Strände** zwischen Soulac-sur-Mer – im Norden nahe der Gironde-Mündung – und Cap Ferret, Südzipfel und Westbegrenzung des Bassin d'Arcachon, angenehm weit aus, sodass sich die Wasserratten und Sonnenanbeter verteilen. Sardinendoseneffekte bleiben in der Regel aus.

Alternativen zu den Atlantikstränden bilden die dicht hinter der Küste gelegenen **großen Binnenseen** Lac de Lacanau und Lac d'Hourtin et de Carcans, die beide bei Wassersportlern hoch im Kurs stehen. Wer in den See- und Strandgemeinden des nördlichen Küstenabschnitts Station macht, hat es nicht weit bis zu den **Weinbaugebieten** des Médoc (siehe Kap. „Bordeaux und Umgebung").

Arcachon

„Es gibt auf der ganzen Welt wohl kaum einen anderen Ort, der faszinierender ist als die Bucht von Arcachon", heißt es in einer lokalen Broschüre. Dieses Loblied ist natürlich maßlos übertrieben, doch Arcachon und das **Bassin d'Arcachon** verströmen wirklich ihre Reize.

Arcachon liegt quicklebendig auf der Höhe der Zeit, ein traditioneller Ferienkracher, den die ausgehfreudige Jugend ebenso in ihren Bann zieht wie Familien mit Nachwuchs. Ob sandige Strände oder breite Promenaden, Kinderclubs oder Nightlife, Bootstouren oder kulinarische Genüsse mit frisch geernteten Austern – für jeden Geschmack hält das Städtchen samt Umgebung sein Angebot bereit: für Wassersportfreunde wie Sonnenhungrige, für Jogger wie Gourmets. Spaziergänger und stramme

200sf ad

Wanderer können die Wege um die ausgedehnte und wegen ihrer Austernzucht berühmte Bucht angehen, die 155 km^2 einnimmt und bei Ebbe bis auf eine Fläche von etwa 40 km^2 leer läuft. Der Buchtrandweg erstreckt sich 80 km bis Cap-Ferret, der Radweg dorthin ist etwas länger (ca. 100 km). Einzig geschichtliche Spurensucher dürften enttäuscht sein, denn Arcachon fährt wenig historische Substanz auf und hat weder imposante Monumente noch Museen zu bieten. Als Ausnahmen mag man die Basilique Notre-Dame und die Villen in der „Winterstadt" (Ville d'Hiver) anführen.

Das Casino von Arcachon

An der Jetée d'Eyrac, einer der beiden zentralen Molen von Arcachon

Die Orientierung im Ort ist denkbar einfach. Der kleine Stadtkern breitet sich zwischen der Place Roosevelt/Esplanade Georges Pompidou (Touristeninformation) und dem Ufer aus, wo Promenaden und Sandstrände warten. Die Hauptstrände werden von den beiden Molen Eyrac und Thiers unterteilt, Startpunkte von **Bootsausflügen.** Der große **Sporthafen** liegt etwa 1,5 km östlich der City, während man westlich der Innenstadt zu weiteren **Stränden** vorstößt: Plage Pereire, Plage des Abatilles, Plage des Arbousiers und Plage du Moulleau. Diese Gebiete leiten in den **Vorort Pyla-sur-Mer** über, an den sich südwärts der Sandgigant der Dune du Pilat (Dune du Pyla) anschließt. Der Aufstieg auf **Europas mächtigste Düne** ist im Anschluss an dieses Kapitel beschrieben. Tipp: Eine Fahrt dorthin aus der Stadt im Linienbus erspart die Parkplatzsuche auf dem ge-

Arcachon

bührenpflichtigen Areal; Alternative ist die Anfahrt mit dem Fahrrad.

Südlich von Arcachon bricht man Richtung Biscarrosse und Mimizan zu den Strandschätzen der Côte d'Argent auf (siehe Kap. „Südliche Atlantikküste"), während man auf dem Weg gen Norden das weite Becken von Arcachon umfährt. Wer sich mit einer dosierten Ration Großstadt begnügt, kann Bordeaux durchaus als Tagesausflug ab Arcachon angehen (hin und zurück etwa 130 km). In umliegenden Orten wie Gujan-Mestras und Cap Ferret kann man alternativ zu Arcachon Quartier beziehen; Arès, Lanton und Andernos-les-Bains sind unter Campingfreunden beliebt.

Geschichte und Gegenwart

Eine **Legende** führt ins frühe 16. Jh., als *Thomas Illyricus* auf seinen apostolischen Reisen in Frankreich unterwegs war. Ursprünglich stammte er aus Illyrien an der Adriaküste, war dem Ruf Gottes gefolgt und dem Orden der Franziskaner beigetreten. Während seines Wirkens predigte er mit Eifer und ohne Unterlass und wählte die Einsamkeit der Wälder von Arcachon als Hort für sein Eremiten-Dasein. Eines Tages, als der Einsiedler entlang der Küste spazierte und seinen frommen Gedanken nachhing, zog plötzlich ein schwerer Sturm auf. Bald bemerkte er in der Ferne zwei

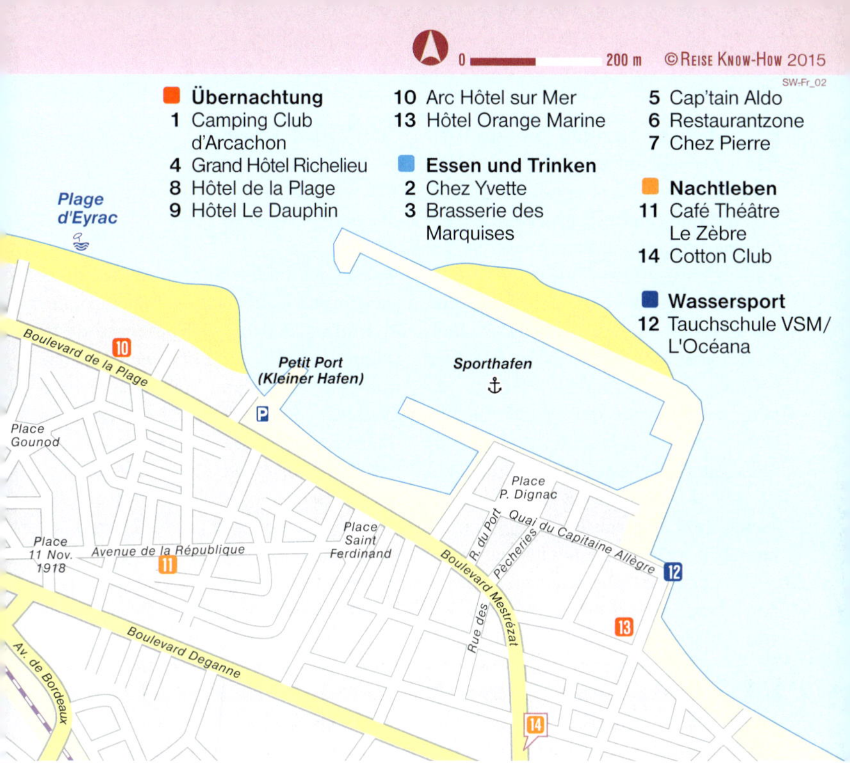

Schiffe, die Wind und Wellen hoffnungslos ausgeliefert zu sein schienen und immer weiter auf die Sandbänke zugetrieben wurden. Das tödliche Schicksal schien unaufhaltbar. Da kniete sich *Thomas Illyricus* nieder, zeichnete ein Kreuz in den Sand und rief Gott um Hilfe für die bedrohten Seeleute an. Sogleich flaute der Sturm ab, die Wellentäler glätteten sich, die Schiffe steuerten zurück aufs offene Meer. Aus tiefster Seele dankte der fromme Mann dem Allmächtigen, als er plötzlich vor seinen Füßen ein Bildnis der heiligen Jungfrau Maria entdeckte – **das Wunder von Arcachon,** das sich gegen 1519 ereignet haben soll!

Bruder *Thomas,* so setzt die Legende fort, errichtete der Madonna zu Ehren eine schlichte Holzkapelle und betete ein ums andere Mal voller Liebe und Ehrfurcht vor der Statue. So entstand das **Sanctuaire Notre-Dame d'Arcachon,** das „Heiligtum Unserer Lieben Frau von Arcachon", das später von zahlreichen Gläubigen verehrt wurde. Die erste Kapelle des *Thomas Illyricus* fiel 1624 einem neuerlichen Sturm zum Opfer, der steinerne Nachfolgebau versank 1721 im Sand – in beiden Fällen konnte das Marienbildnis auf wundersame Weise gerettet werden. Im Jahre 1722 wurde mit der **Chapelle des Marins,** der „Kapelle der Seeleute", das dritte kleine Gotteshaus errichtet, das bis heute ungebrochen Wallfahrer aus nah und fern anlockt. Seit Mitte des 19. Jh. wird die Kapelle von der großen Basilique Notre-Dame ummantelt.

Sieht man einmal vom Marienheiligtum ab, herrschte in der Gegend im Wesentlichen das blanke Nichts vor. Erst Mitte des 19. Jh. begann sich Arcachon an der weit ausgreifenden Bucht selben Namens herauszubilden. Was mit ein paar dahingewürfelten Villen für die wohlbetuchten Schichten und als Ort der Austernzucht begann, ist heute auf die 12.000-Einwohner-Marke geklettert – eine Zahl, die während der Sommermonate um ein Vielfaches ansteigt!

Von den guten alten Zeiten legt die ein Stück landeinwärts versetzte **Ville d'Hiver,** die Winterstadt, Zeugnis ab. Sie ist heute nichts weiter als ein Viertel, das sich im Grün ausbreitet und etwa 200 Villen und Ferienhäuser umfasst. Manche stellen ihre kunstvoll gestalteten Fassaden zur Schau und halten die Erinnerung an die Bourgeoisie des 19. Jh. lebendig.

Fremdenverkehr, Austernzucht und Fischfang formen in unserer Zeit die Stützpfeiler der regionalen Wirtschaft. Überall sind Ferienwohnkomplexe und Villen zu sehen. Im Sommer verzeichnen Hotels, Restaurants, Bars, Brasserien und Campingplätze einen Boom und machen das Geschäft des Jahres – kein Wunder, dass im Winter viele Einrichtungen ihre Pforten schließen.

Tipp für die Fortbewegung im Stadtgebiet: die umweltfreundlichen „Ého"-Elektrobusse.

⊡ Glasfenster mit Marienmotiv in der Basilique Notre-Dame

Sehenswertes

Promenaden, Hauptstrände und City

Arcachons praller Sommertrubel konzentriert sich auf die Flaniermeilen nahe der Strände, also den **Boulevard de la Plage** und den verkehrsfreien Bereich um Place Thiers und Boulevard Veyrier Montagnères. Hier spürt man die sommerliche Leichtigkeit des Seins am besten, hier wehen verführerische Restaurant- oder simple Frittendüfte um die Nase – über Tag und nach Einbruch der Dunkelheit. An Sommerabenden heißt es „Bühne frei" für Performancekünstler, Musiker, Maler, Henna-Tätowierer. Man sollte sich Zeit nehmen, sich ein Päuschen oder einen Terrassendrink gönnen, die Blicke auf die Bucht genießen und das bunte Boulevardtreiben an sich vorbeiziehen lassen, das nach den immer gleichen Regeln des Sehen und Gesehenwerden abläuft!

Wer sich ein Gläschen oder eine Mahlzeit genehmigt, sollte wissen, dass das Ambiente natürlich seinen Preis hat. In den örtlichen Speisetempeln kann man nicht gerade mit den günstigsten Angeboten rechnen, manches wirkt schlicht überteuert und fällt unter die Kategorie Touristennepp.

An den **Molen** *(jetées)* stechen Ausflugs- und Linienboote in See, die zentral gelegenen Stadtstrände sind zum Baden und Sonnenbaden akzeptabel. Im Rücken der Strandpromenade liegen das **Casino** und der moderne **Palais des Congrès,** der Kongresspalast.

Von der Place Thiers fließt die Avenue Gambetta ab und schiebt sich an Cafés und Boutiquen vorbei bis zur Place

Roosevelt mit dem **Office de Tourisme.** Als Ergänzung zum Schaufensterbummel auf der Avenue Gambetta bietet sich ein Streifzug über den stimmungsvollen städtischen **Markt** (Marché Municipal) nahe dem Rathaus (Hôtel de Ville) an, eine gute Gelegenheit, um Frischwaren und Käse zu kaufen, aber auch, um zwischendurch einen Kaffee oder eine Portion Austern zu genießen. Eine weitere betriebsame Zone eröffnet sich um die Rue du Maréchal de Lattre de Tassigny. Wer sich für die regionale Meeresflora und -fauna interessiert, findet das kleine **Musée-Aquarium** nahe dem Casino in der Rue du Professeur Jolyet 2 (Mitte Februar bis Anfang November tägl.; www.musee-aquarium-arcachon.com). Die Einrichtung wird vom Ozeanografischen Labor der Universität Bordeaux wissenschaftlich unterstützt; Weltbewegendes darf man nicht erwarten.

Basilique Notre-Dame

Abseits des sommerlichen Strand- und Citytrubels erhebt sich die spitztürmige Basilique Notre-Dame auf einem kleinen Plateau am Ende der Allée de la Chapelle an der Place Notre Dame. In den Baukörper der Basilika eingefasst ist die **Seefahrerkapelle Chapelle des Marins,** in der die Gläubigen noch heute der heiligen Jungfrau für dargebrachten Schutz danken und mitunter symbolische Gaben hinterlassen. Mit welchen Worten manche Wallfahrer die Notre-Dame d'Arcachon und die himmlische Instanz verehren, führt ein kirchliches Faltblatt vor Augen: „Oh, unsere Liebe Frau, meine Mutter und meine Königin, mit welcher Freude werfe ich mich zu deinen Füßen nieder. Keiner kann die Wunder erzählen, die du jeden Tag für die anflehenden Seelen machst. Welches Vertrauen, welche Liebe beseelt alle deine Kinder. Stern des Meeres, schütze den Seemann vor den Gefahren der See und führe ihn in den Hafen!"

In ihren historischen Ursprüngen gründet sich die Chapelle des Marins auf den Einsiedler *Thomas Illyricus* und seinen wundersamen Fund eines Marienbildnisses. Die jetzige Kapelle datiert aus dem Jahr 1722 und wurde nach einem Brand 1986 erneut geweiht. Der Bau der dreischiffigen Basilika erfolgte 1856 bis 1861. Das Besucherauge bleibt an den schönen Glasfenstern hängen. Gelegentlich sind in der Basilika **Konzerte** angesetzt.

202sf ad

Hafenbereich

Über den Boulevard de la Plage erreicht man ca. 1,5 km östlich der Innenstadt den großen Hafenbereich, auf den der **Petit Port** ein Vorspiel gibt. Ganzjährig nach Reservierung arrangiert das Office de Tourisme an ausgewählten Tagen sehr früh morgens Besuche der Fischauktion *(criée)* in der Fischerhafenzone. Der eigentliche **Sporthafen** (Port de Plaisance) bietet rund 2600 Liegeplätze und zählt damit zu den größten an der französischen Atlantikküste. Von hier aus kann man sich zu organisierten Segeltörns, Tauchtrips und zum Hochseefischen aufmachen.

Bootsausflüge – Bassin d'Arcachon

Von den beiden Zentralmolen **Jetée Thiers** und **Jetée d'Eyrac** legen sowohl Linienboote (z.B. nach Cap Ferret) als auch Ausflugsboote zu Rundfahrten durch die Bucht ab. Insgesamt umfasst das Bassin d'Arcachon eine Fläche von 155 km^2 und erlebt bei jedem Wechsel von Ebbe und Flut einen Wasseraustausch von 230 Mio. m^3 – ein richtiges Binnenmeer! Die üppigen **Austernparks** bilden das ökonomische Rückgrat für viele Menschen. Insgesamt gibt es heute 330 Austernzucht-Konzessionen, und jeder Austernpark gibt Arbeit für zwei bis fünf Personen.

Während der Buchttrips steuern die Boote auf die mitten im Becken gelegene **Vogelinsel** *(Île aux oiseaux)* und auf die typischen **Watthütten** *(cabanes tchanquées)* zu. Die auf einem stabilen System aus hölzernen Stelzen ruhenden Hütten dienten ursprünglich als Unterschlupf für das Wachpersonal der Austernparks.

An den Rändern der Bucht reihen sich zahlreiche kleine Häfen auf, die sowohl Freizeitsportlern als auch Austernfischern dienen. Allein auf die Gemeinde

203sf ad

Gujan-Mestras entfallen sieben Häfen, angeführt vom **Port de Larros** mit seinem „Austernhaus" *(Maison de l'Huître).* Während manche Segler auf protzigen Schiffen unterwegs sind, setzen die Austernzüchter nach wie vor auf ihre *pinasses,* traditionelle **Arbeitskähne** mit zuweilen farbenfrohem Anstrich und sehr geringem Tiefgang. Das ist angesichts des Tidenhubs auch nötig: Bei Ebbe herrscht vielerorts wirklich Ebbe, und die Boote liegen unweigerlich auf dem Trockenen. Wohl dem, der das verästelte Kanalrinnensystem der Bucht kennt!

Südwärts führt ein vergleichsweise schmaler Auslauf zwischen dem Kap **Pointe du Cap Ferret** und Pyla-sur-Mer von der Bucht hinaus aufs offene Meer. Als markante Anhaltspunkte dienen das Leuchtturmörtchen Cap Ferret an der West- und die **Düne von Pilat** an der Ostflanke. Dem Sandriesen vorgelagert ist die hell leuchtende Sandbank Banc d'Arguin, die vor allem wegen ihrer Funktion als Vogelrastplatz zum Naturschutzreservat erklärt worden ist. Auf längeren Bootstrips oder Zubringerbooten ab der Station Dune du Pilat (im Juli/August mit der Union des Bateliers Arcachonnais) nimmt man Kurs auf diese **Réserve Naturelle du Banc d'Arguin** und hat somit gute Gelegenheit, den Dünengiganten von der Seeseite her abzulichten.

■ Pinasse-Ausfahrten mit **„Les Pinasses du Bassin"**, www.pinasse-bassin-arcachon.com, und:

■ **Union des Bateliers Arcachonnais,** Tel. 05 57 72 28 28, www.bateliers-arcachon.com.

■ Alternative zu einem organisierten Ausflug bietet der zwischen Arcachon und und der Westflanke des Beckens (Cap Ferret, Le Canon) pendelnde **Linienbootverkehr Transbassin.** Eine Übersicht über die Strecken und stark wechselnden Fahrzeiten (samt Download einer Broschüre mit Übersichtsplan) findet sich ebenfalls auf der Website www.bateliers-arcachon.com. Weitere Strecken sind z.B. Arcachon – Andernos, Le Moulleau – Cap Ferret und Dune du Pilat – Cap Ferret.

La Teste-de-Buch

In Arcachons südöstlicher Nachbargemeinde La Teste-de-Buch spielt sich das bekannteste Marktgeschehen in der Gegend an der Kirche ab, besonders lebhaft Do., Sa. und So jeweils vormittags (Straßenmarkt; ansonsten hat die Markthalle (Marché Municipal) Di.–So. geöffnet). Zur Gemeinde gehört außerdem der **Zoo du Bassin d'Arcachon** mit einem 4-km-Rundgang und über 600 Tieren, darunter Flusspferden und Giraffen (route de Cazaux; Anfang April bis Mitte September tägl. 10–19 Uhr, sonst unregelmäßig; www.zoodubassindarcachon.com).

Praktische Tipps

Information

■ **Office de Tourisme,** esplanade Georges Pompidou, Tel. 05 57 52 97 97, www.arcachon-tourisme.com. Organisation von diversen Führungen wie zur Source Sainte Anne des Abatilles und zu den Fischauktionen im Hafen.

[<] Abendstimmung über dem Port de Larros, einem der Häfen von Gujan-Mestras

Unterkunft

■ **Arc Hôtel sur Mer**②-③, 89 boulevard de la Plage, Tel. 05 56 83 06 85, www.arc-hotel-sur-mer.com. Ein luxuriöses Haus über der kleinen Plage d'Eyrac, zwischen City und Sporthafen gelegen. Vier Sterne, privater Parkplatz, Freibad, Terrasse. Interieur etwas altmodisch, Zimmer wahlweise zur Garten- oder Meeresseite hin (mit den entsprechenden Preisunterschieden).

■ **Grand Hôtel Richelieu**②-③, 185 boulevard de la Plage, Tel. 05 56 83 16 50, www.grand-hotel-richelieu.com. Zentraler geht's nicht, 45 Zimmer, Promenaden und Strände direkt vor der Tür – mit allen Vor- und Nachteilen! Zimmer mit Meer- oder Seiten-/Parkplatzblick. Hoteleigener Parkplatz, geöffnet Mitte März bis Anfang November.

■ **Hôtel de la Plage**②-③, 10 avenue Nelly Deganne, Tel. 05 56 83 06 23, www.hotelarcachon.com. Heißt zwar „Strandhotel", liegt aber nicht am Strand, sondern ca. 300 m von der Meerespromenade entfernt. Die Zimmer sind recht klein, aber mit Balkon ausstaffiert. 53 Zimmer, Tiefgarage, ordentliches Frühstücksbüffet. Gut ist der Verleih von Fahrrädern (auch E-Bikes) zu fairem Preis.

■ **Hôtel Orange Marine**②-③, 35–37 boulevard Chanzy, Tel. 05 57 52 00 80, www.hotelorangemarine-arcachon.com. Kleines 20-Zimmer-Hotel nahe dem Hafenbereich. Kein Luxus, zweckmäßig und schlicht. Auch Dreier- und Viererzimmer. Das ganze Jahr über geöffnet.

■ **Hôtel Le Dauphin**②, 7 avenue Gounod, Tel. 05 56 83 02 89, www.dauphin-arcachon.com. Eingerichtet in einer Villa aus dem 19. Jh. Mit kleinem Sommerpool, Parkplatz, Fahrradverleih.

Camping

■ **Camping Club d'Arcachon,** allée de la Galaxie, Tel. 05 56 83 24 15, www.camping-arcachon.com. In Grünzonen eingefasstes Areal etwa 2 km außerhalb der Innenstadt landeinwärts. Mit Poolbereich. Wochenweise Vermietung von Bungalows und Mobile Homes, günstige Preise in der Nebensaison. Bis zu 4 oder 6 Personen geeignet. In Holzstil gehalten sind die sogenannten Pferdewagen *(roulottes)* – eine Option für Romantiker.

Essen und Trinken

■ **Restaurant Chez Yvette**②-③, 59 boulevard du Général Leclerc, Tel. 05 56 83 05 11. Hier deckt der Atlantik den Tisch – und das seit mehr als drei Jahrzehnten. Gepflegte Küche, gute Weinauswahl.

■ **Restaurant Chez Pierre**②, boulevard Veyrier Montagnères, Tel. 05 56 22 52 94. In Arcachons klassischer Bar- und Restaurantmeile gelegen, Fisch und anderes Meeresgetier gehören zum Standard, im Sommer Terrassenservice, oft Massenbetrieb.

■ **Brasserie des Marquises**②, rue Roger Expert, Tel. 05 56 83 80 06, www.brasserie-des-marquises.com. Beliebter Einkehr-Spot im Zentrum. Auf der Karte halten sich Fleisch und Meeresgetier die Waage, die Auswahl reicht von Klassikern wie *tartare de bœuf* bis zu in Whisky flambierten Garnelen.

■ **Restaurant Cap'tain Aldo**①-②, boulevard Veyrier Montagnères, Tel. 05 56 83 78 81. Sommerlicher Terrassenservice mitten im Flanierleben, reichlich Meeresfrüchte inklusive Austern und Muscheln, diverse Menüs.

Nightlife

■ **Casino,** 163 boulevard de la Plage.

■ Populär bei Nachtschwärmern ist die Diskothek **Cotton Club** (4 boulevard Mestrézat).

■ Im modernen **Théâtre Olympia** (21 avenue du Général de Gaulle, Tel. 05 57 52 97 75) vielfältiges Programm von Tanzveranstaltungen und Theater bis zu Oper und klassischen Konzerten. Gelegentlich auch Chansonabende. Außerdem beliebt ist das **Café Théâtre Le Zèbre,** 24 avenue de la République; www.zebrearcachon.fr.

Sport und Freizeit

■ **Fahrradverleih:** Locabeach, drei Verleihpunkte, u.a.: 326 boulevard de la Plage, Tel. 05 56 83 39 64, www.locabeach.com sowie bei: Dingovelos, 1 rue Grenier, Tel. 05 56 83 44 09, www.dingo-velo.com.
■ **Fallschirmspringen:** Wafou Parachutisme (Handy 06 63 16 33 43, www.wafou.fr; Tandemsprünge).
■ **Golfclub d'Arcachon,** 35 boulevard d'Arcachon, La Teste-de-Buch, 18-Loch-Anlage, Tel. 05 56 54 44 00, www.golfarcachon.org.
■ **Reiten:** Centre Équestre d'Arcachon, 25 rue Pierre Frondaie, Handy 06 63 88 74 17, http://cearcachon.free.fr. Kurse für Anfänger/Fortgeschrittene, Erwachsene und Kinder, Ausritte (auch am Strand).
■ **Seekayak:** Arcachon Kayak Adventure, Port de Plaisance, *Pierre Mallet,* Handy 06 25 08 44 37, www.arcachonkayak.com. Halb-/Ganztagestouren.
■ **Segeln:** Cercle de la Voile d'Arcachon, quai de Goslar, Port de Plaisance (Sporthafen), Tel. 05 56 83 05 92, www.voile-arcachon.org; langjährig bewährte Anlaufstelle. Weitere Segelclubs verteilen sich über die ganze Bucht.
■ **Surfen:** Surf en Buch, Plage des Arbousiers, Handy 06 80 05 46 95, www.ecoledesurf-arcachon.com. Diverse Kurse (La Teste de Buch).
■ **Tauchen:** VSM/L'Océana, 14 quai du Capitaine Allègre, Port de Plaisance (Sporthafen), Tel. 05 56 83 98 95, www.oceana.fr. Bietet auch Süßwassertauchen im Étang de Cazaux et de Sanguinet, Padi-Zertifikate, Einzel- und Gruppenkurse.
■ **Tennis:** Tennisclub d'Arcachon, 7 avenue du Parc, Tel. 05 57 72 09 50, http://tcarcachon.com, hat über 20 Plätze, Privat- und Gruppenstunden. Tennis Club de la Source des Abatilles, 163 boulevard de la Côte d'Argent, Tel. 05 56 83 68 86, www.tennisdelasource.com, Kurse, Courtmiete.
■ **Thalassotherapie:** Thalazur Arcachon, avenue du Parc, Tel. 05 57 72 06 66, http://arcachon.thalazur.fr.

Feste und Veranstaltungen

■ **Fête d'Arcachon** (Stadtfest) um den 25. März, am 14./15. August **Fêtes de la Mer** (Meeresfest), im September **„Cadences"-Festival** mit Tanzaufführungen, im Dezember **Weihnachtsdorf** und Schlittschuhbahn.

Post

■ **Hauptpost (PTT),** place Roosevelt.

Verkehrsanbindung

■ **Bahnhof:** nahe Place Roosevelt, regelmäßig Züge nach Bordeaux.
■ **Bootsverbindungen:** ganzjährig über die Bucht zwischen Arcachon und Cap Ferret entweder ab der Jetée Thiers oder der Jetée d'Eyrac.

Pyla-sur-Mer und die Düne

Südlich von Arcachons Vorort Pyla-sur-Mer bäumt sich eine der spektakulärsten Sehenswürdigkeiten Frankreichs auf: die **Dune du Pilat** (auch: *Pyla*), ein sandiger Riese von 104 m, der eine Breite von 500 m und eine Länge von 2700 m einnimmt, aus 60 Millionen m³ Sand besteht und als **„höchste Düne Europas"** vermarktet wird. Der blühende Dünenkommerz beginnt schon vor dem kräftezehrenden Anstieg: Abzweig auf den gebührenpflichtigen Megaparkplatz (950 Plätze), dahinter durch ein Nadelöhr aus Snackbars und Souvenirshops an die weißgelbe Sandwand heran. Der Zugang zur Düne ist jedoch kostenlos und jederzeit möglich. Mitunter sind es regelrechte Menschenkarawanen, die dem Gipfel entgegenziehen. Von den oberen Rückenpartien des Riesen bieten sich grandiose Aussichten über den Ozean und das Bassin d'Arcachon, auf das **Naturschutzgebiet Banc d'Arguin** und Cap Ferret mit seinem Leuchtturm. In der Ferne punktieren Segelboote das Meeresblau weiß, landeinwärts breitet sich ein grünes Meer aus Pinien aus und setzt sich zum größten derartigen Waldgebiet Frankreichs zusammen.

Auf der Düne gibt es keinen Gipfel im klassischen Sinne, sondern ein **Ensemble aus sandigen Buckeln.** Immer wieder wechseln die Bilder, verändert sich je nach Windrichtung und Jahreszeit sogar die Höhe der Düne (was eine abweichende Höhenangabe von 105 m erklärt). Bis zu welchem Punkt man seinen Streifzug durch den tiefen Sand ausdehnt, ist nicht zuletzt Konditionssache. Platz und Auslauf sind auf alle Fälle genug da. Man sollte sich Zeit für eine Rast lassen, die Panoramen in sich aufsaugen.

Eine Ausflugstour zur Dune du Pilat lässt sich gut mit einem Abstecher zu den südlichen **Stränden** Arcachons verbinden: zur Plage Pereire, der Plage des Abatilles, der Plage des Arbousiers und der Plage du Moulleau. Südlich der Düne schließen sich mit der Plage du Petit Nice, der Plage de la Lagune und der Plage de la Salie Nord weitere Strände an; letztgenannte liegen bereits auf dem Weg nach Biscarrosse (siehe Kap. „Südliche Atlantikküste").

Fußspuren auf der Düne von Pilat

Information

■ Unter **www.dunedupilat.com** hat der Dünenriese seinen Internetauftritt.

Unterkunft

■ **Hôtel Ttiki-etchea**①-②, 2 place Louis Gaume, Pyla-sur-Mer (Pilat Plage), Tel. 05 56 22 71 15, www.hotel-ttiki-etchea.com. Nahe am Meer, von Pinien umstanden, 28 zweckmäßige Zimmer, geöffnet von Mai bis Ende September. Unterschiedliche Zimmertypen und Preise.

Camping

■ **Camping de la Dune,** route de Biscarrosse, Pyla-sur-Mer, Tel. 05 56 22 72 17, www.campingdela dune.fr. Auf diesem Drei-Sterne-Platz lassen sich auch kleine Chalets und fest installierte Mobile Homes mieten. Geöffnet Anfang April bis Ende September.

■ **Pyla Camping,** route de Biscarrosse, Pyla-sur-Mer, Tel. 05 56 22 74 56, www.pyla-camping.com. Direkter Strandzugang, im Sommer vielfältige Sportangebote, geöffnet Anfang April bis Ende September. Sommerpool, Restaurant, Vermietung von Mobile Homes.

Sport und Freizeit

■ **Segeln:** Cercle de Voile de Pyla-sur-Mer, place Daniel Meller, Tel. 05 56 54 00 29, http://cvpm.fr.

Cazaux

Über La Teste-de-Buch erreicht man von Arcachon kommend das Örtchen Cazaux am Nordufer des **Étang de Cazaux et de Sanguinet.** Das rund 5600 ha große Binnengewässer ist über den Canal des Landes mit dem Becken von Arcachon verbunden, bietet einen Strand und einen Sporthafen, Tretbootverleih sowie mehrere Campingplätze. In seinen südlichen Ausläufern stößt der Étang de Cazaux et de Sanguinet an die Feriengemeinde Biscarrosse (siehe auch Kapitel „Südliche Atlantikküste").

Die Gegend um Cazaux ist eingefasst in ein über 10.000 ha umfassendes Forstgebiet, in dem Pinienbestände vorherrschen.

Information

■ **Office de Tourisme,** 13 bis rue Victor Hugo, La Teste-de-Buch, Tel. 05 56 54 63 14, www.tourisme-latestedebuch.fr.

Unterkunft

■ Einfache, zweckmäßige Unterkunft im **Hôtel Altica Arcachon La Teste Sud**① (route de Binghampton, La Teste-de-Buch, Tel. 05 57 52 52 17, www.altica.fr). Ein weiteres Haus aus derselben Kette ist das **Hôtel Altica Bassin Arcachon**① (75 avenue du Général Leclerc, La Teste-de-Buch, Tel. 05 57 52 06 50, www.altica.fr).

■ Auf der Website **www.tourisme-latestedebuch.fr** werden unter dem Stichpunkt „Séjourner" eine ganze Reihe von Kontakten zu Betreibern von Gästezimmern aufgeführt.

Camping

■ **Camping du Lac,** rue Osmin Dupuy, Cazaux, Tel. 05 56 22 22 33, www.campingdulacdecazaux.fr. Kleines Areal mit Pinien, geöffnet Anfang April bis Ende Oktober.

■ **Camping Cap de Mount,** route de la Teste, Cazaux, Tel. 05 56 22 94 79; www.camping-capdumount.fr. Klein und einfach, gern von Familien aufgesucht. Auch Mobile Homes.

Le Teich

Kleiner Ort ganz groß – zumindest, was die Naturvielfalt angeht. In Le Teich, knapp 15 km östlich von Arcachon am südöstlichsten Zipfel des Bassin d'Arcachon gelegen, kann man sich als Ziele den vorzüglichen Vogelpark und das für Kanuten ideal geeignete **L'Eyre-Delta** vormerken. Außerdem geht der Wanderweg „Sentier Littoral" vorbei. Außerhalb des Ortskerns sind **Wandertouren** durch die Sumpf- und Flusslandschaften des malerisch verästelten Deltagebiets

der L'Eyre (auch: Leyre) möglich, auch geführt; Infos im Office de Tourisme. Nach einer Reise von rund 90 km mündet das Flüsschen ins Becken von Arcachon, das Delta gehört zu den nordwestlichen Ausläufern des Parc Naturel Régional des Landes de Gascogne (siehe Kap. „Südliche Atlantikküste"). Der malerische **kleine Hafen** von Le Teich liegt ganz in der Nähe des Eingangs zum Vogelpark.

Réserve Ornithologique

Der an 365 Tagen im Jahr geöffnete **Vogelpark** von Le Teich steht für pures Naturerleben, wobei der Terminus „Réserve" ein einzigartiges **Naturreservat** bezeichnet. Dank Zugvögeln, Jahreszeiten und Tidenhub wechselt die Natur ständig ihr Gesicht in diesem Areal, das sich über eine Fläche von 120 ha ausbreitet und die flachen Feuchtgebiete zwischen dem L'Eyre-Delta und dem Bassin d'Arcachon umfasst. Überall bieten sich vorzügliche Chancen, Vögel in freier Wildbahn zu beobachten; insgesamt sind über 300 Arten nachgewiesen. Die Entdeckungen erfolgen ausschließlich zu Fuß, die maximale Rundweglänge beläuft sich auf 6 km (wobei man natürlich vorher abbrechen bzw. abkürzen und zurückwandern kann). Alles ist bequem begehbar, es geht an insgesamt mehr als 20 Beobachtungsplätze heran, z.T. erhöhte Ausgucke. Mit etwas Glück – und je nach Nist- bzw. Zugsaison – bekommt man Löffler und Uferschnepfen zu Gesicht, Krähenscharben (Kormorane), Kuhreiher, Alpenstrandläufer, Blesshühner, Haubentaucher, Wasserrallen, Kra-

Kleiner Hafen nahe dem Eingang zum Vogelpark von Le Teich

niche, Wildgänse, Fisch- oder Seidenreiher. Von den Unterständen aus kann man in aller Ruhe Ausschau halten (Fernglas mitbringen, entweder das eigene oder am Eingang leihen!). Ruhe lautet dort das oberste Gebot. In manchen Jahren werden im Park bis zu 300.000 **Zugvögel** registriert. Auch der Sumpfbiber ist hier heimisch.

Frühjahr und Herbst sind die besten Jahreszeiten. Die Wege sind im Winter jedoch nicht minder interessant, während der Juli als magerster Beobachtungsmonat gilt.

■ **Réserve Ornithologique,** am Ende der Rue du Port, Juli/August 10–20 Uhr, Mitte April bis Ende Juni sowie erste Septemberhälfte 10–19 Uhr, Mitte September bis Mitte April 10–18 Uhr. Ideale Besuchszeiten sind morgens oder spät nachmittags, am Eingang Verleih von Ferngläsern *(jumelles)* und Möglichkeit zur Einkehr in die Brasserie Le Delta, www.reserve-ornithologique-du-teich.com.

Information

■ **Office de Tourisme,** place Pierre Dubernet, Tel. 05 56 22 80 46, www.leteich-tourisme.com.

Camping

■ **Camping Ker Helen,** avenue de la Côte d'Argent, Tel. 05 56 66 03 79, www.kerhelen.com. Strategisch günstige Lage, ausgewiesene Zufahrt direkt von der Hauptstraße. Im Sommer Pool und abendliches Entertainment, Restaurant-Bar, Sportturniere, Pétanque, Vermietung von Chalets, Lodges und Mobile Homes (in der Hochsaison nur wochenweise, sonst Mindestaufenthalt im Regelfall zwei Tage). Geöffnet Anfang/Mitte April bis ungefähr Mitte Oktober.

Sport und Freizeit

■ **Maison de la Nature du Bassin d'Arcachon,** rue du Port, Le Teich, Tel. 05 56 22 80 93, www.canoesurlaleyre.com. Hier lassen sich während der Sommersaison allerlei **Kanutouren** durch das L'Eyre-Delta arrangieren. Kanutrips zwischen Mitte Juni und Mitte September auch über Villetorte Loisirs, 30 rue du Pont Neuf, Tel. 05 56 22 66 80, www.loisirs-arcachon.com.

Rund um das Bassin d'Arcachon

Rings um die Bucht von Arcachon spannen sich Urlaubs- und Austernzuchtorte mit ihren kleinen Häfen und großen Angeboten an Sport- und Freizeitgestaltung. Wanderer kommen ebenso auf ihre Kosten wie Radler, Kanuten und Segler. Auch Tennisspieler und Reiter finden ausreichend Betätigungsfelder, vielerorts stechen Ausflugsboote in See. Als Wanderroute ist der Küstenweg „Sentier Littoral“ ausgeschildert. Angereichert wird das ganze Erleben durch umfangreiche Festprogramme der Gemeinden, vor allem zwischen Mai und September.

Mögen Besiedlung und sommerliches Urlauberaufkommen auch hoch sein und manche Orte unmittelbar miteinander verschmelzen, ist gleichwohl nicht alles dicht bebaut und zwangsläufig vermarktet um das Bassin d'Arcachon mit seiner über 80 km langen Küstenlinie. Pinienwälder breiten sich bis ans Wasser aus, zwischen den Ansiedlungen eröffnen sich Naturschutzareale wie das am Ostrand des Beckens von Mooren und

Lagunen durchsetzte L'Eyre-Delta bei Le Teich sowie im äußersten Norden die Réserve Naturelle des Prés Salés d'Arès-Lège. Insgesamt haben Ornithologen rund 300 verschiedene Vogelarten gezählt, darunter viele Durchzügler auf dem Weg zu den warmen Winterquartieren in Afrika. Östlich von Arcachon beginnt eine Tour um das Becken mit La Teste-de-Buch; der Hafen ist direkt von der Hauptstraße D 650 einsehbar.

Mein Tipp: Eine besondere Rolle fällt fortan der **Austernzucht** zu. Glibbergourmets folgen immer wieder den Stichsträßchen zu kleinen Austernhäfen wie dem zur Gemeinde Gujan-Mestras gehörigen **Port de Larros,** wo sich Austern direkt bei den Produzenten einkaufen oder kosten lassen. Bei den Proben kommen ein halbes oder ein ganzes Dutzend Austern auf den Tisch, begleitet von Brot, Zitrone und einem Gläschen Weißwein. Port de Larros sticht nicht nur als kleiner malerischer Hafen mit einem tiefen Längseinschnitt hervor, sondern auch als Sitz des Austernhauses (Maison de l'Huître, Mo.–Sa. 10– 12.30 und 14.30–18 Uhr, Juli und August auch sonntags geöffnet). Das **Maison de l'Huître** macht mit Geschichte und Zuchttechniken vertraut. Ein kleiner Hafenbummel führt Sie in Eigenregie an den Holzhausreihen der Austernzüchter entlang bis zu einer winzigen Promenade mit einem Christuskreuz.

Familien mit Kindern zieht es in **Gujan-Mestras** an den Lac de la Magdeleine und an den während der Saison bewachten Strand von La Hume. Von Mitte April bis Anfang November öffnet der Tier- und Vergnügungspark La Coccinelle mit „Minifarm", Rutschen, diversen Aktivitäten sowie Zaubershows in der Hauptsaison (www.la-coccinelle.fr). Weitere Freizeitspaß-Attraktionen, vor allem für jüngere Besucher, sind der **Wasserpark Aqualand** (route des Lacs, geöffnet ab etwa 20. Juni bis Anfang September; www.aqualand.fr; recht hoher Eintrittspreis), der **Abenteuerpark Bassin Aventures** mit seinen Baumparcours (ab Mitte April bis Anfang November, www.bassinaventures.com) sowie der **Kid Parc** (route des Lacs, ab Mitte April bis Anfang November; www.kidparc.com). Im grünen Gujan-Mestras verdient auch der Parc de la Chêneraie einen Besuch.

Wanderungen sind auch um **Biganos** möglich, wo man überdies eine Kartstrecke findet. Über Biganos kann man auf dem Radweg bis Lège-Cap Ferret fahren und an den dortigen Forêt Domaniale de Lège et Garonne anbinden. Die nahe Zellulosefabrik dämpft allerdings erheblich die Eindrücke.

An der Ost- bzw. Nordostflanke der Bucht reihen sich in einem Wiesen- und Villenland weitere typische Gemeinden auf, so **Audenge** mit seinem Austernfischerhafen und den von Deichen umgebenen Salzmooren, die als Naturschutzgebiete fungieren: Domaine de Graveyron und Domaine de Certes. Darauf folgt **Lanton** mit seinen Austernhäfen Cassy und Taussat sowie der im 12. Jh. begonnenen Kirche Notre-Dame de Lanton.

Treffpunkte in **Andernos-les-Bains** sind die Plage des Quinconces, der Hafen der Austernfischer (Port Ostréicole), die Fußgängerzone und die Strandpromenade mit der Place Louis David. Die Mole bringt es auf eine Länge von 232 m. Ende Juli steigt das bekannte Jazzfestival.

In **Arès** sollte man ebenfalls beim Austernhafen vorbeischauen. Die einstigen Salzgärten sind als **Réserve Naturelle des Prés Salés d'Arès-Lège** ausgewiesen, ein Naturschutzreservat mit artenreicher Vogelwelt. Nordwestlich von Arès führt ein Abstecher zur **Plage Grand Crohot Océan** – hier wartet ungeschützter Atlantikstrand!

Bei Arès und Lège-Bourg stoßen Landstraßen aus Richtung Bordeaux und Le Porge hinzu, je nach Saison nicht gerade das erfreulichste Erleben. Im Sommer können sich die Verkehrsströme trotz gut ausgebauter Straße fortan ziemlich zäh abwärts wälzen bis zur äußersten Landspitze **Pointe de Cap Ferret;** Waldgebiete wechseln sich mit hoffnungslos zugebauten Zonen und verstreuten Ferienvillen ab. Die Halbinsel verengt sich kontinuierlich, es geht durch Dörfer wie Claouey, Les Jacquets und Le Canon. Überall lassen sich Austern kosten, Rad- und Wanderstrecken ziehen sich bis zum Kap.

Südlich der Bootsablegestelle Bélisaire erreicht man das von einem Landsaum von der Bucht getrennte Quartier Ostréicole du Mimbeau und den 1947 erbauten **Leuchtturm von Cap Ferret** mit 53 m Höhe, dessen Licht es auf eine Reichweite von 50 km bringt. Eine Besteigung über atemschwere 258 Stufen ist möglich (Juli und August tägl. 10–19.30 Uhr, April bis Juni und September tägl. 10–12.30 und 14–18.30 Uhr, während des übrigen Jahres nur Mi.–So. 14–17 Uhr). In den Wintermonaten gewinnt die Gegend ihre reizvolle Beschaulichkeit zurück.

Der Leuchtturm stößt an Kiefer- und Villenzonen, die sich bis zum äußersten Südzipfel der Halbinsel fortsetzen; man folgt den Schildern „La Pointe". Die Landspitze trennt das ruhige Becken von Arcachon von den rauen, ungeschützten Atlantikstränden, auf die das unter Naturschutz stehende Dünengebiet von Cap Ferret einen Vorgeschmack gibt. Der Blick schweift von dort hinüber bis zum Dünenriesen von Pilat. Hinter dem grünen Gürtel des Forêt Domaniale de Lège et Garonne wendet sich die Westflanke der Halbinsel über 25 Strandkilometer dem Atlantik zu. Die Strände heißen Plage l'Horizon (nordwestlich von Cap Ferret), Plage du Truc Vert (etwa auf der Höhe von Grand Piquey) und Plage Grand Crohot Océan (nordwestlich von Arès). Der Anmarsch ab den Parkplätzen an der Straße führt teils mühsam und lang durch tiefen Sand.

Information

Offices de Tourisme

- **Andernos-les-Bains,** esplanade du Broustic, Tel. 05 56 82 02 95, http://tourisme.andernoslesbains.fr.
- **Arès,** place Weiss, Tel. 05 56 60 18 07, www.ares-tourisme.com.
- **Audenge,** 20 allées Ernestde Boissière, Tel. 05 57 70 67 56 (Einheitsnummer für mehrere Touristeninformationen), www.tourisme-coeurdubassin.com.
- **Biganos,** rue Jean Zay, Tel. 05 57 70 67 56, www.tourisme-coeurdubassin.com.
- **Gujan-Mestras,** 37 avenue de Lattre de Tassigny, La Hume, Tel. 05 56 66 12 65, www.gujanmestras.com.
- **Lanton,** 1 route du Stade à Cassy, Tel. 05 57 70 67 56, www.tourisme-coeurdubassin.com.
- **Lège-Cap Ferret,** 1 avenue du Général de Gaulle, Tel. 05 56 03 94 49, www.lege-capferret.com.

Unterkunft

■ **Hôtel La Maison du Bassin**③, 5 rue des Pionniers, Lège-Cap Ferret, Tel. 05 56 60 60 63, www.lamaisondubassin.com. Kultivierter und vielleicht etwas überteuerter Charme, Zimmer mit individueller Dekoration. Mit Restaurant.

■ **Hôtel des Dunes**③, 119 avenue de Bordeaux, Lège-Cap Ferret, Tel. 05 56 60 61 81, www.hoteldesdunes.com. Charmantes Haus, dessen Name hält, was er verspricht: Es liegt in Nachbarschaft der Dünen. Drei Sterne, 14 ansprechende Zimmer. Geöffnet Mitte Februar bis Mitte November.

■ **Hôtel La Guérinière**③, 18 cours de Verdun, Gujan-Mestras, Tel. 05 56 66 08 78, www.laguerinière.com. An der Straße gelegen, 27 Zimmer in gepflegtem Haus. Mit Restaurant, das demselben Standard entspricht und unter Feinschmeckern einen guten Ruf besitzt.

■ **Hôtel La Frégate**②, 32–34 avenue de l'Océan, Lège-Cap Ferret, Tel. 05 56 60 41 62, www.hotel-lafregate.net. Zwei-Sterne-Hotel mit Sommerpool und Parkplatz. Die ganz unterschiedlich ausgestatteten Zimmer entsprechen ebenso unterschiedlichen Preiskategorien und sind saisonalen Schwankungen unterworfen; die hier mit ② angegebene Kategorie ist am Durchschnittspreis ausgerichtet.

■ **Hôtel Villa Teranga**②, 20 avenue Thiers, Andernos-les-Bains, Tel. 05 57 17 50 30, www.villaterangahotel.com. Einfach und dennoch freundlich eingerichtete Zimmer (insgesamt 15) in diesem Zwei-Sterne-Haus. WLAN kostenlos.

■ **Hôtel La Villa du Cap**①-②, 149 route du Cap-Ferret, Le Canon, Tel. 05 56 03 61 70, www.lavilladucap.com. Lage innerorts, aber in der Nähe des Bassin. Zehn Zimmer, etwa Mitte März bis Mitte November geöffnet. Frühstück im Preis enthalten.

Camping

■ **Camping La Canadienne,** 82 rue du Général de Gaulle, Arès, Tel. 05 56 60 24 91, www.lacanadienne.com. Pool, Vermietung von Mobile Homes und Hütten. Mit seinen vier Sternen steht der Platz qualitativ und preislich auf Höchststandard, in der Regel geöffnet Anfang Februar bis Ende November.

■ **Camping Le Truc Vert,** route du Truc Vert, Lège-Cap Ferret, Tel. 05 56 60 89 55, www.trucvert.com. Pflanzenreiches, bewaldetes 10-ha-Areal, wenige Hundert Meter vom Atlantikstrand entfernt. Bar, Restaurant, Kinderspielplatz, Pool. In der näheren Umgebung Möglichkeiten zum Reiten, Radfahren und Surfen; Anfang Mai bis Ende September. Mit vier Sternen dekoriert.

■ **Camping Le Coq Hardi,** 3 avenue de la République, Cassy Lanton, Tel. 05 56 82 01 80, www.campingcoq-hardi.com. Spielplätze, Schwimmbecken und Rutschen, Sportangebote, Vermietung von Mobile Homes und fest installierten Wohnwagen. Anfang April bis Anfang/Mitte Oktober.

■ **Camping Fontaine Vieille,** 4 boulevard du Colonel Wurtz, Andernos-les-Bains, Tel. 05 56 82 01 67, www.fontaine-vieille.com. Drei-Sterne-Platz mit kleinem Pool, Vermietung von Mobile Homes. Geöffnet Anfang April bis Ende September.

Essen und Trinken

■ **Restaurant Le Mirador**②, avenue Est, Cap Ferret, Tel. 05 56 60 64 19; www.restaurant-lemirador.fr. Gelegen am Dünengebiet von Cap Ferret, großer Terrassenbereich.

■ **Restaurant L'Escale**②, Jetée Bélisaire, Lège-Cap Ferret, Tel. 05 56 60 68 17, www.lescale-restaurant.com. Fisch, Meeresfrüchte, Aussicht auf die Bucht.

Sport und Freizeit

■ **Fahrradverleih:** Locabeach 33, Embarcadère Bélisaire, Cap Ferret, Tel. 05 56 60 49 46, www.locabeach.com. Da Radfahren in der Gegend sehr populär ist, haben sich in Cap Ferret weitere Anbieter auf die Nachfrage eingestellt, darunter: **Auto Loc** (44 avenue de l'Océan), **Cycles Océan** (56 boulevard de la Plage) und **Ets Charbonnier** (51 avenue de l'Océan; www.location-velos-capferret.com).

- **Karting:** Circuit de Biganos, Top Gun Évasion, 310 avenue de la Côte d'Argent, Tel. 05 56 26 75 20, http://topgun-evasion.com. Der Circuit de Biganos ist 1,1 km lang und hat im Juli/August tägl. 10–22 Uhr, sonst Mi.–Mo. 10–12 und 14–19 Uhr geöffnet.
- **Wandermöglichkeiten:** sowohl rund um Le Teich als auch auf dem markierten Küstenrandweg *(Sentier du Littoral),* der sich um das Bassin d'Arcachon windet und bei Arès mit dem Fernwanderweg GR-8 vereint. An der Westflanke des Beckens von Arcachon führen Wander- und Fahrradwege durch den Forêt Domaniale de Lège et Garonne.

Feste und Veranstaltungen

- 23./24. Juni **Sonnenwendfeste** u.a. in Andernos-les-Bains und Arès
- Ende Juni **Stadtfest in Lège**
- Mitte Juli **Austernfest** von Lanton
- Ende Juli **Jazzfestival** in Andernos-les-Bains
- Mitte August **Austernfest** in Arès sowie **Hafenfest in Audenge**
- Im Oktober **Kürbis- und Herbstfest** in Lanton
- Im Dezember **Weihnachtsmärkte** in Audenge und Gujan-Mestras

Verkehrsanbindung

- **Linienboote** ab Cap Ferret (Embarcadère Bélisaire) ganzjährig über die Bucht hinüber nach Arcachon. Übersicht über die Fahrpläne unter www.bateliers-arcachon.com, Tel. 05 57 72 28 28.

Le Porge

Le Porge ist eine typische Feriengemeinde zwischen dem Bassin d'Arcachon und Lacanau, die dem üblichen Muster entspricht: landeinwärts der Hauptort Le Porge und an der Küste die weiten sandigen Strandbereiche von **Le Porge-Océan,** im Sommer populär und im Winter wie auf Eis gelegt. Rund 10 km trennen den blassen Hauptort von den Strandbereichen. Endstation: die Riesenparkplätze im Piniengürtel, von wo aus man sich durch eine kleine **Bar- und Restaurantmeile** und durch Dünen ans trubelige Strandleben heranköpft. Nach Bad und Sonnenbad kann man

093sf ad

> Am Strand von Le Porge-Océan

sich Pizza, Eis oder eine Muschelportion gönnen. Außerhalb der Saison kann man den Küstenstrich (fast) ganz für sich allein genießen und zu ausgedehnten **Strandwanderungen** aufbrechen. So oder so ist Le Porge-Océan vornehmlich unter Tagesausflüglern beliebt – es sei denn, man ist FKK-Freund und richtet es sich während der Sommersaison im „Domaine Résidentiel Naturiste de la Jenny" (Tel. 05 56 26 56 90, www.lajenny.fr) häuslich ein.

Über die Gemeinde verteilen sich nicht weniger als 13.000 ha bewaldetes Gelände, das zu **Rad- und Wandertouren** einlädt. Der Hauptort bietet mit seiner im 19. Jh. erbauten Kirche Saint-Seurin einen kleinen Kulturzusatz. Eine direkte Küstenstraße von Le Porge-Océan ins nördlich gelegene Lacanau-Océan gibt es nicht, der Weg führt unweigerlich durchs Inland über Le Porge.

Information

- **Office de Tourisme,** place Saint Seurin, Le Porge, Tel. 05 56 26 54 34, www.leporge.com.

Camping

- **Camping La Grigne,** Le Porge-Océan, Tel. 05 56 26 54 88, www.camping-leporge.fr. Eingefasst in Pinienforst, Saisonbetrieb. Anfang April bis Ende September. 700 Stellplätze, verteilt auf 30 ha.

Rund um Lacanau

Süß- oder Salzwasser, See- oder Meeresstrand, Waldwege oder Promenaden – die Gegend um Lacanau bietet ideale touristische Facetten mit allen erdenklichen Sport- und Freizeitmöglichkeiten und steht in der Urlaubergunst vollkommen zurecht obenan. Alljährlich zur Sommerzeit rollt eine riesige Ferienwelle über die Pinien-Dünen-Strandgebiete hinweg. Der Hauptort Lacanau interessiert dabei nur am Rande. Die Epizentren der saisonalen Beben liegen in **Lacanau-Océan,** dem stimmungsvollsten Ausgehstädtchen weit und breit, sowie am landeinwärts gelegenen **Lac de Lacanau.** Hinter den Dünengürteln erstrecken sich ausgedehnte, breite Sandweiten, die Gemeinde nennt immerhin 14 km Strände ihr Eigen. Unterkunftsuchende sollten während der Hauptsaison tunlichst vorbuchen!

In Lacanau-Océan laufen alle Fäden zusammen, es mangelt schlichtweg an nichts: Cafés und Crêpes-Tempel, Boutiquen und Restaurants, Eissalons und Spielhallen. In der Hochsaison fahren die städtischen Organisatoren ein reiches Sport- und Entertainmentprogramm auf, das einer Immer-was-los-Garantie gleichkommt und **Konzerte** und **Zirkus** ebenso umfasst wie **Straßentheater** und **Sportturniere.**

Jederzeit kann man eine Flanierrunde über den **Boulevard de la Plage** bzw. über die Holzstegwege oberhalb des Strands einschieben, sich ins Getümmel der Fußgängerzone oder eine Stufe tiefer an den Strand stürzen. Der Hauptstrand heißt **Plage Centrale,** weiter nördlich liegt die **Plage Nord** (vom Inland her

Lacanau Umgebung
0
2 km
©Reise Know-How 2015
SW-Fr_10
Fernwanderweg GR-8
Weg
Radweg
schöne Radstrecke
Strand
Wald
Hourtin-Plage
Réserve Naturelle de la Lagune de Contaut
Montalivet, Soulac
Forêt d'Hourtin
Plage de Piqueyrot
D3
GR-8
Hourtin Port
Hourtin
Lac d'Hourtin et de Carcans
Forêt de Carcans
Réserve Naturelle Rive Est
GOLF DE GASCOGNE
Bombannes
Carcans-Ville
Carcans-Plage
Maubuisson
GR-8
Forêt de Lacanau
Réserve Naturelle de l'Étang de Cousseau
Parkplatz Marmande
Plage Nord
Plage Central
Lacanau-Océan
Le Moutchic
Plage de Moutchic
Plage Sud
Plage Super Sud
Lacanau
Lac de Lacanau
Hafen
D6
La Grande-Escoure
Arcachon, Bordeaux
Forêt de Lacanau
Le Porge, Cap Ferret
GR-8

094sf ad

recht weiter Zugangsweg durch die Dünen), südlich schließen sich die **Plage Sud** und die **Plage Super Sud** an. Wie stets am Atlantik, ist auch hier beim Baden angesichts von Wind und Wellen Vorsicht geboten.

Natur- und Sportfans kommen in Lacanau und Umgebung ganz gewiss auf ihre Kosten. Der **Fernwanderweg GR-8** verläuft ebenso durch Wald- und Dünengebiete wie herrliche Radstrecken. Das **Radwegenetz** bringt es auf eine beachtliche Länge von rund 100 km, bindet von Lacanau-Océan aus nordwärts an Carcans-Plage und den Lac d'Hourtin et de Carcans an, nordöstlich an Maubuisson und gen Osten an den Lac de Lacanau. Auf der Webseite www.lacanauocean.com finden Sie einen Übersichtsplan über die Radwege der Gegend *(Plan des Pistes Cyclables)*.

Binnensee

Der **Lac de Lacanau** breitet sich zwischen Lacanau und Lacanau-Océan über eine Fläche von 2000 ha im Grün aus und steht bei Wassersportlern hoch im Kurs, inklusive Stand-up-Paddle-Surfern. **Le Moutchic** heißt das Örtchen an der Nordflanke. Das Schwimmareal der Plage de Moutchic lädt zum Bad ein. Ein schöner Strand liegt in La Grande-Escoure an den Westufern des Sees. Weitere Sportangebote in der Gemeinde richten sich an Tretbootfahrer (Le Moutchic), Reiter, Surfer, Tennisspieler, Wasserskifans und Golfer.

Information

■ **Office de Tourisme,** place de l'Europe, Lacanau-Océan, Tel. 05 56 03 21 01, www.lacanauocean.com.

Unterkunft

■ **Hôtel Vitalparc**②-③, route du Baganais, Lacanau-Océan, Tel. 05 56 03 91 00, www.vitalparc.com. Drei-Sterne-Haus mit Spa, Außenpool, Restaurant.

■ **Hôtel Côte d'Argent**①-②, 3 boulevard de la Plage, Lacanau-Océan, Tel. 05 56 03 21 58, www.hotel-lacanau.fr. Kein übermäßiger Luxus, dafür an der Meeresfront gelegen. 22 Zimmer. Verschiedene Ausstattungen und Preiskategorien der Zimmer.

■ **Hôtel L'Oyat**①-②, Front de Mer, Montée de l'Oyat, Tel. 05 56 03 11 11, www.hotel-oyat.com. Gute, meernahe Lage. 30 Zimmer, mit Restaurant. Geöffnet Anfang April bis Anfang November.

Camping

■ **Camping-Caravaning Airotel de l'Océan,** 24 rue du Repos, Lacanau-Océan, Tel. 05 56 03 24 45, www.airotel-ocean.com. Großer Platz mit Restaurant, Bar, Aquapark, Spa, Mini & Kids Club, Vermietung von Wohnmobilen. Geöffnet Anfang/Mitte April bis Ende September. Vier Sterne.

■ **Yelloh! Village Les Grands Pins,** Plage Nord, Lacanau-Océan, Tel. 05 56 03 20 77, www.lesgrandspins.com. Spitzenareal, Kapazität für über 1800 Personen, Zugang zum nahen Ozean, Poollandschaft, Wellnessangebote, Restaurant, Vermietung von Mobile Homes. Geöffnet Mitte April bis Ende September.

Essen und Trinken

■ **Restaurant Hôtel du Golf Lacanau**②, Domaine de l'Ardilouse, Lacanau-Océan, Tel. 05 56 03 92 92, www.golf-hotel-lacanau.fr. Hier tafelt man auf gutem und dennoch bezahlbarem Niveau. Freundliches Ambiente.

■ **Restaurant Le Kayoc**①-②, über dem Strand, Lacanau-Océan, Tel. 05 56 03 20 75, www.restaurant-kayoc-lacanau.com. Pluspunkt ist die große Freiluftterrasse, schöne Blicke übers Meer.

[<] Baden, Sonnenbaden, Surfen – die Strände um Lacanau bieten alle Möglichkeiten

Sport und Freizeit

■ **Fahrradverleih:** Nomade Location de vélos, 4 avenue Plantey, Lacanau-Océan, Tel. 05 56 03 06 99.

■ **Reiten:** Anfängerreiten und organisierte Ausritte im Landesinnern bei: Lacanau Equi-Passion, 114 avenue de Bordeaux, Handy 06 77 75 97 28, http://lacanau-equipassion.fr.

■ **Surfschulen** in Lacanau-Océan: Lacanau Surf Club (auch mit Stand up Paddle Surfing), boulevard de la Plage, Tel. 05 56 26 38 84, http://lacanausurfclub.com; Bo and Co, 12 boulevard de la Plage, Tel. 05 56 26 33 99, www.bocosurf.com.

■ **Wasserski:** Lacanau Ski Club, avenue de l'Océan, Lacanau, Tel. 05 56 03 09 01, www.ski-nautique-sejours-lacanau.com.

Rund um Carcans

Nördlich von Lacanau-Océan setzen sich die endlos scheinenden Pinien- und Strandgebiete in der Gemeinde Carcans-Maubuisson fort. Die sommerlichen Zuströme kanalisieren sich vor allem in den Feriendörfern und auf den Campingplätzen. Der nächste Küstenzugang ist **Carcans-Plage** (auch: Carcans-Océan), wo die Zufahrtstraße vom Inland her endet und nur während der Sommersaison das pralle Leben herrscht. Je nach Monat findet man Bar- und Restaurantbetrieb, Fahrrad- und Bodyboardverleih. Hinter den Parkplätzen spannen sich Holzstege durch den Dünengürtel zum Sandstrand, ein ausgesprochen schönes Areal mit Liegeflächen zur freien Auswahl. Man sollte den grundsätzlichen Hinweis zur Atlantikküste beherzigen, vorsichtig beim Meeresbad zu sein – trotz eines flachen Einstiegs ins Wasser und der Sommerpräsenz der Lebensretter. Mangels

205sf ad

vorhandenem Schatten empfiehlt es sich, Sonnenschutz mitzubringen.

MEIN TIPP: Im Hinterland von Carcans-Plage führt das Sträßchen nach **Maubuisson,** ein äußerst gefälliges Ferienörtchen an den Südufern des **Lac d'Hourtin et de Carcans.** Der See ist knapp 20 km lang und bis zu 4 km breit, er umfasst eine Fläche von über 6000 ha – das Dreifache des Lac de Lacanau! Im Herzen des Örtchens Maubuisson bündelt sich alles auf leicht überschaubarem Raum: die kleine Café- und Restaurantzone, die Uferpromenade sowie der Seestrandbereich mit Schwimmareal und Tretbootverleih.

Weiter nördlich schließt sich mit **Bombannes** das nächste typische Urlaubsgebiet an. Ostwärts geht es nach **Carcans-Ville,** über das sich einige weitere Campingplätze verteilen.

Das Sportangebot in der Gegend ist reichhaltig und umfasst Segeln und Surfen ebenso wie Wasserski und Paragliding. Radler finden traumhafte Verhältnisse in Form von 120 Wegekilometern vor, viele Strecken führen durch Pinienwälder. Das **Radwegenetz** erstreckt sich nordwärts nach Hourtin-Plage und südlich in die Gemeinde Lacanau, die in Maubuisson abgehende Südroute Richtung Lac de Lacanau ist besonders schön (im Office de Tourisme

Historische Villa in Lacanau-Océan

nach der örtlichen Radwegekarte, *Plan des Pistes Cyclables,* fragen).

Wanderer können einen Teil des an der Westflanke des Sees vorbeiführenden **Fernwanderwegs GR-8** unter die Schuhsohlen nehmen, während sich das südlich von Maubuisson gelegene Naturschutzgebiet um den kleinen **See von Cousseau** *(Réserve Naturelle de l'Étang de Cousseau)* ideal für eine kürzere Etappe eignet.

Wanderung am Étang de Cousseau

Ausgangspunkt für eine ca. 6,5 km lange Rundwanderung ist der Parkplatz „Marmande", gleich an der Landstraße zwischen Maubuisson und dem Lac de Lacanau. Unter den schattigen Nadelschirmen der Pinien dringt man tief in den Forst ein, immer wieder hört man Vogelgezwitscher. Die Wälder sind Lebensraum von Rot- und Schwarzwild, mit Glück erspäht man eine Smaragdeidechse. Abseits von Motorenlärm flankieren Stechginster und Erika den Weg, der sich in Teilen mit einem Radweg *(piste cyclable)* und auch einer Jakobswegstrecke deckt. Sandige Passagen rühren von der befremdlich wirkenden **Binnendüne L'Espéron** her. Über einen etwas schmaleren Waldpfad federt man dem Étang de Cousseau entgegen. Ein **Aussichtsplateau** *(observatoire)* macht den malerischen See schmackhaft, ein Weg windet sich an den ufernahen Schilfgrasgürtel hinab. Gleichermaßen zur Vegetation des Sees gehören Seerosen, Eichen, Birken und Farne. Man folgt den Schildern zur großen Lichtung „Clairière de Cousseau" und später zurück zum „Parking de Marmande".

Information

- **Office de Tourisme,** 127 avenue de Maubuisson, Maubuisson, Tel. 05 56 03 21 01 (einheitliche Nummer für mehrere Touristeninformationen), www.medoc ocean.com. Im Büro Infos zum Sommerprogramm und naturkundliche Führungen.

Unterkunft

- Außer **Ferienclubs** wie Belambra und Les Sentes (www.belambra.fr) findet man in der Gegend **private Zimmervermieter** und auch ein komplett wochenweise mietbares Haus wie La Maison des Mâts (34 résidence Les Mâts, Maubuisson, Tel. 05 61 65 42 77, http://lamaisondesmats.jimdo.com; Juni bis September).

Camping

- **Camping de Maubuisson,** 81 avenue de Maubuisson, Maubuisson, Tel. 05 56 03 30 12, www.camping-maubuisson.com. Schöne Anlage nahe dem See, März bis Mitte November.
- **Camping La Prairie,** 225 bis route Ste Hélène de l'Étang, Carcans, Tel. 05 57 17 51 09, www.campinglaprairie-carcans.fr. Ruhiges Umfeld, Stellplätze mit viel Schatten. Mitte April bis Mitte Oktober.
- **Camping Les Mimosas,** 173 route de la Barrade, Carcans-Ville, Tel. 05 56 03 39 05, www.les-mimosas-camping.com. Mai bis September, auch Vermietung von Mobile Homes und fest installierten Großzelten. Beheizbarer Freiluftpool. Der Platz steht bei Familien mit Kindern hoch im Kurs.
- **Camping Les Pins,** route Barrade, Carcans-Ville, Tel. 05 56 03 38 72, www.campinglespins-carcans.com. Drei-Sterne-Platz, zugänglich Mitte März bis Mitte November. Beheiztes kleines Freibad von April bis September.
- **Camping Les Terrasses du Lac,** 35 route de Lacanau, Carcans,Tel. 05 56 03 37 12, www.cam

ping-lesterrassesdulac-carcans.com. Mittelklasseplatz, auf dem sich gerne Familien einfinden. Geöffnet Anfang April bis Mitte November, wochenweise Vermietung von Mobile Homes.

Sport und Freizeit

■ **Fahrradverleih:** in der Saison bei Funbike (109 avenue de Maubuisson, Tel. 05 56 82 96 74, www.funbike.fr).

■ **Segeln:** in Maubuisson bei Au Petit Mousse, 81 boulevard du Lac, Tel. 05 56 03 31 91, http://petitmousse.fr, und Cercle de Voile de Bordeaux, Tel. 05 56 03 30 19, www.cerclevoilebordeaux.com.

■ **Surfen:** Surfschulen Les Loubines (Handy 06 03 24 47 90, http://lesloubines.onlc.fr) und Carcans Océan Surf Club (place Marcel Prévot, Carcans-Plage, Tel. 05 56 03 41 81, www.carcanssurfclub.com).

■ **Wasserski:** Ski Nautique Club Carcans Bombannes, Domaine de Bombannes (nur im Hochsommer in Betrieb).

Feste und Veranstaltungen

- Ende Mai **Carcan'Scène** (Festival der jungen Künstler).

Rund um Hourtin

Strände, Dünen, Pinienforst und der Nordteil des **Lac d'Hourtin et de Carcans** – überzeugende Argumente für die 3000-Einwohner-Gemeinde Hourtin, die sich in den gleichnamigen Hauptort Hourtin und die Strandzonen von **Hourtin-Plage** splittet. Hier findet man zahlreiche Campingplätze, Feriendörfer, ein reich gefülltes Sommerprogramm und eine Vielzahl an Sportmöglichkeiten von Kanu und Kajak über Segeln bis Surfen. In Hourtin herrscht ein lebhaftes Treiben, der am nordöstlichen Seeufer gelegene Sporthafen **Hourtin-Port** bietet mehrere hundert Anlegeplätze. Auf der Kinderinsel *(Île aux Enfants)* kann sich der Nachwuchs nach Lust und Laune austoben. Zwischen Hourtin und Hourtin-Plage führen gut ausgebaute Radstrecken und der Fernwanderweg GR-8 an der **Réserve Naturelle de la Lagune de Contaut** vorbei, im Ortsteil Piqueyrot findet man einen weiteren Seestrand.

Information

- **Office de Tourisme,** place Fourès, Hourtin Plage, Tel. 05 56 03 21 01 (einheitliche Nummer für mehrere Touristeninformationen), www.medococean.com.

Unterkunft

- **Hôtel Les Pins**①, 22 rue de Mauricet, Hourtin, Tel. 05 56 09 18 07, www.hotellespins-hourtin.com. Kleine, zweckmäßige Bleibe mit Sommerpool; 18 Zimmer, WLAN gratis.

Camping

- **Camping de la Côte d'Argent,** Hourtin-Plage, Tel. 05 56 09 10 25, www.camping-cote-dargent.com. Nur wenige Hundert Meter vom Strand entfernt, 20-ha-Gelände mit Pinienwald. Poolkomplex, Bar, Restaurant, Tennis, Tischtennis, Kinderspielplatz. Vermietung von Hütten (Cottages). Der Platz gehört der obersten Kategorie an. Mitte Mai bis Mitte September.
- **Camping L'Orée du Bois,** 120 rue d'Aquitaine, Tel. 05 56 09 15 88, www.camping-loreedubois.com. Recht kleines Drei-Sterne-Gelände mit Pool, Anfang April bis Mitte November geöffnet, auch Vermietung von Mobile Homes und Chalets.

Sport und Freizeit

- **Fahrradverleih:** Le Garage à Vélos, 108 avenue du Lac (nahe dem Hafen), Tel. 05 56 09 69 60.
- **Reiten:** Centre Equestre du Cardin, 520 chemin des Bécassines, Tel. 05 56 09 20 75, www.ceducardin.ffe.com.
- **Surfen:** Hourtin Surf Club, Maison de la Glisse, rue des Sables, Tel. 05 56 09 24 16, www.vrbconcept.fr.

Am Étang de Cousseau

Soulac-sur-Mer und Gironde-Mündung

Sandige Strände ohne Ende, Dünen, Pinien im Hinterland, Sportmöglichkeiten von Wandern und Radeln über Surfen bis Reiten: In altgewohnter Komposition der nördlichen Atlantikküste zeigt sich auch Soulac-sur-Mer, eine 3000-Einwohner-Gemeinde, die im Sommer beträchtlich anwächst und sich mit 2600 Sonnenstunden pro Jahr den Vorzügen eines Mikroklimas erfreut. Über die 7 km lange Strandlinie verteilen sich saisonal bewachte Großabschnitte, und mit Hotels und Campingplätzen zeigt man sich auf den sommerlichen Ansturm gerüstet. Bedeutendstes Bauwerk ist die **Basilique Notre Dame de la Fin des Terres,** deren Wurzeln ins 11./12. Jh. und somit in eine Boom-Epoche des Jakobuskultes reichen; Soulac-sur-Mer liegt am historischen Küstenweg ins spanische Santiago de Compostela. Die im Laufe der Zeit versandete Basilika wurde im 19. Jh. wieder instand gesetzt. Das Fremdenverkehrsamt organisiert Besuche, die überdies zu den umliegenden historischen Villen der „Village Ancien" führen (April bis Juni und September Di. um 16 Uhr, im Juli und August Mo. und Do. um 17.30 sowie Mi. um 11 Uhr). Variante ist ein Besuch mit Weinkostprobe („Dégust' et visite"; nur an ausgewählten Tagen).

Der Küste vorgelagert ist der 67 m hohe **Phare de Cordouan,** ein sagenhafter Leuchtturm, der einsam aus dem Wasser ragt und von Felsplattformen umzogen ist. Schon im 14. Jh. warnte der historische Vorläufer Schiffe vor den Gefahren. Das Licht des heutigen Turms bringt es auf eine Reichweite von 45 km. **Bootsausflüge** zum Phare de Cordouan starten im Regelfall zwischen April und Oktober, ab dem Bereich Pointe de Grave (mit dem Boot „La Bohème", Tel. 05 56 09 62 93, www.vedettelaboheme.com). Die Ausflugsfahrten sind wetterabhängig und dauern etwa dreieinhalb Stunden Preise: 40 €, Kinder etwa 30 €.

Südlich von Soulac-sur-Mer schließen sich der Ortsteil **L'Amélie-sur-Mer** und die Feriengemeinde Vendays-Montalivet mit **Montalivet-les-Bains** an, nordwärts geht es hinauf an die Gironde-Mündung mit der **Pointe de Grave** und **Le Verdon-sur-Mer.** Südöstlich rückt man ins Médoc-Gebiet vor (siehe Kapitel „Bordeaux, Umgebung").

Information

- **Offizielle Website** zum Phare de Cordouan ist www.phare-de-cordouan.fr.
- **Office de Tourisme Soulac-sur-Mer,** 68 rue de la Plage, Tel. 05 56 09 86 61, www.soulac.com.
- **Office de Tourisme Vendays-Montalivet,** 62 avenue de l'Océan, Tel. 05 56 09 30 12, www.ot-vendays-montalivet.fr.
- **Office de Tourisme Le Verdon-sur-Mer,** 2 rue des Frères Tard, Tel. 05 56 09 61 78, www.tourisme-leverdon.com.

Unterkunft

- **Hôtel Des Pins**①-②, boulevard de L'Amélie, Soulac, Tel. 05 56 73 27 27, www.hotel-des-pins.com. Strandnahes Zwei-Sterne-Haus. 29 Zimmer, solide Qualität, März bis Ende Dezember.

■ **Ocean Hôtel Amélie**①-②, L'Amélie, Soulac, Tel. 05 56 09 78 05, www.oceanhotelamelie.com. Mitten im Wald gelegen, knapp 1 km vom Strand entfernt. 21 solide ausstaffierte Zimmer. Kleiner Sommerpool. Geöffnet etwa Mitte April bis Mitte Oktober.

■ **Hôtel Michelet**①, 1 rue Bernard Baguenard, Soulac-sur-Mer, Tel. 05 56 09 84 18, www.hotelmichelet.fr. Familiär in der dritten Generation geführtes Hotel, verschiedene Zimmer- und Preiskategorien. Strand und Ortskern liegen unmittelbar in der Nähe. März bis Oktober.

Camping

■ **Camping Les Lacs,** 126 route des Lacs, Soulac-sur-Mer, Tel. 05 56 09 76 63, www.camping-les-lacs.com. Komfort, geöffnet Anfang/Mitte April bis Anfang November. Pluspunkt ist das beheizte Hallenbad, doch auch die Außenbereiche sind ansprechend.

■ **Camping de l'Océan,** allée de la Négade, L'Amélie-sur-Mer, Tel. 05 56 09 76 10, http://camping.ocean.pagesperso-orange.fr. Anfang Juni bis Mitte September.

■ **Camping Yelloh!,** 8 allée Michel de Montaigne, zwischen Soulac-sur-Mer und L'Amélie-sur-Mer, Tel. 05 56 09 77 63, www.camping-club-soulac.com. Drei Sterne, komfortabel. Pools, Kinderclubs. Auch Hüttenvermietung. Geöffnet Ende April bis Anfang September.

■ **Camping Des Pins,** passe de Formose, Soulac-sur-Mer, Tel. 05 56 09 82 52, www.campingdespins.fr. Im Pinienwald, etwa 1,5 km vom Strand entfernt. Geöffnet etwa Anfang April bis Mitte Oktober.

Nightlife

■ Nachtschwärmer zieht es in Soulac-sur-Mer ins **Casino** integriertem Night-Club (in der Hauptsaison täglich bis 6 Uhr morgens geöffnet).

Sport und Freizeit

■ **Fahrradverleih:** in Soulac-sur-Mer bei Cyclo' Star, 9 rue Fernand Laffargue, Tel. 05 56 09 71 38, www.cyclo-star.com.

■ **Fallschirmspringen:** Centre de Parachutisme, Aérodrome, Soulac-sur-Mer, Handy 06 18 63 10 14, www.parachutisme-soulac.com. Kurse, Tandemsprünge.

■ **Reiten:** Centre Equestre Les Petits Chevaux, passe du Franc Tireur, Soulac-sur-Mer, Tel. 05 56 73 91 01, http://les-petits-chevaux.com. Unterrichtsstunden, Ausritte durch den Forst oder am Strand entlang.

■ **Surfen:** Kurse über die Soulac Surf School, Soulac-sur-Mer, Tel. 07 77 26 53 25, www.ecoledesurf-soulac.com. Außerdem OSC École de Surf, Plage de l'Amélie, Tel. 05 56 09 56 04, www.soulacsurf.fr.

Verkehrsanbindung

■ Ganzjährig verkehrende **Autofähre** *(bac)* über die Gironde-Mündung zwischen Pointe de Grave und Royan; recht hohe Tarife, dafür Ersparnis einer langen Überlandstrecke. Kürzere Fährpassage im östlichen Médoc von Lamarque nach Blaye. Selbst in der Nebensaison gibt es mindestens sechs tägliche Verbindungen, Mo.–Fr. ist die früheste Abfahrt ab Le Verdon im Regelfall um 7.15 und Sa./So. um 8 Uhr; im Juli und August morgens bis abends Abfahrten etwa alle 45 Minuten. Aktuelle Fahrpläne und Tarife unter www. bernezac.com/passages_eau.htm.

103sf ad

3 Am Oberlauf der Garonne

Ausgedehnte Weinbaugebiete prägen die Landschaft der Region. Beschauliche Städtchen und Orte wie Cadillac, Langon und Agen bieten dem Besucher viel Bausubstanz, es gibt aber auch erholsame Rad- und Wanderwege entlang der Fluss- und Kanalufer.

< Château de Roquetaillade

AM OBERLAUF DER GARONNE

Lust auf ein Stück Hinterland und unausgetretenere Pfade? Dann auf in freundliche Dörfer wie Bazas und Städtchen wie Agen! Schlösser und Gotteshäuser setzen kleine Kulturhighlights, Weingärten bleiben vielerorts Wegbegleiter.

099sf ad

Etwa auf Höhe der Universität nimmt der Garonne-Seitenkanal in Agen die Gestalt eines Sees an

NICHT VERPASSEN!

- **Château de Roquetaillade** | 103
- **Uzeste** mit imposanter gotischer Stiftskirche | 104
- **Château de Villandraut** wartet mit mächtigen Rundtürmen auf | 104
- **Pujols:** eines der schönsten Dörfer Frankreichs | 111
- **Château de Bonaguil:** idyllisch gelegene Schlossburg | 112

Diese Tipps erkennt man an der gelben Hinterlegung.

Die Départements Gironde und Lot-et-Garonne

Leitmotiv Fluss: Südöstlich von Bordeaux verlaufen diesseits und jenseits der Garonne flussnahe Straßen Richtung Cadillac und Langon und weiter nach Agen. Hier liegen **Weinbaugebiete** wie die „Premières Côtes de Bordeaux et Cadillac", östlich von Langon schließen sich „Bordeaux et Bordeaux Supérieur" an. Immer wieder bietet sich Gelegenheit zum Besuch von Weingütern *(châteaux)*. Die Westroute entlang der Garonne nach **Langon** kann man mit einem Besuch des Wasserschlosses von La Brède kombinieren (siehe Kapitel „Bordeaux und Umgebung"). Immer wieder bieten die Gegenden reichlich **Kulturelles,** und es lohnt sich, **Abstecher** von der **Route entlang der Garonne** zu machen: ob nördlich von Cadillac tiefer in die Region Entre-deux-Mers nach Créon (Bastide) und La Sauve (vormalige Benediktinerabtei) oder südlich von Langon zum Schloss von Roquetaillade und zur

3

Am Oberlauf der Garonne

0 5 km
SW-Fr_Kapitel_04
LOT-ET-GARONNE
Pellegrue, Sainte Foye-la-Grande
Monbazillac
Monestier
Riocaud
Margueron
Sigoulès
Bouniagues
St. Aubin-de-Lanpuais
Faux
Monmadalès
Landerrouat
St. Astier
Issigeac
Lac de Castelgaillard
Soumensac
Fonroque
St. Aubin-de-Cadelech
Eyrenville
Falgueyrat
103 Duras
Eymet
La Sauvetat-du-Dropt
Taillecavat
Moustier
Castillonnès
Lévignac-de-Guyenne
Allemans-du-Dropt
Lauzun
Montauriol
Miramont-de-Guyenne
Lac du Saut du Loup
Lamothe-d'Ales
Lougratte
Armillac
Seyches
Monbahus
St. Barthélemy-d'Agenais
Cancon
Marmande
Puymiclan
Tombebœuf
Castelnaud-de-Gratecambe
Beaugas
St. Pastour
111 Villeréal,
111 Monflanquin
Gontaud-de-Nogaret
Verteuil-d'Agenais
Fourques-s-Garonne
Fauguerolles
Monclar
Pinel-Hauterive
Château de Bonaguil
112 Penne d'Agenais
Varès
Le Mas-d'Agenais
111 Villeneuve-s-Lot
Castelmoron-s-Lot
Tonneins
Lot
Le Temple-s-Lot
Ste. Livrade-s-Lot
111 Pujols
Laparade
Calonges
Clairac
Lafitte-s-Lot
111 Grottes de Lastournelle
Montpezat-d'Agenais
Monheurt
Bourran
St. Antoine-de-Ficalba
111 Grottes de Fontirou
Lacépède
Aiguillon
Laugnac
Villefranche-du-Queyran
Damazan
Galapian
Lac de Néguenou
La Croix-Blanche
St. Léger
Prayssas
Garonne
Baïse
Lusignan-Petit
110 Madaillan
Artigues
Buzet-s-Baïse
Port-Ste.-Marie
Clermont-Dessous
Fargues-s-Ourbise
St. Laurent
St. Hilaire-de-Lusignan
Le Caoulet
Colayrac-Saint-Cirq
Canal Latéral à la Garonne
Pont-du-Casse
Feugarolles
106 Agen
Xaintrailles
112 Vianne
Bruch
Serignac-s-Garonne
Brax
113 Condom,
113 Lac Sant Louis
113 Nérac
Lavardac
Durance
Roquefort
D708
D672
D933
D237
D968
D25
D14
D1
D2
N21
D227
D667
D641
D124
D133
D120
D13
N113
D911
D666
D118
A62
D8
D11
D245
D656
A642
D119
D305
D113

102sf ad

Stiftskirche von Uzeste. In **Agen** wartet eine ausgesprochen grüne Stadt mit Rad- und Spazierwegen an Fluss- und Kanalufern. Von hier bieten sich schöne Ausflüge in die Gegend des **Lot** an.

Cadillac

Die Kleinstadt Cadillac am östlichen Garonne-Ufer ist ab Bordeaux am besten erreichbar auf der Landstraße D 10 über **Langoiran** (Château de Langoiran, Ursprünge im 13. Jh.; April bis September im Regelfall täglich 14–19 Uhr, sonst bis 17 Uhr; www.chateaudelangoiran.com) und **Rions,** einst ein stark befestigter mittelalterlicher Flecken (Église Saint-Seurin). Der Weg führt mitten durch die Weinbaulandschaften „Premières Côtes de Bordeaux" und „Premières Côtes de Bordeaux et Cadillac".

Cadillac hat seinen Ursprung als Bastide im Jahr 1280, als es von *Jean de Grailly* im Auftrag des Königs von England gegründet wurde. Von unruhigen Zeiten künden heute die Reste der Verteidigungsanlagen, während das **Château des Ducs d'Épernon** für bauliche Gewalt und Eleganz zugleich steht. Das Schloss geht im Wesentlichen auf den Beginn des 17. Jh. zurück und ist der Öffentlichkeit zugänglich.

Südöstlich von Cadillac bewahrt das Örtchen **Loupiac** Reste aus der Römerzeit (Villa et Thermes, 2.–5. Jh.). 4 km nordöstlich (Straße Richtung Targon) liegt ein kleiner See, der Lac de Laromet.

■ **Château des Ducs d'Épernon,** wechselnde Zeiten, meist Juni bis September tägl. 10–13.15 und 14–18 Uhr, sonst Di.–So. 10–12.30 und 14–17.30 Uhr. www.cadillac.monuments-nationaux.fr.

Information

■ **Office de Tourisme de Pays Cadillacais,** 9 place de la Libération, Cadillac, Tel. 05 56 62 12 92, http://cadillac-tourisme.com. Ergänzend dazu lohnt sich ein Blick auf die Seite der Region Entre-deux-Mers: www.entredeuxmers.com.

Die Wege am Seitenkanal der Garonne in Agen sind ein beliebtes Terrain für Jogger und Radler

Unterkunft

■ **Hôtel Château de la Tour②-③**, 2 avenue de la Libération, Béguey, Tel. 05 56 76 92 00, www.hotel-restaurant-chateaudelatour.com. Drei-Sterne-Haus mit Charme und Stil, nahe Cadillac in Béguey in einen 3-ha-Park gefasst. Mit Pool und Restaurant. 32 Zimmer.

Essen und Trinken

■ **Restaurant L'Entrée Jardin①-②**, 27 avenue du Pont, Tel. 05 56 76 96 96; www.restaurant-entree-jardin.com. Ein traditionelles, gepflegtes Restaurant mit feiner Küche. Nicht alles, was auf der Karte steht, ist für auswärtige Gäste ein Begriff. Gutes Preis-Leistungs-Verhältnis, breite Preisspanne.

Wein

■ **Weinhaus:** Maison des Vins, La Closière, 104–106 route Cazeaux-Cazalet, Cadillac, www.cadillaccotesdebordeaux.com. In der Gegend findet man außerdem eine Reihe besuchbarer Weingüter, dazu Infos im Fremdenverkehrsbüro von Cadillac.

In der Umgebung

Cadillac ist ein strategisch günstiger Ausgangspunkt zu weiteren Entdeckungen der Region Entre-deux-Mers. So kann man nördlich des Städtchens einen Abstecher angehen, der durch weitere Weingärten führt und folgenden Verlauf hat: Capian – Créon – La Sauve – Majeure – Targon – Cadillac.

In **Capian** liegen die romanische Kirche Saint Saturnin und das Château du Grand Banet am Weg, **Créon** empfängt als Bastide aus dem 14. Jh. Hier spielt sich das Leben um den arkadengesäumten Hauptplatz ab, die Kirche zeigt eine gotische Struktur. Weiter westlich, in **Sadirac,** macht das Töpfereimuseum mit der lokalen Keramikkunst vertraut (Maison de la Poterie, place Fouragnan, Di.–Sa. 14–17.30 Uhr, www. maisonpoterie-sadirac.fr).

Mein Tipp: Die Lokalgeschichte von **La Sauve-Majeure** ist unweigerlich mit den Benediktinern verbunden, die hier in romanischem Stil ihre Abbaye de La Sauve-Majeure errichteten. Besonders sehenswert sind die Kapitelle.

■ **Abbaye de La Sauve-Majeure,** Juni bis September tägl. 10–13.15 und 14–18 Uhr, sonst Di.–So. 10.30–13 und 14–17.30 Uhr; http://la-sauve-majeure.monuments.

Information

■ **Office de Tourisme** in Créon, 62 boulevard Victor Hugo, Tel. 05 56 23 23 00, www.tourisme-creonnais.com.

Sport und Freizeit

■ **Fahrradverleih:** in Créon, Point Relais Vélo, 60 boulevard Victor Hugo, Tel. 05 57 34 30 95; www.lepointrelaisvelo-creon.fr.

Wein

■ In La Sauve-Majeure findet man das Weinhaus **Maison des Vins de l'Entre-deux-Mers** (rue de l'Abbaye, Tel. 05 57 34 32 12, www. vins-entre-deux-mers.com). Hier und im Office de Tourisme in Créon (s.o.) Informationen zu besuchbaren Weingütern in der Gegend.

Langon

Langon liegt an der Garonne, der Kern des 6000-Einwohner-Städtchens breitet sich am Flussufer mit der Plaçe du Port und der Plaçe du Général de Gaulle aus. An der Plaçe d'Horloge erhebt sich das Rathaus, in der Zone der Quais das Marktgebäude. Dank seiner günstigen Lage blickt Langon auf eine lange Geschichte als regionales Weinhandelszentrum zurück. Fassbares Zeugnis vergangener Zeiten bietet die ursprünglich romanisch-gotische **Kirche Saint-Gervais;** das Bild der „Immaculée Conception" schreibt man dem berühmten spanischen Maler *Francisco de Zurbarán* zu, die Glasfenster wurden nach dem Zweiten Weltkrieg erneuert. Alljährlich Ende Juli erklingen bei den **„Atypischen Nächten"** *(nuits atypiques)* von Langon Musikinstrumente aus aller Welt.

Information

■ **Office de Tourisme,** 11 allées Jean-Jaurès, Tel. 05 56 63 68 00, www.sauternais-graves-langon.com.

Unterkunft

■ **Hôtel Claude Darroze**②, 95 cours du Général Leclerc, Tel. 05 56 63 00 48, www.darroze.com. Solide Qualität, angeschlossenes **Restaurant**③ in gehobenem Stil.

■ **Hôtel Horus**①, 2 rue des Bruyères, Tel. 05 56 62 36 37, www.logishotels.com. Zwei Sterne, 34 Zimmer, mit Restaurantbetrieb. Im Verband „Logis de France".

Essen und Trinken

■ **Restaurant Au Langonnais**①-②, 78 cours du Maréchal de Tassigny, Tel. 05 56 76 27 75. Zentral gelegenes Restaurant, wegen seiner angenehmen Atmosphäre auch von vielen Einheimischen besucht.

■ **Restaurant Le Tire Bouchon**①, 6 rue des Bruyères, Tel. 05 57 98 21 65. Einfach und schnörkellos, wie die Einrichtung. Diverse Menüs.

Sport und Freizeit

■ In Langon und Umgebung gibt es eine Reihe von **Wandermöglichkeiten,** Informationen im Office de Tourisme. Beliebte Wanderstrecken sind der „Circuit Le Halage" (Castets – Castillon-de-Castets, 5 km), der „Circuit Les Gabares" (Langon – Barie, 19 km) und der „Circuit Les Brumes d'Or" (Antonion – Bommes, 12 km). Außerdem gibt es Radstrecken in der Gegend, z.B. ab Roaillan (nach Bazas) oder an einem Seitenkanal der Garonne entlang (ab Castets en Dorthe).

In der näheren Umgebung

Zu den sehenswerten Orten in der näheren Umgebung von Langon gehören das mittelalterlich geprägte **Saint Macaire,** der schön gelegene Weinort **Sainte Croix-du-Mont** mit Schloss und Kirche, **Saint Maixant** mit der Domaine de Malagar (Landgut mit Erinnerungen an Literatur-Nobelpreisträger *François Mauriac*; http://malagar.aquitaine.fr), das **Château de Malle** mit seinen italienisch inspirierten Gärten (17. Jh.; geöffnet April bis Oktober täglich 14–18 Uhr, www.chateau-de-malle.fr), das mittelalterliche **Château de Budos** und **Barsac** mit seiner Kirche aus dem 16./17. Jh.

Südöstlich von Langon führt die Strecke durch die Garonne-Ebene über **Marmande** und Tonneins Richtung Agen. Unterwegs sind ab Marmande Abstecher sowohl nach Norden zum **Château de Duras** (Schlossanlage, Ursprung 12. Jh.) als auch nach Süden zum **Château de Malvirade** (15. Jh.) in Grezet-Cavagnan möglich.

Unterkunft

■ **Apparthôtel Les Tilleuls**①, 16 allées des Tilleuls, Saint Macaire, Tel. 05 56 62 28 38, www.tilleul-medieval.com. Appartements für zwei bis fünf Personen, mit Restaurant.

Die Gegend um Villandraut und Bazas

Südlich von Langon eröffnet sich ein kleines Kulturdreieck mit den Punkten Château de Roquetaillade, Villandraut und Bazas. Zwischen beiden letztgenannten Orten liegt überdies der Kirchenort Uzeste, von wo aus sich noch ein Abstecher Richtung Süden zum sehenswerten Château de Cazeneuve anbietet.

Château de Roquetaillade

Mit seinem steinernen Schachtelwerk wirkt das bei Mazères gelegene Château de Roquetaillade wie eine überdimensionale Spielzeugburg aus dem Kinderzimmer. Rundtürme und zentraler Festungsturm ragen aus dem Grün des großzügig gehaltenen Parks. Die Anlage des Schlosses geht ins 12.–14. Jh. zurück, Führungen machen mit dem kostbaren Interieur vertraut.

■ **Château de Roquetaillade,** Juli/August tägl. 10.30–17 Uhr, Ostern bis Juni und September/Oktober tägl. 14.30–16 Uhr, während der übrigen Monate nur So. 14.30–16 Uhr; recht teurer Eintritt; http://chateauroquetaillade.free.fr.

Bazas

MEIN TIPP: Bazas wird von seiner prächtigen gotischen **Cathédrale Saint-Jean-Baptiste** dominiert, die Frontportale wenden sich hin zur arkadenbeflankten Place de la Cathédrale. Gleich neben der im 13. Jh. begonnenen Kathedrale liegt der Jardin du Chapitre. Ausgrabungen machen mit der langen Geschichte des Ortes vertraut, der als befestigter Platz schon unter den Römern einen Stellenwert genoss. In der Gegend ganz gute Wandermöglichkeiten und mehrere Pferdehöfe.

Information

■ **Office de Tourisme,** place de la Cathédrale, Bazas, Tel. 05 56 25 25 84, www.tourisme-bazadais.com.

Unterkunft

■ **Domaine de Fompeyre**②, Bazas, Tel. 05 56 25 98 00, www.cerise-hotels-resorts.com. Modernes 50-Zimmer-Haus in zentraler Lage.

■ **Camping Le Paradis de Bazas,** route de Casteljaloux, Bazas, Tel. 05 56 65 13 17, www.franceloc.fr. Großer Pluspunkt ist der Aqua-Komplex.

Uzeste

Dreh- und Angelpunkt in dem ansonsten blassen Uzeste ist die **Collégiale d'Uzeste,** die gotische Stiftskirche mit dem Mausoleum des 1314 verstorbenen Papstes *Klemens V.* Auf ihn geht die Residenz der Päpste im Avignonischen Exil zurück, während seiner Amtszeit wurde der Orden der Tempelritter untersagt. Das Marmorgrabmal des obersten Kirchenfürsten befindet sich hinter dem Altar.

Château de Villandraut

Auf Papst Klemens V. gründet sich auch das zu Beginn des 14. Jh. erbaute Wehrpalais in Villandraut, zu dessen Gepräge mächtige Rundtürme zählen.

■ **Château de Villandraut,** Führungen Juli bis September täglich 10–13 und 15–19 Uhr, Juni tägl. 15–18 Uhr, März bis Mai nur an den Wochenenden 14–17 Uhr, während des übrigen Jahres nur auf Anfrage unter Tel. 05 56 25 87 57; www.chateaude villandraut.fr.

Château de Cazeneuve

Ab Villandraut oder Uzeste erreicht man weiter südlich in **Préchac** eine restaurierte Großanlage, an der ursprünglich bis ins 17. Jh. hinein gebaut wurde: das Château de Cazeneuve, einstiges Königsschloss von *Heinrich IV.* mit schönem Mobiliar und Gärten.

■ **Château de Cazeneuve,** zugänglich von Anfang Juni bis Ende September täglich 14–18 Uhr, während des übrigen Jahres im Normalfall nur an den Wochenenden geöffnet (14–18 Uhr), nicht gerade geringer Eintritt; www.chateaudecazeneuve.com.

Unterkunft

■ Vermieter von **Gästezimmern**① (*chambres d'hôtes*) haben sich in der Gegend um Villandraut auf die Nachfrage eingestellt. In Villandraut selbst finden Sie die **Villa Madeleine**②, 2 rue Madeleine, Tel. 05 56 25 60 64; www.villa-madeleine.fr (Preise inklusive Frühstück). Alternative in Noaillan: das rustikale Landhaus **L'Orée de Lansot**① (Tel. 05 56 25 85 23, www.loree-de-lansot.fr).

Im Zentrum und Osten der Region Entre-deux-Mers

Nordöstlich von Langon sind die **Weingebiete** Wegbegleiter durch jenen Teil der Region Entre-deux-Mers. Vorschlag für eine Erkundung: Langon – Le Pian-sur-Garonne – Saint André-du-Bois – Sauveterre-de-Guyenne – Blasimon – Sauveterre-de-Guyenne – Saint Ferme – Monségur – La Réole – Saint Martin-de-Sescas – Langon. Zu beachten ist, dass man diese Tour gut mit einem Abstecher an die Dordogne in den Landstrich Libournais und das mittelalterliche Vorzeigestädtchen Saint Émilion kombinieren kann (siehe Kapitel „Bordeaux und Umgebung").

Saint André-du-Bois

Saint André-du-Bois, genauer gesagt das **Château de Malromé,** pflegt sein Andenken an *Henri de Toulouse-Lautrec* (1864–1901), jenen weltberühmten Maler und Grafiker, der hier recht jung an Jahren verstarb.

■ **Château de Malromé,** Mai bis Oktober Besuche Mo.–Sa. um 15 Uhr, ansonsten Besuche und auch Weindegustationen nur nach Vereinbarung unter Tel. 05 56 76 44 92; www.malrome.com.

Sauveterre-de-Guyenne

Sauveterre-de-Guyenne, als Bastide Ende des 13. Jh. gegründet und während des Hundertjährigen Krieges einem Hin und Her zwischen Franzosen und Engländern unterworfen, präsentiert seine Vergangenheit in Form des Zentralplatzes und vier befestigten Toren. Der Ort wird gerne als Sprungbrett für kleinere Ausflüge genutzt: ins südwestlich gelegene **Gornac** mit seinem Mühlenmuseum (Moulin-Musée du Haut-Benauge; nur unregelmäßig geöffnet, Tel. 05 56 61 96 15), nördlich Richtung Saint Émilion nach **Rauzan** (Grotte Célestine und Château des Duras) sowie zum Bastidenort **Blasimon** mit seiner romanisch-gotischen Kirche der alten Benediktinerabtei.

Saint Ferme

Östlich von Sauveterre-de-Guyenne führt die Tour nach Saint Ferme mit seiner dominanten **Abbaye de Saint Ferme,** einem Bauwerk mit Ursprung im 11. Jh. Die Abtei lag einst in Händen von Benediktinern, die Jakobspilger auf ihrem Weg ins spanische Santiago de Compostela aufnahmen. Ein weiterer Abstecher geleitet über **Pellegrue** (Bastide, 13. Jh.) nordostwärts an die Dordogne nach **Sainte Foye-la-Grande,** einer 1255 gegründeten Bastide mit schönem Ortsbild.

■ **Abbaye de Saint Ferme,** täglich freier Zugang in Kirche und Kreuzgang, Führungen in der Regel nur Mi. nachmittags, Infos unter Tel. 05 56 61 62 10; http://abbayesaintferme.jimdo.com.

Monségur

Bastidenvergangenheit prägt auch das nette Monségur. Mit dem **Château de Guilleragues** im nahen Saint Sulpice-de-Guilleragues hat die Gegend auch ein Schloss zu bieten.

Information

■ **Office de Tourisme de l'Entre-deux-Mers,** 4 rue Issartier, Monségur, Tel. 05 56 61 82 73, www.entredeuxmers.com.

La Réole

In La Réole erreicht man wieder die Garonne und folgt den Spuren einer tausendjährigen Geschichte als Flusshandelsplatz. Markante Bauwerke sind beispielsweise das Château des Quat' Sos, dessen Ursprung im 13. Jh. liegt, sowie der Komplex der alten Benediktinerabtei. Über Saint Martin-de-Sescas geht es westwärts wieder zurück nach Langon.

Information

■ **Office de Tourisme,** 15 rue Armand Caduc, La Réole, Tel. 05 56 61 13 55, www.lareole.fr.

Agen

Das Grün des Umlands und die Wasserläufe der **Garonne** und des **Seitenkanals** der Garonne (Canal Latéral à la Garonne) bestimmen die Gesichter von Agen. Rad- und Spazierwege entlang der Ufer halten die Einwohner auf Trab. Legt man das ausgedehnte und vorbildlich angelegte Wegenetz zu Grunde, so dürfte ihr Fitnessgrad besonders hoch sein. Insbesondere zwischen dem **Sporthafen** *(Port de Plaisance)* und der **Kanalbrücke** *(Pont Canal)* wird gejoggt und geradelt, was die Lungen hergeben. Die hohe Lebensqualität wurde im Jahr 1990 geadelt, als man Agen zur „glücklichsten Stadt Frankreichs" wählte.

Agen, nüchtern auf den Punkt gebracht, liest sich so: Hauptstadt des Départements Lot-et-Garonne, 35.000 Einwohner, rund 140 km östlich von Bordeaux gelegen und ab Langon erreichbar über die Autobahn A 62 oder die Nationalstraße N 113.

Geschichte und Gegenwart

Die städtischen Ursprünge des vormaligen Aginnum liegen rund um das bewaldete Felsplateau im Norden der Stadt. Schon zu römischen Zeiten war das über 2000-jährige Agen wichtige Station auf der Achse Bordeaux – Toulouse und stand im späten Mittelalter stets auf der Kippe zwischen Franzosen und Engländern – hier wechselten die Herrscher nicht weniger als elf Mal. Eine wichtige Rolle für die regionale Wirtschaft spielte der Flusshandelsverkehr. Im 19. Jh. wurde der 211 km lange Seitenkanal der Garonne zwischen Toulouse und Castets-en-Dorthe angelegt, ein architektonisches Meisterstück mit über 50 Schleusen und der 23-bögigen Kanalbrücke von Agen.

Heute herrschen Textil- und Nahrungsmittelindustrie vor, an der Universität streben rund 2000 Studenten dem Berufsleben entgegen. Wer von Süden her über die Straße anreist, passiert das Ausstellungs- und Messegelände *(Parc des Expositions)* und muss zunächst einen großen Gürtel an Gewerbegebieten durchstoßen. Weniger wirtschaftliche Bedeutung kommt dem Fremdenverkehr zu. Trotz ihrer durchaus vorhandenen Reize wird für die meisten Besucher ein längerer Aufenthalt nicht in Betracht kommen.

Sehenswertes

In Agen wechseln sich grüne Abschnitte mit zweckmäßig-modernen Zonen und langen Straßenschneisen ab. Das Gebiet um den Bahnhof zählt nicht gerade zu den Highlights.

Kathedrale

Im Stadtkern legen sich gemütlich-geschäftige Zonen um die **Cathédrale Saint-Caprais** an der Place du Maréchal Foch. Deren geschichtliche Wurzeln gehen ins 11. Jh. zurück, der Sakralbau selbst trägt den Namen eines aus römischen Zeiten dokumentierten Märtyrers. In Sichtweite der Kathedrale taucht man in die kleine **Fußgängerzone** der Rue Molinier ein.

104sf ad

105sf ad

Musée des Beaux-Arts

Ab dem Kathedralplatz erreicht man einen weiteren wichtigen Citybereich über die Place Barbes, die Rue des Cornières und die Place des Laitiers. Endpunkt ist die Place du Docteur Esquirol, wo sich – nahe dem Rathaus und dem Théâtre Municipal – mit dem Museum der Schönen Künste ein kulturelles Aushängeschild par excellence eröffnet. Das Museum umfasst eine beachtliche Sammlung, verteilt sich auf mehrere historische Gebäudeteile und spannt sich von der Vorgeschichte bis zum 20. Jh. Zu den Stücken zählen eine marmorne Venus aus der gallo-römischen Epoche *(Venus du Mas d'Agenais)* sowie das Doppelgrabmal des *Étienne de Durfort* und seiner Gemahlin *Françoise de Montpezat* aus dem 16. Jh. Die Schätze des Museums setzen sich insbesondere in der Abteilung für französische und spanische Malerei des 18. Jh. fort, speziell mit einigen Werken von *Francisco de Goya.*

Viel Grün und viel Wasser: Agen

Musée des Beaux-Arts, Mai bis September Mi.–Mo. 10–18 Uhr, sonst Mi.–Mo. 10–12.30 und 13.30–18 Uhr; www.agen.fr/musee.

Kirchen

Weitere nennenswerte Bauwerke sind die **Église des Jacobins,** eine gotische Backsteinkirche an der Place des Jacobins, und die **Église Notre Dame du Bourg** aus dem 13./14. Jh. an der Place Notre Dame du Bourg.

Am Kanal

Auf Höhe des Quai de Dunkerque verbreitert sich der Kanal zu einem **kleinen See** mit Schiffen, Enten und Spiegelbildern der hangwärts steigenden Häuser. Wer sich nicht in die Riege der Radler und Jogger einreihen will, sollte ab dem Sporthafen entlang dem **Nordufer** des Kanals bis zum Pont Canal spazieren. Vom Kanal aus schaut man auf ein hügeliges Hinterland, durch das die Straße Richtung Villeneuve-sur-Lot abfließt.

Praktische Tipps

Information

■ **Office de Tourisme,** 38 rue de Garonne, Tel. 05 53 47 36 09, www.ot-agen.org.

Unterkunft

■ **Hôtel Château des Jacobins**③, place des Jacobins/2 rue Jacob, Tel. 05 53 47 03 31, www.chateau-des-jacobins.com. Vier-Sterne-Luxus in zentraler Lage von Agen, Flair eines Grafenhauses aus dem 19. Jh.

■ **Hôtel Le Périgord**①, 42 cours du XIV Juillet, Tel. 05 53 77 55 77, www.leperigord47.fr. Schnörkelloses Durchgangsquartier, das sich mit seinen 20 Zimmern für ein bis zwei Nächte durchaus eignet. Wlan kostenlos. Zentrale Lage, Restaurant.

Camping

■ **Camping Domaine du Lac de Néguenou,** Domaine du Lac de Néguenou, Prayssas, Tel. 05 53 95 00 67, www.camping-lac-neguenou.com. Für Campingfreunde ist dieser freundliche, kleine Seeuferplatz den Abstecher wert, gelegen bei Prayssas, 18 km nordwestlich von Agen. Zwischen April und Oktober auch Vermietung von Mobile Homes.

Essen und Trinken

Kulinarische Wahrzeichen von Agen und Umgebung sind die **Pflaumen** *(prunes d'Agen)*. Sie werden gern als Trockenpflaumen gegessen, in Armagnac eingelegt oder mit einem kalorienreichen Schokoladenmantel umhüllt.

■ **Restaurant L'Atelier**①-②, 14 rue du Jeu de Paume, Tel. 05 53 87 89 22. Freundlich und klein, schmackhafte Regionalküche, Menüs, breites Preisgefüge.

■ In der zentralen **Rue Voltaire** bietet sich eine breite Auswahl zwischen etlichen Bars und Restaurants: ob typische Regionalkost, Pizza, Crêpes oder asiatische Küche.

Sport und Freizeit

■ **Bootstouren:** Bei Locaboat (Quai de Dunkerque, Tel. 05 53 66 00 74, www.locaboat.com) kann man sich ohne Führerschein kleine Boote, *pénichettes,* ausleihen und damit die Kanäle erkunden.

106sf ad

Portal der Cathédrale Saint-Caprais

■ **Fahrradverleih:** Comptoir du Deux Roues, 18 avenue du Général de Gaulle, Tel. 05 53 47 76 76.

■ **Schwimmen:** Schwimmbad mit 50-m-Bahn im Centre Nautique Aqua Sud, avenue d'Italie, Agen-Sud, Tel. 05 53 48 02 63.

Feste und Veranstaltungen

■ Im Juli und August eine Reihe von **Konzerten** im Rahmen des Sommerprogramms.

Nightlife

■ **Kulturveranstaltungen** u.a. im Théâtre Municipal Ducourneau (place Dr. Esquirol) und im Théâtre du Jour (21 rue Paulin Régnier; http://theatre dujour.fr). Gelegentlich gute Konzerte in „La Tannerie" (20 rue Cajarc; www.sallelatannerie.com).

■ Beliebt sind **Musikbars** im Bereich der Avenue du Général de Gaulle. Einige Diskotheken, darunter Eldorado (rue Béranger). Ebenfalls angesagt beim Nightlife Mi.–Sa.: Le Saint Barth (132 quai Bauduin). Außerdem: Le Loft (32 rue Garonne).

Verkehrsanbindung

■ **Bahnhof:** nahe der place Sainte-Foy.

In der Umgebung von Agen

Ca. 5 km südwestlich erwartet Sie der **Freizeitpark Walibi** (Roquefort) mit Fahrgeschäften für alle Altersstufen, im Regelfall geöffnet Anfang April bis Ende Oktober.

Gänzlich anders sieht es 13 km nördlich von Agen aus, wo das **Château de Madaillan** sein mittelalterliches Gepräge bewahrt. Mai bis Oktober Führungen Fr.–Mo. um 15.30, 16.30 und 17.30 Uhr, täglich um dieselben Zeiten im August, allerdings nur eine Führung sonntags nachmittags um 15.30 Uhr in den Monaten November bis April.

Ab Agen Richtung Norden

Mit seinen getrockneten Pflaumen ist Agen landesweit in aller Munde, sodass vielerorts Pflaumenbaumbestände ins Bild gehören. Nördlich von Agen geht es durch hügeldurchwellte Feld- und Wiesenlandschaften Richtung Villeneuve-sur-Lot. An der Strecke liegen die Abzweige zum **Lac de Saint Arnaud** und zu zwei **Höhlen:** den Grottes de Lastournelle und den Grottes de Fontirou.

Grottes de Lastournelle, Sainte Colombe de Villeneuve, die Welt in sieben unterirdischen Sälen. Die Besuche dauern etwa 45 Minuten. Stark wechselnde Öffnungszeiten: Juli und August täglich 10–18 Uhr, Mai und Juni sowie September nur nachmittags 14.30–16.30 Uhr, April tägl. 14.30–17.30 Uhr. Ansonsten punktuelle Termine bzw. nur nach Absprache, www.grotte-de-lastournelle.fr (Kontaktformular).

Grottes de Fontirou, Castella, Juli/August 10–12.30 und 14–18 Uhr, April/Mai/Juni und erste Septemberhälfte 14–17.30 Uhr; www.grottes-fontirou.com.

Pujols

Pujols, ein mittelalterlicher Ort, liegt vor Villeneuve-sur-Lot hoch über dem **Tal des Lot** und hat Einzug gehalten auf die Liste der „schönsten Dörfer Frankreichs"; zu sehen gibt es ein Ensemble aus Stadtmauern und Fachwerkhäusern.

Villeneuve-sur-Lot und Umgebung

Eine lange Einfahrt führt hinein nach Villeneuve-sur-Lot, Mitte des 13. Jh. als eine der mächtigsten Bastiden ihrer Zeit gegründet. Hoch aufgerissen zeigt sich der Turm der modernen **Église Sainte-Cathérine,** aus ferner Vergangenheit haben zwei Stadttore die Zeiten überdauert. Im Abendlicht bieten sich besonders schöne Ansichten des Flüsschens Lot.

Ab Villeneuve-sur-Lot führen Abstecher weiter nördlich in die Bastidenorte **Monflanquin** und **Villeréal.** Monflanquin wurde Mitte des 13. Jh. auf den Überresten einer gallo-römischen Siedlung aus der Taufe gehoben und steht auf der Liste der „schönsten Dörfer Frankreichs". In Villeréal verdient die Wehrkirche einen Besuch.

107sf ad

Historisches Städtchen Villeneuve-sur-Lot

Im Osten von Villeneuve-sur-Lot wartet mit **Penne-d'Agenais** ein malerisches Pflaster, weiter nordöstlich (noch hinter und Fumel) mit dem im 15./16. Jh. erbauten **Château de Bonaguil** ein besuchbares Schloss. Allzu enthusiastische Stimmen rühmen die Anlage als die schönste Schlossburg Frankreichs, doch auch ohne solch überschwängliches Lob lohnt sich ein Besuch allemal. In Bonaguil haben Sie sich nunmehr über 60 km nordöstlich von Agen wegbewegt.

■ **Château de Bonaguil,** März bis Mai und Oktober täglich 10–12.30 und 14–17.30 Uhr, Juni und September tägl. 10.30–12.30 und 14–18 Uhr, Juli und August tägl. 10–19 Uhr, November und Dezember 14–17 Uhr, www.chateau-bonaguil.com.

Im Westen von Agen

Etwa 25 km westlich von Agen erreicht man mit **Vianne** eine weitere Bastide, 1284 von den Engländern gegründet. Die schönsten Bilder eröffnen sich um die Stadtmauern, die Ufer des Flüsschens Baïse und die romanische Kirche.

Information

■ **Office de Tourisme,** u.a. in **Villeneuve-sur-Lot** (allée Federico García Lorca, Tel. 05 53 36 17 30, www.tourisme-villeneuvois.fr), **Monflanquin** (pl. des Arcades, Tel. 05 53 36 40 19, www.monflanquin-tourisme.com), **Villeréal** (place de la Halle, Tel. 05 53 36 09 65, www.villereal-tourisme.com) und **Penne-d'Agenais** (rue du XIV Juillet, Tel. 05 53 41 37 80, www.penne-tourisme.com).

108sf ad

Weiterfahrt von Agen nach Südwesten

Südwestlich von Agen kann man problemlos an Pau und weiter Richtung Pyrenäen anbinden. Auf der Fahrt sieht man hügeldurchsetztes Land mit ausgestreuten Waldinseln, Verkaufsstätten mit Armagnac, Mais- und Weinbaufelder, rund 20 km von Agen entfernt den **Lac Saint Louis** (See mit Camping). Je nach Routenwahl führt die Tour durch das im Département Gers gelegene **Condom** (Kathedrale) und **Aire-sur-l'Adour** mit der Kirche Sainte Quitterie mit romanischer Krypta und Flussuferzonen am Adour.

Information

■ **Office de Tourisme,** place du 19 Mars 1962, Aire-sur-l'Adour, Tel. 05 58 71 64 70, www.tourisme-aire-eugenie.fr.

Nérac

Auf dem ersten Streckenstück ist auch ein Schlenker nach Nérac möglich, einem Ort am Flüsschen Baïse mit einer Geschichte, die sich bis in römische Zeiten entrollt. Nérac eignet sich gut als Startpunkt zu einem Bootsausflug (www.croisieresduprincehenry.com), doch nicht nur das: Schlossfans zieht es zum **Château Henri IV.** Einstmals lag der Renaissancebau in Händen des Adelsgeschlechtes Albret, zu dem *Heinrich von Navarra* (der spätere König *Heinrich IV.*) gehörte, der auch hier residierte.

■ **Château Henri IV.,** April bis September tägl. 10–18 Uhr, sonst Di.–Do. und Sa./So. 14–18 Uhr.

Information

■ **Office de Tourisme,** 7 avenue Mondenard, Nérac, Tel. 05 53 65 27 75, www.nerac.fr und http://albret-tourisme.com (Stadt und Landstrich Pays d'Albret).

Villeneuve-sur-Lot am Flüsschen Lot

CARTE D'OR

109sf ad

4 Südliche Atlantikküste

Sandstrände bis zum Horizont versprechen das ultimative Badevergnügen, aber auch Freunde sportlicher Aktivitäten kommen voll auf ihre Kosten: Gut ausgebaute Radstrecken und idyllische Wanderwege schlängeln sich durch die Region, der Naturpark Landes de Gascogne setzt nachhaltig grüne Akzente.

< Der Hauptstrand von Biscarrosse zur Hauptsaison

SÜDLICHE ATLANTIKKÜSTE UND HINTERLAND

Das Gebiet zwischen Arcachon und dem baskischen Küstenland schmückt sich gerne mit dem Superlativ der **größten zusammenhängenden Sandstrandküste Frankreichs.** Hinzu kommen weite Pinienwälder und Binnenseen.

112sf ad

NICHT VERPASSEN!

- Highlife in der Sommersaison in **Mimizan-Plage** | 130
- Bei Campern beliebt: **Contis-Plage** | 135
- Das gepflegte Ferienzentrum **Vieux-Boucau** | 138
- Der Wassersportmagnet **Soustons** | 140
- **Seignosse** mit feinsandigen Stränden | 140
- Nicht mondän, aber elegant: **Hossegor** | 142
- Der **Hafen** von **Capbreton** | 144

Diese Tipps erkennt man an der gelben Hinterlegung.

Gut gerüstet zum Strand

Überblick

Strände, Strände, Strände – südlich von Arcachon dehnen sich die Sandbänder der **Côte d'Argent** bis zum Horizont und prägen populäre Ferienorte wie Biscarrosse-Plage und Mimizan-Plage. Das Hinterland bleibt durchgehend flach, bringt aber dennoch einige Abwechslung ins Spiel. Hier warten Dünen und Pinienwälder, Ginster- und Farnweiten, eine mitunter skandinavisch anmutende Seenplatte sowie vorzügliche Rad- und Wanderstrecken.

Das Wechselspiel von Meer und Seen setzt sich im tieferen Süden fort und bekommt in Vieux-Boucau-les-Bains und im Doppelort Hossegor-Capbreton zusätzliche Zugkraft: in **Vieux-Boucau-les-Bains** durch die quicklebendige Fußgängerzone und den künstlich angelegten Lac Marin, in **Hossegor-Capbreton** mit dem weit verzweigten Hafenbecken. Endstation ist eben diese Gegend um Hossegor und Capbreton, südlich davon geht das Département Landes ins Baskenland über. Zwischendurch führen ausgedehnte Abstecher in den Parc Naturel Régional des Landes de Gascogne und ins **Ecomusée de la Grande Lande**

Südliche Atlantikküste

© Reise Know-How 2015
0 — 5 km

SW-Fr_Kapitel_03b
Arcachon
ATLANTIK
Contis-Plage
Lit-et-Mixe
Dax
Capbreton
Biarritz
Forêt de St. Julien-en-Born
Contis-Plage
La Lette
D38
D41
Courant de Contis
Mézos
St. Julien-en-Born
135
Cap-de-l'Homy-Plage
Forêt de Lit-et-Mixe
136
Lit-et-Mixe
Uza
136
Lévignacq
Miquéou
D652
Forêt de Vielle-St.Girons
St. Girons-Plage
136
St. Girons
Lesperon
D42
Linxe
N10
Vielle
Étang de Léon
137
Léon
St. Michel-Escalus
Castets
Taller
137
Moliets-Plage
137
Moliets-et-Maa
Le Village-s/s-les-Pins
154
Saint Vincent-de-Paul
126
Mont-de-Marsan
127
Aire-sur-l'Adour
128
Labastide-d'Armagnac, St. Justin
138
Messanges-Plage
138
Messanges
D16
D652
138
Vieux-Boucau
Azur
Herm
Étang de Pinsole
Étang de Soustons
Courant de Vx. Boucau
154
Magescq
GOLF DE GASCOGNE
140
Soustons
D116
D79
D652
D17
154
St. Paul-Lès-Dax
142
Hossegor
Étang Blanc
Étang Noir
N10
151
Dax
Eyranx
140
Seignosse
Tosse
D112
A63
St. Geours-de-Maremne
N10
Lac d'Hossegor
144
Capbreton
D33
St. Vincent-de-Tyrosse
Saubusse
Adour
Œyreluy
Luy
Heugas
Orist
D28
Bénesse-Maremne
St. Jean-de-Marsacq
D17
D6
D652
150
Labenne-Océan
Orx
Saubrigues
150
Labenne
D12
D33
St. Léon-les-Mines
Zoo
La Pinède des Singes
Ondres-Plage
St. Martin-de-Hinx
St. Étienne-d'Orthe
Cagnotte
Beyres
Ondres
St. André-de-Seignanx
Biarrotte
Port-de-Lanne
151
Tarnos
N117
Ste. Marie-de-Gosse
Orthevielle
Peyrehorade
151
Boucau
St. Martin-de-Seignanx
Hastingues
Cauneille
162
Bayonne
St. Barthélemy
Œyregave
D28
Adour
Guiche
173
Biarritz
171
Anglet
Lahonce
Urcuit
Urt
A64
D10
Bidouze
Bardos
Bidache
Came
D312

011sf ad

(Freilichtmuseum), nach **Mont-de-Marsan** sowie in die Thermalstadt **Dax.**

Kulinarisch begegnet Reisenden das Département Landes – nicht zuletzt abhängig von der Jahreszeit – in Form von Spargel und eingekochten Entenstücken, Steinpilzen, Ringeltauben und Gänseleberpastete.

Von Arcachon nach Biscarrosse

Auf dem ersten kleinen Teilstück der Küste, der Straße von Arcachon nach Biscarrosse, machen hinter der Dune du Pilat gleich mehrere Strände den Küstenstrich schmackhaft: die **Plage du Petit Nice,** die **Plage naturiste de la Lagune** (FKK) und die **Plage de la Salie Nord.** Hier wie auch andernorts sind die Strände einzig in Form von Abstechern erreichbar, eine durchgehende Küstenstraße gibt es nicht. An der Strecke von Arcachon nach Biscarrosse sind einige **Campingplätze** in Pinienforst eingefasst, etwas abseits zieht sich der **Fern-**

⌃ Badespaß allerorten!

wanderweg GR-8 gen Süden. **Radler** finden ein regelrechtes Paradies vor und strampeln mühelos voran in die Gemeinde Biscarrosse – für gut Trainierte auch ein lohnendes Tagesausflugsziel ab Arcachon.

Überall zeigt sich: Die Silberküste ist eine touristische Goldgrube! Nicht verschwiegen sei, dass mancher Sandstrand bei Flut sehr stark vom Wasser eingenommen sein und während der Hauptsaison mancherorts eine hohe Verkehrsdichte herrschen kann.

Biscarrosse

Als idealer Stützpunkt in Atlantik- und Seelandschaft eignet sich die vielgesichtige Gemeinde Biscarrosse (gerne abgekürzt verwendet: Bisca), die mehr als ein Dutzend Campingplätze umfasst und sich in drei große Bereiche teilt: den Hauptort **Biscarrosse-Bourg** (oder Biscarrosse-Ville), den am See gelegenen Ortsteil **Biscarrosse-Lac** sowie die Strandzone **Biscarrosse-Plage.**

Auch die zur Gemeinde gehörigen Seen kommen im Dreierpack daher: der nördlich gelegene **Étang de Cazaux et de Sanguinet,** der mittlere **Petit Étang de Biscarrosse** und der südliche **Étang de Biscarrosse et de Parentis.** In Nord-Süd-Richtung sind die Seen durch Kanäle verbunden. Der Étang de Cazaux et de Sanguinet (auch Lac Nord) steht in der Gunst von Wassersportfreunden obenan, hier liegt auch der Sporthafen **Port Maguide.**

Die sandigen Weiten breiten sich versteckt hinter Dünen aus, wenden sich durchweg ungeschützt dem offenen Ozean zu und erfordern von allen Wasserratten ein Grundmaß an Vorsicht. Überall gibt es reichlich Liegefläche zur Auswahl, Sandburgenbauer finden einen unerschöpflichen Fundus an Material. Im Sommer sind **bewachte Strandabschnitte** an der Plage Centrale (Hauptstrand), der Plage Sud, der Plage du Vivier und der Plage Nord ausgewiesen. Außerhalb der Saison bleiben die Strände ein Traum für ausdauernde Spaziergänger. Bei ausreichend Wind lässt man seinen Drachen steigen oder gibt sich auf Segelwagen dem Geschwindigkeitsrausch hin.

Wichtigstes Baudenkmal der Gemeinde ist die **Kirche Saint Martin,** die im Spätmittelalter begründet wurde; einzig historischen Wert hat das kleine Schloss **Montbron** (nicht besuchbar).

Biscarrosse-Plage

In Biscarrosse-Plage geht ein vibrierendes Sommerleben ab, alles bündelt sich auf leicht überschaubarem Raum. Man trifft sich in Bars und Billardsalons, bei Crêpes und Cocktails und im Casino am Boulevard des Sables. Abends kann sich die Place Dufau in einen **Freiluftmarkt** verwandeln, im Rahmen des örtlichen Entertainmentprogramms sind **Sommerkonzerte** auf der vorbildlich gepflegten Promenade angesetzt, gelegentlich steigen Beachvolleyball-Turniere.

In Biscarrosse decken **Sport- und Freizeitspaß** jegliche Geschmäcker ab, Surfer und Bodyboarder kommen ebenso auf ihre Kosten wie Golfer und Reiter. Ausgesprochen schön verlaufen die Radwegstrecken, Radverleiher haben sich auf die Nachfrage eingestellt. Für Wanderer sind im Gemeindegebiet alleine acht Wege mit Längen zwischen 8 und 13,5 km ausgewiesen. Wer das besondere Erlebnis sucht, besteigt ein Ausflugsboot über den See oder geht in Kleinflugzeugen in die Luft.

Wasserflugzeug-Museum

Wegen ihres natürlichen Seenumfelds wurde die Gegend einst von Wasserflugzeugen frequentiert. So erinnert das örtliche **Musée de l'Hydraviation** an die Zeiten des Wasserflugzeugverbands „Latécoère“, der hier von den 1930er bis in die 1950er Jahre seinen Sitz und sein Trainingsgelände hatte. Das Museum ist mit historischen Modellen und Equipment ausstaffiert.

■ **Musée de l'Hydraviation,** 332 avenue Louis Bréguet, Biscarrosse, www.hydravions-biscarrosse.com, Juli/August tägl. 10–19 Uhr, sonst tägl. außer dienstags und feiertags 14–18 Uhr (Kasse schließt immer eine Stunde früher), im Januar geschl.

Information

■ **Office de Tourisme,** 55 place Dufau, Biscarrosse-Plage, Tel. 05 58 78 20 96, www.biscarrosse.com.

Unterkunft

■ **Hôtel La Caravelle**②, 5314 route des Lacs, Ispe, Biscarrosse-Lac, Tel. 05 58 09 82 67, www.lacaravelle.fr. Zwei-Sterne-Haus, das sich zum Seeufer hin wendet. Mit Restaurant. Geöffnet März bis November. Auf schmalem Streifen zwischen Durchgangsstraße und Seeufer, Restaurant.

■ **Hôtel La Forestière**①-②, 1300 avenue du Pyla, Biscarrosse-Plage, Tel. 05 58 78 24 14, www.hotellaforestiere.com. Schwankende Preise je nach Saison,geöffnet März bis etwa Ende Oktober/Anfang November. WLAN kostenlos. Dieses Drei-Sterne-Haus verfügt über ein Restaurant und einen kleinen Pool, der nächste Strand liegt etwa 1 km entfernt.

■ **Hôtel Les Vagues**①-②, 99 rue des Iris, Biscarrosse-Plage, Tel. 05 58 83 98 10, www.lesvagues.com. Solides Hotel auch mit Familienzimmern, Strand einige wenige Hundert Meter entfernt, geöffnet Mitte März bis Mitte November. Mit Restaurant.

Camping

■ **Camping Mayotte Vacances,** chemin des Roseaux, Biscarrosse-Lac, Tel. 05 58 78 00 00, www.mayottevacances.com. Vorzügliche Anlage in Pinienwald, Vermietung von fest installierten Campingwagen. Geöffnet Anfang April bis Ende September, Reservierung empfehlenswert (siehe „Traumhafte Campingplätze“ im Kapitel „Reisetipps A–Z: Camping“).

■ **Camping Campéole Plage Sud,** 230 rue des Bécasses, Biscarrosse-Plage, Tel. 05 58 78 21 24, www.campeole.com. Ausgedehnter Drei-Sterne-Platz, geöffnet Ende April bis Mitte September.

■ **Camping Campéole Navarrosse,** 712 chemin de Navarrosse, Biscarrosse-Lac, Tel. 05 58 09 84 32, www.campeole.com. Komfortable Anlage, geöffnet Mitte April bis Ende September.

■ **Camping Bimbo,** 176 chemin de Bimbo, Navarrosse, Tel. 05 58 09 82 33, www.campingbimbo.fr. Vier-Sterne-Areal, beliebt unter Familien, Anfang April bis Ende September. Zentraler Treff ist der Sommerpool. Es werden – je nach Saison für zwei Nächte oder zum Wochenpreis – Hüttenmodelle/Häuschen unterschiedlichster Größe (von etwa 20 bis 55 m²) vermietet, rechtzeitige Reservierung ist anzuraten.

■ **Camping Maguide,** 870 chemin de Maguide, Biscarrosse-Lac, Tel. 05 58 09 81 90, www.camping-maguide.com. Anfang April bis Ende September geöffnet, kleiner Platz am See mit eigenem Strand. Vermietung von Mobile Homes, die für vier, fünf oder sechs Personen ausstaffiert und zwischen 21 und 40 m² groß sind; in der Hochsaison nur wochenweise.

Essen und Trinken

■ **Restaurant Restaumer**②, 210 avenue de la Plage, Biscarrosse-Plage, Tel. 05 58 78 20 26, www.restaumer.fr. Spezialisiert auf Meeresfrüchte, in der Regel geöffnet März bis November.

■ **Histoires de ...**①-②, 18 chemin de Maguide, Biscarrosse Lac, Tel. 05 58 78 57 43, www.histoiresde.com. „Geschichten von ..." lautet der Name dieser Mischung aus Restaurant, Brasserie und Bar. Hier ist bestimmt für jeden Geschmack etwas dabei, auch für den kleineren Hunger. Blick auf den See.

■ **Le Mille Pâtes**①-②, 898 avenue de la République, Biscarrosse-Bourg, Tel. 05 58 78 12 00, www.lemillepates.eu. Steht ganz im Zeichen von Pizza und Pasta.

Nightlife

■ **Casino** (boulevard des Sables) mit gelegentlichen Livekonzerten, populäre Diskothek ist das **L'Océana** (rue du Grand Vivier).

Bummel durch Biscarrosse-Plage

Sport und Freizeit

■ **Abenteuerpark**: Bisc'Aventure, avenue de la Plage, Biscarrosse-Plage, Tel. 05 58 82 53 40, www.biscaventure.fr. Altersgerechte Parcours, geöffnet Mitte Februar bis Anfang November. Es gilt, sich auf einen Eintritt von über 20 € einzustellen.

■ **Aquapark** mit Rutsch- und Hüpfgeräten an den Seeufern. Chemin de Maguide, Port Maguide. Juni bis September, http://aquapark.fr.

■ **Bootstouren** von etwa April bis Oktober mit der Compagnie des Lacs (Port de Navarrosse, Handy 06 61 34 17 89, http://compagniedeslacs.fr).

■ **Einkaufen:** Märkte finden (vormittags) freitags auf der place du Marché, samstags auf der place Dufau und sonntags auf der avenue Georges Clémenceau statt. Im Juli und August gibt es in Biscarrose-Plage täglich einen Nachtmarkt (bis Mitternacht).

■ **Fahrradverleih:** u.a. bei Au vélo pour tous (997 avenue de la Plage, Biscarrosse-Plage, Tel. 05 58 78 26 59, www.auvelopourtous.fr). Außerdem: Cycles Brogniez (262 avenue du 14 Juillet, Biscarrosse Ville, Tel. 05 58 78 13 76).

■ **Golf:** auf der ganzjährig geöffneten Anlage Golf de Biscarrosse, avenue du Golf, Biscarrosse-Lac, Tel. 05 58 09 84 93, www.biscarrossegolf.com. Es gibt einen Parcours mit 9 und einen mit 18 Löchern.

■ **Kitesurf:** H2OKite, chemin des Roseaux, Biscarrosse-Lac, Handy 06 26 91 21 29.

■ **Reiten:** Centre Équestre Biscarrosse Laouadie (1802 avenue Laouadie, Biscarrosse-Plage, Handy 06 33 97 41 51; www.centreequestrebiscarrosse.com).

■ **Rundflüge** in verschiedensten Maschinen: Le Vol des Aigles, Aérodrome, Tel. 05 58 82 88 42.

■ **Surfen:** Kurse über La Vigie Maison de Surf (37 rue du Grand Vivier, Biscarrosse-Plage, Tel. 05 58 78 37 79, www.surfingbiscarrosse.com). Es gibt einige weitere Anbieter.

■ **Tennis:** im Tennis Club, 1359 avenue du Pyla, Biscarrosse-Plage, Tel. 05 58 82 80 33, www.tennis-biscarrosse.com.

Naturpark Landes de Gascogne

Im Küstenhinterland erstreckt sich der **Parc Naturel Régional des Landes de Gascogne** über 336.000 ha und legt sich über Teile der Départements Landes und Gironde. Mit seinen nördlichsten Ausläufern schiebt sich der Naturpark ans Bassin d'Arcachon mit seinem **L'Eyre-Delta** heran, im Süden gehören die Gemeinden Sabres und Labouheyre dazu. Die Gründung des Parks geht auf das Jahr 1970 zurück (erweiterte Ausweisung 2014), das Profil ist flach, vom Bewuchs her herrschen **Pinienbestände** vor. Es gibt verschiedene **Feuchtgebiete** wie die Lagune de Lamothe und die Lagune du Bousquet (beide bei Hostens), die Lagunes de Arriouets (bei Sore), die Lagunes de la Bermiouse (bei Labrit) und die Marais de l'Anguille (Sumpflandschaften bei Luglon).

Ungestörte Natur? Ja, aber nicht nur. Schließlich verteilen sich 51 Gemeinden über das Naturschutzgebiet, knapp 80.000 Menschen leben hier, Straßen laufen kreuz und quer. Verkehrsfrequenz höchster Güte verzeichnen Teile der hindurchführenden Autobahnen Bordeaux – Arcachon und Bordeaux – Biarritz. So gilt es für Naturbewusste, sich mit Bedacht ökologische Nischen zu suchen. Eine gute Anlaufstelle für Ratsuchende ist das **Infozentrum in Belin-Béliet,** einem Örtchen nordöstlich der Seenplatte von Biscarrosse:

■ **Maison du Parc,** 33 route de Bayonne, Tel. 05 57 71 99 99, www. parc-landes-de-gascogne.fr.

239sf ad

Wandermöglichkeiten

Gute Wandermöglichkeiten findet man rund um folgende Orte:

- **Salles,** Flusseinzugsgebiet der Eyre
- **Belin-Béliet,** mit Infozentrum, nahe gelegener Kirche Saint Pierre-de-Mons
- **Lugos,** mit Église Saint-Michel de Vieux Lugos
- **Hostens,** insbesondere um die Seen Lamothe und Bousquet
- **Louchats,** Lagunes du Gât Mort
- **Origne**
- **Saint Symphorien,** mit Kirche aus dem 16. Jh.
- **Brocas,** Étang des Forges, mit Stätte der alten Schmieden „Musée des Forges" (geöffnet Mitte Juni bis Mitte September tägl. 15–19 Uhr außer Mo.)
- **Lencouacq,** Chemin de la Commanderie de Bessaut mit mittelalterlichen Hospitalruinen aus der Zeit der Jakobspilger
- **Le Teich,** s. Kapitel „Nördliche Atlantikküste"

Typischer Pinienforst

Radfahren, Reiten, Kanufahren

Radler können im Nordteil des Naturparks eine beliebte Strecke mit folgendem Verlauf abstrampeln: Mios, Salles, Belin-Béliet, Hostens, Le Tuzan, Saint Symphorien.

Alternativ zu den klassischen Rad- und Wanderstrecken finden auch Kanuten und Reiter Betätigungsfelder. Im Park sind diverse **Reitcenter** vorhanden. In Orten wie Salles und Pissos besteht die Möglichkeit der **Kanuausleihe,** um die L'Eyre zu erpaddeln. Hilfreich bei der

206sf ad

Suche nach Aktivitäten aus dem Bereich Ökotourismus ist die parkeigene Website www.ecotourisme-landes-de-gascogne.fr mit interaktiver Karte und Suchfunktionen.

Ökomuseum

Last but not least gehört zum Park ein außergewöhnliches Ausflugsziel, das in der Beliebtheitsskala von Familien mit Kindern obenan steht und etwa auf Höhe der Küstengemeinde Mimizan liegt: das **Ecomusée de Marquèze** bei **Sabres,** ein Ökomuseums-Areal, in dem sich das Landleben des 19. Jh. lebendig widerspiegelt. Ab Sabres (interessante Kirche) geht es zwischen April und Ende September mit einem musealen **Eisenbähnchen** in die ländliche Vergangenheit von Marquèze hinein, wo je nach Jahreszeit abwechslungsreiche Demonstrationen steigen: von der Schafschur bis zu traditionellen Tätigkeiten nach alter Mütter Sitte. Für den kompletten Besuch empfiehlt sich ein Kombiticket für Ecomusée und Pavillon de Marquèze.

■ Die Abfahrtszeiten des **historischen Zuges** wechseln stark und sollten vorab kontrolliert werden (Züge im Regelfall im 40-Minuten-Takt): in der Nebensaison entweder um 10.10 oder erst um 14 Uhr, letzte Rückfahrt um 18 Uhr; Juli und August täglich frühestens hin um 10.10, spätestens zurück um 19 Uhr. Informationen beim Blick auf die Homepage www.marqueze.fr mit dem von April bis September relevanten Jahreskalender. Der Pavillon de Marquèze ist jedoch bis in den November hinein geöffnet. Tipp: Für das Ecomusée gibt es in diversen Touristeninformationen ein verbilligtes Ticket.

Mont-de-Marsan

Eine Entdeckungstour durch die südlichen Teile des Parc Naturel Régional des Landes de Gascogne lässt sich gut mit einem Abstecher nach Mont-de-Marsan kombinieren. In der rund 30.000 Einwohner starken **Hauptstadt des Départements Landes** bilden Holz- und Lebensmittelindustrie die wirtschaftlichen Stützen. Mont-de-Marsan nennt sich „ville aux trois rivières“, die **„Stadt der drei Flüsse“.** Douze und Midou vereinen sich hier zur Midouze, die ihrerseits südlich von Tartas in den Adour mündet.

Die Ende des 19. Jh. begonnene **Stierkampfarena** *(Arènes de Plumaçon)* fasst 7000 Besucher. Insbesondere um den 20. Juli *(Fêtes de la Madeleine)* finden hier Stier- und auch Jungstierkämpfe statt.

Zu sehen gibt es auch Reste der alten Stadtmauer, den Parc Jean Rameau, einen 4 ha großen Tierpark *(Parc Animalier de Nahuques,* avenue de Villeneuve; Zugang kostenlos) und einen stimmungsvollen Markt, den Marché Saint-Roch, immer Di. und Sa. vormittags. Im Donjon Lacataye ist das Kunstmuseum **Despiau Wlérick** untergebracht, dessen Schwerpunkt auf Skulpturen aus der ersten Hälfte des 20. Jh. liegt. Das Museum trägt die Namen der Bildhauer *Charles Despiau* (1874–1946) und *Robert Wlérick* (1882–1944) und macht mit ihrem Schaffen vertraut.

■ **Musée Despiau Wlérick,** place Marguerite de Navarre, Mai bis September tägl. außer feiertags, sonst tägl. außer dienstags und feiertags 10–12 und 14–18 Uhr.

Information

■ **Office de Tourisme,** pl. du Général de Gaulle, Tel. 05 58 05 87 37, www.lemarsantourisme.fr.

In der Umgebung

Rund um Aire-sur-l'Adour

Knapp 40 km südöstlich von Mont-de-Marsan liegt das Städtchen Aire-sur-l'Adour, das schon im Mittelalter von Jakobspilgern aufgesucht wurde. Hier stechen die freundlichen Uferzonen am Adour und die Église Sainte-Quitterie mit ihrer romanischen Krypta der heiligen Quitterie hervor.

Aire-sur-l'Adour formt zusammen mit den Bastiden **Geaune** (südwestlich, begründet im Jahre 1318) und **Grenade-sur-l'Adour** (nordwestlich auf dem Weg von/nach Mont-de-Marsan, begründet 1322) ein kleines Kulturdreieck. Zwischen Aire-sur-l'Adour und Grenade-sur-l'Adour kommt man auf einer Nebenroute an **Duhort-Bachen** mit seinem Château du Lau, einem Schloss aus dem 15. Jh., vorbei. Ein weiteres Stückchen näher an Mont-de-Marsan liegt **Bascons,** wichtigstes Monument hier ist die Kirche mit ihrer typischen Glockenfassade. Westlich von Aire-sur-l'Adour liegt die Thermalstation Eugénie-les-Bains (www.ville-eugenie-les-bains.fr).

Information

■ **Office de Tourisme,** place du 19 Mars 1962, Aire-sur-l'Adour, Tel. 05 58 71 64 70, www.tourisme-aire-eugenie.fr.

Weiterfahrt nach Agen

Statt in die Küstengegend zurückzukehren, kann man ab Mont-de-Marsan durch die Region Bas-Armagnac weiter östlich/nordöstlich ans **Département Lot-et-Garonne** und seine Hauptstadt Agen anbinden. Am Wege Richtung Agen liegen – je nach Streckenwahl – die Bastiden Saint Justin und Labastide-d'Armagnac.

◁ Reiher im L'Eyre-Delta

Saint Justin und Labastide-d'Armagnac

In dem im Jahre 1280 ausgebauten Saint Justin sollte man über den zentralen Arkadenplatz streifen, das **Château de Fondat** datiert vom Beginn des 17. Jh. (Führungen im Regelfall nur April bis Oktober Sa./So. 14–18 Uhr).

Labastide-d'Armagnac wurde 1291 als stark befestigter Wehrort gegründet. Besuchsziele sind die Place Royale, die Wehrkirche und das im Château Garreau untergebrachte **Ecomusée de l'Armagnac** (www.chateau-garreau.fr; April bis Oktober Mo.–Fr. 9–12 und 14–18, Sa. 14–18 und So. 15–18 Uhr, während des übrigen Jahres Mo.–Fr. 9–12 und 13.30–17.30 Uhr). Im nahen Quartier Géou werden Radsportfans die **Chapelle Notre Dame des Cyclistes** nicht auslassen, in der Sie Ruhmes-Trikots alter Pedalritter bestaunen können (www.notredamedescyclistes.net; Juli und August Di.–Sa. 10–12 und 15–18, So./Mo. 15–18 Uhr, Mai/Juni/September/Oktober Di.–So. 15–18 Uhr).

Information

■ **Office de Tourisme,** place Royale, Labastide-d'Armagnac, Tel. 05 58 03 40 31, www.tourisme-landesdarmagnac.fr.

☐ Am Étang d'Aureilhan

Mimizan

Südlich von Biscarrosse geht es auf der **Seenroute** *(Route des Lacs)* auf die nächsten größeren Urlaubszonen um Mimizan zu. Zur Rechten liegt der **Étang de Biscarrosse et de Parentis,** ein nicht allzu berauschendes Gewässer mit einer Fläche von rund 3600 ha. In den 1950er Jahren wurde in diesem Gebiet Erdöl entdeckt, ein Teil des Sees ist unverändert militärisches Sperrgebiet. Über **Parentis-en-Born** und **Gastes** erreicht man die Gemeinde Mimizan, die sich aus den fünf Teilen Mimizan, Aureilhan, Bias, Pontenx-les-Forges und Saint Paul-en-Born zusammensetzt.

Étang d'Aureilhan

Zunächst einmal darf man sich malerisch empfangen fühlen: mit dem Étang d'Aureilhan, einem angenehm im Grünen gelegenen **See,** der manche an Skandinavien erinnern mag. Das knapp 500 ha umfassende Gewässer steht unter Naturschutz. Rundherum breiten sich Pinien und Farne, Erlen und Birken aus. Im privaten Château Woolsack, erbaut um 1910, ließen es sich schon *Winston Churchill* und Modeschöpferin *Coco Chanel* wohl ergehen.

Am Nordwestende des Sees lohnt ein besonderer botanischer Garten, die **Promenade Fleurie,** eine Entdeckung; das Kleinod setzt sich aus vielen Blumen und Tümpeln mit Seerosen zusammen. Insgesamt sind 300 Pflanzenarten vertreten, auch Enten und Bisamratten leben hier.

Am Südufer des Sees liegt das Örtchen **Aureilhan.** Ab dem Nautikcenter kann man sich in der Saison mit Kanus oder Elektrobooten zu Erkundungen aufmachen. Weitere winzige Seen breiten sich bei Pontenx-les-Forges (Étang de la Forge, auch: Étang des Forges) und Bias (Étang du Bourg Vieux) aus.

Mimizan-Bourg

Nicht ganz so erbaulich wie der Étang d'Aureilhan ist Mimizan-Bourg, der Inlandsort, wo der Megabetrieb einer Papierfabrik kontinuierlich eklige Duftschwaden absondert. Hier bekommt man vor Nase und Augen geführt, dass die **riesigen Strandpinienwälder** nicht einzig zur Erbauung des Menschen angelegt worden sind. Dahinter stecken – wie sollte es anders sein – handfeste Wirtschaftsinteressen. Während die Forstprogramme im 19. Jh. vor allem auf die Harzgewinnung abzielten, stehen in unserer Zeit Sägewerke und Papierindustrie im Vordergrund.

Als historische Hinterlassenschaft liegt zwischen Mimizan-Bourg und Mimizan-Plage die **Prioratskirche Sainte-Marie** an der Straße; das bemerkenswerte Portal datiert aus dem 13. Jh. Bei dem Bau handelt es sich um den Rest einer Benediktinerabtei, die einst für die Jakobspilger von großer Bedeutung war. Führungen mit Museumsbesuch sind Mitte Juni bis Mitte September Mo.–Sa. möglich, ansonsten Mo.–Fr., aber immer nur nach Vereinbarung (Tel. 05 58 09 00 61; http://musee.mimizan.com).

Sieht man einmal vom Schandfleck Papierfabrik ab, folgt Mimizan dem beliebten Küstenmuster Strände-Dünen-Pinienwald und legt besonderen Wert auf die Pflege seiner Grünanlagen und Blumenbeete. Kindern stehen mehrere Spielplätze zur Verfügung, Camping- und Sportfans eröffnet sich ein kleines Paradies, die bunten Sommerprogramme sorgen für weiteres Vergnügen.

115sfad

Mimizan-Plage

Mimizan-Plage, einige wenige Kilometer westlich gelegen, lässt kaum Wünsche offen: **feinsandige Strände und Dünen,** bewachte Badeabschnitte und Highlife im Sommer, Bars und Casino, Hotels und Campingplätze. Mit Großparkplätzen zeigt man sich auf die allsommerlichen Urlauberanstürme eingestellt. Insgesamt trumpft Mimizan mit einer breiten Unterkunftpalette aus rund 20 Hotels und einem Dutzend Campingarealen auf. Als belebteste Straße sticht die

Avenue Maurice Martin hervor, wo man sich zum Tagesgericht oder zur Happy-Hour niederlassen kann.

Zwischen die Nord- und Südbereiche der Strände schiebt sich der **Kanal Le Courant.** Nördlich davon liegen die Plage des Ailes und die Plage Remember, weiter südlich erstrecken sich die sandigen Abschnitte von der Plage Sud bis zur Plage de Lespecier. Surfer zieht es an die Plage Sud und an die Plage de Lespecier. Etwas merkwürdig nahe dem Zentrum von Mimizan-Plage wirken die mitten in den Dünensand platzierten Häuser.

Wander- und Radwege

In und um Mimizan herum finden Radler ein über 40 km umspannendes Wegenetz. Für Minitrips eignen sich der **Dünenweg** (4 km; Start an der Rue de la Poste in Mimizan-Plage Nord, Endpunkt ist die Rue des Trois Collines in Mimizan-Bourg) und der **Küstenweg** (knapp 5 km, Start ab der Route de Lespecier, Verlängerung bis Contis-Plage), während eine 18-Kilometer-Strecke Mimizan-Plage Sud (Aufbruch an der Rue des Pinsons) mit dem Maison du Pin in Pontenx-les-Forges verbindet. Eine kürzere Tour von 10 km startet an der Route d'Escource in Saint Paul-en-Born, macht mit typischen Gebieten der Landes bekannt und endet am Étang de la Forge in Pontenx-les-Forges. Infos zu allen Strecken im Office de Tourisme, wo gegen eine kleine Gebühr ein Plan erhältlich ist (man fragt nach einem „plan des pistes cyclables").

Zur Wahl stehen ferner ausgedehnte **Spazier- und Wanderwege,** beispielsweise der Abschnitt zwischen Pontenx-les-Forges und der Promenade Fleuri bei Aureilhan sowie ein Weg um den im südlichen Gemeindegebiet bei Bias gelegenen Étang du Bourg Vieux. Der bekannte **Fernwanderweg GR-8** zieht sich von Nord nach Süd durch die Gemeinde, leitet zunächst am Étang d'Aureilhan

116sf ad

vorbei und später durch die Wälder nahe der Plage de Lespecier.

Information

■ **Office de Tourisme,** 38 avenue Maurice Martin, Mimizan-Plage, Tel. 05 58 09 11 20, www.mimizan-tourisme. com. Auskunft auch zu Wander- und Radwegen.

Unterkunft

■ **Hôtel Atlantis**①-②, 19 rue de l'Abbaye, Tel. 05 58 09 02 18, www.atlantis-mimizan.com. Zwei-Sterne-Haus, es gibt auch Dreier- und Viererzimmer. Mit Sommerpool, pflanzenreiche Gestaltung. Der nächste Meereszugang liegt etwa 5 km entfernt.

■ **Hôtel Emeraude des Bois**①-②, 68 avenue du Courant, Mimizan-Plage, Tel. 05 58 09 05 28, www.emeraudedesbois.com. Im Verband „Logis de France", mit Restaurant, geöffnet Anfang April bis Ende September. 17 Zimmer, das Meer ist etwa 1,5 km entfernt.

■ **Hôtel de France**①-②, 18 avenue de la Côte d'Argent, Mimizan-Plage, Tel. 05 58 09 09 01, www.hotel-mimizan.com. Ein Katzensprung an den Strand, 21 solide Zimmer, geöffnet Mitte März bis Mitte November. Drei Zimmerkategorien.

⌃ Touristenhochburg Mimizan

Frankreich in Blüte – Wettbewerb um die „villes et villages fleuris"

Reisende erliegen oft automatisch dem Charme vieler französischer Plätze, Gassen und Boulevards, doch eine regelmäßige Ausschreibung gibt der Ansicht von Ortsbildern den letzten Schliff: der Wettbewerb um die „villes et villages fleuris", die **schönsten blumen- und pflanzenreich ausgestalteten Städte und Dörfer.** Was Ende der 1950er Jahre mit einer Teilnahme von 600 Gemeinden begann, verzeichnet heute ein Rekordhoch von 12 000 – **rund ein Drittel aller französischen Gemeinden!** Kein Wunder, dass der Wettbewerb in aller Munde ist und landesweit mit Begeisterung verfolgt wird. Unter dem Dachverband des *Conseil National des Villes et Villages Fleuris* sind die Juroren landauf landab unterwegs und folgen strengen Qualitätskriterien. Wie sieht die allgemeine Bepflanzung aus? Wie steht es um Pflege und breit gefächerte Auswahl der Pflanzen, um Details und Integration der floralen Dekors ins Stadtbild? Allein dies mag zeigen, dass es sich hierbei nicht um einen herkömmlichen Blumenschmuckwettbewerb handelt. Den Teilnehmern hilft es keineswegs, sich kurz auf Hochglanz zu polieren und ein paar bunte Kübel zu platzieren. In die Bewertungen fließen die übers ganze Jahr getätigten Landschafts- und Gartenbauarbeiten mit ein, die generelle Sauber- und Umweltfreundlichkeit, die Wasserversorgung und der Grünflächenplan.

Lohn der Mühen für die teilnehmenden Dörfer und Städte: eine **Auszeichnung in Form von Blumensymbolen,** deren Skala von eins (niedrig) bis vier (Höchstnote) reicht. Jedes Jahr gibt es „Blumensieger" der vier genannten Kategorien (insgesamt etwa 4000, also ein Drittel der Teilnehmer), aber in den erlesenen Kreis der Höchstdekorierten steigen nur die wenigsten auf: bis heute etwas mehr als 220 Preisträger mit „Quatre Fleurs" („vier Blumen").

Alle prämierten Gemeinden tragen die **„Blumen" als Gütesiegel.** Im Tourismusbusiness steigert man dergestalt das Ansehen, auf Schildern an Stadt- und Ortseinfahrten prangt die Anzahl der „fleurs". Mit vier Blumen sind in Südwestfrankreich schon folgende Orte bedacht worden: **Bergerac, Biarritz, Biscarrosse, Blanquefort, Hagetmau, Mimizan, Mont-de-Marsan, Pau** und **Périgueux.** Die gestalterische Fantasie mit reichlich Pflanzen, Beeten und Blumenmustern schließt viele Kreisverkehre ein.

Aktuelle Infos zum Thema finden sich unter www.villes-et-villages-fleuris.com.

237sf ad

Franzosen haben einen Faible für Blumenschmuck – und immer passt irgendwo noch ein Kasten hin

Camping

■ **Camping de la Plage,** boulevard de l'Atlantique, Mimizan-Plage, Tel. 05 58 09 00 32, www.mimizanplage-camping.com. Knapp 1 km vom Meer entfernt, geöffnet Anfang/Mitte April bis Mitte/Ende September. Auch Mobile Homes und *Chalets.*

■ **Camping du Lac,** avenue de Woolsack, Mimizan-Bourg, Tel. 05 58 09 01 21, www.mimizanlac-camping.com. Am Étang d'Aureilhan, geöffnet Anfang Mai bis Anfang September. Vermietung von einfachen Zelthütten *(bungalows toilés).*

Essen und Trinken

■ **Restaurant L'Auberge Saint-Paul**②, route de Mimizan, Saint-Paul-en-Born, Tel. 05 58 07 48 02. Regionalküche, auch Außenbereich.

■ **Restaurant Casarica**①-②, 7 rue des Cormorans, Mimizan-Plage, Tel. 05 58 78 27 67. Abwechslung auf den Tisch bringt dieses spanische Restaurant mit seinen Paellas.

■ **Restaurant Le Spot**①, 3 rue du Casino, Tel. 05 58 07 38 59. Einfach und gut, auch für den kleinen Hunger zwischendurch und für Süßes wie Crêpes.

Nightlife

■ Stimmung garantieren während der Saison die Bereiche um die **Rue du Casino,** die **Avenue de Maurice Martin** und die **Place du Marché.**

Sport und Freizeit

■ **Fahrradverleih:** in Mimizan-Plage bei Cyclo-Land (8 rue du Casino, Tel. 05 58 09 16 65; www.cycloland40.fr).

■ **Fallschirmspringen:** OJB Parachutisme, Aérodrome, route d'Escource, Mimizan, Tel. 05 58 09 27 62, www.ojbpara.com.

■ **Fitnessparcours** *(parcours de santé)* in Mimizan-Plage (avenue du Courant), Bias (route de Lespecier) und Pontenx-les-Forges (route de Labouheyre).

■ **Reiten:** Centre Équestre Louis Chivaus, 321 allée de Darricau, Aureilhan, Tel. 05 58 78 30 20, www.centre-equestre-lous-chivaus.com; Centre Équestre Marina (5 rue du Marina, Mimizan-Plage, Tel. 05 58 09 34 25, http://centre-equestre-marina.com).

■ **Segeln:** über den Cercle Nautique, quartier Woolsack (Bord du Lac), Tel. 05 58 82 41 82, www.cercle-nautique-mimizan.org; hier auch Infos zum Kanufahren.

■ **Surfen:** Maeva Surf Club (avenue de la Côte d'Argent, Mimizan-Plage, Tel. 05 58 82 44 42, http://maevasurfmimizan.com); Ride Board Surf Camp (9 avenue du Courant, Mimizan-Plage, Handy 07 61 12 07 07; www.rideboard.fr). Es gibt weitere Anbieter für Kurse und Brettverleih, Infos im Office de Tourisme.

■ **Tennis:** Tennis Mimizan-Plage, avenue de Leslurgues, Tel. 05 58 09 07 67, www.tcmimizan.fr; zahlreiche Angebote für Kinder und Erwachsene.

Feste und Veranstaltungen

■ Anfang Mai **Meeresfest** in Mimizan-Plage, im Sommer Veranstaltungen mit Tanz und Musik.

Von Mimizan nach Vieux-Boucau

Auf dem Wege durchs Hinterland liegen 55 km zwischen Mimizan und Vieux-Boucau, doch immer wieder verlocken Stichsträßchen ans Meer zu Abstechern – eine Strecke, für die man sich Zeit nehmen sollte!

Contis-Plage

Südlich von Mimizan schiebt sich die Route zunächst durch ausgedehntes Piniengrün, bis vor **Saint Julien-en-Born** ein Rechts-Abzweig 8 km an die Küste nach Contis-Plage führt. Das Gebiet ist unter Campern beliebt, beiderseits des dünenbegrenzten Ortes eröffnen sich die wunderbaren Sandweiten der Strände. Oft zeigt sich der Atlantik wild und aufgewühlt. Nicht weit entfernt sieht man den Phare de Contis, einen 38 m hohen **Leuchtturm,** auf den 183 Stufen hinaufführen (im Juli und August Mo.–Sa. 10–12 und 15–19 Uhr, im September nur Sa./So. 14–18 Uhr; tagesaktuelle Infos im Office de Tourisme).

Wer nicht dasselbe Sträßchen Richtung Saint Julien-en-Born zurückfahren will, nimmt auf der südwärts verlaufenden Straße direkt Kurs auf Lit-et-Mixe bzw. legt einen weiteren Küstenabstecher nach **Cap-de-l'Homy-Plage** ein. An solch abgelegeneren Stränden wie Cap-de-l'Homy-Plage und Contis-Plage kann man von einer weitaus geringeren Sommerfrequenz als z.B. in Mimizan ausgehen. Im Inland dehnen sich die Pinienwälder ohne Ende aus, bezeichnend für den bodennahen Bewuchs sind Ginster und Farne.

Information

■ **Office de Tourisme,** in Saint Julien-en-Born, 201 route des Lacs, Tel. 05 58 42 89 80, www.saint-julien-en-born.fr.

☐ An den Ufern des Étang de Léon

117sf ad

Unterkunft

■ In der Gemeinde gibt es Unterkünfte wie das **Hôtel de la Plage**②-③ (avenue de l'Océan, Contis-Plage, Tel. 05 58 42 70 15, www.hotelplagecontis.com; Zimmer mit und ohne Terrasse, von April bis November geöffnet) sowie mehrere Vermieter von Privatunterkünften, darunter **Entre Mer et Pins**① (225 rue des Écoles, Saint Julien-en-Born, Tel. 05 58 43 52 29, www.entremeretpins.com).

Camping

■ **Camping Lous Seurrots,** avenue de l'Océan, Contis, Tel. 05 58 42 85 82, www.lous-seurrots.com. Spitzenplatz, der sich vor allem durch seine Aqua-Landschaft auszeichnet. Restaurant, Fahrradverleih, diverse Hüttentypen zur Vermietung (ein bis drei Zimmer, wahlweise für zwei, vier oder sechs Personen). Ende März bis Mitte September.

■ **Camping Municipal La Lette Fleurie,** route de Contis, Saint Julien-en-Born, Tel. 05 58 42 74 09, www.camping-municipal-plage.com. Ein 20-ha-Areal mit Sommerpool und Tennisanlage, April bis September. Der nächste Strand ist ca. 4 km entfernt.

■ **Camping Domaine du Vieux Moulin,** route des Lacs, „Nadot", Saint-Julien-en-Born, Tel. 05 58 42 80 12, www.domaine-vieux-moulin.com. Kleiner Zwei-Sterne-Platz, Ende April bis Mitte September, Mobile Homes und Appartements.

Lit-et-Mixe und Saint Girons

In Lit-et-Mixe macht das „Zentrum" – so es überhaupt diesen Namen verdient – einen netten, beschaulichen Eindruck. Rund 10 km südöstlich liegt das von Fachwerkbauten geprägte Örtchen **Lévignacq** mit seiner interessanten Kirche.

Südlich von Lit-et-Mixe fährt man in die Gemeinde Vielle-Saint-Girons ein, wo der nächste mögliche Strandabstecher nach Saint Girons-Plage eingeplant werden kann. Hinter den Dünen kann man sich in aller Ruhe sein Plätzchen im feinen Sand suchen, zu langen Spaziergängen aufbrechen oder aber sich aufs Surfbrett schwingen. Die Strände splitten sich in mehrere Zonen und bieten im Sommer bewachte Abschnitte: Plage Centrale, Plage Nord, Plage d'Arnaoutchot und Plage de la Lette Blanche. Die tückischen Strömungen erfordern jedoch äußerste Vorsicht! Wermutstropfen in Vielle-Saint-Girons ist die Papierfabrik.

Information

■ **Office de Tourisme,** Vielle-Saint-Girons (104 route de l'Océan, Tel. 05 58 47 94 94, www.viellestgirons. com).

Camping

■ **Camping Le Parc de Couchoy,** 3000 route de Linxe, Lesperon, Tel. 05 58 89 60 15; www.parcdecouchoy.com. Kleiner, äußerst freundlich geführter Platz mit vielen Schatten spendenden Bäumen. Die ganze Anlage ist wie ein Park angelegt, jeder Stellplatz sehr groß. Auch Mobile Homes werden vermietet. Ein Tipp für Familien, die es etwas ruhiger lieben. Geöffnet Anfang Juni bis Mitte September. Mit Schwimmbad, nächste Einkaufsmöglichkeiten in Lesperon. Ans Meer sind es von hier aus etwa 20 Minuten mit dem Auto.

■ **Camping Parc du Bel Air,** route de Pichelèbe, Vielle-Saint-Girons, Tel. 05 58 42 99 28, www.camping-belair.fr. Kleiner Zwei-Sterne-Platz, Mitte Juni bis Mitte September.

■ **Camping à la ferme Bernadon,** route de Bernadon, Tel. 05 58 47 90 98, www.camping-bernadon.fr. Beschaulich im Hinterland zwischen Lit-et-Mixe und Linxe, Mai bis Sept. wochenweise Vermietung von Mobile Homes.

Léon

Mein Tipp: Am **Étang de León** im Inland findet sich an den Seeufern ein Sandstrand und ein abgesperrter Schwimmbereich, außerdem Tretbootverleih und Camping. Westwärts windet sich die Abflussrinne des Sees, der **Courant d'Huchet,** dem Atlantik entgegen. Die umliegenden Ökosysteme aus Wäldern, Sümpfen und Dünen wurden zur **Réserve Naturelle** erklärt. Der Courant d'Huchet (www.reservenaturelle-couranthuchet.org) ist mit Flachbooten befahrbar, die zwischen April und September/Oktober von kundigen Schiffern *(bateliers)* gelenkt werden. Der Étang de León ist auch von León erreichbar, im Bereich der Kirche liegen einige Restaurants. Die Wasserwege der Gegend sind nicht zuletzt unter Kanufahrern beliebt.

Information

■ **Office de Tourisme,** place Jean Baptiste Courtiau, Léon, Tel. 05 58 48 76 03, www.leon.fr.

Unterkunft

■ **Hôtel du Lac**①, 2 rue Berges du Lac, León, Tel. 05 58 48 73 11, www.hoteldulac-leon.com. An den Ufern des Sees, 16-Zimmer-Haus, familiärer Rahmen. Es gibt auch Dreier- und Viererzimmer. Geöffnet Anfang April bis Oktober.

Camping

■ **Camping Punta Lago,** 1165 avenue du Lac, Léon, Tel. 05 58 49 24 40, www.camping-puntalago.com. Nahe dem See, geöffnet Mitte April bis Ende September. Auf diesem Vier-Sterne-Platz kann man auch „Cottages" mieten.

■ **Camping Lou Puntaou,** avenue du Lac, Léon, Tel. 05 58 48 74 30, www.louppuntaou.com. In Seenähe. Bungalows, Chalets, Mobile Homes. Sommerpool, außerdem ein kleines, beheiztes Hallenbad.

Sport und Freizeit

■ **Fahrradverleih** in Léon bei Cycles Labat, rue de la Poste, Tel. 05 58 48 71 98.

Moliets-et-Maa

In Richtung Vieux-Boucau-les-Bains taucht man in „Zauberwälder" aus Pinien und ins winzige **Seengebiet** um Moliets-et-Maa ein, wo sich ein Küstenabstecher nach **Moliets-Plage** anbietet. Die Église de Notre-Dame von Moliets-et-Maa bewahrt ein ursprünglich gotisches Kirchenportal (ausgebessert 1638). Der an der Route des Lacs Richtung Messanges gelegene „Adrénaline Parc" verspricht Fun auf der ganzen Linie mit Abenteuerparcours und Quads für Erwachsene und Kinder. Wie stets in solchen Freizeit- und Abenteuerparks, muss man auch hier tief in die Tasche greifen.

Information

■ **Office de Tourisme,** rue du Général Caunègre, Moliets-et-Maa, Tel. 05 58 48 56 58, www.moliets.com.

Essen und Trinken

■ **Chez Vincent**②, 7 avenue de l'Océan, Moliets-et-Maa, Tel. 05 58 41 64 79; www.chezvincent.fr. Gute Fisch- und Meeresfrüchte-Gerichte, auf die auch die Locals schwören. Reichlich Auswahl, breite Preisspanne.

Sport und Freizeit

■ **Adrénaline Parc,** route des Lacs, Moliets-et-Maa, Tel. 05 58 48 56 62. Von Anfang April bis etwa Anfang November; www.adrenalineparc.fr.
■ **Golf Moliets-et-Maa,** Tel. 05 58 48 54 65, www.golfmoliets.com; ein 18- und ein 9-Loch-Platz.

Messanges

Nach altbekanntem Strickmuster teilt sich auch die Gemeinde Messanges in den landeinwärts gelegenen Hauptort und in Messanges-Plage. In leicht gewelltem Hinterland haben Campingfreunde den Luxus der freien Auswahl zwischen einer ganzen Reihe an Plätzen, ehe die Seenroute schließlich das größere Vieux-Boucau erreicht.

Information

■ **Office de Tourisme,** route des Lacs, Messanges, Tel. 05 58 48 93 10, www.ot-messanges.fr.

Camping

■ **Camping Le Vieux Port,** Messanges, gebührenpflichtiges Tel. 08 25 70 40 40, www.levieux port.com. Ausgedehnter Familiencampingplatz mit großem Schwimmbadbereich, Tennis, Kinderspielplatz, Fußball- und Volleyballfelder, Spa, Restaurant. Geöffnet April bis September. Höchste Platzkategorie, fünf Sterne.

Sport und Freizeit

■ **Reiten:** Ferme Équestre de la Prade, Messanges, quartier de la Prade.
■ **Surfen:** Es gibt mehrere Surfschulen, darunter die Messanges Surf School (www.messanges-surf-school.com), die École de Surf Lacabana (www.la cabana-landes.com) und die École de Surf Messanges Sud (www.surfmessanges-sud.com).

Rund um Vieux-Boucau

Das Aushängeschild von Vieux-Boucau misst 60 ha: der **Lac Marin,** ein Salzwassersee, der sich um eine Insel legt und den ein Dünenwall vom Atlantik trennt. Vieux-Boucau war eigentlich als Port d'Albret bekannt, lag an der Mündung des Adour und war als wichtigster Hafen der Silberküste bekannt. Unter Leitung des Ingenieurs *Louis de Foix* begab man sich bereits im 16. Jh. daran, den Fluss weiter südlich umzuleiten – und Port d'Albret versank in Bedeutungslosigkeit. Erst in den 1930er Jahren lebte die Zone im Zuge des Fremdenverkehrs wieder auf.

Heute zeigt sich Vieux-Boucau bzw. das „neue" Port d'Albret als äußerst gepflegtes Ferienzentrum, in dem sich das Leben und Treiben auf die geschmack-

▷ Sonnenuntergang am Strand von Vieux-Boucau

207sf ad

voll aufbereitete Fußgängerzone Le Mail konzentriert. Hier findet man eine breite Auswahl an Cafés und Restaurants; Holzbaustil und Grünanlagen geben dem Stadtkern einen gemütlichen Anstrich. Man sollte sich Zeit nehmen für eine Terrassenrast, einen Kaffee, ein Eis, einen Crêpe.

Überdies bietet sich ein Promenadenspaziergang rund um den Lac Marin an. Der meerwärtige Seeabfluss bzw. -zufluss zerteilt die sandigen Strände in Nord- und Südabschnitte. Hier fühlen sich Badende und Sonnenbadende gleichermaßen wohl wie Surfer, allerdings verlangen die Strömungen nach steter Vorsicht. Nördlich des Kanals liegen die Grand' Plage und die Plage des Sablères, weiter südlich geht es an **Soustons-Plage** heran. Die Strände, sowohl am See als auch am Atlantik, sind im Normalfall zwischen Mitte Juni und Anfang September bewacht. Im Inland führen **Radwege** durch die typischen Pinienwälder der Landes, **Kanuten** nehmen gern den Courant de Soustons in Angriff.

Soustons

Der Südbereich des Lac Marin, ein Freizeit- und Wassersportmagnet erster Güte, ist auch als **Port d'Albret Sud** bekannt und gehört bereits zur 6000 Einwohner starken Nachbargemeinde Soustons. Am Port Mini (www.loisirs-soustons.com) können Erwachsene und Kinder während der Saison mit Elektrobötchen in See stechen. Der eigentliche Hauptort **Soustons-Ville** liegt einige Kilometer im Inland, wo sich mit dem **Étang de Soustons** (oder Grand Lac) eine weitere Wasserfläche von rund 700 ha Größe eröffnet. Soustons-Ville legt sich um die Südspitze des Sees, Ufer und Ortskern laden zu kurzen Entdeckungsbummeln ein.

Eine überlebensgroße **Bronzeskulptur** des Künstlers *Jacques Raoult* erinnert an den ehemaligen Staatspräsidenten *François Mitterrand* (1916–1996), der sich von 1965 bis zu seinem Tod immer wieder in seinem nahe gelegenen Landhaus „Bergerie de Latché“ aufhielt und dort gelegentlich hohe Politgäste empfing. Auf dem **Château de la Pandelle** ist ein Volkskundemuseum untergebracht (Musée des Traditions et des Vieux Outils), in dem es u.a. traditionelles Werkzeug zu sehen gibt (in der Regel nur geöffnet Mitte Juni bis Mitte September tägl. außer dienstags 15–18.30 Uhr).

Seignosse

Südlich von Soustons setzen sich die herrlichen feinsandigen Strandgebiete der Landes an den zu Seignosse gehörigen Abschnitten fort. Hier reihen sich von Nord nach Süd die Plage des Casernes, die Plage de Penon, die Plage des Bourdaines und die Plage des Estagnots auf. Der Atlantic Park, ein **Freizeit- und Wasserpark** mit einer Badefläche von 2800 m², hält seine Pforten zwischen Anfang/Mitte Juni bis Mitte September offen (http://atlantic-park.com).

Camper fühlen sich in Seignosse sowohl in Strand- als auch in Seenähe wohl. Alle Naturfans wird es insbesondere an die beiden Binnenseen ziehen. Der **Étang Blanc,** „Weißer See“, ist von winzigen Inseln besetzt und bietet gute Badestellen und Tretbootverleih. Wesentlich kleiner und in versteckterer Lage breitet sich der **Étang Noir** aus, der

„Schwarze See". Er ist von dichter Vegetation umstanden und als Naturschutzgebiet (Réserve Naturelle de l'Étang Noir) deklariert. Auf Stegen lässt sich hier die lokale Flora bestens erkunden.

Südlich von Seignosse gehen Strand- und Waldgebiete in die benachbarte Feriengemeinde Hossegor über.

Information

■ **Office de Tourisme,** 11 Mail André Rigal, Vieux-Boucau-les-Bains, Tel. 05 58 48 13 47, www.tourisme-vieuxboucau.com.
■ **Office de Tourisme,** Grange de Labouyrie, Soustons-Ville, Tel. 05 58 41 52 62, www.soustons.fr.
■ **Office de Tourisme,** av. des Lacs, Seignosse, Tel. 05 58 43 32 15,www.tourisme-seignosse.com.

Unterkunft

■ **Hôtel Villa de l'Étang Blanc**②-③, 2265 route de l'Étang Blanc, Seignosse, Tel. 05 58 72 80 15; www.villaetangblanc.fr. Geschmackvoll eingerichtetes Drei-Sterne-Haus, eine gute Basis zu Erkundungen der Gegend.
■ **Hôtel de la Pomme de Pin**①-②, 39 avenue de la Plage, Vieux-Boucau, Tel. 05 58 48 00 57, www.lapommede pin.com. 30-Zimmer-Haus mit Restaurant in strategisch günstiger Lage, um Nordstrände und Fußgängerzone zu erreichen. Im Dezember geschlossen.

Camping

■ **Camping Municipal Les Sablères,** boulevard de Marensin, Vieux-Boucau, Tel. 05 58 48 12 29, www.camping-les-sableres.com. Platz in 150 m Entfernung vom Strand, Ende März bis Mitte Oktober. Vermietung von Hütten und Mobile Homes.
■ **Camping L'Airial,** 61 avenue Port d'Albret, Soustons-Plage, Tel. 05 58 41 12 48, www.camping-airial.com. Angenehmer Vier-Sterne-Platz, geöffnet April bis Mitte Oktober. Auch Vermietung von Chalets und Mobile Homes. Mit Hallenbad.
■ **Camping Les Chevreuils,** CD 79, route de Hossegor à Vieux-Boucau, Seignosse, Tel. 05 58 43 32 80 www.chevreuils.com. In Pinienwald, Pool, Restaurant, Vermietung von Mobile Homes. Geöffnet Anfang April bis Ende September.

Sport und Freizeit

■ **Fahrradverleih:** Locacycles in Vieux-Boucau-les-Bains (19 Grand'Rue, Tel. 05 58 48 04 79; www.locacycles.fr). Eine weitere Option in Vieux-Boucau ist Vélos d'Albret (6 place du Général de Gaulle, Tel. 05 58 41 65 10, www.velos-albret.fr).
■ **Golf:** Golf de Pinsolle Port d'Albret Sud, Soustons, Tel. 05 58 48 03 92, www.golfdepinsolle.com. Golf Seignosse in Seignosse, Tel. 05 58 41 68 30, http://seignosse.bluegreen.com.
■ **Surfen:** in der Sommersaison in **Vieux-Boucau** bei der École de Surf Univers (Résidence de la Plage, rue des Goélands, Tel. 05 58 48 28 51) und Vieux-Boucau Surf Club (Plage des Sablères, Tel. 05 58 48 29 33; www.surfclub-vieuxboucau.com). In **Seignosse-Le Penon** Surfkurse bei der École de Surf L'Agreou (17 avenue de la Grande Plage, Tel. 05 58 43 14 45, www.lagreou.com). Außerdem: Seignosse Surf School (25 Résidence de l'Atlantique, Seignosse-Le Penon, Handy 06 76 66 76 08, www.seignosse-surf-school.com).

Feste und Veranstaltungen

■ Reichhaltige **Sommerprogramme** sowohl in Vieux-Boucau als auch in Soustons und Seignosse, mit zahlreichen Konzerten, Landaiser Kuhrennen, baskischer Folklore, Kindershows, Märkten und diversen Sportturnieren.

Hossegor

(auch: **Soorts-Hossegor**)

Hossegor und Capbreton – in diesem städtischen Doppelpack läuft die Pinien-, Strand- und Seenroute aus. Mit ihren Atlantikstränden und den dahinter liegenden Hafenbecken setzen Hossegor und Capbreton die letzten Glanzlichter vor dem weiter südlich liegenden Übergang ins Baskenland. Die beiden weit ausgeuferten Orte werden durch den **Boucarot-Kanal** sowie die verästelten Hafenein- und -ausfahrten voneinander getrennt. Unsichtbar der Küste vorgelagert ist der „Gouf", ein unterseeischer Graben.

Die Sandstrandweiten Hossegors schieben sich direkt an den Auslauf des **Passe du Boucarot** heran und unterteilen sich von Nord nach Süd in die Abschnitte Plage des Estagnots, Plage des Naturistes (FKK-Bereich), Plage Côte Sauvage, Plage de la Gravière, Plage Centrale, Plage Sud und Plage Notre-Dame. Im unmittelbaren Hinterland des Atlantiks macht sich der Dünengürtel breit. Dahinter schließen sich die von zahlreichen Ferienvillen durchsetzten Pinienwälder an, die gut ein Drittel der Gemeinde bedecken. Von Grün umzogen zeigt sich auch der **Lac Marin d'Hossegor,** ein Salzwassersee von 3 km Länge und maximal 330 m Breite. Über Kanäle ist der knapp 100 ha umspannende See mit dem Meer verbunden. Rund um den Lac Marin verläuft eine insgesamt 7 km lange **Promenade,** an der sich mehrere Hotels und Strände wie die Plage Blanche (Westufer), die Plage du Parc (Südufer) und die Plage du Rey (Ostufer) aufreihen. Während der Sommersaison findet man bewachte Abschnitte sowohl an den See- als auch an den Atlantikufern.

In den meeresnahen Bereichen um die nett aufgemachte Promenade **Front de Mer** (nahe Plage Centrale) sowie mit dem bereits 1930 angelegten **Golfplatz** kultiviert Hossegor ein Stückchen althergebrachter Eleganz. Unter Literaten und bildenden Künstlern war das Seebad schon Anfang des 20. Jh. populär, ab den 1930er Jahren begann ein regionaler, baskisch-landaisischer Villenbaustil um sich zu greifen. Heute trifft sich ein bunt gemischtes Publikum, zu dem leidenschaftliche Surfer ebenso zählen wie passionierte Camper. Die Brandung kann enorm sein in der Gegend und darf keinesfalls unterschätzt werden! Im Sommer wächst die eigentliche Einwohnerzahl von 3500 um ein Beträchtliches an. Kostenlose Stadtbusse *(navettes)* verkehren von den östlichen Vororten und dem Zentrum in Richtung der Strände.

Information

- **Office de Tourisme,** 166 avenue de la Gare, Tel. 05 58 41 79 00, www.hossegor.fr.

Unterkunft

- **Hôtel Les Hortensias du Lac**③, 1578 avenue du Tour du Lac, Tel. 05 58 43 99 00, www.hortensias-du-lac.com. Gepflegter Charme an den Seeufern, sehr schöner Terrassenbereich. Vier Sterne. Geöffnet etwa Mitte März bis Mitte November.
- **Hôtel Le Pavillon Bleu**②-③, 1053 avenue du Touring Club de France, Tel. 05 58 41 99 50, www.pavillonbleu.fr. Gefälliger 20-Zimmer-Block am südöstlichen Seeufer, Atlantikstrände und Meeres-

Hossegor
0 200 m
©Reise Know-How 2015
SW-Fr_09
Übernachtung
1 Hôtel Lacotel
2 Hôtel Les Hortensias du Lac
4 Hôtel Le Pavillon Bleu
7 Hôtel Amigo
Essen und Trinken
3 La Tétrade
6 Restaurant L'Hôtel de la Plage, Mar y Sol
Einkaufen
5 Sommermarkt
Plage des Naturistes (FKK)
Plage Côte Sauvage
Plage de la Gravière
Plage Centrale
Plage Sud
Plage Notre-Dame
Plage du Rey
Plage Blanche
Plage du Parc
Lac Marin d'Hossegor
Avenue du Touring Club de France
Avenue du Tour du Lac
Boulevard du Front de Mer
Bd. de la Dune
Av. des Hippocampes
Av. de la Côte
Place du Point d'Or
Bd. de
Bd. Notre Dame
Sporting Casino
Av. de Gaujacq
Canal d'Hossegor
Avenue Brémontier
Av. Paul Lahary
Avenue de Bordeaux
Av. C. Gonnet
Golfplatz
Avenue du Golf
Bourret
Avenue Suzanne Labatut
Quai du Bourret
Passe du Boucarot
Capbreton
Capbreton, Bayonne, Autobahn
Seignosse, Vieux-Boucau
Route des Lacs
Dax
Av. d'Albi
Av. d'Agen
Av. de Dax

front zu Fuß erreichbar. Ganzjährig geöffnet. Große Preisspannen je nach Saison, Halbierung der Preise in der Nebensaison.

■ **Hôtel Lacotel**①-②, 3058 avenue du Touring Club de France, Tel. 05 58 43 93 50, www.lacotel.fr. Im Sommer kleiner Freiluftpool, 42 Zimmer, ganzjährig.

■ **Hôtel Amigo**①, 579 boulevard de la Dune, Tel. 05 58 43 54 38, www.amigo-news-hotel.com. Schnörkellos, in Strandnähe, geöffnet Mitte März bis Mitte November.

Essen und Trinken

■ **La Tétrade**②-③, 1187 avenue du Touring Club de France, Tel. 05 58 43 51 48, www.latetrade-cote-lac.com. Meeresfrüchte in Hülle und Fülle, aber auch Salate und Foie gras. Am Seerand gelegen.

■ **Restaurant L'Hôtel de la Plage**①-②, 94 place des Landais, Tel. 05 58 41 76 41, www.hotel-hossegor.fr. Bar-Restaurant mit einladender Sommerterrasse, Ausblick auf Strand und Meer.

■ **Mar y Sol**①, place des Landais, Tel. 05 58 43 57 38, www.lemarysol.com. Eine gute Anlaufstelle für zwischendurch: mit Salaten, Muscheln, Crêpes. Terrasse.

Sport und Freizeit

■ **Fahrradverleih:** VTT Loisirs, 119 avenue des Tisserands, Z. A. Pédebert, Tel. 05 58 41 75 41, www.vtt-loisirs.fr.

■ **Golf:** Golf d'Hossegor, 333 avenue du Golf, Tel. 05 58 43 56 99, www.golfhossegor.com.

■ **Surfen:** Kurse in der langjährig existierenden École de Surf Magic Glisse Tao (Le Point d'Or, 385 avenue de la Dune, Tel. 05 58 43 92 90, www.magicglisse.com) und bei Surftrip (Plage Sud, Tel. 05 58 41 91 06, www.surftrip.fr.). Außerdem Yosurf School (Handy 06 88 79 17 31, www.yosurf-school.com) und einige weitere.

Feste und Veranstaltungen

■ Zwischen April und September oftmals **Pelota-Matches** in den verschiedensten Disziplinen (Trinquet et Fronton Libre du Bourg de Soorts; Fronton Couvert, Sporting Casino; Fronton Place Libre, Sporting Casino), im Juli und August umfangreiches **Sommerprogramm** mit Musik und Unterhaltung, im Sommer **Surfwettbewerbe.**

Verkehrsanbindung

■ **Pendelboot** *(bateau-passeur „Lou Boucarot")* während der Sommersaison von der nördlichen zur südlichen Hafenseite: vom Quai du Bourret (Hossegor) zum Quai Pompidou (Capbreton) und umgekehrt.

Capbreton

Das lebhafte Capbreton legt sich um die Südflanken des weit verästelten **Hafens,** der von Sport- wie auch von Fischerbooten gleichermaßen angesteuert wird und insgesamt über 1000 Liegeplätze umfasst. Ohne jeden Zweifel tastet man sich hier an einen der schönsten Häfen der gesamten französischen Atlantikküste heran! Seit eh und je haben Hafen und Meer das Leben der Einheimischen bestimmt, die schon vor vielen Jahrhunderten ein ums andere Mal zu gefährlichen Waljagden aufbrachen. In gleichfalls ferne Zeiten zurück reichen die Erinnerungen an König *Heinrich IV.* (1553–1610), der einige Male nach Capbreton kam und vom lokalen Würdenträger *Sieur de Ponteils* im Maison du Rey empfangen wurde.

Vom tieferen Süden her mündet das **Flüsschen Boudigau** ins Hafenbecken und fließt dabei am eigentlichen Stadtkern vorbei. Von den Ufern schaut man hinüber zur wichtigsten Kirche, der nahe dem Rathaus gelegenen **Église Saint-Nicolas,** erbaut im 16. Jh. Parallel zu Fluss und Hafen führt die Avenue du Président Georges Pompidou weg von vereinzelten Appartementblocks und Richtung Meer an die sehenswertesten Teile Capbretons heran. Am Wege bieten sich besonders schöne Hafenansichten, bei der **Capitainerie du Port** finden sich Fischmarktstände des Marché aux Poissons, dessen Öffnung von den Fangerfolgen bzw. vom Wetter abhängt. Ein Stück hinter der Capitainerie laufen alle Fäden zusammen, inklusive einer stark frequentierten **gastronomischen Zone.** Dort finden sich Restaurants mit Fischen und Meeresfrüchten aller Art. Hinter der Glasfront mancher Speisetempel an der Avenue du Président Georges Pompidou fühlt man sich allerdings wie auf dem Präsentierteller – Geschmackssache.

Die mitunter extrem stark befahrene Hafenrandstraße endet an der Place de la

208sf ad

An der Mole von Capbreton

Capbreton

Übernachtung
2 Hôtel de l'Océan
6 Hôtel Cabareté
7 Camping Municipal La Civelle
8 Camping Municipal La Pointe
Essen und Trinken
3 Restaurants, u.a. Brasserie de l'Océan
5 Le Deck, Le Fou à Pieds Rouges
Einkaufen
4 Fischmarkt
Wassersport
1 Capbreton Surf Club
ATLANTISCHER OZEAN
Avenue Notre Dame de Capbreton
Canal d'Hossegor
Passe du Boucarot
Estacade
Place de la Liberté
Aussichts-promenade
Casino Municipal
Capitainerie du Port
Sport-
Avenue Georges Pompidou
Plage de l'Estacade
Plage Centrale
Place du Rond Point
Place des Basques
Rue des Basques
Rue du Lac
Rue Jean Rameau
Av. du Commandant l'Herminier
Rue des Bretons
Avenue du Maréchal de Lattre de Tassigny
Plage du Prévent
Plage de la Savane
Avenue de Biarritz
Rue des Pyrénées
Av. des
Plage de la Piste
Rue des Vignerons
Plage des Océanides

0 200 m
©REISE KNOW-HOW 2015
SW-Fr_06
Lac d'Hossegor, Vieux-Boucau
Seignosse
HOSSEGOR
Bourret
und Fischerhafen
Quai du Bourret
Quai de la Pêcherie
Avenue du Maréchal Leclerc
Boulevard des Cigales
Avenue des Myosotis
Place F. Mauriac
Place Paul Valéry
Avenue Montesquieu
Place Pierre Benpît
Avenue du Bourret
Place Rakmam le Rouge
Avenue Maurice Martin
Avenue Michel de Montaique
Place Rosny
Place Maurice Ravel
Avenue Georges Pompidou
Pont Bonamour
Rue Maurice Martin
Boudigau
Avenue des Acacias
Av. de Pins
Rue du Bournes
Route de Capbreton à Angresse
Avenue du Maréchal Foch
Rue du Château d'eau
Place de la République
Boulevard Loucheur
Rue Jean Baptista Gabarr
Pont Lajus
Boulevard du Docteur Junqua
CENTRE VILLE
Place des 6 cantons
Avenue Georges Clémenceau
Allées Marines
Rue du Général de Gaulle
Rue de artisans
Place de la Gare
Place de la Pépinière
Avenue du Grand Bruca
Dunes
Rathaus
Place St. Nicolas
Rue Madan
Avenue de Verdun
Pont de la Halle
Église Saint-Nicolas
7 Parc de Loisirs du Gaillou (Reiten)
Bayonne
Boulevard des Cigales
Avenue de la Forêt
Av. des Alouttes
Domaine Les Dunes de la Pointe
8
Dax, Autobahn
5
6

Liberté. Dort setzen sich die beliebten Einkehrzonen mit Cafés, Bars und weiteren Restaurants fort.

Die nahe Meeresein- und -ausfahrt der Boote, **Passe du Boucarot,** wird vom Wahrzeichen Capbretons flankiert: dem **Steg Estacade,** im 19. Jh. ein Geschenk Kaiser *Napoléons III,* der natürlich nicht selbst Hand anlegte, sondern andere schuften ließ; zur Zeit der Einweihung, 1858, maß der Steg sagenhafte 400 m! Heute ist er längst nicht mehr so lang, schiebt sich aber weit ins Wasser hinein auf kleine Signaltürme zu. Hier versuchen oft Angler ihr Glück, während man den Blick bis zum Horizont genießen, dem nimmermüden Wellenschlag lauschen und die gelegentliche Ein- und Ausfahrt von Booten verfolgen kann.

Südlich des Stegs schließen sich die langen **Sandstrände** an, die sich in mehrere Abschnitte splitten: zunächst die unterhalb der Aussichtspromenade gelegene Plage de l'Estacade, danach die Plage Centrale, die Plage du Prévent, die Plage de la Savane, die Plage de la Piste und schließlich die Plage des Océanides. Mitunter herrscht starker Wellengang, der das Baden nicht ratsam macht – doch die Surfergemeinde wird's freuen!

Während der Fischfang wie überall im Rückgang begriffen ist, hat sich mit dem Weinbau ein kleinerer Wirtschaftszweig in der Gegend etabliert. Weinbau auf Meereshöhe und diesem Boden – das erstaunt. Heraus kommt ein besonderer Tropfen: der „Salzwein", Vin de Sable. Die **Rebgärten** der „Domaine Les Dunes

209sf ad

de la Pointe“ breiten sich im Südteil der Gemeinde aus und sind besuchbar – die Kostprobe darf nicht fehlen (Mitte Juni bis Mitte September Mo.–Sa. 10.30–12.30 und 14.30–19 Uhr, während des übrigen Jahres nur Fr. und Sa. 10.30–12.30 und 14.30–18 Uhr; route de la Pointe, Handy 06 07 47 41 26, www.vindesdunes.com). Freundlicher Service der Gemeinde im Juli und August: kostenlose Zubringerbusse zu den Stränden *(navettes des plages)*.

Ufer- und Wasserlandschaft in der Réserve Naturelle Marais d'Orx

Blick auf den Sporthafen

Information

■ **Office de Tourisme,** avenue du Président Georges Pompidou, Tel. 05 58 72 12 11, www.capbreton-tourisme.com. Infos auch zu Rad- und Wanderwegen und Bootsausflügen.

Unterkunft

■ **Hôtel de L'Océan**①-②, 85 avenue du Président Georges Pompidou, Tel. 05 58 72 10 22, www.hotel-capbreton.com. Mitten im prallen Restaurantleben gegenüber dem Hafen, Strand wenige Gehminuten entfernt, ganzjährig geöffnet. 24 Zimmer, WLAN kostenlos.

■ **Hôtel Cabareté**①, 31 avenue du Maréchal Leclerc, Tel. 05 58 72 33 58, www.hotelcabarete.fr. Einfache Einrichtung, ganzjährig geöffnet, acht Zimmer, mit wählbarer Halb- oder Vollpension.

Camping

Camping Municipal La Civelle, rue des Biches, Tel. 05 58 72 15 11, www.campinglacivelle.fr. Etwas abgelegen von Stadtkern und Stränden im Südteil der Gemeinde, geöffnet Anfang April bis Ende September, Animation in der Saison.

Camping La Pointe, Quartier de la Pointe, Tel. 05 58 72 14 98, www.camping-lapointe.com. Im Grünen gelegener Platz, etwa 1 km von der Meereslinie entfernt (etwas ausgedehntere Anfahrt durchs Inland). Mit Aquakomplex und Vermietung von Mobile Homes. Geöffnet April bis Oktober/November. Radverleih von Mitte April und Ende September.

Essen und Trinken

Brasserie de l'Océan①-②, 85 avenue du Président Georges Pompidou, Tel. 05 58 72 06 50. Früchte des Meeres bis zum Abwinken.

Le Fou à Pieds Rouges①-②, quai de la Pêcherie, Tel. 09 82 28 30 96; www.lefouapiedsrouges.com. Bistro, modern und mit spärlichem, freundlichem Design. Beliebter Treffpunkt vor allem am Abend, bekommt in einschlägigen Bewertungsforen oft gute Noten.

Le Deck①-②, quai de la Pêcherie, Tel. 05 58 72 14 14, www.le-deck.com. Mischung aus Bar und Restaurant, bunter Treff mit Terrassenbereich. Häppchen, diverse Salate, Mittagsmenü (außer So.). Geöffnet etwa Mai bis Oktober.

Sport und Freizeit

Fahrradverleih: VTT Loisirs (50 allées Marines, Tel. 05 58 72 19 99, www.vtt-loisirs.fr); Cyclo Landes (quai de la Pêcherie, Tel. 05 58 41 89 37, www.cyclolandes-40.com).

Reiten: im Centre Équestre l'Appaloosa, Parc de Loisirs du Gaillou, avenue des Cigales, Tel. 05 58 41 80 30, www.centre-equestre-appaloosa.fr.

Surfen: Kurse beim Capbreton Surf Club, Plage de la Savane, Tel. 05 58 72 33 80, www.capbretonsurfclub.com. Alternative: Capbreton Surfer (81 avenue de Lattre de Tassigny, Tel. 05 58 42 84 40; www.ecole-surf-capbreton.com). Die École Sup & Surf (31 bis rue de Madrid, Handy 06 76 04 20 53; www.ecoledesurf-supdivision-capbreton.com) bietet auch Stand Up Paddling.

Feste und Veranstaltungen

Etwa Mitte Mai Seehecht-Fest *(Fête de Merlu)*, im Juni **Meeresfest** *(Fête de la Mer)*, im August Musikfestival „Festival Fugue en Pays Jazz", gelegentlich auch **Surfwettbewerbe.**

Verkehrsanbindung

Pendelboot *(bateau-passeur „Lou Boucarot")* während der Sommersaison von der südlichen zur nördlichen Hafenseite: vom Quai Pompidou (Capbreton) zum Quai du Bourret (Hossegor) und umgekehrt.

Rund um Labenne

Südlich von Capbreton schließen sich bis zur Mündung des Adour drei weitere kleine Küstengemeinden an: Labenne, Ondres und Tarnos. In der 3400-Einwohner-Gemeinde Labenne hat man direkt Anschluss an die Nationalstraße N 10, westlich vom Hauptort geht es heran an die Strände von **Labenne-Océan.** In diesem Übergangsgebiet ins Baskenland ebben die Touristenströme ab. Um sie unverdrossen auf die richtige Bahn nach Labenne zu lenken, propagiert man gern ein paar Anreize. Obenan steht der **Parc Zoologique** an der Avenue de l'Océan, ein Fünf-Hektar-Areal mit den verschiedensten Spezies. In die Reihe weiterer Attraktionen gehören der **Abenteuerpark Robinson** (route da la Plage, Labenne-Océan; www.parc-robinson.fr), der **Aquapark Aquatic Landes** (route da la Plage, Labenne-Océan; www.aquatic-landes.com) und die **Pinède des Singes,** der „Pinienwald der Affen" mit seinen frei lebenden Tieren. Landeinwärts breitet sich die **Réserve Naturelle du Marais d'Orx** aus, ein Feuchtgebiet mit einer Fläche von rund 800 ha und großer Bedeutung als Raststation von Zugvögeln. Fast an die weiten Wasserflächen stößt das Naturkundehaus des Parks (Maison du Marais d'Orx; www.reserve-naturelle-marais-orx.fr); in der Nähe beginnt ein etwa 5 km langer Wanderweg.

■ **Parc Zoologique,** Anfang/Mitte April bis Anfang September tägl. 10–19 Uhr, restlicher September tägl. 12–19 Uhr, sonst wechselnd und mitunter erst ab 14 Uhr, über Winter geschl.; http://zoo-labenne.com.

■ **Pinède des Singes,** Route Nationale 10. Geöffnet Mitte April bis Mitte September, im Juli und August tägl. 11–19 Uhr, sonst wechselnd und mitunter nur nachmittags ab 14 Uhr; www.pinede-des-singes.com.

Boucau und Tarnos

In Richtung der industriell beeinflussten **Mündung des Adour** liegen die Zwillingsortschaften Boucau und Tarnos. Kaum zu glauben, dass der Auslauf des Flusses vor Jahrhunderten wesentlich weiter nördlich bei Vieux-Boucau (Port d'Albret) lag. Im Jahre 1578 leitete man den Adour hierhin um. Die Strände bieten nicht gerade touristische Glanzpunkte. Faustregel für Strandfans: besser ein Stück weiter nördlich fahren oder nach Süden jenseits des Adour!

Information

■ **Office de Tourisme,** 6 rue des Écoles, Labenne, Tel. 05 59 45 40 99, www.tourisme-labenne.com.

■ **Office de Tourisme** „Le Pays de Seignanx", RD 810, „Les Floralies", Ondres, Tel. 05 59 45 19 19, www.seignanx-tourisme.com.

Sport und Freizeit

■ **Fahrradverleih:** Cyclescpade, Camping La Mer, route de l'Océan, Labenne-Océan, Handy 06 19 43 58 42; http://cyclescapade.com.

■ **Kanutouren:** Base de Canoë, avenue de la Plage, Camping Les Pins Bleus, Labenne-Océan, Tel. 05 59 45 41 13, www.lespinsbleus.com.

■ **Surfen:** u.a. Go & Surf, Plage de Labenne, Labenne-Océan, Handy 06 67 39 95 29, www.goand surf.com.

Dax – Thermalbad am Adour

Dax, 20.000-Einwohner-Stadt an den Ufern des Adour, liegt trotz ihrer 35 km Entfernung zum Atlantik fast auf Meereshöhe und kündigt sich als „französische Thermalstadt Nr. 1" an – nicht unbescheiden, aber wahr. Schon zu gallo-römischen Zeiten waren die Thermal-

quellen mit ihren heilenden Wirkungen für Rheumaleiden bekannt, Dax hieß damals *Aquae Tarbellicae*. Die Römer umzogen Dax mit einer Mauer von 1,5 km Länge und einer Reihe von fast vier Dutzend Türmen, doch erhalten hat sich lediglich ein kleiner Teil. Im 19. Jh. setzte der Thermalboom der Moderne ein, heute verteilen sich eine ganze Reihe an Kurhotels über die Stadt und setzen vor allem auf ein betagteres Publikum. Nicht fehlen darf die Casino-Tradition.

Ein anderes Gesicht zeigt Dax während seiner großen Feria Mitte August, ein **fünftägiges Stadtfest** mit reichlich Musik, Feuerwerk und Stierkampf. Ähnlich wie Bayonne pflegt auch Dax jene blutige Tradition, die in der 1913 eröffneten **Arena** *(arènes)* abgeht und bis zu 8000 Besucher anlockt.

Städtisches Wahrzeichen ist die **Fontaine Chaude,** die im 19. Jh. an jener Stelle eingefasst wurde, an der sich die Römer voller Hingabe aalten: ein echter Springquell mit 2,4 Mio. Litern täglich und einer Temperatur von 62,5 °C. Eine Legende weist einen Hund als Entdecker der Thermalheilkräfte von Dax aus, genauer gesagt: ein rheumageplagter Hund, der einem römischen Legionär gehörte. Als der Hund seinem Herrchen aus Krankheitsgründen nicht mehr folgen konnte, wollte dieser das Tier von seinem Leid erlösen und im Adour ertränken – doch der Hund stieg geheilt aus den Fluten. Noch heute spielt der aus dem Adourlehm gewonnene Naturschlamm eine wichtige Rolle (vgl. auch „Praktische Reisetipps A–Z/Sport und Freizeit/Wellness").

Der Bummel führt auf die Place de la Cathédrale mit der ursprünglich gotischen **Cathédrale Notre-Dame Sainte-Marie.** Aus den Anfangszeiten hat sich das „Apostelportal" erhalten; die heutige Struktur geht auf das 17. Jh. zurück. Auf dem Kathedralplatz erinnert eine Skulptur von *Jacques Lasserre* an die Hunde-Thermal-Legende. In der Nähe liegt das Stadtmuseum **Musée de Borda,** das in der Chapelle des Couvent des Carmes in der Rue des Carmes untergebracht ist. Hier bekommen Sie auch Informationen zum Besuch der **Crypte Archéologique,** die die Epoche der Römer mit Resten eines Tempels aus dem 2. Jh. in Erinnerung bringt; für Museum und Crypte gibt es ein Kombiticket. Architektonischer Gegenpol der Moderne ist in Dax im Übrigen das **Hôtel Les Thermes** von Architektenstar *Jean Nouvel.*

Kunstfreunde finden im **Museum der Malerin Georgette Dupouy** (1902–1992) eine interessante Anlaufstelle. Für angenehmen grünen Beigeschmack in Dax sorgt der zentral gelegene **Parc Théodore Denis** mit dem Stadtwappen in Stein, der Arena und den gallo-römischen **Stadtmauern** *(remparts gallo-romains).*

Etwas abseits der Innenstadt erhebt sich die **Église Saint-Vincent-de-Xaintes,** eine Ende des 19. Jh. in neo-romanischem Stil erbaute Kirche, die an den ersten Bischof der Stadt erinnert. Gleich hinter dem Gotteshaus liegt der **Dominikanerinnenkonvent** *(Couvent des Dominicaines).*

Westlich der City spannt sich der Bois de Boulogne am Adour entlang, im Süden lockt der Parc du Sarrat mit seinen vielfältigen Baumwelten Naturfreunde an. Vor den südwestlichen Toren der Stadt erreicht man das **Hubschraubermuseum** *(Musée de l'Helicoptère).*

■ **Musée Georgette Dupouy,** place du Présidial, Mo.–Sa. 14–18, So. 15–18 Uhr.

■ **Musée de l'Helicoptère,** 58 avenue de l'Aérodrome, geöffnet März bis November Mo.–Fr. (im Juli und August auch Sa. um dieselbe Zeit) 14–17.45 Uhr; www.museehelico-alat.com.

Information

■ **Office de Tourisme,** 11 cours Foch, Tel. 05 58 56 86 86, www.dax-tourisme.com.

Unterkunft

■ **Hôtel Beausoleil**①-②, 38 rue du Tuc d'Eauze, Tel. 05 58 56 76 76, www.hotel-beausoleil-dax.fr. Solides 30-Zimmer-Haus mit Restaurant. Ende Dezember bis Ende Februar geschl.

■ **Ô Petit Hôtel**①, 68 avenue Saint Vincent de Paul, Tel. 05 58 74 19 87; www.o-petit-hotel-dax.com. Bescheidenes, preisgünstiges Zwei-Sterne-Haus etwas außerhalb des Zentrums. 16 Zimmer, eingerichtet in der Poststation aus dem 17. Jh.

Essen und Trinken

■ **Au Fin Gourmet**①-②, 3 rue des Pénitents, Tel. 05 58 56 08 45. Regional bestimmte Traditionsküche mit Menüs, recht breite Preisspanne.
■ **Café Le Thiers**①, 18 place Thiers, Tel. 05 58 74 25 05. Beliebte Anlaufstelle für zwischendurch, das Menü ist recht günstig.

Feste und Veranstaltungen

■ **Karnevalsfeierlichkeiten,** Mitte August die große **Feria de Dax,** im Dezember **Weihnachtsmarkt.**

Einkaufen

■ **Märkte** auf der place Camille Bouvet und der place Roger Ducos.

Post

■ **Hauptpost (PTT),** cours Julia Augusta.

Verkehrsanbindung

■ **Bahnhof:** nördlich der Innenstadt an der avenue de la Gare. Verbindungen täglich nach Bayonne, Biarritz, Bordeaux und Hendaye.

In der Umgebung

Saint Paul-Lès-Dax

Nördlich von Dax liegt die im 11. Jh. erbaute romanische **Kirche Saint Paul-Lès-Dax** im gleichnamigen Vorort, wo sich auch der Lac de Christus befindet. Auch Saint Paul-Lès-Dax surft auf der Wellness-Welle; pro Jahr kommen etwa 12.000 Kurgäste. In der ersten Novemberhälfte steigt das Internationale Festival der Zirkusartisten (Festival Interational des Artistes de Cirque).

Information

■ **Office de Tourisme,** 68 avenue de la Résistance, Tel. 05 58 91 60 01, www.stpaullesdaxtourisme.fr.

Saint Vincent-de-Paul

Rund 6 km nordöstlich von Dax gelangt man nach Saint Vincent-de-Paul, wo sich das **Geburtshaus des heiligen Vinzenz von Paul** (1581–1660) befindet. Der Priester gilt als geistiger Vater der neuzeitlichen Caritas.

Magescq

Magescq mit seiner mittelalterlichen **Wehrkirche** liegt 17 km nordwestlich von Dax auf dem Weg nach Soustons.

Tour in den Süden

Wer ab Dax eine Tour in den Süden plant, sollte folgende Ziele vormerken:

■ **Saint Pandelon,** Château des Évêques aus dem 15.–17. Jh., etwa 5 km südlich von Dax
■ **Pouillon,** Kirche und Lac de Luc, 15 km südlich
■ **Peyrehorade,** „Schloss-Rathaus" aus dem 16.–18. Jh., 22 km südlich
■ **Sorde-l'Abbaye,** Reste einer Benediktinerabtei am Jakobsweg, 25 km südlich
■ **Hastingues,** ursprünglich romanische Abbaye d'Arthous mit beachtenswerter Kirche, Ausstellungszentrum zum Jakobsweg, 27 km südlich

Durch die Chalosse

Südöstlich bzw. östlich von Dax kann man sich unter dem Leitmotiv „Kultur" einige Stationen zu einer durchaus interessanten Route zusammenstellen. Hier entdeckt man südlich des Adour die hügeligen Gebiete der Chalosse. Die Tour lässt sich zum weiter nordöstlich gelegenen **Mont-de-Marsan** erweitern.

■ **Montfort-en-Chalosse,** Bastide mit Kirche aus dem 13. Jh., volkskundlich relevantes Musée de la Chalosse (April bis Oktober Di.–Fr. 10–12 und 14–18 Uhr, Sa./So. 14–18 Uhr, sonst Di.–Fr. 14–17.30 Uhr, Mitte Dez. bis Ende Jan. geschl.; www.museedelachalosse.fr).
■ **Maylis,** Abbaye Notre-Dame, Benediktinerabtei mit Kapelle aus dem 13./14. Jh.
■ **Montaut,** Kirche, Kulturzentrum
■ **Audignon,** ursprünglich romanische Kirche
■ **Saint Sever,** romanische Abteikirche mit bemerkenswerten Kapitellen, seit alters her populäre Pilgerstation an der von Périgueux kommenden Jakobswegstrecke „Via Lemovicensis"; Öffnungszeiten Abteikirche (Abbatiale): Juli und Aug. Mo.–Sa. 9–19, So. 10–12.30 und 14–17.30 Uhr, sonst Mo.–Fr 9–12.30 und 14.30–17, Sa. 9–12.30 und 14.30–16.30 Uhr.
■ **Samadet,** Fayencen und Keramikarbeiten aus dem 18. Jh. im Musée de la Faïence et des Arts de la Table (Juni bis Ende September Di.–So. 10–12 und 14–18.30 Uhr, Februar bis Ende Mai und Oktober/November Di.–So. 14–18 Uhr, sonst geschl.; www.museesamadet.org).
■ **Hagetmau,** romanische Krypta Saint Girons und „Weg der Vorgeschichte" (Chemin de la Préhistoire)
■ **Brassempouy,** Maison de la Dame de Brassempouy (352 rue du Musée, www.prehistoire-brassempouy.fr); in der Gegend wurde Ende des 19. Jh. das rund 25.000 Jahre alte Bildnis der „Dame de Brassempouy" entdeckt. Öffnungszeiten des Maison: Juli und Aug. täglich 10.30–19 Uhr, Mitte Februar bis Ende Juni sowie Anfang September bis Ende November Di.–So. 14–18 Uhr. Die Öffnungszeiten gelten auch für den Archäologischen Park *(Archéo Parc)*.
■ **Gaujacq,** Schloss aus dem 17. Jh., Führungen Château: Juli/Aug. täglich 11, 14, 15, 16, 17 und 18 Uhr, Mitte Februar bis Ende Juni sowie Anfang September bis Mitte November Do.–Di. um 15, 16 und 17 Uhr, im Juni außerdem um 18 Uhr; http://chateau.de.gaujacq.free.fr.
■ **Amou,** romanische Kirche und Château d'Amou aus dem 17. Jh. (Außenansicht), See-Ausflug zum Lac de Tastoa.

Information

■ **Office de Tourisme,** in **Peyrehorade** (147 avenue des Évadés, Tel. 05 58 73 00 52, http://tourisme.paysdorthe.fr), **Montfort-en-Chalosse** (place Foch, Tel. 05 58 98 58 50, www.tourisme-montfortenchalosse.fr), **Saint Sever** (place du Tour du Sol, Tel. 05 58 76 34 64, www.saintsever-capdegascogne-tourisme.com), **Hagetmau** (place de la République, Tel. 05 58 79 38 26, www.tourisme-hagetmau.com) und **Amou** (28 rue Saint Pierre, Tel. 05 58 89 02 25, www.amoutourisme.com).

133sf ad

5 Baskisches Küstenland

Die Küste wechselt zwischen Stränden und Klippen, die Sprache zwischen Französisch und Baskisch. Städte wie Bayonne mit einer langen Geschichte, das Surferparadies Anglet oder das altehrwürdige Seebad Biarritz warten auf Erkundung.

< Malerische Route an den Klippen entlang: die Corniche zwischen Hendaye und Ciboure

BASKISCHES KÜSTENLAND

Strände und Klippen treiben ein buntes Wechselspiel, der Ausdruck „BAB“ steht für das baskische Städtetrio Bayonne, Anglet und Biarritz. Für Surfer ist die Gegend europaweit eine feste Größe, Biarritz profitiert noch heute von seinem Ruf als historisches Königspflaster.

> Eine der Vorzeige-Ansichten von Biarritz: der Rocher de la Vièrge

NICHT VERPASSEN!

- Weltbekannt: **Bayonner Schinken** | 162
- **Cathédrale Sainte-Marie** und **Kreuzgang** in **Bayonne** | 166
- Surfermekka **Anglet** | 171
- Die **Grande Plage** in **Biarritz** | 176
- Die **Felsen** und Aussichtspromenaden in **Biarritz** | 180
- Maritimes Flair in **Saint Jean-de-Luz** | 186

Diese Tipps erkennt man an der gelben Hinterlegung.

Überblick

Südlich der Landes empfängt das Baskenland seine Besucher auf eine ganz eigene Art: mit den sonderbarsten Blüten der Volkskultur und zusätzlich zum Französisch mit einer eigenen Sprache, Baskisch.

Zwischen Biarritz und französisch-spanischer Grenze bindet die Nationalstraße N 10 an das pittoreske Hafenstädtchen Saint Jean-de-Luz an, die baskische Küstenroute *(Route de la Corniche)* führt in den Grenzort Hendaye. Dort ist Schluss mit *la France* und der wildromantisch-rauen Küste, doch in Sichtweite locken die Pyrenäen zu neuen Aktivitäten.

Unter Verwaltungsaspekten gehört jener Küstenteil des Baskenlandes zur historischen Provinz Labourd, die wiederum dem Département Pyrénées-Atlantiques angegliedert ist.

Baskisches Küstenland

0 5 km
©Reise Know-How 2015
SW-Fr_Kapitel_05
LANDES
LANDES
PYRÉNÉES-ATLANTIQUES
PYRÉNÉES-ATLANTIQUES
142 Hossegor
144 Capbreton
151 Dax
162 Bayonne
171 Anglet
Étang Blanc
Lac d'Hossegor
Seignosse
Tosse
St. Vincent-de-Tyrosse
St. Geours-de-Maremne
St. Vincent-de-Paul
St. Paul-Lès-Dax
Eyranx
Œyreluy
St. Pandelon
Saubusse
Orist
Heugas
Bénesse-lès-Dax
Bénesse-Maremne
Labenne-Océan
Labenne
Orx
Saubrigues
St. Jean-de-Marsacq
St. Léon-les-Mines
Gaas
Pouillon
St. Martin-de-Hinx
St. Étienne-d'Orthe
Cagnotte
Ondres-Plage
Beyres
Ondres
St. André-de-Seignanx
Biarrotte
Port-de-Lanne
Ste. Marie-de-Gosse
Orthevielle
Peyrehorade
Cauneille
Labatut
Tarnos
Boucau
St. Martin-de-Seignanx
St. Barthélemy
Hastingues
Œyregave
Sorde-l'Abbaye
Adour
Luy
Gave de Pau
Gave d'Oloron
Bidouze
Nive
Guiche
Urt
Lahonce
Urcuit
Briscous
Briscous-les-Salines
Bardos
Bidache
Came
Carresse
St. Dos
Castagnède
Labastide-Villefranche
Escos
Oraàs
Villefranque
La Bastide-Clairence
Arancou
Bergouey
Abitain
Ustaritz
Jatxou
Halsou
Larressore
Hasparren
Arraute
Masparraute
Ilharre
Autevielle
Urcuray
Bonloc
Isturits
Grottes d'Isturitz
Cambo-les-Bains
Espelette
Souraide
Mendionde
St. Martin-d'Arberone
St. Esteben
Garris
Aïcirits
Itxassou
Pas de Roland
Louhossoa
St. Palais
Domezain
Hélette
Herauritz
Amendarits
Artzamendi 926 m
Col de Méhatché 844 m
Iholdy
Uhart-Mixe
Lohitzun
Bidarray
Celay
Irissarry
Ostabat
St. Martin-d'Arrossa
Ossès
Pico Gorramakil 1090 m
Pic d'Iparla 1050 m
Larceveau
Amaiur
A63
A64
N10
N117
D79
D652
D17
D112
D33
D28
D12
D6
D10
D936
D312
D123
D21
D11
D932
D22
D20
D14
D918
D933
D948

Bayonne – historisches Pflaster

Auf der Höhe von Bayonne beginnt westlich die baskische Küste, die sich samt mehrerer Buchteinschnitte knapp 40 km südwärts bis zur spanischen Grenze erstreckt. Bayonne selbst (baskisch: *Baiona*) liegt indes nicht am Atlantik, sondern einige Kilometer weit im Hinterland am Zusammenfluss von **Nive und Adour.** Das Turmensemble der gotischen Kathedrale formt das weithin sichtbare Wahrzeichen, rundherum verästelt sich das historische Viertel.

Im Lauf der Zeiten hat Bayonne bekannte Erzeugnisse verschiendster Güte hervorgebracht: ein blutig-militaristisches in Form der Nahkampf-Stoßwaffe **Bajonett** sowie erlesen-kulinarische in Gestalt von **Bayonner Schinken** *(jambon de Bayonne)* und **Schokoladenköstlichkeiten.** Haften wir uns zunächst an jenes Stück Schwein, das man sich auf der Zunge zergehen lassen kann. Ein offenes Geheimnis ist, dass die rohen Schinkenkeulen etwa zehn Monate lufttrocknen müssen, bis sie ihr Aroma erreichen. Voraussetzung ist, dass man den *jambon* zuvor zwei Wochen lang in eine körnige Mischung aus Salz, Knoblauch, Essig und Piments aus Espelette einlegt und weitere zwei Wochen in vier Grad kühlen Räumen abhängt. Ein stattlicher Schinken kann bis zu zwölf Kilogramm auf die Waage bringen.

Die Herstellung von **Schokoladenprodukten** geht auf jene Juden zurück, die Anfang des 18. Jh. vor der Verfolgung aus Portugal flohen und Zuflucht in der Adourstadt fanden. Im Gepäck: wertvolle Herstellungstechniken von Kalorienbomben aller Art.

Wichtig für die Orientierung: Die Kathedrale und die alten Befestigungsanlagen liegen westlich des Flüsschens Nive und gehören somit zu „Grand Bayonne", das Gassenviertel „Petit Bayonne" breitet sich östlich der Nive aus. An den Ufern setzt die Stadt ihre schönsten Fachwerkgesichter auf, die Häuserzeilen leuchten in roten und grünen, gelben und blauen Tönen. Den nördlichen Abschluss der Innenstadt bildet der brückenüberspannte Adour.

Bayonne ist vor allem unter Sommerausflüglern als Halbtages- oder Tagesziel beliebt, die an der Küste Quartier bezogen haben. Ende Juli/Anfang August steigt das große Stadtfest, die **Fêtes de Bayonne.**

Geschichte und Gegenwart

Die heute 45.000 Einwohner zählende Stadt blickt auf eine lange Geschichte zurück und hieß zu gallorömischen Zeiten *Lapurdum.* Im Mittelalter war Bayonne eine bedeutende Station auf dem Küstenweg der Jakobspilger, deren Fortkommen im 12. Jh. mit dem Brückenbau über den Adour erleichtert wurde. Nach den lange schwelenden englisch-französischen Konflikten ging Bayonne Mitte des 15. Jh. endgültig in französische Hand über – wobei die eingefleischten Basken sicher das Wort „baskisch" lieber hören würden. Im Gegensatz zu spanisch-baskischen Städten kocht die Volksseele hier zwar nicht so stark, doch

Euskera – baskische Sprache im Baskenland

Mit dem Gebrauch des **Baskischen** *(euskera/euskara)* dokumentieren alteingefleischte Basken **regionales Bewusst- und Selbstbewusstsein.** In ihrer Sprache bezeichnen sich die Basken als *Euskaldunak*, „Menschen, die *euskera* reden". Ihr Baskenland nennen sie *Euskadi* oder *Euskal Herria*.

Das Baskische ist eine **nicht-indogermanische Sprache,** deren Wurzeln sich ebenso im Dunkel der Geschichte verlieren wie die Herkunft der Basken selbst. Baskisch besitzt keinerlei Verwandtschaft zu romanischen Sprachen wie dem Französischen, manche Forscher haben einen Teil des Wortschatzes mit dem Kaukasischen in Verbindung gebracht. In Abwandlungen sind zahlreiche Wörter aus anderen Sprachen ins Baskische eingeflossen: lateinische, arabische, französische, spanische und gascognische.

Euskera hört sich hart und fremdartig an und wird beiderseits der Pyrenäen von etwa 700.000 Menschen benutzt, gekannt oder aktiv gesprochen – auf französischer Seite weit weniger, da hier lediglich 260.000 Menschen im historischen Gebiet des Pays Basque leben. Von diesen 260.000 Bewohnern wiederum sehen sich allenfalls 100.000 als Basken. Doch von denen ist längst nicht jeder mit dem Baskischen vertraut oder ansatzweise interessiert, es zu lernen! Vage Schätzungen belaufen sich auf **60.000 oder 70.000 französische Sprecher** bzw. Kenner der Sprache.

Im spanisch-französischen Baskenland gibt es eigene baskische **Fernseh- und Radiosender** und **Printmedien.** In der Traditionspflege von Musik und Volksfesten sowie archaisch anmutenden Landsportarten haben sich zahlreiche Wörter und Ausdrücke lebendig gehalten. Hohen Beliebtheitsgrad genießen die **Verseschmiede** *(bertsularis)*, ein weiteres baskisches Kuriosum, da sie Lieder und Reime weitgehend improvisieren. Auf dem Buchmarkt findet man eine breite Auswahl, der erste Band auf Baskisch erschien Mitte des 16. Jh.

In Frankreichs Baskenland geht es längst nicht so radikal zu wie auf spanischer Seite, wo die sprachlichen Zeichen regionaler Identität oftmals an stärkere Autonomie- bis hin zu Unabhängigkeitsgedanken geknüpft sind. Auch der Terrorismus der Untergrundorganisation ETA, die sich bis heute noch nicht aufgelöst hat, ist aus gewissen Bevölkerungskreisen hier nie so unterstützt worden. Frankreich war für die Terroristen jedoch immer Flucht- und Ausweichstation, Terrain für Autoklau sowie für versteckte Waffen- und Munitionslager.

Abseits radikaler Auswüchse gibt es auf französischer Seite gleichwohl spezielle baskische **Sprachschulen,** die *ikastolas*. Selbst in manch öffentlicher und privater Schule steht Baskisch auf dem Lehrplan. Rechnet man alle zusammen, kann man davon ausgehen, dass heute im Département Pyrénées-Atlantiques etwa 6000 französische Kinder *euskera* lernen.

Bayonne
0
200 m
Capbreton
Bahnhof
Rue Maubec
SAINT ESPRIT
Place de la République
Rue Sainte Catherine
Rue Ste-Ursule
Quai de Lesseps
Quai Amiral Sala
Adour
Quai Amiral Bergeret
Pont Saint-Esprit
Avenue Mal Leclerc
Place des Basques
Av. Léon Bonnat
Place Charles de Gaulle
Quai Am. Lespès
Rue Bernede
Stadttheater, Rathaus
Rue Lormand
Place de la Liberté
Pont Mayou
Place du Réduit
Allées Boufflers
Jacques Laffitte
Rue Frédéric Bastiat
Musée Bonnat-Helleu
(z.Zt. geschlossen)
Rue de Gramont
Avenue du 11 Novembre
Rue Albert 1er
R. des Carmes
Rue Port Neuf
R. Victor Hugo
Q. A. Dubourdieu
Q. des Corsaires
Rue Bourgneuf
R. Ravignan
Botanischer Garten
Château Vieux
R. des Gouverneurs
Rue Orbe
Pt. Marengo
Musée Basque
Rue Marengo
Rue des Lisses
Place Paul Bert
Église Saint-André
Boulevard Rempart Lachepaillet
R. Notre-Dame
Pilori Guihamin
Q. C. Roquebert
Q. Galuperie
Charcutière Pontrique
Trinquet St. André
R. du Jeu de Paume
Château Neuf
GRAND BAYONNE
Kathedrale
Place Pasteur
Kreuzgang
R. de Luc
R. Poissonnerie
Pt. Pannecau
Q. A. Jaureguiberry
Q. A. Chaho
Rue Cordeliers
Place de l'Arsenal
Place Monfaut
Skate-Park
Rue d'Espagne
Pt. du Génie
Rue Tour de Sault
Avenue de Pampelune
Porte d'Espagne
Nive
Avenue C. Lamarque
Ch. de Glain
Flughafen, Anglet, Biarritz
Stadtmauern
Avenue F. Forgues
Plaine d'Ansot
Avenue A. Grimard
Allée de Glain

ein gewisser nationalistischer Level ist geblieben. Im Laufe des 18. Jh. setzte die ökonomische Glanzzeit mit zahlreichen Handelsaktivitäten ein, heute geben auf wirtschaftlichem Sektor Kunstdünger und elektronische Industrie den Ton an. Hilfreich bei den Entdeckungen: der „Bayonne City Pass", der wahlweise einen Tag oder drei Tage lang gültig ist. Damit lässt sich das **Chronoplus-Busnetz** bis hin nach Biarritz und Anglet unbegrenzt benutzen, die Eintritte ins Musée Basque und ins Atelier du Chocolat Andrieu sind ebenso enthalten wie die Teilnahmen an Stadtführungen. Erhältlich im Fremdenverkehrsamt, dort auch weitere Infos. Ebenfalls nützlich für die Erkundung: die **kostenlosen Kleinbusse** im Stadtverkehr; diese heißen *navettes* und verkehren Mo.–Sa.

Grand Bayonne

Idealer Ausgangspunkt, um ins Gassengeflecht der Altstadt einzutauchen, ist die **Place de la Liberté** mit ihrem Gebäudeensemble aus Rathaus und dem Mitte des 19. Jh. erbauten Stadttheater. Die **Skulpturen auf dem Rathausdach** stehen als Sinnbilder der regionalen Kunst und wirtschaftlichen Aktivitäten. Im Dezember findet auf dem Rathausvorplatz ein stimmungsvoller Weihnachtsmarkt statt, der sich bis zur Adour-Brücke erstreckt.

Kathedrale und Kreuzgang

Die zur Fußgängerzone gehörige **Rue Port Neuf,** mit ihren Geschäften und Arkaden eines der stimmungsvollsten

Sträßchen der Stadt, führt Richtung Place Pasteur und **Cathédrale Sainte-Marie.** Der vom 13. bis 16. Jh. errichtete Sakralbau besticht zunächst durch seine hoch aufgerissenen **Zwillingstürme** und die gewaltigen Ausmaße, ein Baukörper von 80 m Länge und 33 m Breite. Bereits Ende des 19. Jh. wurde der Dom restauriert. Im Innern sind die Glasfenster beachtenswert, die ältesten Bauteile liegen im Bereich von Chor und Chorumgang. Bayonnes Gotteshaus ist der hl. Maria geweiht, stellt im besten Wortsinn alles in den Schatten und zeigt sich im gotischen **Kreuzgang** *(cloître)* von seiner filigransten Seite. Hier kann man in aller Ruhe aufschauen zu den Kathedraltürmen und die Arkadenbaukunst vergangener Meister betrachten. Der üblichen Struktur entspricht es, dass der Kreuzgang einst als Friedhof genutzt wurde; 1759 wurden hier die sterblichen Überreste der Prinzessin *Leopoldine von Lothringen* beigesetzt. Teile des Kreuzgangs sind stark restauriert worden, weshalb einige Bögen eher neu denn alt aussehen.

■ **Cathédrale Sainte-Marie,** Mo.–Sa. 10–12 und 12.45–18.45 Uhr, So. 10–11.15 und 12.45–18.45 Uhr.

Kreuzgang der Kathedrale von Bayonne

125sf ad

Rund um die Stadtmauern

Einige Gehminuten von der Kathedrale entfernt türmen sich die alten Stadtmauern *(remparts)* auf, die nach wie vor große Teile von Grand Bayonne an der Rue Tour de Sault und dem Boulevard Rempart-Lachepaillet umschließen und mit gepflegten Grünanlagen aufgelockert worden sind. In den historischen Wall ist ein kleiner **Botanischer Garten** integriert, der mehr als tausend Arten einheimischer und auswärtiger Flora zeigt. Im Mauermantel an der Rue des Gouverneurs liegt das im 11. Jh. begonnene „Alte Schloss", **Château Vieux,** in dem im Mittelalter Navarras Herrscher *Alfonso el Batallador* und Kastiliens Potentat *Pedro el Cruel* und später Frankreichs „Sonnenkönig" *Ludwig XIV.* abstiegen.

■ **Jardin Botanique,** nahe Monument aux Morts, Mitte April bis Mitte Oktober tägl., Eintritt frei.

Rue d'Espagne und Altstadtgassen

Im Bereich der geschäftigen Rue d'Espagne konzentrieren sich alte Häuserzeilen mit bunten Holzläden und schmiedeeisernen Balkongittern, am Ende der Straße ist mit der **Porte d'Espagne** das bekannteste Stadtmauertor erreicht. Ebendort geht die Altstadt in gesichtslose Zonen über, sodass man sich von hier aus besser zurückwendet und durch die schönen Gassen um die **Rue Poissonerie** ans **Flussufer der Nive** anbindet. Hier kann man typisch baskische Fachwerkansichten genießen und einen (Vormittags-)Bummel über den **Markt** einplanen. Die **Brücken** Pont Panneceau und Pont Marengo leiten geradewegs hinüber nach Petit Bayonne. Nahe dem etwas abseits gelegenen Pont du Génie erhebt sich mit der Tour de Sault ein weiterer Stadtmauerturm.

Petit Bayonne

Mit dem Musée Basque wartet im Stadtteil östlich der Nive ein Stück Museumskultur.

Musée Basque

Das Baskische Museum bündelt in seinen Ausstellungsräumen **Kunst und volkskundliche Exponate,** informiert über die baskische Gesellschaft und ihre Traditionen sowie die Geschichte Bayonnes und seines Hafens. Zusätzlich werden temporäre Ausstellungen arrangiert.

■ **Musée Basque,** 37 quai des Corsaires, im Juli und August tägl. 10–18.30 Uhr, außerdem donnerstags Abendbesuche bis 20.30 Uhr; während des restlichen Jahres Di.–So. 10–18.30 Uhr mit freiem Eintritt am jeweils ersten Sonntag des Monats; www.musee-basque.com.

Musée Bonnat-Helleu

Dieses Museum der Schönen Künste, das im Laufe der Zeit einen beachtlichen Ruf erlangte, ist geschlossen, um die Bestände zu ordnen und sich grundsätzlich neu zu strukturieren. Bei Redaktionsschluss war der Termin der Eröffnung noch ungewiss.

Château Neuf und Kirche Saint-André

Im kleinen, verwinkelten Petit Bayonne führt der Weg an die Place Paul-Bert mit dem dahinter liegenden Château Neuf, dem „Neuen Schloss", dessen Bau König *Ludwig XI.* Mitte des 15. Jh. anordnete. Sakrales Aushängeschild Petit-Bayonnes ist die Mitte des 19. Jh. erbaute Église Saint-André.

Trinquet Saint André

Ganz in der Nähe zieht es Pelota-Fans zum legendären Trinquet Saint André in der Rue du Jeu de Paume. Wann dort **Pelota-Matches mit der blanken Hand** angesetzt sind, erfährt man über das Office de Tourisme. Weiterer Spielort ist im Übrigen der Trinquet Moderne in der Avenue Dubrocq 60.

Plaine d'Ansot

Diese kleine **Naturschutzgebiet** liegt vor den südlichen Toren Bayonnes, ist Lebensraum von Vogelarten und umfasst etwa 100 ha. Zwischen Mitte April und Mitte Oktober ist es Di.–So. 9.30–19 Uhr, sonst 9.30–17.30 Uhr zugänglich. Nächste Parkmöglichkeit auf dem Parking de la Floride. Infos unter: http://ansot.bayonne.fr.

Praktische Tipps

Information

■ **Office de Tourisme,** place des Basques, Tel. 08 20 42 64 64 (gebührenpflichtige Nummer), www.bayonne-tourisme.com. Organisation von Stadtführungen *(visites guidées)*, auch thematisch aufbereitete Spaziergänge.

Unterkunft

■ **Hôtel La Villa**②-③, 12 chemin de Jacquette, Tel. 05 59 03 01 20, www.bayonne-hotel-lavilla.com. Außerhalb des Zentrums in einer Villa eingerichtete Zimmer (insgesamt zehn). Für die unterschiedlich gelegenen Zimmer gelten drei verschiedene Preiskategorien.

■ **Hôtel Ibis Style Bayonne Gare Centre**①-②, 1 place de la République, Tel. 05 59 55 08 08, www.accorhotels.com. Drei-Sterne-Block mit 45 Zimmern, über den Ufern des Adour nahe dem Bahnhof

www.fotolia.de © Pictures news

gelegen. Helle Zimmer. WLAN und Frühstück im Preis enthalten. Mit Bar.

■ **Hôtel des Arceaux** ①, 26 rue Port Neuf, Tel. 05 59 59 15 53, www.hotel-arceaux.com. Zentral und solide, familiär gehaltenes Ambiente, 16 Zimmer. Höhere Ansprüche werden nicht bedient, Lage und Preisniveau geben den Ausschlag.

Essen und Trinken

■ **Auberge du Cheval Blanc**②-③, 68 rue Bourgneuf, Tel. 05 59 59 01 33, www.cheval-blanc-bayonne.com. Anspruchsvolle Küche mit saisonal wechselnden Produkten, bei denen sich häufig Forelle, Foie Gras, Seehecht und anderes Meeresgetier finden. Im Regelfall drei verschiedene Menüs. Reservierung empfohlen. Sa. mittags, So. abends und Mo. ganztags geschl.

■ **Auberge du Petit Bayonne** ①-②, 23 rue des Cordeliers, Tel. 05 59 59 83 44, www.auberge-du-petit-bayonne.fr. Traditionelle baskische Küche in Petit Bayonne. Rustikales, unverfälschtes Interieur. Die Menüs geben einen guten Querschnitt.

■ **Bars und Cafés,** an den Flussufern der Nive, im Bereich der place Pasteur sowie in der Fußgängerzone um die rue Port-Neuf.

^ Die Kathedrale Sainte-Marie

Nightlife

■ **Luna Negra,** 7 rue des Augustins, Tel. 05 59 25 78 05, http://lunanegra.fr. Beliebter Treff der lokalen Szene, Café-Theater. Blues, Jazz, Tanz, baskischer Folk, Veranstaltungen mit Live-Musik, französische Comedians. Außerdem: **Diskothek Arrena,** Allée de Glain.

Sport und Freizeit

■ **Bootsrundfahrten:** ab der Ablegestelle (Embarcadère) an der allées Boufflers; Fahrten sind abhängig von einer Mindestteilnehmerzahl.

■ **Fahrradverleih:** Zur kostenlosen Ausleihe (zu hinterlegen sind Kaution und Ausweisdokument) Infos im Office de Tourisme.

■ **Kulturelle Veranstaltungen** jedweder Art im zentralen Stadttheater *(théâtre)* an der place de la Liberté, Tel. 05 59 59 07 27.

■ **Reiten:** Centre Équestre, chemin de Halage de la Nive, Bassussary, Tel. 05 59 42 22 42, www.nivheberge64.com.

■ **Schwimmbäder:** Piscine de Lauga (29 avenue Paul Pras, Tel. 05 59 57 09 19) und Centre Aquatique (3–5 avenue André Malraux, Tel. 05 59 93 93 23).

■ **Skate-Park:** nahe dem Parking de Glacis an den Stadtmauern.

Feste und Veranstaltungen

■ **Karneval, Schinkenfest** *(Foire au Jambon)* Ende März/Anfang April, **Musikfest** *(Fête de la Musique)* am 21. Juni, **Mittelaltermarkt** *(Marché Medieval)* Mitte Juli. Das alljährlich Ende Juli/Anfang August über mehrere Tage laufende **Stadtfest** *(Fêtes de Bayonne)* geht mit Konzerten, Tanz- und Pelota-Veranstaltungen einher. Stierkämpfe *(corridas)* finden meist nur im August und September statt; Schauplatz sind die „Arènes“. Außerdem Musik- und Kulturveranstaltungen im Sommer.

Einkaufen

■ Das alte **Wochenmarktgebäude** *(halles)* liegt am quai Commandant Roquebert. Rundherum *(au carrée des Halles)* Fr. von 7–13 Uhr Allerleimarkt *(Marché à la Brocante)*.

■ **Weitere Märkte** Fr. vormittags auf der place de la République sowie Mi. vormittags und Sa. vormittags auf der place des Gascons.

■ **Schokoladenspezialitäten** findet man in diversen Geschäften in der rue Port Neuf und der rue des Carmes.

So verführerisch die Auslagen in den Vitrinen sein mögen – die Preise sind gewaltig! Die Welt der Schokolade öffnet sich auch im Atelier du Chocolat (7 allée de Gibéléou, Tel. 05 59 55 00 15, www.atelierduchocolat.fr; geführte Besuche Mo.–Sa., ebenfalls nicht billig).

Post

■ **Hauptpost (PTT),** nahe der place Charles de Gaulle.

Parken

■ **Großparkplätze** findet man an den Stadtmauern bzw. nahe dem Office de Tourisme an der place des Basques.

Verkehrsanbindung

■ **Flughafen:** wenige Kilometer südwestlich der Stadt an der N 10; nähere Informationen siehe Ortskapitel Biarritz.

■ **Bahnhof:** über die Adour-Brücke Pont Saint-Esprit hinweg im Stadtviertel Saint-Esprit gelegen; von dort gibt es regelmäßige Verbindungen u.a. nach Bordeaux, Hendaye, Paris, Pau und Saint Jean-de-Luz.

240sf ad

Anglet – Strände und Surferparadies

Anglet ist der wildromantische Strandtreff der Gegend, populärer **Surferspot** und ganz auf ein junges Publikum geeicht. Die sandigen Strände bringen es auf eine Gesamtlänge von über 4 km, die einzelnen Abschnitte tragen klingende Namen wie Plage des Sables d'Or und Plage des Corsaires. Wegen der Lage zur offenen See hin und den damit verbundenen gefährlichen Strömungen ist es ratsam, sich nur an den ausgeflaggten, bewachten Abschnitten ins kühle Nass zu stürzen. Die südlichsten Strandzipfel laufen auf das **Leuchtturmplateau** von Biarritz zu, die nördlichsten erstrecken sich in Richtung der Atlantikmündung des Adour. Im Mündungsgebiet breitet sich der **Parc Écologique Izadia** aus, ein 14-ha-Areal, das die Biodiversität näher bringt (297 avenue de l'Adour, www.izadia.fr; geöffnet Anfang Juli bis Ende September täglich 10–12.30 und 14–18 Uhr, Ende März bis Ende Juni sowie Anfang Oktober bis Mitte November Mi.–So. 10–12.30 und 14–18 Uhr).

Zwischen den Stränden und der Nationalstraße N 10 ist Anglet schier un-

⌃ Strandlinie von Anglet

übersichtlich weit ausgeufert und als Ganzes schwer zu fassen, die strandferne City breitet sich um die Place Général-de-Gaulle aus. Beliebte Treffpunkte liegen im Bereich des **Küstenviertels Chambre d'Amour,** wo Waffel- und Pizzadüfte über die Promenaden wehen. *Chambre d'Amour,* das „Liebeszimmer", weist auf eine Grotte, in der einst ein Liebespärchen von der Flut überrascht worden und ertrunken sein soll. Der Promenadenbereich ist auf Hochglanz poliert worden.

Die dichte Besiedlung der „BAB"-Gegend bricht in den **Wäldern** Pignada und Lazaret auf; die bewaldeten Areale nehmen rund 250 ha ein. Unterkunft bieten eine Reihe von Campingplätzen und Hotels. Die breite Palette der Sport- und Freizeitmöglichkeiten schließt Surfen und Reiten ebenso ein wie Thalassotherapie (siehe Exkurs „Thalassotherapie – Wellness in Anglet und Biarritz"), Golf, Jogging und Radfahren. Anglet ist immer wieder Schauplatz von Surfwettbewerben.

Information

- **Office de Tourisme,** 1 avenue de la Chambre d'Amour, Tel. 05 59 03 77 01, www.anglet-tourisme.com.

Unterkunft

- **Château de Brindos**③, 1 allée du Château, Tel. 05 59 23 89 80, www.chateaudebrindos.com. Luxuriöse Schloss-Unterkunft. Hier darf man höchsten Komfort und Aufmerksamkeit erwarten. Spitzenpreise, auch im Restaurant, das höchste gastronomische Ansprüche erfüllt.
- **Hôtel Fine Anglet**①-②, 46 avenue de Montbrun, Tel. 05 59 63 00 09, www.hotelrestaurantfine.com. Dieses Zehn-Zimmer-Hotel ist eine der preiswerteren Alternativen in der Feriengemeinde. Einfach, solide, ganzjährig. Mit Restaurant.
- **Jugendherberge** *(auberge de jeunesse),* 19 route des Vignes, Tel. 05 59 58 70 00, www.hifrance.org/auberge-de-jeunesse/anglet.html. Geöffnet Anfang Mai bis Mitte September, Mindestalter 18 Jahre. Hauseigener Pub. Rad- und Surfbrettverleih.

Camping

- **Camping de Parme,** 2 allée Etchécopar, quartier Brindos, Tel. 05 59 23 03 00, www.campingdeparme.com. Vier-Sterne-Platz, geöffnet Anfang/Mitte April bis Anfang November. Vermietung von Bungalows und fest installierten Mobile Homes.

Sport und Freizeit

- **Fahrradfahren:** Fahrradverleih bei Bike Atlantic (8 rue Mirambeau, www.bikeatlantic.com). Auch Anlieferungen von Rädern in die Unterkunft.
- **Golf:** Golf de Chiberta, 104 boulevard des Plages, Tel. 05 59 52 51 10, www.golfchiberta.com; mit 18-Loch-Parcours, Par 70, 5647 m.
- **Reiten:** Club Hippique Côte Basque, route du Petit Palais, Tel. 05 59 63 83 45, http://clubhippiquecotebasque.wordpress.com.
- **Skatepark:** avenue de l'Adour.
- **Surfen:** Extrem viele Anbieter von Kursen, ob für Kinder oder Erwachsene. Unter www.angletsurfinfo.com aktuelle Wetterhinweise für Surfer. Es gibt u.a. folgende Surfschulen: Anglet Surf Spirit (Place de la Petite Madrague, Handy 06 62 79 29 68, www.angletsurf spirit.com), École de Surf Uhaina (Plage des Corsaires, Handy 06 60 78 93 49, www.ecole-surf-uhaina.com) und Le Club de la Glisse (Plage Marinella, Handy 06 12 81 55 95, http://ecoledesurf-anglet.com; auch Stand Up Paddling).

Einkaufen

■ **Marché de Quintaou,** jeden Do. und So. vormittags auf der Esplanade de Quintaou.

Post

■ **Hauptpost (PTT),** im Zentrum in der rue du 8 Mai.

Biarritz – altes Seebad mit stets neuem Schwung

Strand der Könige und eine Königin der Strände: Seit Mitte des 19. Jh., als Kaiserin *Eugénie* und *Napoléon III.* Biarritz mit der Wahl ihrer Sommerresidenz einen Stempel aufdrückten, pflegt die heute 30.000 Einwohner zählende Stadt ihren elitären Charakter. Und sonnt sich im Glanz werbeträchtiger Aussprüche, denn schon der Literat *Victor Hugo* (1802–85) schwärmte: „Ich wüsste keinen Ort, der reizvoller und herrlicher wäre als Biarritz."

Als Hochburg der Sommerfrische hat das altehrwürdige Seebad die Zeiten überdauert und lockt als Ziel zu jeder Jahreszeit. Biarritz ist eine raue Schönheit, wind- und wettergeschüttelt am Golf von Biskaya gelegen. Französischer Charme mischt sich mit internationalem Flair und baskischer Identität. Über das Stadtbild verteilen sich **prunkvolle Villen,** breite Promenaden und exklusive Boutiquen. Erlesen, ohne Zweifel – mancherorts nimmt man's leibhaftig von den Lebendigen. Treffpunkte aller sind die Strände, die Promenaden, die Cafés. Im **Casino** verspielt der Geldadel noch immer seine aristokratische Barschaft.

Biarritz ist *auch*, aber eben nicht *nur* Spielwiese der **Schickeria,** Schauplatz von Soirees und rauschenden Ballnächten. Bodenständiges Multikulti-Miteinander belebt die Strände, an denen sich Sonnenabeter und **Surfer** treffen. Gegenwärtig bieten etwa zehn Surfschulen Kurse und Aufenthalte an, etwa 10.000 Teilnehmer jedweder Altersstufen und Nationalitäten sind es pro Jahr, ein echter Wirtschaftsfaktor. Schönes Familienziel ist das vorzüglich aufbereitete Meeresmuseum, Appetit holt man sich inmitten der verführerischen Restaurantdüfte am kleinen **Fischerhafen:** Sardinen, Fischsuppe, Crevetten in Knoblauch ...

Geschichte und Gegenwart

In nostalgischer Versunkenheit spricht man heute von den ersten Badegästen in Biarritz: den Walen. Schon im Mittelalter waren die Meeresriesen Ziel der verwegenen **Walfänger,** die in jenem Fischerort lebten und an den Stränden ihre Fänge zerlegten – dort, wo sich heute ein buntes Badevölkchen aalt. Bis ins 17. Jh. hinein war der Walfang dominierende Einkommensquelle, bis sich die mittlerweile dezimierten Tiere immer weiter zurückzogen und die Herrn über Harpunen und Boote zu gefährlichen Reisen bis nach Neufundland herausforderten.

Als der Dichter *Victor Hugo* 1843 auf einer seiner Reisen in Biarritz Station machte, fand er ein malerisches weißes

Dorf mit roten Dächern und grünen Fensterläden vor und prophezeite mit hellseherischer Kraft, dass Biarritz Mode machen würde: „Und dieser Tag wird bald kommen."

Victor Hugo sollte Recht behalten. Es begab sich im Jahre 1854, als Kaiserin *Eugénie* und *Napoléon III.* einen kleinen Hügel über dem Hauptstrand als geeigneten Platz für ihren kaiserlichen **Palast** wählten. Von da an kamen sie bis 1868 jedes Jahr zurück und genossen die gesunden Meeresbrisen. Klar, dass der Adel sich der Modewelle anschloss und flugs hinterherströmte. Bald trafen sich hier **Künstler und Literaten,** englische Lords und spanische Grande, rumänische und russische Prinzen und überhaupt jeder, der etwas auf sich hielt. Schon Ende des 19. Jh. verwandelte man den Kaiserpalast ins exklusive **Hôtel du Palais,** die Engländer riefen den längst legendär gewordenen Golfplatz **Golf du Phare** ins Leben. Nicht fehlen durften zwei Casinos. Hochherrschaftliche Empfänge und bewegte Nächte gehörten zum Standard, in den „Roaring Twenties" tanzte man Charleston bis zum Abwinken.

Nach dem Zweiten Weltkrieg belebte sich Biarritz wieder, lockte den Geldadel und **Leinwandstars** an wie *Bing Crosby, Frank Sinatra* und *Rita Hayworth.* Folgt man einer modernen Legende, wurde hier Ende der 1950er Jahre mit US-amerikanischer „Entwicklungshilfe" das **Surfen** geboren. Mit seinem aus Hawaii importierten Brett soll der Drehbuchautor *Peter Viertel* den ureigenen Anstoß gegeben haben. Zu Viertels Wasserauftritt und seiner nachhaltigen Schubwirkung heißt es in einer Presseinformation der Stadt Biarritz enthusiastisch: „Dieses Er-

Biarritz

Übernachtung
- 4 Hôtel Le Gamaritz
- 6 Hôtel Marbella
- 11 Hôtel du Palais
- 12 Sofitel Biarritz Le Miramar Thalassa Sea & Spa
- 14 Biarritz Camping
- 16 Jugendherberge

Essen und Trinken
- 3 Le Caritz
- 7 Meeresfrüchte-restaurants
- 15 Le Ponton, La Socket

Nachtleben
- 5 Miguel
- 8 Ventilo Caffé
- 13 Gare du Midi

0 200 m
©Reise Know-How 2015
SW-Fr_04
Einkaufen
9 Marktgebäude
10 Maison Arostéguy
Leuchtturm
Avenue de l'Impératrice
Église Orthodoxe
Grande Plage
Avenue Reine Victoria
Chapelle Impériale
Labardin
Rocher des Enfants
Le Basta
Jargin
Casino
Esplanade du Casino
Boulevard du Général de Gaulle
Avenue Edouard VII
Av. de la Marne
Sq. d'Ixelles
Rue Gardague
Av. J. Petit
Av. d'Ossuna
Port des Pêcheurs
Place Bellevue
Boulevard du Maréchal Leclerc
Anglet, Bayonne
Grande Atalaye
Place Ste-Eugénie
Église Sainte-Eugénie
de l'Atalaye
Rue Mazagran
Place G. Clemenceau
Avenue de Verdun
du Port Vieux
de Gaston Larre
Musée Historique
Rue de Helder
Rue Broquedis
Rue Jean Bart
Rue des Halles
Rue des Halles
Place de la Libération
Rue Jaulerry
Rue du Centre
de la Côte des Basques
R. Champ Lacombe
Avenue du Jardin Public
Av. du Maréchal Foch
Rue Gambetta
Rue Peyroloubilh
Jardin Public
Musée d'Art Oriental Asiatica
Boulevard Prince de Galles
Rue Duler
Avenue Victor Hugo
Pelota
Rue G. Petit
Ruc Jean Jaurès
Thalmar-Zentrum Thalasso-therapie, Hôtel Le Biarritz
Cité de l'Océane,
Musée du Chocolat
St. Jean-de-Luz, Spanien
Bahnhof,
Busbahnhof,
Lac Marion,
Autobahn

eignis wurde von den sprachlosen Blicken der Einwohner begleitet, die zum ersten Mal in Europa einen Menschen auf einer Welle reitend sahen! Doch es begeisterte die Menge, und so fand diese Sportart in Frankreich rasch zahlreiche Anhänger. Das Surfen in Europa war damit geboren und Biarritz als deren europäische Hauptstadt betitelt."

Wie dem auch sei und ob Viertel der wahre Surfpionier war – dank eines schönen natürlichen Umfelds aus Stränden und Klippen, aber auch eines gesunden Instinkts für neue gesellschaftliche Tendenzen sowie pfiffiger Publicrelations-Strategien ist Biarritz bis heute nicht aus der Mode gekommen. Die Stadt verkauft sich einfach hervorragend! Markante Stichpunkte: Kulturevents und Kongresse, Wellness, Surfwettbewerbe sowie der Golfsport mit einer Reihe leicht erreichbarer Courts im näheren Umkreis. Hilfreich bei den Entdeckungen sind die kostenlosen Busse *(navettes)* in der Innenstadt.

An der Meeresfront

Grande Plage

Mit der vollen Breitseite seiner Grande Plage, dem „Großen Strand", wendet sich Biarritz ungeschützt dem Atlantik zu – was beim Badevergnügen stets zu beson-

[^] Am Hauptstrand von Biarritz

[>] Die Chapelle Impériale

derer Vorsicht mahnen sollte! Zwischen dem mächtigen **Casino** und dem sandigen Strand führt eine breite **Promenade** vorbei, auf der es sich ausgezeichnet flanieren lässt. Nicht zu übersehen ist der einstige kaiserliche Palast, der sich heute als alles beherrschendes **Hôtel du Palais** im Rücken der Grande Plage aufwirft. Dort hält sich die „gute alte Zeit" lebendig, dort riecht es nach Plüsch und edlem Parfüm, dort regiert die Etikette – und das Personal gibt sich so dienstbeflissen wie erwartet. Mächtige Marmorsäulen flankieren das Foyer, im Schein der Leuchter sinkt man erhaben in Fauteuils. Was für Potentaten vergangener Tage und Schauspielstars wie *Charlie Chaplin* und *Gary Cooper* gut war, lockt ungebremst die Hautevolee von heute an.

MEIN TIPP: An die kaiserlichen Hoheiten des 19. Jh. erinnert außerdem die **Chapelle Impériale,** eine in neo-byzantinisch und spanisch-maurischem Stil gehaltene Kapelle, welche Kaiserin *Eugénie* 1864 in einem vormaligen Parkgelände erbauen ließ.

- **Chapelle Impériale,** Rue Pellot, extrem begrenzte Zugangszeiten, meist nur Sa. nachmittags; vorsorglich Infos einholen im Office de Tourisme.

302sf ad

Thalassotherapie – Wellness in Anglet und Biarritz

Meerwasser gilt seit ehedem als Balsam für Körper und Seele. Dass man sich in unseren heutigen Hochstressgesellschaften nach **Auszeiten, Entspannung und neuer Vitalität** sehnt, hat die im Südwesten Frankreichs beliebte Thalassotherapie beflügelt. Der etwas holprige Begriff „Thalassotherapie" bezeichnet Anwendungen, die ganz auf die **Heilkraft des Meerwassers** setzen und – voreingenommenen Ansichten zum Trotz – weder an Alte und Gebrechliche noch Kranke gebunden sind! Viele junge Leute, selbst ganze Familien, lassen mittlerweile ihr äußeres und inneres Gleichgewicht durch Thalasso-Anwendungen ins Lot bringen. Dies lässt sich zum Beispiel über Mehr-Tages-Pakete erreichen.

Eine Thalassotherapie reinigt und belebt den Organismus durch die heilklimatische Wechselwirkung von Meerwasser und Seeluft. Bei verschiedenen **Anwendungen** kommen wichtige Spurenelemente hinzu, die in Algen, Schlamm und Salzwasser enthalten sind. Zu den Anwendungen zählen Algenpackungen bzw. Algenbäder *(bains des algues)*, Massagen *(massages)*, Sprudelbäder *(bains aérogazeux)* und Hochdruckduschen *(douches de forte pression/douches au jet)*.

Individuelle Wellnessarrangements, beheizte Meerwasserpools, Sauna und Dampfbad gehören in den Einrichtungen zum Standard. Tipp: Viele Thalassoanlagen lassen sich, auch wenn sie Hotels angeschlossen sind, von Nicht-Hotelgästen nutzen. Die Angebote, ob stunden- und tagesweise, variieren je nach Einrichtung. Eine gute Empfehlung für den Raum Anglet-Biarritz ist die kleine Gruppe des Biarritz Thalasso Resort. Diese besteht aus dem **Komplex Atlanthal in Anglet** (mit zwei Hotels und integrierten Thalasso-Einrichtungen) und dem **Thalmar-Zentrum für Thalassotherapie in Biarritz;** Unterkunft während einer Thalassotherapie gibt das etwa 150 Meter vom Thalasso-Zentrum entfernte **Hôtel Le Biarritz.** Hinzu kommt im „BAB"-Raum noch das **Bayonne Hôtel & Spa.**

In Anglet ist der **Atlanthal-Komplex** einzig durch einen Wiesen- und Strauchgürtel von der Strandpromenade und dem Strand Les Cavaliers getrennt. Der Vorzeigebereich heißt „Le Lagon", ein nach außen geöffnetes 350-m²-Meerwasserbecken mit angenehm temperierten 34° C, Unterwasser-Massagedüsen, Sprudelsitzen und -liegen sowie Gegenstromanlage. Außerdem gibt es Sauna und Dampfbad. Diese Einrichtungen stehen auch **Nicht-Hotelgästen** offen, Halbtagestarif für Erwachsene 20 € (etwas höher in Ferienzeiten). Badesandalen und Badehaube nicht vergessen! Hotelgäste haben die Wahl zwischen mehreren Kombinationsangeboten aus Unterkunft (mit Halb- oder Vollpension) und diversen Anwendungspaketen mit einer Dauer zwischen zwei und sechs Tagen. Die **Angebotspalette** ist breit: vom klassischen „Thalasso Form und Gesundheit" über „Thalasso Vitamine" und „Thalasso speziell für den Rücken" bis zu „Thalasso für schwere Beine" und „Thalasso zum Abnehmen".

Das **Thalmar-Zentrum für Thalassotherapie** in Biarritz ist ein weiterer Komplex, der das Wohlbefinden steigert: mit dem Meerwasserbassin-Komplex „L'Archipel", Sauna, Dampfbad und Kabinen für individuelle Anwendungen. Der Fitnesssaal ist bestens ausstaffiert und erlaubt den Panoramablick aufs Meer.

Eine weitere Top-Adresse in Biarritz ist das **Sofitel Biarritz Le Miramar Thalassa Sea & Spa.**

Dieses Luxushotel thront über dem nördlichen Stadtstrand Miramar, das Meerwasserfreibad ist beheizt. Integriert ist ein exzellentes Thalassotherapiezentrum, wobei man auch hier nicht Hotelgast sein muss, um die Anwendungen zu buchen.

Praktische Informationen

- **Allgemein zur Gruppe „Biarritz Thalasso Resort":** www.biarritz-thalasso.com, Reservierungszentrale Tel. 08 25 12 64 64 (gebührenpflichtig).
- **Komplex Atlanthal in Anglet,** bestehend aus dem Hôtel Atlanthal (vier Sterne; 99 Zimmer), dem Hôtel Terrasses d'Athlantal (drei Sterne; 48 Zimmer), Restaurants und den Thalassoeinrichtungen.
- **Thalmar-Zentrum für Thalassotherapie in Biarritz:** 80 rue de Madrid.
- **Hôtel Le Biarritz** in Biarritz: 30 avenue de la Milady.
- **Sofitel Biarritz Le Miramar Thalassa Sea & Spa;** 13, rue Louison Bobet; Tel. 05 59 41 30 00, www.sofitel.com.

Église Orthodoxe

Die Orthodoxe Kirche liegt unübersehbar in Nachbarschaft des einstigen Kaiserpalastes und führt die bis heute andauernde Präsenz der **russischen Gemeinde** vor Augen, die den Bau ab 1890 in neo-byzantinischem Stil errichten ließ. Freie Besichtigungen sind in der Regel Mi., Sa. und So. jeweils 15.30–18 Uhr möglich.

Leuchtturm

Die Arkaden unterhalb des zum Hôtel du Palais gehörigen Pools trennen die Grande Plage von der Plage de Miramar. Von hier aus liegt der weithin sichtbare Leuchtturm, Le Phare, nicht mehr allzu weit entfernt. Dieser ragt seit dem 19. Jh. auf dem Plateau der Landzunge Saint Martin 73 m hoch auf. Er bildet den Übergangsbereich zur Nachbargemeinde Anglet und kann bestiegen werden. Von oben bieten sich schöne Ausblicke über die Küste. Rundherum liegen Gartenanlagen, die im Rufe berühmt-berüchtigter Liebesnester in Sommernächten stehen.

- **Le Phare,** die Öffnungszeiten sind eingeschränkt und wechseln häufig, erkundigen Sie sich im Touristenbüro.

Fischerhafen

Mein Tipp: Südlich der Grande Plage – auf Höhe des markanten **Rocher des Enfants,** einer klobigen Felsformation im Wasser – lohnt sich ein Bummel parallel zur Meereslinie. Abseits des Boulevard du Maréchal Leclerc führt ein Weg hinab an den **Port des Pêcheurs,** den Fischerhafen, wo Restaurants zum Verweilen einladen. Im hinteren Bereich des Hafenbeckens sieht man noch eine kleine Reihe an Fischerschuppen, die Bildern aus einer anderen Zeit gleichkommen.

Felsen und Aussichtspromenaden

Oberhalb des Fischerhafens geht es atemschwer hinauf auf ein lohnendes **Aussichtsplateau.** Unterhalb des Plateaus zeigt sich Biarritz plötzlich von einer gänzlich anderen Seite: rau, wild und ungezähmt! Hier donnern die Atlantikbrecher gegen die Felsen, schäumen durch Felsenbögen und schicken die Gischt als Gruß hinauf zu den Betrachtern. Über die von *Gustave Eiffel* konzipierte **Eisenbrücke** erreicht man den langgezogenen Vorsprung des **Rocher de la Vierge** („Jungfrauenfelsen") mit seinem kleinen Marienbildnis aus der zweiten Hälfte des 19. Jh. Hoch über den Klippen kann man sich auf den Aussichtspromenaden herrlich den Seewind um die Nase wehen lassen und das Panorama aus Ozean und Pyrenäen genießen. Südlich des Rocher de la Vierge schließt sich mit der **Plage du Port Vieux** ein kleiner Badestrand an, die ein weiteres Stück südlich gelegene **Plage Côte des Basques** ist insbesondere bei Surfern beliebt.

129sf ad

Meeresmuseum

Gleich hinter dem Rocher de la Vierge taucht man ein ins ruhige Fahrwasser des Meeresmuseums. Unter Muränen und Oktopussen, Haien, Quallen und Seepferdchen: Im Musée de la Mer treibt man an **Aquarien** vorbei, die mit unterschiedlichsten Arten vertraut machen. Darüber hinaus gibt es eine historisch-wissenschaftliche Sektion, die u.a. das Thema des einstigen Walfangs in den Fokus rückt. Die besten Besucherköder sind die **Riff-** und **Hammerhaie** und das **Seehundbecken** *(bassin des foques)*, das Einblicke durch große Seitenglaswände oder von oben (Freiluftterrasse) erlaubt. Zweimal täglich, um 10.30 und 17 Uhr, werden die Kegelrobben mit Fisch gefüttert *(repas des foques)*, eine beliebte Attraktion insbesondere für die Kleinsten.

■ **Musée de la Mer,** esplanade du Rocher de la Vierge, www.museedelamer.com; April bis Juni sowie Sept./Okt. tägl. 9.30–20 Uhr, Juli und August tägl. 9.30 Uhr bis Mitternacht, November bis März Di.-So. 9.30–19 Uhr. Eintritt 14 €. Für Meeresmuseum und Cité de l'Oceán ist ein preisreduziertes Kombiticket erhältlich. Knapp dreiwöchige Schließzeit Mitte/Ende Januar.

Cité de l'Oceán

Das Leitmotiv Meer setzt sich im Südteil der Stadt in der modern, interaktiv aufbereiteten Cité de l'Oceán fort, für dessen Architektur die nordamerikanisch-brasilianische Kombination *Steven Holl* und *Solange Fabião* verantwortlich gezeichnet haben.

■ **Cité de l'Oceán,** 1 avenue de la Plage, www.citedelocean.com; April bis Juni sowie Sept./Okt. tägl. 10–19 Uhr, Juli und August tägl. 10–22 Uhr, November bis März Di.–So. 13–19 Uhr. Für Meeresmuseum und Cité de l'Oceán ist ein preisreduziertes Kombiticket erhältlich. Mitte/Ende Januar schließt das Museum für knapp drei Wochen.

Rund um die City

In Biarritz hält sich alles in überschaubarem Rahmen. Der innerstädtische Dreh- und Angelpunkt ist die **Place Georges Clémenceau,** ein lang gestreckter, geschäftiger Platz. Ab hier bindet man zu Fuß sowohl an die Grande Plage als auch an die in der **Rue Mazagran** beginnenden Einkehr- und Bummelzonen an. In den Auslagen der auf touristische Klientel fixierten Shops sieht man baskisches Leinen, Badetücher, Keramik und natürlich Baskenmützen. Galerien stellen gern typische Strand- und Hafenansichten zum Verkauf aus.

Nach einem kurzen Stück auf der Rue Mazagran eröffnet sich rechter Hand die **Place Sainte-Eugénie** mit Terrassencafés, Restaurants, Fontäne, Pavillon und Laternenreihen. Als Hauptbau sticht die **Église Sainte-Eugénie** hervor, eine 1903 geweihte Kirche, die im Innern durch ihre von *Luc-Olivier Merson* und dem Meisterglasmaler *Lesquibes* geschaffenen Fenster beeindruckt.

Die Verlängerung der Rue Mazagran, die muntere **Rue du Port Vieux,** führt Richtung Plage du Port Vieux und „Jungfrauenfelsen". Am Wege liegen Bars, Res-

Ein Bewohner des Musée de la Mer

taurants, Imbissbuden und Cafés – im Sommer eine beliebte Zone. Promenaden ziehen sich in Biarritz nicht nur an den Stränden entlang, sondern auch um den **Lac Marion,** einen idyllischen Binnensee am südöstlichen Stadtrand.

Felsklotz am Hauptstrand von Biarritz

Museen

In einer einstigen anglikanischen Kirche in der Rue Broquedis legt das **Musée Historique de Biarritz** Zeugnis von der Stadtgeschichte ab. Etwas außerhalb der City liegt das **Musée d'Art Oriental Asiatica** mit facettenreichen Zeugnissen asiatischer Kunst sowie das ganz im Zeichen von Schokolade stehende **Musée du Chocolat** (auch: *Planète Chocolat*) an der Südausfahrt Richtung Saint Jean-de-Luz.

300sf ad

■ **Musée Historique de Biarritz,** www.musee-historique-biarritz.fr, geöffnet Juli und Aug. Di.–Sa. 10.30–13 und 14.30–18.30 Uhr, während des übrigen Jahres Di.–Sa. 10–12.30 und 14–18.30 Uhr.

■ **Musée d'Art Oriental Asiatica,** 1 rue Guy Petit, www.museeasiatica.com; im Juli und August tägl. 10.30–18.30 Uhr, sonst Mo.–Fr. 14–18.30, Sa./So. 14–19 Uhr.

■ **Musée du Chocolat,** 14 avenue Beaurivage, Mo.–Sa. 10–12.30 und 14–18.30 Uhr, im Juli und August durchgehend 10–19 Uhr, Letzter Einlass jeweils eine Stunde vor Schließung; www.planete museeduchocolat. com.

Praktische Tipps

Information

■ **Office de Tourisme,** in der Innenstadt am square d'Ixelles, Tel. 05 59 22 37 10, http://tourisme.biarritz.fr; eine kleine Auskunftstelle ist auch in der Halle des Flughafens zu finden.

Unterkunft

■ **Sofitel Biarritz Le Miramar Thalassa Sea & Spa**③, 13 rue Louison Bobet, Tel. 05 59 41 30 00, www.sofitel.com. Großzügig gestaltetes Haus, was bereits im Foyer entsprechenden Eindruck macht. Mit Thalassotherapiezentrum, Meerwasserfreibad und schönem Blick von den Außenbereichen aufs Meer und auf den Leuchtturm.

■ **Hôtel du Palais**③, 1 avenue de l'Impératrice, Tel. 05 59 41 64 00, www.hotel-du-palais.com. Zum Ambiente des ehemaligen Kaiserpalastes gehören breite Terrassen, eine Poollandschaft, Grünanlagen und eine erlesene Küche. Für eine Suite blättert man den Monatslohn eines Normalsterblichen auf den Tisch des Hauses.

■ **Hôtel Le Gamaritz**②-③, 5 côte de la perspective des Basques, Tel. 05 59 24 00 23, www.legamaritz.com. Stadthaus mit zwölf Zimmern und einem lauschigen Innenhof. Die Zimmer sind nicht allzu groß, dafür liegt das Drei-Sterne-Haus strategisch günstig in der Nähe des Strandes Port Vieux und beliebter Ausgehzonen. Die kompetente Leitung liegt in Händen von *Christophe* und *Catherine.*

■ **Hôtel Marbella**②-③, 11 rue du Port Vieux, Tel. 05 59 24 04 06, www.hotel-marbella.fr. Angenehmes modernes Drei-Sterne-Haus, ein Teil der Zimmer mit Balkon oder Terrasse, breites Preisgefüge.

■ **Jugendherberge** *(auberge de jeunesse),* 8 rue Chiquito de Cambo, Tel. 05 59 41 76 00, www.hifrance.org/auberge-de-jeunesse/biarritz.html. Guter Treffpunkt für Leute ab 18 Jahre (offizielle untere Altersgrenze).

Camping

■ **Biarritz Camping,** 28 rue d'Harcet, Tel. 05 59 23 00 12, www.biarritz-camping.fr. Etwa 2 km südlich der City; Anfang April bis Ende September/Anfang Oktober. Über Stellplätze hinaus werden Mobile Homes vermietet, je nach Saison entweder für zwei Nächte oder zum Wochenpreis (immer Sa. bis Sa.).

Essen und Trinken

■ **Restaurant Le Ponton**②-③, 30 avenue de la Milady, Tel. 08 25 12 64 64 (gebührenpflichtig), www.biarritz-thalasso.com. Integriert in das Hôtel Le Biarritz, ca. 1 km außerhalb des Zentrums. Gerichte der Region in erlesener Zubereitung – eine gute Empfehlung.

■ **Le Caritz**②, 14 Plage du Port Vieux, Tel. 05 59 24 41 84, www.lecaritz.com. Zur wärmeren Jahreszeit füllen sich die Terrassen, doch auch im Innern sitzt und isst man gut (ein dreigängiges Abendmenü zum Beispiel).

■ **La Socket**②, avenue du Château/Golf d'Ilbarritz, Tel. 05 59 43 79 07. Dieses Restaurant der Golfanlage Ilbarritz ist nicht so exklusiv, wie man meinen könnte. Es steht jedermann offen, der Mittagstisch ist hervorragend. Dazu genießt man von der Terrasse die Ausblicke über Wiesen und Küste.

■ Entlang der **Rue du Port Vieux,** zwischen Place Sainte-Eugénie und der Plage du Port Vieux, findet man zahlreiche weitere Restaurants und Bars.

Nightlife

■ Das **Ventilo Caffé** in der rue Mazagran 30 ist der Topspot für junge Leute, die Generation Vierzig Plus trifft sich im **Miguel** an der côte de la perspective des Basques. Abwechslungsreiche Konzerte im **Gare du Midi** (30, avenue du Maréchal Foch), einem einstigen Bahnhof, dessen Hauptsaal 1400 Besuchern Platz bietet.

Sport und Freizeit

■ **Golf:** Golf de Biarritz Le Phare, 2 avenue Edith Cavell, Tel. 05 59 03 71 80, www.golfbiarritz.com, ganzjährig geöffnet.

Tipp: der **„Biarritz Golf Pass",** der es zum Pauschalpreis (abhängig von Haupt- oder Nebensaison) ermöglicht, auf verschiedenen Plätzen zu spielen, Infos unter www.golfpassbiarritz.com.

■ **Hallenbad:** Gleich hinter dem Hauptstrand ist das öffentliche Hallenbad im selben Art-déco-Komplex wie das Casino untergebracht.

■ **Reiten:** über den Club Hippique de Biarritz, allée Gabrielle Dorziat, Tel. 05 59 23 52 33, www.biarritzcheval.com.

■ **Rugby:** In Biarritz gibt es den international bekannten Rugbyclub „Biarritz Olympique", alle News und wichtigen Termine auf der Homepage (www.bo-pb.com).

■ **Surfen:** In Biarritz gibt es eine ganze Reihe von Surfschulen mit Angeboten für Anfänger und Fortgeschrittene. Kurse u.a. über die Biarritz Association Surf Clubs (Centre de Glisse de la Milady, Tel. 05 59 23 24 42; www.surfingbiarritz.com).

■ **Tauchen:** Centre de Plongée BAB Subaquatique, Port des Pêcheurs, Tel. 05 59 24 80 40, www.babsub.fr.

Feste und Veranstaltungen

■ Im Sommer **Pelota-Wettbewerbe** und **Pferderennen** im Hippodrom, September **Ballettveranstaltungen** „Le temps d'aimer".

Einkaufen

■ An der zentralen place Georges Clémenceau konzentrieren sich einige **Süßwarenshops** mit edlen Leckereien. Hier findet man u.a. Marzipanspezialitäten, ob in Scheibchen oder gewürfelt, ob mit Geschmack von Kaffee, Vanille oder Pistazie.

■ Die **Markthallen** *(halles)* liegen an der rue des Halles. Ein Feinkostladen, eingerichtet in einer ehemaligen Apotheke, ist das **Maison Arostéguy** (5 avenue Victor Hugo).

Post

■ **Hauptpost (PTT),** rue de la Poste.

Autoverleih

■ Am **Flughafen** Biarritz-Anglet-Bayonne bei diversen Vertretungen.

Parken

■ Am besten, man hält sich mit dem eigenen Fahrzeug aus der Innenstadt heraus. Ein guter Parkplatz liegt oberhalb der Plage Côte des Basques, ab dort ist die City zu Fuß erreichbar.

Verkehrsanbindung

■ Flughafen **Biarritz-Anglet-Bayonne:** wenige Kilometer östlich der Innenstadt, www.biarritz.aeroport.fr, Tel. 05 59 43 83 83. Ab dem Flughafen günstige Linienbusse nach Biarritz, Bayonne und Anglet.
■ **Bahnhof:** ca. 3 km südöstlich des Zentrums an der allée du Moura; Verbindungen u.a. nach Bordeaux, Hendaye und Paris.
■ **Regionalbusse:** Ab der Haltestelle am Bahnhof Verbindungen nach Hendaye und Saint Jean-de-Luz.

Bidart und Guéthary

Südwestlich von Biarritz schließen sich die Urlaubsgemeinden Bidart und Guéthary an, die rund um historische Stadtkerne gewachsen sind. Der längste Strand liegt zwischen beiden Orten, sportlich Aktive können golfen und surfen. Im Sommer ist die Gemeinde Bidart unter **Campern** sehr beliebt, sie verfügt über etwa zehn Plätze, auf denen reiner Saisonbetrieb herrscht. Zur kühleren Jahreszeit wirkt Bidart wie ausgestorben.

Über die Gemeinde Bidart verteilen sich mehrere kleine Kirchbauten: die 1684 direkt über der Küste erbaute **Chapelle Saint-Joseph** (gute Aussicht), die auf den Beginn des 18. Jh. zurückgehende **Chapelle Ur Onea** sowie die traditionsgemäß von Seeleuten verehrte **Chapelle Sainte-Magdeleine** aus der ersten Hälfte des 19. Jh.

Das **Stadtmuseum von Guéthary** ist in einer Villa vom Beginn des 20. Jh. untergebracht und geht auf die Initiative des Bildhauers *Georges Clément de Swiecinski* zurück, der mit einigen Arbeiten vertreten ist. Es gibt immer wieder Wechselausstelungen zeitgenössischer Kunst (Malerei, Fotografie, Bildhauerei).

■ **Musée Municipal de Guéthary,** Parc André Narbïts, 117 avenue du Général de Gaulle; Mai bis Oktober tägl. außer dienstags und sonntags; www.musee-de-guethary.fr.

Der Küstenwanderweg von Bidart nach Hendaye

Sentier du Littoral, so heißt der Küstenweg, der in Bidart startet und 25 km südwestwärts bis zum Hafen von Hendaye verläuft. Dieser Wanderweg ist bestens markiert und bindet u.a an kleine Strände an. Unterwegs durchläuft er komplett das Städtchen **Saint Jean-de-Luz,** das etwa nach der Hälfte der Strecke erreicht ist – und genau dieser erste Abschnitt ab Bidart ist zugleich der schönste. Manche Pfadpassagen verlaufen traumhaft über dem Meer, manchmal geht es jedoch auch ein Stück an Nebensträßchen entlang.

Der Sentier du Littoral empfiehlt sich nicht zuletzt als **Wandertour im Familienverbund.** Hinter Saint Jean-de-Luz streift der Weg das ein oder andere Mal die stark befahrene Küstenstraße.

Information

- **Office de Tourisme,** rue Erretegia, Bidart, Tel. 05 59 54 93 85, www.bidarttourisme.com.
- **Office de Tourisme,** 74 rue du Comte de Swiecinski, Guéthary, Tel. 05 59 26 56 60, www.guethary-tourisme.com.

Camping

- **Camping Le Pavillon Royal,** avenue du Prince de Gales, Bidart, Tel. 05 59 23 00 54, www.pavillon-royal.com. Geöffnet Mitte Mai bis etwa Ende September. Fünf Sterne, auch Vermietung von Studios, Appartements und Chalets.
- **Camping Le Ruisseau,** rue Burruntz, Bidart, Tel. 05 59 41 94 50, www.camping-le-ruisseau.fr. Fünf Sterne. Mitte April bis Mitte September. Mit großem Aquakomplex, etwa 2 km von den Stränden Bidarts entfernt. Vermietung von Cottages.

Sport und Freizeit

- **Golf/Golfschule:** Golf d'Ilbarritz, avenue du Château, Bidart, Tel. 05 59 43 81 30, www.golfilbarritz.com. Mit Blick aufs Meer.
- **Surfen:** École de Surf des Vagues, Plage du Centre, Bidart, Handy 06 10 26 71 81, www.ecoledesvagues.com.

Saint Jean-de-Luz

Das 14.000-Einwohner-Städtchen Saint Jean-de-Luz an der Mündung der Nivelle bietet eine der malerischsten Ansichten an Frankreichs Atlantikküste. Rund um den **Hafen** verschmelzen die Bilder der Kutter und Häuserzeilen zum typischen Mosaik mit südländischem Flair. Immer wieder tuckern Boote durch die schmale Flusseinfahrt ins geschützte Bassin, Fischer bringen ihre Fänge an Land, an den Kais stapeln sich die Netze. Schon im Mitelalter zerlegten hier die Walfänger ihre Beute. Schön sind in Saint Jean-de-Luz jedoch nicht nur die Meeresansichten. Landeinwärts laufen **Promenaden** an der Nivelle entlang, auf der zahlreiche kleine Boote schaukeln.

Maison de l'Infante und Maison Louis XIV

Am Quai de l'Infante erhebt sich das besuchbare Maison de l'Infante, ein aus dem 17. Jh. datierendes Haus mit bogenförmigen Fenstern, in dem die spanische Infantin *Maria-Theresia* 1660 im Vorfeld ihrer Hochzeit mit König *Ludwig XIV* residierte. Der junge Monarch war in dem aus derselben Epoche datierenden Maison Louis XIV untergebracht, wo man heute seinen Spuren folgen kann; Die Exponate wirken wie ein erstarrtes Stück Zeit und veranschaulichen Prunk und Ambiente der Hochzeit.

- **Maison de l'Infante,** 1 rue de l'Infante, nur Anfang Juni bis Mitte Oktober (sonntags und montags vormittags geschl.).
- **Maison Louis XIV,** place Louis XIV, geöffnet Juli/August 10.30–12.30 und 14.30–18.30 Uhr, Juni sowie Anfang September bis Mitte Oktober Führungen jeweils um 11, 15, 16 und 17 Uhr. Dienstags ist das Haus geschlossen.

Place Louis XIV und Fußgängerzone

Hinter dem Hafenbecken schließt sich die von Restaurants umzogene Place Louis XIV an, Zentrum des vibrierenden Sommerlebens und mit dem Musikpavillon gelegentlich Schauplatz von Konzerten. Im Jahre 1660 diente das kurz zuvor vom Reeder *Johannis de Lohobiague* erbaute **Maison Louis XIV** wochenlang als königliche Residenz. Von diesem Hauptplatz aus taucht man in die langgestreckte Fußgängerzone **Rue Gambetta** ein, in der das Bummeln wirklich Spaß macht und an der die **Église Saint-Jean-Baptiste** emporragt. In dieser Kirche ließen sich im erwähnten Jahr 1660 Infantin Maria-Theresia und Ludwig XIV. unter großem Prunk vermählen; sehenswert im Innern des auf das 15. Jh. zurückgehenden Sakralbaus sind die hölzernen Emporen und das Retabel.

Strände und Klippenwege

Saint Jean-de-Luz zeigt sich nicht nur als geschichtsträchtiges Pflaster, sondern auch als stimmungsvoller **Badeort.** Ein hoher Wall mit Promenaden trennt die Altstadt von der **Grande Plage,** einem Sandstrand, der sich zur geschützten Bucht hin wendet; die Größe der Liegeflächen schwankt stets erheblich mit Ebbe und Flut. An der Meeresflanke lohnt sich ein ausgiebiger Streifzug sowohl zur Seite der Hafeneinfahrt als auch in Gegenrichtung bis zu den **Grünanlagen** und einem kleinen **Spazierwegenetz** oberhalb des östlichen Buchtauslaufs. Auf Pfaden hoch über den Klippen kann man sich den Seewind um die Nase wehen lassen. Weiter ostwärts Richtung Guéthary stößt man sowohl auf einige **Campingplätze** als auch auf **kleine Strände** wie die Plage d'Erromardie, die Plage de Lafitenia, die Plage de Mayarkoenia und die Plage de Senix; Zufahrt am besten über die N 10. Aus Richtung Guéthary stößt der **Küstenwanderweg** (*Sentier du Littoral,* siehe Exkurs „Der Küstenwanderweg von Bidard nach Hendaye") hinzu, den man natürlich ebenso gut in umgekehrter Richtung aus Saint Jean-de-Luz angehen kann.

Im Hinterland

An dieser Stelle sei auf lohnende Ziele im küstennahen Hinterland verwiesen, die man als Halb- oder Ganztagestrips angehen kann: mit der Zahnradbahn auf den Berg **La Rhune,** zur **Grotte von Sare** oder in *Edmond Rostands* museale Villa nach **Cambo-les-Bains** (siehe Kapitel „Pyrénées-Atlantiques“).

Information

■ **Office de Tourisme,** 20 boulevard Victor Hugo, Tel. 05 59 26 03 16, www.saint-jean-de-luz.com.

Unterkunft

■ **Hôtel Le Parc Victoria**③, 5 rue Cepé, Tel. 05 59 26 78 78, www.parcvictoria.com. Stil und Eleganz

in einem Haus aus dem 19. Jh., geschmackvoll ausstaffierte Zimmer und Suiten. Mit schönem Garten und exklusivem Restaurant③.

■ **Hôtel Donibane**①-②, avenue de Layatz, Tel. 05 59 26 21 21, www.hotel-donibane-saintjeandeluz.fr. Etwas außerhalb gelegen und deshalb preislich günstiger als in der Nähe des Strands. Mit beheiztem kleinem Außenpool (April bis Oktober) und Restaurant, 63 Zimmer, WLAN kostenlos. Ein Drei-Sterne-Haus.

Camping

■ **Camping International Erromardie,** plage Erromardie, Tel. 05 59 26 07 74 (Reservierungszentrale der Chadotel-Kette) 02 51 33 05 05; www.chadotel.com. Geöffnet Mitte März bis Anfang November. Vier-Sterne-Platz, auf dem auch fest installierte Mobile Homes zu mieten sind.

■ Dieser Platz sei vom Namen her nicht verwechselt mit dem ebenfalls guten **Camping Ferme Erromardie** (40 chemin Erromardie, Tel. 05 59 26 34 26; www.camping-erromardie.com).

■ **Camping Atlantica,** quartier Acotz, chemin de Miquelenia, Tel. 05 59 47 72 44, www.campingatlantica.com. Anfang April bis Ende September. Gefälliger Poolkomplex.

Essen und Trinken

■ Eine **Vielzahl von Restaurants** findet man im Bereich um die place Louis XIV sowie in den kleinen Gassen zwischen place Louis XIV und Meereswall, beispielsweise Le Majestic. Zur wärmeren Jahreszeit sind dort und andernorts die Terrassen stets bestens belegt, auf den Speisekarten geben vor allem Meeresfrüchte den Ton an.

Sport und Freizeit

■ **Bootstouren:** im Sommer ab dem Hafen durch die Bucht.

■ **Freizeitbad:** Piscine de Saint Jean-de-Luz, route d'Ascain, Tel. 05 59 26 15 15, www.carilis.fr. Die Öffnungszeiten sind abhängig von den Schulferien. Zur Ferienzeit Mo., Mi., Do., Sa. und So. 9.30–18 Uhr sowie Di. und Fr. 9.30–22 Uhr, ansonsten sehr eingeschränkt und durchgehend nur am Wochenende (Sa./So. 9.30–18 Uhr).

■ **Kanu/Kajak:** Aquabalade, Base de Muntxola, route d'Ascain, Handy 06 62 58 09 97; Erkundung der Feuchtgebiete im Hinterland.

■ Auf der nahen Ferme Berrain gibt es ein **Ökomuseum:** das Ecomusée Basque, Tel. 05 59 51 33 23, www.jean-vier.com. Führungen April bis Juni, September und Oktober Mo.–Sa. 10–11.15 und 14.30–17.30 Uhr, Juli und August tägl. 10–18.30 Uhr.

■ **Thalassotherapie:** Institut de Thalassothérapie Hélianthal, place Maurice Ravel, Tel. 05 59 51 51 51, www.helianthal.fr.

Feste und Veranstaltungen

■ In den Sommermonaten findet ein Festprogramm mit baskischen **Kraftsportdemonstrationen und Pelota-Matches** statt. Außerdem: Konzerte auf der place Louis XIV und in der Kirche Saint Jean-Baptiste.

Einkaufen

■ Der beste Schaufensterbummel führt entlang der **Rue Gambetta** – exklusive Läden mit exklusiven Preisen!

Parken

■ Große Parkplätze im Bereich des Bahnhofs und nahe der place Louis XIV.

Verkehrsanbindung

■ **Bahnhof:** wenige Hundert Meter von der City entfernt an der place de Verdun; regelmäßige Verbindungen u.a. nach Biarritz, Bordeaux und Hendaye.

▷ Häuserfront am Hafen von Hendaye

Von Saint Jean-de-Luz nach Hendaye

Wer den Weg von Saint Jean-de-Luz ins Grenzstädtchen Hendaye mit dem eigenen Fahrzeug zurücklegt, fährt entweder landeinwärts über die Nationalstraße N 10 oder über die baskische Küstenroute Corniche. Zum Glück ist auf beiden Strecken kein Schwerlastverkehr anzutreffen, da sie dafür gesperrt sind.

Über die N 10

Die Route de la Corniche deckt ein ausgesprochen schönes Stück ab, doch wer auf schnelleres Fortkommen bedacht ist, wählt die N 10. Fast unmittelbar an dieser liegt das **Château d'Urtubie,** ein von reichlich Grün umgebenes Schloss. Dieses geht ursprünglich auf die Mitte des 14. Jh. zurück und gehört zum Gemeindegebiet von **Urrugne.** Heute kann man hier feudal nächtigen (Hôtel Château d'Urtubie②-③, Tel. 05 59 54 31 15, www.chateaudurtubie.com).

Ciboure

Hat man sich für die Route de la Corniche entschieden, fährt man in Saint Jean-de-Luz hinter der Flussbrücke rechts durch Ciboure. In jenem unmittelbaren Nachbarort von Saint Jean-de-Luz wurde 1875 der Komponist *Maurice Ravel* geboren, der mit seinem „Bolero" Weltruhm erlangte. Im Jahre 1962 starb in Ciboure der Schriftsteller *Pierre Benoit*, der auf dem Marinefriedhof von Socoa begraben liegt.

Socoa

MEIN TIPP: Nächster Ort hinter Ciboure ist Socoa, das den westlichen Abschluss der **Bucht von Saint Jean-de-Luz** formt und Besucher mit seinem Sandstrand, dem Hafen und einem runden Burgturm (17. Jh., nicht besuchbar) empfängt. Dahinter bieten sich gute Ausblicke auf den Atlantik, ein künstlicher Wall trennt die Bucht vom rauen Meer. Der Wall ist offiziell nicht betretbar, an den kleinen Aussichtspunkten davor ist bei Wind höchste Vorsicht geboten! Am geschützten Hafenbecken konzentrieren sich einige Restaurants; ebenfalls geschützt liegt der kleine Hauptstrand von Socoa.

La Corniche

Hinter Socoa steigt die Straße an und zieht sich hoch über den Steilfelsen zwischen dem Grün der Wiesen und dem Blau des Atlantiks hindurch; La Corniche nennt sich diese Route. Parallel – zwischen Straße und Abstürzen – verläuft der bis Hendaye reichende Küstenwanderweg, *Sentier du Littoral.* Motorisierte Naturfans legen an den kleinen Parkplätzen Stopps ein, um die Ausblicke bis zu den Ausläufern der Pyrenäen und dem spanischen Kap Higuer (Cabo Higuer) zu genießen. Der zum Kap hin abfallende mächtige Bergrücken heißt Monte Jaizkibel. Wer Camping liebt, wird in einer schönen Anlage wie „Camping Village Eskualduna“ Station machen, Zufahrt direkt ab der Küstenstraße. Auf dem letzten Streckenstück geht es am Naturschutzgebiet **Site Naturel Protégé Domaine d'Abbadia** vorbei.

212sf ad

Mein Tipp: Auf demselben Abschnitt passiert man auch das etwas versteckt gelegene **Château d'Antoine d'Abbadie** (s. Hendaye), bis die Küstenroute auf Hendayes Hauptstrandboulevard ausrollt.

Einmal im Jahr ist die Küstenroute **verkehrsfrei:** bei der Fête de la Corniche, im Regelfall Ende September an einem Sonntag. Dann sind Heerscharen zu Fuß und per Rad unterwegs.

Information

- **Office de Tourisme,** 27 quai Maurice Ravel, Tel. 05 59 47 64 56, www.ciboure.fr.

Camping

- **Camping Village Eskualduna,** route de la Corniche, ein Stück vor der Ortseinfahrt von Hendaye, Tel. 05 59 20 04 64, www.camping-eskualduna.fr. Geöffnet Anfang Mai bis Ende September, Vermietung von Mobile Homes Ende April bis Oktober, zu Fuß Anbindung an den Naturpark Domaine d'Abbadia (s. „Traumhafte Campingplätze" im Kap. „Reisetipps A–Z: Camping").

Sport und Freizeit

- **Radfahren** ist zwar beliebt, aber nicht ganz ungefährlich auf der im Sommer vielbefahrenen Route de la Corniche. Zumindest auf den letzten Kilometern vor Hendaye verläuft parallel ein Radweg. Landeinwärts versetzt ist ein winziges Sträßchen als „laison cyclable" ausgewiesen, das sich guten Gewissens empfehlen lässt.
- **Seekajak:** Atlantic Pirogue, Port de Socoa, Tel. 05 59 47 21 67, www. atlantic-pirogue.com.
- **Segeln:** Yacht Club Basque, Socoa, Tel. 05 59 47 18 31.
- **Tauchen:** Odyssée Bleue, Hangar 4 chemin des Blocs, Socoa, Handy 06 63 54 13 63, www.odyssee-bleue.com.

www.fotolia.de © LianeM

Hendaye – Strand und Hafen an der Grenze

Das 15.000-Einwohner-Städtchen an der Mündung des **Grenzflusses Bidassoa** blickt auf eine lange, wechselvolle Vergangenheit zurück. Einst stachen hier die Walfänger zu ihren gefährlichen Fahrten in See (daran erinnert ein Wal auf dem Stadtwappen). Im Jahre 1660 stand die legendäre Fasaneninsel im Bidassoa ganz im Zeichen des Ehevertragsschlusses zwischen Frankreichs König *Ludwig XIV* und der spanischen Infantin *Maria-Theresia.* 1940 kam es zu einem Treffen der Diktatoren *Hitler* und *Franco,* wobei es an der Seite Deutschlands um den Kriegseintritt Spaniens ging – doch ohne Ergebnis, denn *España* war nach dem eigenen jahrelangen Bürgerkrieg ausgeblutet.

Hendaye zeigt sich immens weit ausgeufert und setzt ganz unterschiedliche Gesichter auf: Gleisgewirr um den großen Bahnhof im Grenzbereich, langer Sandstrand, lohnender Abbadie-Naturpark samt Schloss über der Küste sowie Promenaden rund um den Sporthafen Sokoburu und die vogelreiche Bucht von Txingudy. Teile der Bucht stehen heute als **Réserve Naturelle** unter Naturschutz. Hier verlaufen gleichermaßen Spazierwege wie nahe dem kleinen Port de Caneta. Nahe dem Fußballfeld lockt ein großer Spielplatz mit reichlich Klettergerät die Kleinsten an, vor allem an den Wochenenden. In Sichtweite des Spielplatzes liegt ein kleiner hölzerner Beobachtungsturm mit Aussicht über die Bucht; leider setzt gelegentlicher Fluglärm vom gegenüber liegenden spanischen Hondarribia der Stimmung etwas zu.

Sandiges Aushängeschild ist der knapp 3 km lange **Strand,** der sich von der Mündung des Bidassoa (Weststrand) bis zur östlichen Klippenlandschaft mit ihrer vorgelagerten Felsformation Deux Jumeaux (Zwillinge) spannt. Bei Flut steht das Mittelstück des Strands unter Wasser, im Bereich der Klippen ist **FKK-Zone.** Leider trüben oftmals Anspülungen von Seegras ein wenig das Badevergnügen.

◁ Das Schloss von Hendaye, Château d'Antoine d'Abbadie

Domaine d'Abbadia

Zwillingsformation und Steilküste gehören bereits zum Site Naturel Protégé Domaine d'Abbadia, einem 65 ha großen **Naturschutzgebiet,** das jederzeit frei zugänglich und von einem Netz aus Spazierwegen durchzogen ist. Für Hunde und Radler ist der Zutritt verboten, Jogger finden ein herrliches Terrain vor, mittendrin liegen Apfelwiesen und das trutzige **Landhaus Larretxea.** Beste Einstiegsmöglichkeiten in den Park: der Parkplatz nahe dem Abgang zum östlichen Hauptstrand (bei der Kläranlage!) oder der Parkplatz an der Route de la Corniche genau gegenüber der Zufahrt zum Campingplatz Eskualduna. Brombeerranken, Farne und Wiesen flankieren die Wege, auf denen man entweder

Hendaye

Hondarribia
SPANIEN
Bidassoa
Flugplatz
Casino
1
Sporthafen Sokoburu
Place Sokoburu
Boulevard de la Mer
Avenue des
Bootsabfahrten über den Fluss nach Hondarribia
Quai de la Floride
2
3
Baie de Txingudy
Port de Caneta
Réserve Naturelle Baie de Txingudy
Irun, San Sebastián
Bahnhof
Avenue d'Espagne
Pont St-Jacques
Boulevard du Général de Gaulle
Fußballplatz
Bd. du G. Leclerc
Bd. de la Baie de Chingudy
Boulevard du
Rue de
Rue du Comerce
Rue de Santiago
Rue de Behobie
Rue Irandatz
Rue de Subernova
Rue Atabala
Rue des Réservoirs
Boulevard de l'Empereur
Rue de Hapetenia
Bidassoa
BÈHOBIE
N. 111
Chemin de Maillarenia
Biriatou, Autobahn

0
400 m
©Reise Know-How 2015
SW-Fr_08
Übernachtung
5 Hôtel Bellevue
6 Hôtel Valencia
7 Camping Les Deux Jumeaux
8 Camping Les Acacias
9 Camping Village Eskualduna
Essen und Trinken
1 Restaurantzone
2 La Cabane du Pêcheur
4 Pub Epsilone
Wassersport
3 Centre Nautique
Kleiner Leuchtturm
Baie Du Figuier
Deux Jumeaux
FKK-Zone
Pointe Saint-Anne
Mimosas
Boulevard de la Mer
Général Leclerc
Rue d'Elissacilio
Sportplatz
Rue des Ilias
Zugang zum Strand und ins Abbadia-Naturschutzgebiet
Landhaus Larretxea
Rue Ansoenia
Larroun
Bahnhof
Avenue de Lissardy
Route de la Corniche Basque
Site Naturel Protégé Domaine d'Abbadia
Baie de Loya
Château d'Antoine d'Abbadie
Boulevard de l'Empereur
Rue de la Glacière
Rue Walt Disney
Rue d'Orio
Zugang zum Abbadia-Naturschutzgebiet
Ohaina Parc Acrobatique, St. Jean-de-Luz

per steilem Abstieg die wildromantische **Bucht von Loya** erreicht oder hoch über der zerklüfteten Küste thront. Ein paar verfallene Bunker künden von weniger friedlichen Zeiten aus dem Zweiten Weltkrieg, die Pointe Sainte-Anne schiebt sich weit ins Meer vor.

Mitten ins Grün des Naturparks gebettet ist das **Château d'Antoine d'Abbadie,** ein 1860–1870 in neugotischem Stil erbautes Märchenschloss. Es ist benannt nach dem Astronom, Geografen und passionierten Fernreisenden *Antoine d'Abbadie* (1810–97). Das Schloss ist nur von der Seite der Corniche erreichbar. Rund um das Schloss bietet sich eine herrliche Freisicht aufs Meer, an der Fassade des Monumentalbaus fallen allerlei verspielte Skulpturenmotive auf: ob Krokodil, Schnecke oder Riesenschlange. Im Innern führt der Besuch in fantasievoll ausstaffierte Räumchen und Winkel, in die alte Bibliothek, in einen Saal mit dem Observatorium und in die Schlosskapelle. Alternativ zum Rundgang in Eigenregie ist die Teilnahme an einer Führung. Gelegentlich finden hier Kulturveranstaltungen statt.

■ **Château d'Antoine d'Abbadie,** wechselnde Zugangszeiten, in der Regel gelten folgende: Jan. bis März und Nov./Dez. Di.–So. 14–18 Uhr, April bis Juni und Sept./Okt. Mo.–Fr. 10–12 und 14–18 Uhr sowie Sa./So. 14–18 Uhr, Juli/Aug. täglich 10–20 Uhr; www.chateau-abbadia.fr.

Information

■ **Office de Tourisme,** 67 boulevard de la Mer, Tel. 05 59 20 00 34, www.hendaye-tourisme.fr.

304sf ad

Unterkunft

■ **Hôtel Valencia**①-②, 29 boulevard de la Mer, Tel. 05 59 20 01 62, www.hotel-valencia-hendaye.com. An der Hauptpromenade gelegen, 21 Zimmer, über die Straße hinweg Zugang zum Strand, Parkplatz.

■ **Hôtel Bellevue**①-②, 36 boulevard du Général Leclerc, Tel. 05 59 20 00 26, http://hotelbellevue-hendaye.com. Haus in trutzigem baskischen Stil, 15 Zimmer, großer angegliederter Privatparkplatz, ganzjährig geöffnet. Gute Anbindung an die nahe Txingudy-Bucht, Strandpromenade etwa 500 m entfernt.

Camping

■ **Camping Les Acacias,** route de la Glacière, D 658, Tel. 05 59 20 78 76, www.les-acacias.com. Nur noch Vermietung von Mobile Homes, die für bis zu vier oder sechs Personen ausgerichtet sind. Den Unterschied zu anderen Plätzen markiert außerdem der in ein natürliches Umfeld gefasste Badesee, direkt auf der anderen Seite der Straße. Hier findet man weite Liegeflächen im Gras, Wasserrutsche und Boulefeld.

■ **Camping Les Deux Jumeaux,** route de la Corniche, Tel. 05 59 20 01 65, www.camping-des-2jumeaux.com. Einfacher, kleiner Platz, geöffnet April bis September. Vermietung von Mobile Homes, Chalets.

☒ Skulptur an der Fassade des Schlosses von Hendaye

Essen und Trinken

■ **Nahe dem Sporthafen** findet man eine Reihe von Restaurants, darunter **La Cabane du Pêcheur** ② (quai de la Floride, Tel. 05 59 20 38 09).

■ Ein recht beliebter Treff ist auch der **Pub Epsilone**① (6 avenue des Mimosas).

Sport und Freizeit

■ **Abenteuerpark:** Ohaina Parc acrobatique, route de la Glacière à Urrugne, im Inland an der Gemeindegrenze zu Urrugne, Handy 06 03 40 52 31, http://oihana-64.com. Hier können Jung und Alt ihre Geschicklichkeit im Forst beweisen – hoch oben zwischen den Bäumen.

■ **Bootstouren:** Während der Saison Küstenausfahrten ab dem Sporthafen; ab dort auch regelmäßige Pendelboote (nur Passagiere) über den Bidassoa ins stimmungsvolle spanische Hondarribia.

■ **Segeln:** Centre Nautique, boulevard de Txingudy, Tel. 05 40 39 85 43, www.centrenautique.hendaye.com. Diverse Kurse, auch für Kinder und Jugendliche.

■ **Surfen:** École de Surf, Bâtiment La Croisière (Ancien Casino), 2 boulevard de la Mer, Handy 06 73 37 53 81, www.ecoledesurf-hendaye.com. Nur während der Saison.

■ **Tauchen:** Centre de Plongée Planet Océan, Site Tribord, port Floride, Handy 06 62 63 66 27, www.planetocean.fr.

Feste und Veranstaltungen

■ Während der Sommermonate **buntes Festprogramm** mit Nachtmärkten am Boulevard de la Mer, Konzerten, typischen Tänzen, baskischen Kraftsportdemonstrationen, Pelota-Spielen im Fronton Belcénia und Sardinengrillen am Port de Caneta.

Einkaufen

■ **Megashops mit Spirituosen** am Grenzübergang Béhobie (spanische Seite).
■ Sa. Vormittag kleiner **Freiluftmarkt** auf der place Sokoburu. Mi. Vormittag beim Rathaus auf der place de la République.

Post

■ **Hauptpost (PTT),** rue des Aubépines.

Verkehrsanbindung

■ **Bahnhof:** Boulevard du Général de Gaulle; regelmäßige Verbindungen u.a. nach Biarritz, Bordeaux, Paris und Saint Jean-de-Luz.

In der Umgebung

Biriatou

Wenige Kilometer südöstlich von Hendaye erreicht man im **Bidassoa-Tal** das malerische kleine Dorf Biriatou mit seinem Kirchlein Saint-Martin (im Innern interessante Emporen), dem nebenliegenden Friedhof und einer beliebten Pelota-Spielwand. Im örtlichen **Restaurant Jardins de Bakea**②-③ (Tel. 05 59 20 02 01; auch **Hotel**①-②; www.bakea.fr) kann man sich aller Ruhe opulenten Gaumenfreuden zuwenden. Rund um Biriatou finden Wanderfreunde ein gutes Terrain.

Hondarribia

Vom Sporthafen Hendayes fährt ein im Sommer häufig verkehrendes Personenboot *(navette)* über den Grenzfluss Bidassoa ins **spanische** Hondarribia mit seinen Promenaden, dem Sandstrand, dem Jachthafen sowie zahlreichen Restaurants und Bars. Um Teile der denkmalgeschützten, kleinen **Altstadt** spannt sich ein wuchtiger Mauergürtel. Wichtigste Monumente sind die Renaissancekirche **Nuestra Señora de la Asunción** und die trutzige **Wehrburg Carlos V** (heute Hotel).

▷ Segler in der Flussmündung des Bidassoa

213sfad

Kristallklare Flüsschen, malerische Dörfer, trutzige Burgen und üppige Vegetation sind die Hauptmerkmale, die die faszinierende

6 Pyrénées Atlantiques

Landschaft des Pyrenäen-Vorlandes prägen. Hochgebirgsflair mit artenreicher Flora und Fauna sowie Wintersportmöglichkeiten bietet als Kontrast der Pyrenäen-Nationalpark.

Ausblick von Lourdes' Hausberg Pic du Jer auf die umliegende Bergwelt

PYRÉNÉES-ATLANTIQUES

Löst man sich von der Küste, sieht man sich in den Vorpyrenäen von einem überbordenden Grün geschluckt. Wiesenteppiche breiten sich aus, tiefer im Inland gewinnen die Berg-und-Tal-Panoramen immer mehr an Gewalt.

135sf ad

Häuserzeile in Oloron-Sainte-Marie

NICHT VERPASSEN!

- **Petit Train de la Rhune:** mit der **Zahnradbahn** auf den Gipfel | 207
- Spannendes Höhlensystem: die **Grottes de Sare** | 211
- **Paprikaschoten** aus **Espelette** | 214
- **Saint Jean-Pied-de-Port:** Perle des Baskenlandes | 219
- **Die Cathédrale Sainte-Marie** in **Oloron-Sainte-Marie** | 230
- Spektakuläre Aussicht auf dem **Col du Somport** | 233
- **Parc National des Pyrénees** | 235
- Das **Schloss** von **Pau** | 236
- Einer der berühmtesten Wallfahrtsorte der Welt: **Lourdes** | 243

Diese Tipps erkennt man an der gelben Hinterlegung.

Im Schatten der Pyrenäen

Dörfer, die Freilichtmuseen gleichen, dazu grasgrüne Hänge, trutzige Burgen, kristallklare Flüsschen und natürlich Gebirgsgiganten der Pyrenäen – dies und vieles mehr wartet im **Département Pyrénées-Atlantiques,** das den verwaltungstechnischen Überbau bildet und im Westen den letzten Südzipfel der Atlantikküste umfasst. In den Landstrichen wirbelt eine ganze Reihe von Begriffen durcheinander, die es vorab zu klären gilt. So bildet der gesamte Westteil des Départements das Baskenland *(Pays Basque),* das man wiederum in die drei historischen baskischen Provinzen **Labourd** (Hauptstadt Bayonne), **Soule** (Hauptstadt Mauléon) und **Basse-Navarre** (Hauptstadt Saint-Jean-Pied-de-Port) unterteilt. Den Ostteil des Départements formt der historische Landstrich des **Béarn.** Wichtigster Punkt und Hauptstadt der Pyrénées-Atlantiques ist Pau.

Am Weg sieht man gelegentlich Schilder, die auf den Verkauf von **Schafskäse** *(fromage de brebis)* und baskischen

Pyrénées Atlantique

0 5 km
SW-Fr_Kapitel_06
LANDES
GERS
PYRÉNÉES-ATLANTIQUES
PYRÉNÉES-ATLANTIQUES
BÉARN
VALLÉE D'OSSAU
PARC NATIONAL DES PYRÉNÉES
PARC NATIONAL DES PYRÉNÉES
Montfort-en-Chalosse
Poyartin
Castelnau-Chalosse
Donzacq
Pomarez
St. Aubin
Dozaict
Caupenne
St. Cricq-Chalosse
Hagetmau
Brassempouy
Momuy
Amou
Nassiet
Tilh
Sault-de-Navailles
Lacadée
Baigts-de-Béarn
Sallespisse
Bérenx
Orthez
Eyres-Moncube
Coudures
Vielle-Tursan
Aubagnan
Samadet
Monségur
Monget
Duhort-Bachen
Buanes
Eugénie-les-Bains
Geaune
Arboucave
Miramont-Sensacq
Pimbo
Malaussanne
Arzacq-Arraziguet
Morlanne
Méracq
Aire-s-l'Adour
Barcelonne-du-Gers
Lelin-Lapujolle
St. Germé
Tarsac
Riscle
St. Mont
Latrille
Ségos
Sarron
Maumusson-Laguian
Viella
Castelnau-Rivière-Basse
Garlin
Conchez-de-Béarn
Madiran
St. Jean-Poudge
Arrosès
Cadillon
Lascazères
Séméacq-Blachon
Castillon
Claracq
Lalonquette
Lalongue
Thèze
Auga
Larreule
Uzan
Arthez-de-Béarn
Biron
Argagnon
Laà
L'Hôpital-d'Orion
Loubieng
Maslacq
Arance
Lacq
Lagor
Abidos
Artix
Cescau
Mazerolles
Uzein
Flughafen Pau-Pyrénées
Navailles-Angos
Sévignacq
Simacourbe
Lembeye
Labatut
Anoyeo
Momy
Montardon
Buros
St. Jammes
Baleix
Lespourcy
Villenave-lès-Béarn
Sedzère
Bédeille
Laàs
Narp
Bugnein
Viellenave-de-Navarrenx
Castetnau
Navarrenx
Jasses
Noguères
Vielleségure
Pardies
Abos
Poey-de-Lescar
Lescar
Siros
Arbus
Monein
Morlaàs
Artiguelouve
Billère
Pau
Laroin
Jurançon
Idron
Andoins
Arrien
Séron
Lourenties
Oroix
Limendous
Moncayolle
Gurs
Dognen
Préchacq-Josbaig
Geüs-d'Oloron
L'Hôpital-St. Blaise
Lucq-de-Béarn
Lacommande
Cardesse
Aressy
Ousse
Nousty
Meillon
Assat
Artigueloutan
Soumoulou
Gardères
Luquet
Ger
Angais
Espoey
Bordes
Boeil-Bezing
Pardies-Piétat
Beuste
Lagos
Brana
Lasseube
Gan
Bosdarros
St. Abit
Mirepeix
Barzun
Barcus
Esquiule
Oloron-Ste. Marie
Escou
Herrère
Agnos
Gurmençon
Ogeu-les-Bains
Buziet
Rébénacq
Nay
Bénéjacq
Pontacq
Coarraze
Ossun
Féas
Igon
St. Vincent
Asson
Lestelle-Bétharram
Loubajac
Adé
Aramits
Lanne-en-Barétous
Arette
Issor
St. Christau
Lurbe-St. Christau
Buzy
Bescat
Lys
Bruges
Sévignacq-Meyracq
Arudy
Pédestarrès
St. Pé-de-Bigorre
Lac de Lourdes
Bartrès
Lourdes
Montory
Haux
Barlanes
Escot
Louvie-Juzon
Arthez-d'Asson
Grottes de Bétharram
Gave de Pau
Pic du Jer 948 m
Forêt de St. Pé-de-Bigorre
Omex
Lourdios-Ichère
Sarrance
Castet
Pic d'Issarbe 1559 m
Pic Soulaing 1589 m
Pont-Suzon
Le Layens 1625 m
Pic de Mousté 1605 m
1973 m
Bielle
Gère-Bélesten
Béon
Aste-Béon
Pic de Males Ores 1728 m
Pic du Moulle de Jaout 2050 m
Agos
Salles
Ste. Engrâce
Col de Labays 1351 m
Bedous
Aydius
1882 m
Ferrières
Argelès-Gazost
Hautacam 1746 m
Ayros
Col de La Pierre-Saint-Martin 1760 m
Arette-Pierre-Saint-Martin
Osse-en-Aspe
Accous
Laruns
Béost
Col d'Aubisque 1709 m
Arbéost
Arcizans-Avant
Pic d'Arlas 2044 m
Lées-Athas
Cette-Eygun
Eaux-Bonnes
Aucun
Arrens-Marsous
Sireix
St. Savin
Pic d'Anie 2504 m
Lescun
Gourette
Pierrefitte-Nestalas
Table des trois Rois 2438 m
Pic de Sesques 2606 m
Pic de Goupey 2209 m
Pic du Midi d'Arrens 2267 m
Estaing
Etsaut
Borce
Pic Lariste 2168 m
Pic de la Sagette 2031 m
Petit Train d'Artouste
Soum de Bassia du Hoo 2571 m
Moun Né 2724 m
Cauterets
Pic de Laraille 2147 m
Zuriza
Urdos
Gabas
Artouste (-Fabrèges)
2409 m
Lac de Miguélou
Sazos
Luz-Saint-Sauveur
Pic d'Arlet 2207 m
Lac de Bious-Artigues
Lac d'Artouste
Palas 2974 m
Pic de Béguère 2316 m
St. Sauveur
Lacs d'Ayous
Soques
Pic du Midi d'Ossau 2884 m
Pic d'Arriel 2823 m
Balaïtous 3146 m
Lac de Gaube
Pic d'Ardiden 2988 m
Monte Campanil 2331 m
Pilgerpass Col du Somport 1650 m
Jaca
Col du Pourtalet 1794 m
Embalse de Respomuso
Ibón de Astanés
Visaurin 2670 m
Candanchú
Anayet 2559 m
El Formigal
Picos del Infierno 3076 m
Louts
Luy
Luy de Béarn
Luy de France
Bahus
Adour
Gabas
Lées
Louet
Gave de Pau
Gave d'Oloron
Luy de Fr.
Aygue-L.
Joos
Gave d'Aspe
Gave d'Ossau
Gave d'Azun
Gave de Gavarnie
226
228
229
230
232
233
235
236
240
241
242
243
245
A64
A65
N117
N134
D2
D7
D9
D11
D15
D22
D25
D31
D38
D39
D132
D133
D134
D918
D919
D933
D934
D935
D936
D937
D938
D940
D943
D944
D945
D946
D947

216sf ad

Mandelkuchen *(gâteau basque)* weisen. Auch **Honig** aus dem Béarn *(miel du Béarn)*, ein deftiger **Eintopf** *(garbure)*, **Lammfleisch** *(agneau)* und **Forellen** *(truites)* sind kulinarische Tests wert. Besonderheiten sind die Weinbaugebiete um Jurançon, Salies-de-Béarn und Saint Jean-Pied-de-Port (siehe Exkurs „Auf Weintour"). Im Alltagsleben des Baskenlands und des Béarn darf – vor allem unter älteren Menschen – der berühmte Kopfschmuck nicht fehlen: die **Baskenmütze** *(béret)*, der schon *Che Guevara* und *Greta Garbo* internationalen Ruhm zugetragen haben. Die Lebensstränge von Männern aus der Gascogne und dem Béarn sollen dem Schriftsteller *Alexandre Dumas* Mitte des 19. Jh. als Vorbilder für seine „Drei Musketiere" gedient haben.

Sattes Grün in der Umgebung von Saint-Pied-de-Port

Basse-Navarre und Soule

In den beiden historischen baskischen Provinzen Basse-Navarre und Soule laufen die Fäden in den jeweiligen Hauptstädten zusammen: **Saint Jean-Pied-de-Port** (Basse-Navarre) und **Mauléon** (Soule). Wer rundherum dörfliche Abgeschiedenheit sucht, wird nicht enttäuscht! Vielerorts bestimmen Land- und Viehwirtschaft das Bild, auf bäuerlichen Gehöften geht das Leben seinen gewohnten Gang, im französisch-spanischen Grenzgebiet verlockt das Grün zu Wandertouren. Allgegenwärtige Wahrzeichen sind die ziegelgedeckten Häuser, deren kalkweiße Fassaden im Kontrast zu den roten Fensterläden stehen. Ebenso wenig aus den Ortsbildern wegzudenken sind die zahlreichen kleinen Kirchen.

Durch den Westen des Béarn

Im Vergleich zu bekannten Orten der Küste und des Baskenlands erscheint der Landstrich des Béarn wie eine große Unbekannte – doch stille Wasser sind bekanntlich tief. Das flussreiche Gebiet blickt auf eine wechselvolle Vergangenheit mit Zugehörigkeiten zur Grafschaft von Foix und zum Königreich Navarra zurück, ehe es 1589 endgültig an die französische Krone fiel und 1620 offiziell eingegliedert wurde. **Türme und Festungen** legen Zeugnis von jenen unruhigen Zeiten ab und verleihen den Orten einen rauen, aber doch charmanten Anstrich. Im Béarn pendelt man zwischen grandiosem **Hochgebirge** und saftig grünem **Pyrenäen-Vorland,** in welches das malerische Jakobswegstädtchen **Oloron-Sainte-Marie** eingefasst ist.

Empfehlenswerte Anfahrt aus dem Küstenbereich: über Peyrehorade nach **Sauveterre-de-Béarn,** ab dort weitere Entdeckungstour über Navarrenx und Oloron-Sainte-Marie nach **Pau.** Bezeichnend für den Béarn sind stille Feld- und Wiesenlandschaften, Rinder- und Schafweiden, kleine Orte und rustikale Steinbauernhäuser. Südlich von Oloron-Sainte-Marie stößt man ins Vallée d'Aspe und weit südlich von Pau ins Vallée d'Ossau vor; durch beide Pyrenäentäler bindet man an den **Parc National des Pyrénées** an. Ein Abstecher führt in die Pilgerstadt **Lourdes.**

Ascain und La Rhune

Im nahen Hinterland der baskischen Küste wartet mit Ascain und der Zahnradbahn auf den Berg La Rhune ein vielgesichtiger Doppelschlag. Die einfachste Anfahrt (ausgeschildert) beginnt in Saint Jean-de-Luz.

Mein Tipp: Ascain gehört zu den **malerischsten Dörfern der Provinz Labourd,** liegt an der Nivelle und empfängt mit typisch baskischem Fachwerk. Im Ortskern laufen die Fäden rund um das Pelota-Spielfeld *(fronton)* und an der Église Notre-Dame de l'Assomption zusammen, die ursprünglich aus dem 13. Jh. stammt und in der man auf die Emporen achten sollte. Die Reize der 3000-Einwohner-Gemeinde sind ein offenes Geheimnis. An manchem Sommertag kann im Ortskern ziemlicher Andrang herrschen, was durch bunte Festprogramme verstärkt wird: ob baskische Tänze oder kulinarischer Freiluftmarkt auf der Place Pierre Loti. Der Platz trägt den Namen jenes Literaten, der hier Ende des 19. Jh. seinen Roman „Ramuntcho" schrieb. An Restaurants herrscht im Ort kein Mangel.

Zahnradbahn auf die Rhune

Mit Zugkraft – im doppelten Wortsinn – trumpft der nächste Tourstopp zwischen Ascain und Sare am Col de Saint Ignace auf: die Station des **Petit Train de la Rhune,** ein altertümlich anmutendes Zahnradbähnchen, das Besucher seit

Auf Weintour

Mein Tipp: „Weine aus dem Jurançon, das ist die **Sonne und Frische der Pyrenäen** in der Flasche", sagt *Cédric Laprun,* der Weinrouten auf unausgetretenen Pfaden propagiert. Im Südwesten Frankreichs müssen es nicht immer die schier übermächtigen Bordeauxweine sein, wie eine Reise durch die Landstriche Béarn und Baskenland belegt. Über die dünn besiedelten Ausläufer der Pyrenäen verteilen sich gemeinhin **weniger bekannte Anbaugebiete,** die sich mit ihrer Vielfalt und Qualität hinter nichts und niemandem zu verstecken brauchen. Südlich und westlich von Pau beginnen **Jurançon und Jurançon Sec,** zwei Bereiche mit der geschützten Herkunftbezeichnung „Appellation d'Origine Contrôlée", kurz AOC. Der historische Salzort Salies-de-Béarn liegt im Zentrum der **AOC Béarn-Bellocq,** das Pilgerstädtchen Saint-Jean-Pied-de-Port markiert die geografische Mitte der **AOC Irouléguy.** Überall stößt man auf exzellente Tropfen, als Beigaben gibt es Kulturdenkmäler und charmante Orte zwischen Berg und Tal. Unterkunft findet man in Landhäusern. Alljährlich Anfang oder Mitte Dezember laden über 45 Weinkellereien im Jurançon zum Tag der offenen Tür, **„Portes Ouvertes en Jurançon".** Kostproben inklusive, versteht sich.

Maronen und Maisparzellen, Rinder- und Pferdeweiden, Brombeerhecken, Feigen- und Walnussbäume. Fruchtbares Land, Töne grün in grün. So sieht es an der **Jurançon-Weinstraße** aus, an der Patrice Limousin und Freya Skoda **bei Lasseube** die **Domaine de Cabarrouy** unterhalten (Tel. 05 59 04 23 08, http://domainedecabarrouy-deutsch.simdif.com, E-Mail: domaine.cabarrouy@orange.fr). Das **Landgut** ist von grünen Hügeln und Rebgärten umzogen, die das französisch-deutsche Paar bis in den Dezember hinein mit der Spätlese auf Trab halten. Alles Handarbeit. Es ist viele Jahre her, da *Patrice* begann, Geld und Leidenschaft in die Erneue-

251sf ad

Sonnengereifte Trauben

rung eines historischen Weinterrains zu stecken, das nunmehr 5,5 ha umfasst und sich mit seinen kalk-, sand- und lehmhaltigen Böden auf Höhen bis zu 300 m ausbreitet. Die **Rebsorten** heißen **Petit Manseng** und **Gros Manseng,** bezeichnend bei den Weißen ist die bernstein- bis goldfarbene Tönung. Der **Einfluss des Gebirgsklimas** der Pyrenäen, das eine Vielzahl frischer Nächte mit sich bringt, sorgt für einen längeren Reifeprozess als andernorts und verleiht den Weinen ausgewogene Noten. Besucher sind zur **Probe** willkommen, bei der man en passant einen Blick in die Kellerei mit ihren Eichenfässern und den thermoregulierten Edelstahlbehältern wirft; verkauft werden die Flaschen zu erschwinglichen Preisen. Die **aromatischen Finessen** der Tropfen reichen von Brombeeren und Rosinen bis zu Pflaumen und konfitierten Aprikosen. Bei der Verkostung schwärmt Winzer *Patrice* von der Welt der Weine und setzt mit leuchtenden Augen hinzu, er trinke niemals Wasser. Ob das stimmt? Zumindest dürfte er einige der jährlich 25.000 abgefüllten Flaschen selber leeren ...

Erste Belege des Weinbaus in der Region reichen ins ausgehende **10. Jh.** zurück. Heute nimmt das rund tausend Hektar große **Anbaugebiet der Jurançon-Weine** einen 40 km breiten Korridor zwischen Pau und Oloron-Sainte-Marie ein. Im alten Jakobspilgerort Lacommande geht es gegenüber der Kirche hinein ins **Weinhaus** der Region: **Maison des Vins et du Terroir du Jurançon** (Tel. 05 59 82 70 30, www.vins-jurancon.fr; Juli und August Mo.–Sa. 11–19 sowie So. 15–19 Uhr, Apr. bis Juni und Sept. bis Dez. nur Mi.–So. 14–18 Uhr, Januar bis März Mi.–Sa. 14–18 Uhr). In dieser auf den neuesten Technikstand umgebauten Scheune werden mehr als hundert Weine präsentiert, ebenso wie andere Produkte der Gegend, darunter Marmeladen, Honig, Käse und eingekochte Ente.

Einen Abstecher zu weiteren Quellen des Weins führt zur **Domaine Bellegarde bei Monein** (Quartier Coos, Tel. 05 59 21 33 17, www.domainebellegarde-jurancon. com). Großvater *Labasse* begann in den 1920er Jahren mit der Bepflanzung der Weinberge, sein Enkel *Pascal* setzt die Winzertraditionen heute fort. Symmetrisch laufen die Rebstöcke über die grünen Hänge, im Hintergrund zeichnet sich mit dem Pic d'Orry ein Zweitausender in den Pyrenäen ab. **Frisch und fruchtig** kommen die jungen Tropfen daher, bei den länger gereiften dringen aromatische Anklänge an Honig, Feigenkonfitüre und geröstete Nüsse durch.

„Trinken Sie den Wein aus Salies", propagieren die Besitzer, „er macht haltbar, so wie das Salz." Diesem Appell kommt man in Salies-de-Béarn gerne nach, zumal die Tropfen des **Weinguts Lapeyre et Guilhemas** (Avenue des Pyrénées 52, Tel. 05 59 38 10 02, www.domaine-lapeyre-guilhemas.com) schon mehrfach Preise eingestrichen haben. Als **unabhängiger Produzent** sprengt der Familienbetrieb das ansonsten feste Gefüge der Kooperativen um **Salies-de-Béarn** und bringt in vierter Generation Weiß-, Rosé- und Rotweine hervor. Stolz berichtet die Winzerfamilie, man trinke ihren Wein sogar in Restaurants in Kalifornien und New York.

Ein **letzter Stopp** kommt dem **Absacker dieser Tour** gleich. Er führt ins Jakobswegstädtchen **Saint Jean-Pied-de-Port,** besser gesagt an den Stadtrand ins hochprozentige Reich der Domaine Brana (Avenue du Jaï-Alaï 3 bis, Tel. 05 59 37 00 44, www.brana.fr). Das 1897 begründete Familienunternehmen produziert **die besten Branntweine der Gegend:** Birne, Pflaume, Himbeere. Wunderbar weich, klar, vollreif. Ein Genuss, dem die Weiß- und Rotweine in nichts nachstehen. Die weit außerhalb liegenden Weinberge des Hauses sind in atemberaubende Kulissen gefasst. Saftgrüne Wiesenteppiche laufen auf die Pyrenäen zu, Gehöfte punktieren die Hänge. Die würzig-frische Luft spült Lungen und Kopf durch. Und das wird man nach einer Kostprobe als besondere Wohltat empfinden ...

1924 im Schneckentempo von 8–9 km/h bergwärts trägt. Ziel ist der 905 m hohe Pyrenäengipfel La Rhune, der von den Altvorderen schon als heiliger Berg verehrt wurde und grandiose Aussichten auf Gebirge und Meer erlaubt. Schon Kaiserin *Eugénie* berauschte sich 1859 an diesem Panorama. Über den Grat verläuft die **französisch-spanische Grenze.** Rasche Wetterwechsel sind nicht ungewöhnlich. Die Auffahrt dauert etwa 35 Minuten, führt an Farnen und Felsblöcken vorbei und durch die Lebensräume von Schafen und Pottok-Pferden.

Alternative zum Sitzerleben auf den ins Fleisch drückenden Bänkchen der Bahn ist die eigene Muskelkraft. Ein **Wanderweg** leitet hinauf zum Gipfel und überwindet eine Höhendifferenz von über 700 m.

■ **Petit Train de la Rhune,** Tel. 05 59 54 20 26, www.rhune.com. Geöffnet etwa Mitte Februar bis um den 11. November; regelmäßige Abfahrten in der Hochsaison zwischen 8.30 und 17.30 Uhr, sonst zwischen 9.30 und 11.30 sowie 14 und 16 Uhr; im Sommer mitunter starker Andrang; an der Bergstation gelegentlich Unterhaltungsprogramme mit Leitmotiv Natur (z.B. Raubvogel-Demonstration). Recht hohe Preise: Hin- und Rückfahrt 17 €, Kinder 10 €.

Col de Saint Ignace

Unweit des Col de Saint Ignace liegt mit **„Ortillopitz – la Maison Basque de Sare 1660“** ein zusätzliches kleines Besuchsziel. Dabei handelt es sich um ein ins Grün gebettetes Landhaus mit einem typischen Interieur, wie man es im 17. Jh. kannte – aufschlussreich für volkskundlich Interessierte.

■ **Ortillopitz,** Tel. 05 59 85 91 92, www.ortillopitz.fr, Führungen Mitte April bis Mitte Juli Mo.–Fr. 14.15, 15.30 und 16.45, So. 15.30 Uhr; Mitte Juli bis etwa Ende August Mo.–Fr. 10.45, 12, 14.15, 15.30, 16.45 und 18 Uhr, So. 14.15, 15.30, 16.45 und 18

140sf ad

Uhr; Ende August bis Mitte September Mo.–Fr. 10.15, 14.15, 15.30 und 16.45, So. 14.15, 15.30 und 16.45 Uhr; Mitte September bis Mitte Oktober Mo.–Fr. und So. nur jeweils 15.30 Uhr; übriges Jahr geschl.; recht hoher Eintritt (knapp 10 €).

Unterkunft

■ **Hôtel Achafla Baïta**①, Ascain, Tel. 05 59 54 00 30, www.hotel-achafla-baita.com. 11 solide Zimmer zu einem soliden Preis, was auch für Frühstück und Restaurant gilt. Man kann auch Halb- und Vollpension buchen. Ganzjährig geöffnet.

Sare

Umgeben von landwirtschaftlichen Gehöften und steilen Pyrenäen-Abhängen, fügt sich Sare vortrefflich in die idyllische Landschaft. Eine ideale Tarnung, denn dem Ort mit seinen typisch labourdischen Häusern haftete einst das Image eines berühmt-berüchtigten Schmugglernestes an. Ganz im Zeichen solcher Traditionen steht der „Cross des contrebandiers“ am vorletzten Sonntag im August. Bei diesem **„Crosslauf der Schmuggler“** wird jeder Teilnehmer mit einem „Schmugglersack“ um den Nacken ins Rennen geschickt (Distanz 8,4 km, höchster Punkt 522 m; www.sarakorrika.com). Im Herbst bricht das Jagdfieber auf Wildtauben aus. Sare selbst pflegt lange Pelota-Traditionen. Die Kirche Saint-Martin wurde im 17. Jh. erheblich erweitert.

◁ Ausblick vom Berg La Rhune

Grottes de Sare

Attraktion der Gegend sind die ausgeschilderten Grottes de Sare, ein **Höhlensystem,** das die Vorgeschichtler gern als Unterschlupf nutzten. Die ältesten nachgewiesenen Spuren menschlicher Präsenz gehen auf eine Zeit vor 45.000 Jahren zurück, die Höhle selbst dürfte vor etwa 90 Mio. Jahren entstanden sein. Im gespenstischen Umfeld aus Überhängen und Spalten werden die heutigen Grottenführungen mit Licht- und Toneffekten aufbereitet – wobei man die Special Effects doch ein wenig überstrapaziert.

■ **Grottes de Sare,** Tel. 05 59 54 21 88, www.grottesdesare.fr; Anfang November bis Ende der Weihnachtsferien und Mitte Februar bis Mitte Apr. Mo.–Fr. 14–17, Sa./So. 13–17 Uhr, Mitte April bis Ende Juli sowie im September tägl. 10–18 Uhr, August tägl. 10–19 Uhr, Oktober bis Anfang November tägl. 10–17 Uhr; obligatorische Teilnahme an den Höhlenführungen, die Besuchsdauer beträgt ungefähr eine Stunde. Außerhalb der Höhle kleines Museum und „Megalithpark“ *(Parc mégalithique)*. Zwischen Ende der Weihnachtsferien und Mitte Februar hat alles geschlossen.

Tierpark

Ebenfalls bei Sare gelegen (Richtung Grottes de Sare und Col de Lizarrieta) ist der **Parc Animalier Etxola,** ein Tierpark, der unter anderem langhörnige Rinder und diverse Vogelarten zeigt.

■ **Parc Animalier Etxola,** April bis Juni tägl. 10–18, Juli und August tägl. 10–19, September bis Anfang November tägl. 10–17 Uhr; www.parc-animalier-etxola.com.

Information

■ **Office de Tourisme,** quartier Bourg, Sare, Tel. 05 59 54 20 14, www.sare.fr.

Unterkunft

■ **Hôtel Arraya**②-③, place du Village, Tel. 05 59 54 20 46, www.arraya.com. Komfortables Drei-Sterne-Haus am Hauptplatz von Sare, seit mehreren Generationen familiär geführt. Stilvoll eingerichtete Zimmer, qualitativ und preislich unterteilt in „Tradition" und „Privilèges"; zwischen Anfang November und Ende März geschlossen. Hier kann man auch gepflegt speisen.

Camping

■ **Camping Goyenetche,** route des Grottes, Sare, Tel. 05 59 54 28 34. Einfacher, kleiner Platz. Im Regelfall Anfang Mai bis Ende Oktober geöffnet.

■ **Camping de la Petite Rhune,** Quartier Lehenbiscay, Sare, Tel. 05 59 54 23 97, www.lapetiterhune.com. Kleiner, gut ausgestatteter Platz mit Sommerpool. Vermietung von Hütten *(chalets),* in die bis zu vier Personen passen. Campingterrain nur Mitte Juni bis Mitte September, Hütten ganzjährig.

Sport und Freizeit

■ **Reiten:** Centre Équestre d'Olhaldea, Zalditokia, Sare, Tel. 05 59 54 28 94, www.olhaldea.com. Klassiker sind die Ausritte.

Saint Pée-sur-Nivelle

Inmitten einer grünen Berg- und Wiesenszenerie scheint die ländliche Welt um Saint Pée-sur-Nivelle und Ainhoa noch Ordnung. In Saint Pée-sur-Nivelle sieht man typische Häuser des Labourd und die Église Saint-Pierre aus dem

141sf ad

16./17. Jh. 2 km entfernt liegt das „Binnenmeer“ des Ortes: der **Lac de Saint Pée,** ein beliebter Badesee mit einer Fläche von rund 12 ha. Hier kann man im Sommer mit Kajak oder Tretboot in See stechen, der Badestrand ist abgegrenzt. Rundherum kann man zu Radtouren und Spaziergängen aufbrechen; auch **Jogger** nutzen den Seerandweg zu kompletten Runden. Im Sommer ist der Fronton von Saint Pée-sur-Nivelle Schauplatz zahlreicher Pelota-Matches, gelegentlich sind baskische Kraftsportdemonstrationen angesetzt.

Information

■ **Office de Tourisme,** place du Fronton, Tel. 05 59 54 11 69, www.saint-pee-sur-nivelle.com.

Unterkunft

■ **Hôtel Bonnet**①-②, route d'Ahetze, Saint Pée-sur-Nivelle, Tel. 05 59 54 10 26, www.hotel-bonnet-paysbasque.com. Eine Institution in der Gegend – die Geschichte reicht bis ins Jahr 1900 zurück. Dem Familienbetrieb sind ein Sommerpool und eine Bar-Brasserie angeschlossen.

◁ Höhlenausgang der Grottes de Sare

Camping

■ **Camping Ibarron,** quartier Ibarron, Saint Pée-sur-Nivelle, Tel. 05 59 54 10 43, www.camping-ibarron.com. Geöffnet Mai bis Ende September, drei Sterne. Wochenweise Vermietung von Mobile Homes (Sa.–Sa.).

■ **Camping Goyetchea,** quartier Ibarron, Saint Pée-sur-Nivelle, Tel. 05 59 54 19 59, www.camping-goyetchea.com. Ordentlicher Platz mit kleinem Sommerpool. Fest installierte Mobile Homes sind zwischen Ende April und Mitte September (in der Hochsaison nur wochenweise, Sa.–Sa.) mietbar, der eigentliche Campingplatz hat nur zwischen Ende Mai und Mitte September geöffnet.

Einkaufen

■ Zu den kulinarischen Souvenirs der Gegend gehören **Schinken** und **Schafskäse,** Schilder von Privatleuten weisen auf den Verkauf hin.

Ainhoa

Kirche, Fronton und der Zentralplatz mit typisch baskischen Häusern formen das Mosaik in Ainhoa, das nur wenige Kilometer vom **Grenzübergang Dantxarinea** (auch: Dancharinea/Dancharia) entfernt ist und auf der Liste der „schönsten Dörfer Frankreichs“ steht. Alles liegt dicht gebündelt im 600 Einwohner starken Ainhoa. Die Église de Notre-Dame ist aus großen Steinquadern erbaut, der Glockenturmaufsatz achteckig.

Information

■ **Maison du Patrimoine,** Ainhoa, Tel. 05 59 29 93 99, www.ainhoa-tourisme.com.

242sf ad

Unterkunft

- **Hôtel Argi-Eder**②-③, route de la Chapelle, Ainhoa, Tel. 05 59 93 72 00, www.argi-eder.com. Charmantes, trutziges Vier-Sterne-Haus mit Zimmern und Suiten. Mit Restaurant. Geöffnet Anfang/Mitte April bis Anfang November.

Espelette

In und um die 2000-Einwohner-Gemeinde Espelette dreht sich alles um die **Paprikaschoten,** deren Bekanntheitsgrad weit über die Lokalgrenzen hinausgeht: die *piments d'Espelette.* Häufig sieht man die *piments* an den Hausfassaden trocknen. Im Regelfall am letzten Wochenende im Oktober steht die **Fête du Piment** an, das große Pfefferschotenfest, das mit reichlich Musik unterlegt wird. Außerdem ist der Ort Dreh- und Angelpunkt der berühmten **Pottok-Pferde** – zumindest beim alljährlich gegen Ende Januar stattfindenden Pferdemarkt *(Foire aux Pottoks).*

Espelette lebt von seiner Stimmung im Ortskern, der mit kleinen Restaurants und reichlich Verkaufsshops angefüllt ist. Alles dreht sich um die *piments,* die zopfweise im Angebot stehen und als gewagteste Kreationen sogar mit Schokolade daherkommen! Mit den Parkplätzen am Ortsrand zeigt sich Espelette bestens auf die Besucheranstürme gerüstet. Schöne Zeugnisse der Volksarchitektur bilden die **baskischen Häuser** mit ihren hölzernen Läden und Balkonen – ob in Grün- oder Rotanstrich.

Information

- **Office de Tourisme,** Karrika nagusia, Tel. 05 59 93 95 02, www.espelette.fr.

Unterkunft

- **Hôtel Euzkadi**①, Karrika nagusia, Tel. 05 59 93 91 88, www.hotel-restaurant-euzkadi.com. Typisches ländliches Haus im Ortskern, dem ein erstklassiges **Restaurant**②-③ angeschlossen ist. Im Hotel gibt es Arrangements mit Halbpension und drei verschiedene Zimmertypen/Preisklassen.

‹ Im Ortskern von Espelette

› Neugierige Vierbeiner

Cambo-les-Bains

Im Gegensatz zu den Dörfern des Umlands wirkt das 5000 Einwohner zählende Cambo-les-Bains fast wie eine Großstadt. Cambo ist mit einem milden Klima und heißen Quellen gesegnet, die es einst zu einer regional bekannten Thermalstation haben aufsteigen lassen – daher der Namenszusatz „les-Bains".

Villa Arnaga

Etwa 1,5 km abseits des Zentrums liegt die Villa Arnaga, in der der Schriftsteller *Edmond Rostand* (1868–1918) viele Jahre lebte und arbeitete. Vor der trutzigen Villa breiten sich prachtvolle Gärten aus, die ebenso besuchbar sind wie das museale Innere des Hauses. Die Verfilmung des Rostand'schen Werkes **„Cyrano de Bergerac"** mit Hauptdarsteller *Gérard Départdieu* machte auch dieses Stück Kulturerbe etwas bekannter. Gelegentlich sind Konzerte und Wechselausstellungen terminiert. Etwa Mitte August findet hier alljährlich ein mehrtägiges Theaterfestival statt.

■ **Villa Arnaga,** route du Docteur Camino, April bis Juni, September bis Anfang November tägl. 9.30–12.30 und 14.30–18 Uhr, Juli/August tägl. 10–19 Uhr, sonst geschl.; www.arnaga.com.

143sf ct

Information

■ **Office de Tourisme,** Avenue de la Mairie, Tel. 05 59 29 70 25, www.cambolesbains.com.

Unterkunft

■ **Hôtel Ursula**①, route du Bas Cambo, Tel. 05 59 29 88 88, www.hotel-ursula.fr. Gepflegtes 15-Zimmer-Haus, die Preise für die modern ausstaffierten Zimmer bewegen sich an der Obergrenze in dieser Preiskategorie.

Camping

■ **Camping Bixta Eder,** 52 avenue d'Espagne, Cambo-les-Bains, Tel. 05 59 29 94 23, www.campingbixtaeder.com. Geöffnet von Mitte April bis Mitte/Ende September. Die Hütten *(chalets)* und Mobile Homes lassen sich zwischen Anfang/Mitte März und Ende Oktober mieten.

Sport und Freizeit

■ **Thermen:** Chaîne Thermale du Soleil, Cambo-les-Bains, gebührenpflichtige Nummer 0820 00 35 35, www.chainethermale.fr.

In der Umgebung

Ustaritz

Nordwestlich von Cambo-les-Bains führt der Weg Richtung Bayonne an Ustaritz vorbei, der einstigen Hauptstadt des Labourd. Im Mittelalter erhob sich hier ein imposantes Schloss. Heute zieht es Naturfans auf die Wanderwege der Umgebung.

Hasparren

Nordöstlich von Cambo-les-Bains ist mit Hasparren eine ähnlich große Kleinstadt erreicht, die stets einen geschäftigen Eindruck macht. In Hasparren lebte der Poet und Romancier *Francis Jammes* (1868–1938). Weiter nordöstlich führt der Weg von Hasparren über **La Bastide Clairence,** ein im 12. Jh. gegründeter Ort, der mit typisch baskischer Architektur aufwartet, nach Bidache (siehe unten).

Information

■ **Office de Tourisme,** 2 place Saint-Jean, Hasparren, Tel. 05 59 29 62 02, www.hasparren-tourisme.fr.
■ **Office de Tourisme,** Maison Darrieux, place des Arceaux, La Bastide Clairence, Tel. 05 59 29 65 05, www.labastideclairence-pays-basque.com.

Grottes d'Isturitz et d'Oxocelhaya

Nicht nur für Fans von **Tropfsteinhöhlen** – die Grotten von Isturitz et Oxocelhaya vereinen geheimnisvolle Formationen und Spuren des prähistorischen Menschen. Sie liegen bei **Saint Martin-d'Arberoue** (südöstlich von Hasparren).

■ **Grottes d'Isturitz et d'Oxocelhaya,** Führungen Mitte März bis Mai sowie Oktober bis Mitte November tägl. 14–17 Uhr, Juni/September tägl. 11–12 und 14–17 Uhr, Juli/August tägl. 10–12 und 13–18 Uhr; www.grottes-isturitz.com.

Bidache

Wahrzeichen des auf dem Weg nach Peyrehorade gelegenen Ortes Bidache ist das **Château des Ducs de Gramont,** bzw. das, was vom einst stolzen Grafenschloss übrig geblieben ist. Die Zerstörungen im Laufe der Jahrhunderte haben ihre Spuren hinterlassen.

Urt

Westlich von Bidache am Adour liegt die 2000-Einwohner-Gemeinde Urt, deren **Abbaye Notre Dame de Belloc** nach wie vor von Benediktinern bewohnt wird (www.belloceturt.org).

Camping

- **Camping d'Etche Zahar,** allée de Mesplès, Urt, Tel. 05 59 56 27 36, www.etche-zahar.fr. Auch Vermietung von Häuschen *(chalets)* und fest installierten Großzelten. Anfang März bis Mitte November.

Itxassou

Dörfliche Idylle hängt über dem südlich von Cambo-les-Bains gelegenen Itxassou und seiner Kirche aus dem 17. Jh. Wegen der prächtigen Aussicht lockt der nahe 926-Meter-Berg **Artzamendi,** wegen seines legendären Ursprungs der bekannte **Pas de Roland.** Statt die Felsformation jenes „Rolands-Durchgangs" geologisch zu erklären, lässt man sich lieber von einer Legende in die Vergangenheit treiben. Die Überlieferung besagt, dass im 8. Jh. die Truppen *Karls des Großen* an die Nive gelangten. Mit dabei: *Roland,* der Held des „Rolandsliedes", des ältesten französischen Heldenepos'. Unvermittelt blockierte ein Felsblock den Weg. *Roland* nahm sein Wunderschwert Durandal und schlug eine Bresche, die den Soldaten den Durchzug erlaubte. Und auf dem Felsen La Trace ließ der von wundersamen Kräften beseelte *Roland* seinen Fußabdruck zurück. Eine andere Legendenversion besagt, dass der Durchgang auf den Huftritt des Rolandschen Pferdes zurückgeht.

Wie dem auch sei – allein das malerische **Flusspanorama um die Nive** rechtfertigt den Ausflug.

Information

- **Homepage der Gemeinde:** www.itxassou.fr.

Unterkunft

- **Hôtel du Fronton**②, Tel. 05 59 29 75 10, www.hotelrestaurantfronton.com. Haus mit 25 Zimmern

144sf ad

und regionalem Spezialitätenrestaurant, im Verband der „Logis de France".

Sport und Freizeit

■ **Rafting:** Évasion Eaux Vives, Maison Errola, quartier Errobi, Tel. 05 59 29 31 69, www.evasion64.fr.

Bidarray

Auf halbem Weg zwischen Cambo-les-Bains und Saint Jean-Pied-de-Port gelegen, steigt der 650-Einwohner-Ort Bidarray von der Nive aus hügelwärts auf. Der Name setzt sich aus den baskischen Worten *bide* und *arrai* zusammen und bedeutet „Weg der Dornen". Die Gegend ist beliebter Ausgangspunkt für Abenteuertourismus – **Canyoning und Rafting.** Auch Klettertouren sind beliebt, **Wanderer** zieht es auf den rund 1050 m hohen Pic d'Iparla.

Unterkunft

■ **Hôtel Noblia**①, route de Saint Jean-Pied-de-Port, Bidarray, Tel. 05 59 37 70 89, www.hotel-basque-noblia.com. Solides 17-Zimmer-Haus mit Restaurant.

Die Nive bei Itxassou

Sport und Freizeit

Rafting: Ur Bizia Rafting, Erramondeguya, Bidarray, Tel. 05 59 37 72 37, www.ur-bizia.com; Ur Ederra Sensations Eaux Vives, gewöhnlicher Treffpunkt nach Absprache ist in Bidarray beim Hotel Noblia, Postadresse: Route de Villefranque, 64480 Jatxou, Handy 06 81 28 46 99, www.rafting-paysbasque.com; verschiedene Raftingparcours.

Saint Jean-Pied-de-Port

Der Touristenbetrieb der Region Basse-Navarre bündelt sich vor allem in seiner Hauptstadt Saint Jean-Pied-de-Port, das seinen Ruf als eines der **malerischsten Städtchen** im Baskenland kultiviert. In dem beschaulich an der Nive gelegen Ort kann man herrlich durch die Gassen flanieren. **Jakobspilger** rüsten sich hier zum langen, beschwerlichen Aufstieg auf den Ibañeta-Pass. Saint Jean-Pied-de-Port (baskisch: *Donibane Garazi*), heute 2800 Einwohner stark, blickt auf eine lange, wechselvolle Geschichte zurück: römische Wegestation *Imus Pyrenaeus* (Saint Jean-le-Vieux) zwischen Bordeaux und Astorga, wegweisendes Etappenziel der Jakobspilger, vorübergehender Bischofssitz und befestigter Vorposten in den einstmals schwelenden französisch-spanischen Grenzkonflikten. Spuren aus der **Römerzeit** findet man im Nachbarort Saint Jean-le-Vieux mit dem Camp Romain.

Dies wirft ein Licht auf die Vielzahl interessanter Monumente. Die **Stadtmauern** datieren aus dem Spätmittelalter, die

Kirche **Notre-Dame** ist gotischen Ursprungs. Noch heute ziehen die Pilger durch das historische Stadttor **Porte Saint-Jacques,** die schönsten Häuserfassaden findet man im Bereich der Rue de la Citadelle und der Rue d'Espagne. Man lasse sich durch die Gassen an vielen Geschäften vorbeitreiben und genieße den Blick auf den brückenüberspannten Fluss und das Panorama des grünen Pyrenäen-Umlands – am besten vom Plateau der **Zitadelle** aus, ein Bauwerk, bei dem der altbekannte Meister *Sébastien le Prestre de Vauban* seine Hand im Spiel hatte. Zwischen Unter- und Oberstadt, in der Rue de la Citadelle, liegt das sogenannte **„Bischofsgefängnis"** Prison des Evêques aus dem 13. Jh.

Mit Hotels, Pensionen, Cafés, Restaurants und Souvenirshops hat man sich auf die Besucherströme bestens eingestellt. Im Angebot für Touristen stehen Mitbringsel aller Art: von Schinkenkeulen bis zu Schafswolljacken, von der Kuhglocke bis zur Baskenmütze.

■ **Prison des Evêques,** Ostern bis Anfang November Mi.–Mo. 11–12.30 und 14.30–18.30 Uhr, im Juli/Aug. tägl. 10.30–19 Uhr.

■ **Zitadelle,** wechselnde Öffnungszeiten, auch geführte Besuche (Auskunft im Office de Tourisme). Führungen im Regelfall nur im Hochsommer – und dann auch nur Mo. und Mi. jeweils nachmittags.

Information

■ **Office de Tourisme,** 14 place Charles de Gaulle, Tel. 05 59 37 03 57, www.saintjeanpieddeport-paysbasque-tourisme.com. Auch Auskunft zum Jakobsweg und zu Wandermöglichkeiten im Umland.

Unterkunft

■ **Hôtel Les Pyrénées**②-③, 19 place Charles du Gaulle, Tel. 05 59 37 01 01, http://hotel-les-pyrenees.com. Vier-Sterne-Hotel in zentraler Lage. Gepflegter Stil, mit Terrasse und Sommerpool, nicht weniger als sechs Zimmerkategorien. In den Monaten Januar und November normalerweise geschlossen.

⌃ Im Oberdorf von Saint Jean-Pied-de-Port nahe der Stadtmauern

⟩ Blick auf die Pilgerbrücke von Saint Jean-Pied-de-Port

■ **Hôtel Les Remparts**①, 16 place Floquet, Tel. 05 59 37 13 79, www.hoteldesremparts.fr. Erschwingliche Unterkunft in diesem Zwei-Sterne-Haus; der Ursprung des Gebäudes reicht in die Mitte des 17. Jh. zurück. Mit neun Zimmern und ebenfalls nicht überteuertem Restaurant.

■ **Maison d'Hôtes Ziberoa**①, route d'Arnéguy 3, Handy 06 61 23 59 44, www.ziberoa.com. Gepflegte, freundlich eingerichtete Gästezimmer in einem typisch baskischen Haus. Frühstück im Preis enthalten.

Camping

■ **Camping Plaza Berri,** avenue du Fronton, Tel. 05 59 37 11 19. Ein nahe dem Zentrum gelegener städtischer Platz. Sehr klein, sehr einfach und sehr preisgünstig. Geöffnet zwischen Ostern und Allerheiligen.

Essen und Trinken

■ **Oillarburu**①-②, 8 rue de l'Église, Tel. 05 59 37 06 44. Ein typisches Altstadt-Restaurant, serviert wird regionale Küche.

Verkehrsanbindung

■ **Bahnhof:** rue du 11 Novembre, Züge nach Bayonne.

217sf ad

In der Umgebung

Dörfer im Norden

Nördlich von Saint Jean-Pied-de-Port liegen einige nette Dörfer verstreut im Pyrenäen-Vorland. Dazu zählen **Ascombéguy** (Grabstelen auf dem Friedhof), **Hélette** (Käserei Agour mit Hirtentum- und Käsemuseum, Musée du Pastoralisme et du Fromage) und **Iholdy** mit dem im 17. Jh. neu aufgebauten Château d'Iholdy.

■ **Helette,** Musée du Pastoralisme et du Fromage, Fromagerie Agour, Tel. 05 59 37 63 86; www.agour.com; im Juli und August tägl. 9–11 und 14–17, sonst 10.30–15 Uhr.
■ **Château d'Iholdy,** geöffnet Juni bis Mitte September Do.–Di. 14.30–18 Uhr.

Ostabat

Bei Ostabat laufen drei Achsen des Jakobsweges zusammen, wie sie schon im mittelalterlichen *Codex Calixtinus* erwähnt wurden: die Via Turonensis aus Richtung Dax und Peyrehorade, die über Mont-de-Marsan und Saint Palais führende Via Lemovicensis sowie die aus Cahors und Aire-sur-l'Adour herführende Via Podiensis. Im Spätmittelalter hatten Pilger die Wahl zwischen einer zweistelligen Zahl an Herbergen. An der nahen „Stele von Gibraltar" werden die Richtungen der großen Jakobswegachsen angezeigt.

244sf ad

Kerzenopfer in der Kirche Notre-Dame in Saint Jean-Pied-de-Port

Auf dem Jakobsweg nach Spanien

In Saint Jean-Pied-de-Port gibt die Aussicht auf die Pyrenäen allen Jakobspilgern einen Vorgeschmack auf das Kommende: rund 800 Höhenmeter Differenz in Richtung Bergwelt von Roncesvalles *(Col de Ronceveaux)* und Ibañeta-Pass. Höher hinaus geht es für Wanderer noch auf einer zweiten Variante, der „Napoleon-Route". Zwischen Saint Jean-Pied-de-Port und der Passhöhe liegen rund 25 Straßenkilometer. Schönes Wetter und – wegen der Haarnadelkurven – Magenfestigkeit vorausgesetzt, lohnt sich dieser Spanien-Abstecher für Motorisierte auf jeden Fall!

Ibañeta-Pass

Über die D 933 verlässt man Saint Jean-Pied-de-Port in südlicher Richtung und erreicht mit **Arnéguy** den letzten Ort vor der alten französisch-spanischen Grenze. Auf spanischer Sei-te folgt man über die N 135 der klassischsten Variante des Jakobsweges (span. *Camino de Santiago*) hinauf zum 1057 m hohen Ibañeta-Pass. Das Sträßchen windet sich in schier unendlich vielen Kehren aufwärts. Von der Passhöhe bieten sich traumhafte Blicke ins Tal und auf die umliegenden Pyrenäen-flanken – vorausgesetzt, Regen oder Nebel verschleiern nicht die Sicht. Auf der Passhöhe erinnert ein **Denkmal** an den sagenumwobenen **Roland,** der die Nachhut von *Karl dem Großen* anführte und 778 mit den Seinen in einen tödlichen Hinterhalt geriet. Das älteste französische Heldenepos „Chanson de Roland“ rankt sich um jene Schlacht von Roncesvalles und die Tapferkeit des Streiters. Ob es die Mauren waren, die ihm die verhängnisvolle Falle gestellt hatten, oder einzig die Basken oder gar Mauren und Basken zusammen, ist historisch nicht gekärt.

Roncesvalles

Etwa 2 km hinter der Passhöhe erreicht man das täglich geöffnete **Kloster** von Roncesvalles, das einst in Händen von Augustinern lag und zu den bekanntesten Anlagen am gesamten Jakobsweg gehört. Der lohnende Besuch in Roncesvalles splittet sich in mehrere Teile auf: Kreuzgang und Kapitelsaal mit dem Mausoleum von Navarras König *Sancho dem Starken,* gotische Kirche Santa María mit einem silberverkleideten Bildnis der Madonna von Roncesvalles, Krypta, Museum mit Klosterschatz sowie die beiden Kapellen Santiago und Sancti Spiritus. In den Klosterkomplex eingefasst ist ein Touristenbüro; Unterkunft findet man sowohl hier als auch im nahen **Burguete.** Knapp 50 km südwestlich liegt die nächste größere Stadt: Pamplona (weiterführende Informationen findet man im Reise-Know-How-Band „Nordspanien und der Jakobsweg“ von *Andreas Drouve*).

Saint Étienne-de-Baïgorry

Das westlich von Saint Jean-Pied-de-Port gelegene Saint Étienne-de-Baïgorry splittet sich in mehrere Teile und bildet das Tor ins **Vallée des Aldudes.** Die umliegende Landschaft erstrahlt in Grüntönen und wird von schroffen Gipfeln überragt. Zu den Sehenswürdigkeiten zählen die erst im 17. Jh. erbaute „römische Brücke“, die Kirche Saint-Étienne mit ihrem spitz zulaufenden Glockenturm, der aus Deutschland stammenden Orgel und den Galerien im Innern sowie das **Château d'Etxauz.** Das Schloss geht auf das späte Mittelalter zurück, die Bauzeit reichte bis ins 16. Jh. Im Gebiet um **Irouléguy** östlich des Ortes wird auf einer Fläche von rund 200 ha Wein angebaut.

■ **Château d'Etxauz,** geöffnet Anfang Mai bis Ende Oktober, geführte Besuche in der Regel nur Di. und Do. um 14.30 Uhr.

■ **Weinproben** und **-einkauf** sowie auf Anfrage auch **Führungen durch die Weinlager** in der Cave d'Irouléguy, route de Saint-Jean-Pied-de-Port, Tel. 05 59 37 41 33, www.cave-irouleguy.com; Mitte April bis Ende September tägl., während des übrigen Jahres So. geschlossen.

Information

■ **Office de Tourisme,** Maison Elizondenea, Tel. 05 59 37 47 28, www.saintjeanpieddeport-paysbasque-tourisme.com.

Unterkunft

■ **Hôtel Arcé**③, Tel. 05 59 37 40 14, www.hotel-arce.com. Über den Flussufern nahe der Brücke gelegen, vier Sterne, mit Restaurant. Ein wenig nostalgischer Stil. Meist Mitte November bis Anfang April geschlossen.

245sf ad

Durchs Aldudes-Tal zum spanischen Eugui-Stausee

Das sich nach Süden erstreckende Aldudes-Tal mit seinem 400-Einwohner-Ort **Aldudes** ist Ziel von Naturfans. Ein Abstecher nach Spanien führt durch das Tal zum Eugui-Stausee *(Embalse de Eugui)*. Von der Grenze sind es ca. 15 km bis zum See. Der Übergang ist wenig befahren und im Winter wegen der widrigen Witterungsverhältnisse zuweilen nur schlecht oder gar nicht passierbar. Wenige Kilometer hinter dem Eugui-Stausee bindet man an den spanischen Jakobsweg an und kann über Burguete und Roncesvalles nach Saint Jean-Pied-de-Port fahren.

Saint Palais

Saint Palais, ein gefälliges 2000-Einwohner-Städtchen, hat sich einen Namen als bedeutende **historische Jakobswegstation** an der Via Lemovicensis gemacht. Seinerzeit verehrten die Pilger die Reliquien eines heiligen Märtyrers namens *Pelayo* (Saint Palais) und fanden in einem halben Dutzend Herbergen Unterschlupf. In die Annalen eingegangen ist der Aufenthalt des Bischofs von Arles im Jahre 1391, zu dessen Begleittross nicht weniger als 50 Pferde und Maultiere gezählt haben sollen.

In Saint-Palais werden noch heute Traditionen aufrechterhalten, ob bei baskischen Kraftsportwettbewerben, ob beim Pelotaspiel oder mit der Produktion von Leinen.

Information

- **Office de Tourisme,** place Charles de Gaulle, Tel. 05 59 65 71 78, www.saintpalais-tourisme.com. Weitere gute Infos auch auf der Seite www.montagne-paysbasque.com.

Essen und Trinken

- **Restaurant Hôtel de la Paix**①-②, 33 rue du Jeu du Paume, Tel. 05 59 65 73 15, www.hotellapaix.com. Regionalküche. Unterkunft im gleichnamigen 27-Zimmer-Hotel, drei Sterne.

Sport und Freizeit

- **Reiten:** Centre Équestre, route d'Aïcirits, Saint Palais, Tel. 05 59 65 97 73, Ponyreiten, Ausritte.

Mauléon

Mit ihren 3500 Einwohnern sticht Mauléon (auch: Mauléon-Licharre) als größte Ansiedlung weit und breit hervor. Mit der traditionellen Produktion von **Segeltuchsandalen** *(espadrilles)* hat man einen gewissen Bekanntheitsgrad erreicht, an Produktionsstätten wie Espasoule (52 boulevard Gambetta, www.espasoule.com) gibt es Direktverkauf. Erwähnung verdienen das **Château Fort de Mauléon** (Ursprung im 11. Jh.; besuchbar nur Ostern bis Ende September) und das **Château d'Andurain de Maytie.** Dieses hält seine Tore meist nur von Anfang Juli bis Mitte September geöffnet (tägl. außer So. vormittags und Do. 11–12 und 15–18 Uhr).

◁ Kirche von Saint Étienne-de-Baïgorry

△ Haus inmitten der Weingärten im Anbaugebiet Irouléguy

Information

■ **Office de Tourisme,** 10 rue Baptiste Heugas, Tel. 05 59 28 02 37, www.soule-xiberoa.fr.

Unterkunft

■ **Hostellerie du Château**①, 25 rue de Navarre, Tel. 05 59 28 19 06, www.hotel-chateau-mauleon.com. Die Übernachtung in einem der 26 Zimmer ist recht günstig, mit Restaurant.

Camping

■ **Camping Uhaitza,** route de Libarrenx, Tel. 05 59 28 18 79, www.camping-uhaitza.com. Recht kleiner Platz, Anfang April bis Mitte Oktober, Hüttenvermietung (Anfang März bis Mitte November).

In der Umgebung

L'Hôpital-Saint-Blaise

Mein Tipp: Nordöstlich von Mauléon führt ein Sträßchen zur sehenswerten **Église de l'Hôpital-Saint-Blaise** (April bis um den 11. November täglich 10–19 Uhr, www.hopital-saint-blaise.fr). Der verschachtelt wirkende Kirchbau liegt im Dorf Hôpital Saint-Blaise und ist ein Werk der Romanik aus dem 12. Jh. Seinen Ursprung verdankt das Gotteshaus dem mittelalterlichen Pilgerboom um *Jakobus*. Die Steingitterfenster und die sternförmigen Verstrebungen unter der Kuppel verraten muselmanischen Einfluss, das Innere erstrahlt in warmem Licht. Zum Komplex gehörte ein Hospiz, um die Pilgerpflege kümmerten sich die Hospitaliter. Ab hier kann man weiter nach Oloron-Sainte-Marie anbinden.

Dörfer und Schluchten im Grenzgebiet

Südlich von Mauléon führt der Weg über **Gotein** (Dorfkirche mit drei Spitzen), **Trois-Villes** (Château du Comte de Tréville, 17. Jh.) und den 700-Einwohner-Ort **Tardets-Sorholus** dem Gebiet um den **Pic d'Orhy** entgegen, einem 2017-Meter-Riesen der Pyrenäen, dessen Gipfel auf der französisch-spanischen Grenze liegt.

Wo sich derart hohe Gebirgsflanken aufwerfen, sind klaffende Schluchten nicht weit. Besonders spektakulär: die südöstlich von Larrau gelegenen **Gorges d'Holzarté** (auch: Holçarté) und die nahe Sainte Engrâce gelegenen **Gorges de Kakouetta** (auch: Kakuetta). Durch die immer schmaler werdende Kakouetta-Schlucht zieht sich die problemlos begehbare Strecke zum Teil über angesetzte Stege bis zu einem sehenswerten Wasserfall und der Grotte du Lac. Weniger bekannt sind die südlich von Sainte Engrâce gelegenen **Gorges d'Ehujarre.**

■ **Château du Comte de Tréville,** Trois-Villes, sehr begrenzte Öffnungszeiten von Schloss und Gartenanlagen; im Regelfall nur Sa., So., Mo. 14.30–18.30 Uhr April bis Anfang Juni, Juli und September.

■ **Gorges de Kakouetta,** nur von Mitte März bis Mitte November zwischen 8 Uhr und Sonnenuntergang begehbar; am Zugang wird eine Eintrittsgebühr fällig, erkundigen Sie sich dort nach der tagesaktuellen Schließzeit. www.sainte-engrace.com.

Forêt d'Iraty

Westlich von Larrau eröffnet sich Wanderern im französisch-spanischen Grenzraum mit dem Forêt d'Iraty ein beliebtes **Wanderterrain.** In der Gebirgslandschaft kommen Rot- und Schwarzwild, Marder und Siebenschläfer vor.

Information

■ **Office de Tourisme,** place Centrale, Tardets-Sorholus, Tel. 05 59 28 51 28, www.soule-xiberoa.fr.

Unterkunft

■ **Hôtel Etchémaïté**①, Larrau, Tel. 05 59 28 61 45, www.hotel-etchemaite.fr. Rustikales 16-Zimmer-Haus; auch mit Halbpension. Anfang Januar bis Mitte Februar geschlossen.

Camping

■ **Camping Ibarra,** quartier Les Casernes, Sainte Engrâce, Tel. 05 59 28 73 59, www.ibarra-chantina.com. Kleiner Platz, geöffnet Anfang April bis Anfang November, Appartements das ganze Jahr über.

Sauveterre-de-Béarn

Auf einem Plateau hoch über dem kleinen Strom des **Gave d'Oloron** breitet sich Sauveterre-de-Béarn aus. Vom Vorplatz der romanisch-gotischen Église Saint-André schaut man auf den über 30 m hohen **Tour de Montréal** (13. Jh.) sowie hinab auf die mittelalterliche Flussbrücke. Der Übergang trägt den Namen „Legendenbrücke" (Le Pont de la Légende), da hier einer adeligen Witwe namens *Sancie* Ende des 12. Jh. ein wundersames Gottesurteil widerfuhr. Des Mordes an ihrem eigenen Kind bezichtigt, warf man sie gefesselt in den Fluss – doch die Strömung trug sie ans Ufer, womit ihre Unschuld nach seinerzeitigem Weltverständnis als bewiesen galt.

Ebenso schön wie das monumentale Gepräge des alten Jakobspilgerortes Sauveterre wirkt das **Panorama der Pyrenäengipfel** im Hintergrund. Was für ein Kontrast, sollte man noch ein Stündchen zuvor am Atlantik gesessen haben!

Information

■ **Office de Tourisme,** place Royale, Tel. 05 59 38 32 86, www.tourisme-bearn-gaves.com.

Unterkunft

■ **La Maison de Navarre**①-②, chemin St Marc, Tel. 05 59 38 55 28, www.lamaisondenavarre.fr. Freundliches Bed and Breakfast mit Grünanlage und kleinem Sommerpool; nur fünf Zimmer.

Camping

■ **Camping du Gave,** chemin du Camping, Handy 06 71 60 69 57, www.campingdugave.fr. Kleiner Platz, Mitte April bis Mitte Oktober. Auch Vermietung von Mobile Homes (in der Hauptsaison nur wochenweise, Sa. bis Sa.).

Sport und Freizeit

■ **Kanu/Rafting:** À Boste Sports-Loisirs, rue Léon Bérard, Tel. 05 59 38 57 58, www.aboste.com.

In der Umgebung

Laàs

Südöstlich von Sauveterre-de-Béarn wartet in Laàs mit dem **Château de Laàs** eines der bemerkenswertesten Schlösser im Béarn. Eingefasst in einen 12-ha-Park, genossen die Blaublütler hier einst das Leben und erfreuten sich an ihren Schätzen. Das Interieur umfasst sowohl wertvolles Mobiliar als auch Fayencen.

■ **Château de Laàs,** stark wechselnde Öffnungszeiten, daher hier nur grundsätzliche Anhaltspunkte: im Juli und August tägl. 10–19 Uhr, Mai, Juni, September tägl. außer Di. 10–19 Uhr; April bis Anfang November täglich außer Di. 14–19 Uhr.

Navarrenx

Auf halbem Weg zwischen Sauveterre-de-Béarn und Oloron-Sainte-Marie liegt Navarrenx, das 1316 als **Bastide** aus der Taufe gehoben wurde. Zuvor hatte hier bereits eine Flussbrücke bestanden. Mitte des 16. Jh. erhielt Navarrenx einen 1,6 km langen Stadtmauergürtel, in dieselbe Zeit reichen die Anfänge der Kirche Saint-Germain zurück.

Information

■ **Office de Tourisme,** 2 place des Casernes, Navarrenx, Tel. 05 59 38 32 85, www.tourisme-bearn-gaves.com.

Unterkunft

■ **Hôtel du Commerce**①, place des Casernes, Tel. 05 59 66 50 16, www.hotel-commerce.fr. Solides Zwei-Sterne-Haus, preislich im Oberbereich dieser Kategorie. Mit Restaurant.

Salies-de-Béarn

Mein Tipp: Nördlich von Sauveterre-de-Béarn erreicht man den regional bekannten Thermal- und Salzort Salies-de-Béarn, Mittelpunkt einer 5000-Einwohner-Gemeinde und mit netten Gassen und Häuserfassaden, die im Zentrum ihr Spiegelbild ins Wasser werfen. Die Salzvorkommen werden seit Ende des 16. Jh. wirtschaftlich genutzt, auch der Bayonner Schinken wird mit Salz aus Salies-de-Béarn eingesalzen. An den Salinen selber finden sich Erklärungstafeln. Um das „weiße Gold" – und auch Béarnaiser Traditionen – kreist ein Museum. Das Salz ist zehnmal salzhaltiger als das Meer. Im örtlichen Thermalkomplex kann man es sich wohl ergehen lassen. Kleines Kulturziel ist die Crypte du Bayàa (Infos im Office de Tourisme).

247sf ad

■ **Musée du Sel et des Traditions Béarnaises,** rue des Puits Salants; generell geöffnet Mitte April bis Mitte Oktober, Di.–Sa., April bis Juni und Mitte September bis Oktober nur 14–18 Uhr, Mitte Juli bis Mitte September Di., Do. und Fr. auch 10–12.30 Uhr.

Information

■ **Office de Tourisme,** 18 place de la Trompe, Tel. 05 59 38 00 33, www.tourisme-bearn-gaves.com.

Unterkunft

■ **Hôtel du Parc**②, boulevard Saint Guilly, Tel. 05 59 38 31 27, www.hotelsalies.com. Feudales, ganzjährig geöffnetes Haus mit interessanter Architektur im Innern, Casino und stilvollem Restaurant. Auf der Homepage lohnen die Sonderangebote („Offres Speciales"; teils Preiskategorie ①) den Check.

Sport und Freizeit

■ **Thermalkomplex** am cours du Jardin Public, Tel. 05 59 38 10 11, www.thermes-de-salies.com.

Orthez

Einen Abstecher nach Salies-de-Béarn kann man gut mit einem Besuch des weiter östlich gelegenen Orthez kombinieren, der einstigen **Hauptstadt des Béarn.** Wahrzeichen ist die Brücke mit ihrem Wehrturm aus dem 13. Jh. Ebenfalls sehenswert: der Burgturm des **Château Moncade,** die **Église Saint-Pierre** (13./14. Jh.), das **Maison Jeanne d'Albret** (16. Jh.) mit historischem Museum und das **Maison Chrestia,** zwischen 1897 und 1907 Wohnsitz des Dichters *Francis Jammes* (an den Wochenenden geschl.).

■ **Château Moncade,** rue Moncade, Juni bis August tägl. 10–12.30 und 15–19 Uhr, Mai, September tägl. 10–12.30 und 14.30–18.30 Uhr.

■ **Musée Jeanne d'Albret,** 37 rue Bourg Vieux, Juni bis August Mo.–Sa. 10–12 und 14.30–18.30 Uhr, April/Mai/September Mo.–Sa. 10–12 und 14–18 Uhr, ansonsten Di.–Sa. 10–12 und 14–18 Uhr; www.museejeannedalbret.com.

Information

■ **Office de Tourisme,** rue Bourg Vieux, Tel. 05 59 38 32 84, www.tourisme-bearn-gaves.com.

Camping

■ **Camping de la Source,** boulevard Charles de Gaulle, Orthez, Tel. 05 59 67 04 81, www.camping-orthez.com. Kleiner Zwei-Sterne-Platz im Grünen, auch Vermietung von Hütten und Bungalows. Anfang April bis Ende Oktober geöffnet.

In Salies-de-Béarn

Oloron-Sainte-Marie

Das gefällige 12.000-Einwohner-Städtchen Oloron-Sainte-Marie ist seit römischen Zeiten als Bündelungspunkt bekannt. Hier fließen Gave d'Aspe und Gave d'Ossau zusammen, hier vereinen sich im Zeichen des Jakobus die beiden Pilgerachsen Via Tolosana und Pyrenäenweg, hier wurden die beiden Ortsteile Oloron und Sainte Marie Mitte des 19. Jh. zu einer Einheit verschnürt.

Kirchen und Kathedrale

Anlaufstelle der Wallfahrer von einst war zunächst das Quartier Sainte Croix mit seiner **Église Sainte-Croix,** einer von muselmanischen Einflüssen bestimmten romanische Kirche. Im Quartier Sainte-Croix erhebt sich auch der **Tour de la Grède,** ein mittelalterlicher Verteidigungsturm aus dem 13. Jh.

Vom 12. bis 14. Jh. trieb man den Bau der **Cathédrale Sainte-Marie** voran, die man allein wegen ihres skulpturenreichen Portals als eines der schönsten Gotteshäuser in Frankreichs Südwesten bezeichnen darf (geöffnet täglich etwa 8 bis 19.30 Uhr, außerhalb der Sommersaison meist etwas kürzer). Von einem Vorbau geschützt, begibt sich der Betrachter auf Bilderreise: von den 24 Ältesten der Apokalypse und dem Osterlamm in den Rundbögen bis zur Kreuzabnahme im Tympanon. Auch weltliche Aktivitäten aus dem Béarn sind zu erkennen, so wie die Brotherstellung und Schlachtungen von Wildschwein und Ente. Der marmorne Mittelpfeiler zeigt zwei Rücken an Rücken gekettete Männer, auf deren Schultern die Hauptlast des Portals zu ruhen scheint; vermutlich sind mit dem Menschenpaar gefangene Muselmanen dargestellt.

König *Heinrich IV.* stiftete die kunstvoll beschlagenen Türen, durch die man das Innere der Kathedrale betritt. Hier fällt der Blick auf das kuriose Weihwasserbecken der Aussätzigen *(benitier des lépreux),* ehe man sich der üppigen Glasfensterpracht mit Motiven wie der Geburt Christi und der Himmelfahrt Mariens widmet. Die Schnitzereien des Orgelgehäuses sind mit Blattgold belegt und stammen ebenso aus dem 17. Jh. wie die übermannsgroßen Engelsfiguren. Ins Gotteshaus integriert ist der Kirchenschatz (*Trésor;* unregelmäßige Öffnungszeiten), der nicht überbewertet werden sollte. Eine neuere Kirche gibt es im Quartier Notre-Dame zu sehen: die zwischen 1869 und 1887 erbaute **Église Notre-Dame** (mit Krypta und Apsismalereien von Paul Delance); in der Regel nur zugänglich April bis Oktober.

[>] Cathédrale Sainte-Marie

In der Altstadt

Zwischen der Kathedrale und dem Brückenbereich am Fluss haben Stadtväter und -mütter das Ortsbild Olorons geschmackvoll aufbereiten lassen. Um lokal bedeutsame **Archäologie und Volkskunde** dreht sich ein kleines Museum in der Rue Dalmais Nr. 52: das Maison du Patrimonie (normalerweise nur Juli/August geöffnet).

Information

- **Office de Tourisme,** allées du Comte de Tréville, Tel. 05 59 39 98 00, http://tourisme-oloron.com. Hier auch Informationen zur historischen Eisenbahn „Train de la Compagnie du Haut Béarn".

Unterkunft

- **Hôtel Alysson**②, 24 boulevard des Pyrénées, Tel. 05 59 39 70 70, www.alysson-hotel.fr. Drei-Sterne-Hotel mit Fitnessraum, Sauna und Sommerpool. Zimmer mit Verbindungstür für Familien.
- **Hôtel de la Paix**①, avenue Sadi Carnot, Tel. 05 59 39 02 63, www.hotel-oloron.com. Eine solide Zwei-Sterne-Bleibe mit 24 Zimmern, WLAN ist kostenlos.

Camping

- **Camping Gîtes du Stade,** chemin de Lagravette, Tel. 05 59 39 11 26, www.camping-du-stade.com. Drei-Sterne-Platz (170 Stellplätze), vermietet auch ganzjährig Chalets; der eigentliche Campingplatz öffnet Anfang Mai bis Ende September.

150sf ad

Essen und Trinken

■ Beliebt ist das **Restaurant Arts et Délices**①-②; 13 place de la Cathédrale, Tel. 05 59 36 13 04, das traditionelle Gerichte der Region auftischt.

Sport und Freizeit

■ **Skate Park:** boulevard François Mitterand. Diverse Rampen, 86 m.
■ **Rafting:** Centre Nautique de Soeix, Quartier Soeix, Tel. 05 59 39 61 00, www.soeix.com.

In der Umgebung

Oloron-Sainte-Marie, eingefasst ins grüne Pyrenäen-Vorland, ist ein strategisch wichtiger Dreh- und Angelpunkt. Nordöstlich geht es durch grün gewellte Hügel und die Weinanbaugebiete um **Jurançon** 32 km weiter nach Pau.

Rund um Arette

Südwestwärts erreicht man **Aramits** und das Vallée de Barétous mit dem Hauptort **Arette.** Hier findet man eine alte besuchbare Mühle (**Le Moulin d'Arette;** Führungen im Hochsommer meist nur Mo. um 18 Uhr), die an Natur und Traditionen geknüpften Ausstellungsräume im Maison du Barétous (place de la Mairie) sowie einen Naturkundepfad (Sentier Découverte). Von Arette aus kann man an das **Wintersportgebiet La Pierre-Saint-Martin** anbinden, das sich über Höhen zwischen 1650 und 2200 m ausbreitet und mit diversen Liften ausstaffiert ist. Die Skisaison erstreckt sich von Ende November bis Anfang April.

Information

■ **Office de Tourisme,** place de la Mairie, Arette, Tel. 05 59 88 95 38, www.vallee-baretous.com.

Unterkunft

■ **Hôtel de l'Ours**①, 8 place de l'Église, Arette, Tel. 05 59 88 90 78, www.hoteldelours.fr. Einfaches Haus, zwei Sterne. Mit Bistro.

Sport und Freizeit

■ **Abenteuerpark:** Aventure Parc, Aramits, Tel. 05 59 34 64 79, www.aventure-parc.fr/aramits; Parcours mit zahlreichen Geschicklichkeitsübungen und ein wenig Nervenkitzel, verschiedene Preisstaffelungen je nach Altersgruppe, tägl. Juli/August, ansonsten unregelmäßig und meist nur an den Wochenenden (zwischen Mitte April und Anfang November); während des übrigen Jahres ist der Park geschlossen, einen Kalender mit aktuellen Öffnungszeiten findet man auf der Homepage.
■ **Canyoning und Klettern:** Pyrénées Aventures Nouvelles, route de Tardets, Lanne-en-Barétous, Tel. 05 59 34 10 70, www.pyrenees-aventures-nouvelles.com.
■ **Wintersport,** La Pierre-Saint-Martin, 1650–2200 m, 24 Pisten; Infos am besten über die gut aufgebaute Homepage www.lapierrestmartin.com.

Über den Pass von Somport ins spanische Jaca

Durch das Aspe-Tal

Südlich von Oloron-Sainte-Marie geht es dem Pyrenäenhochland um den magischen Pilgerpass Somport entgegen und mitten hinein ins **Vallée d'Aspe,** das sich immer weiter zusammenschnürt und beliebt unter Wanderfreunden ist; der Jakobsweg und der Fernwanderweg sind anspruchsvolle Strecken. Auf der Talstraße geht es zunächst über **Sarrance** (Kirche Notre-Dame und Kreuzgang), **Bedous** und **Accous.** In der Gegend weiden glückliche Schafe auf glücklichen Wiesen, Glockengebimmel hängt in der Luft, ein ums andere Male weisen Schilder auf den **Verkauf von Käse.**

Ein lohnender kleiner Abstecher von der Route führt nach **Lescun,** das man als eines der schönsten Dörfer der Pyrenäen rühmt. Aus dem Ortsbild erhebt sich der gedrungene Turm der Église de Sarrance, im Hintergrund wirft sich das gewaltige Massiv um den 2504 m hohen Pic d'Anie ab.

Zurückgekehrt auf die Hauptachse, findet man in **Etsaut,** an der nördlichen Peripherie des Parc National des Pyrénées gelegen, eines der Infozentren des Nationalparks: das Maison du Parc National (Tel. 05 59 34 88 30, www.parc-pyrenees.com). In **Borce** macht das Hôpital Saint-Jacques mit der Pilgerbewegung nach Santiago vertraut, bei **Urdos** bewacht das Fort du Portalet (im Sommer geführte Besuche möglich) das Tal.

Auf der Passhöhe

Für Fußpilger und Motorisierte geht es nun hinauf auf den sagenumwobenen Pass von Somport! Die kurvenreiche Auffahrt führt in faszinierende Gebirgspanoramen, nur Eilige kürzen den Weg nach Spanien durch den **Somport-Tunnel** ab. Der letzte Streckenteil führt durch den westlichen Teil des Pyrenäen-Nationalparks hoch hinauf auf den **Col du Somport,** dessen Höhe auf den meisten Karten mit 1632 m und vor Ort auf dem Schild mit 1640 m angegeben wird.

Hier heißt es Fahrzeug auf dem Parkplatz abstellen, die Aussicht auf die imposanten Bergflanken genießen und die Höhenluft einatmen. Hinter der alten Grenzstation führt ein Zwei-Minuten-Aufstieg an einen kleinen Marienaltar heran. In Erinnerung geblieben ist die Legende von zwei französischen Pilgern, denen Schneetreiben und Wölfe bis zum Ende ihrer Kräfte zusetzten. „Sollten wir den kommenden Tag erleben", sagte der Eine, „gelobe ich den Bau eines Pilgerhospitals." Und so geschah es. Wer dem Jakobsweg ein Stück abwärts in den **spanischen Wintersportort Candanchú** folgt, kommt an den Ruinen des Hospital de Santa Cristina vorbei.

Jaca

Weiterer Ausflugstipp für Spanien: An den Skistationen um Candanchú vorbei geht es weiter nach Jaca. Hier wartet eine freundliche kleine Altstadt mit einer im romanischen Stil begonnenen **Kathedrale,** die im Altarbereich in mehreren silbernen Schreinen die Reliquien von vier Heiligen birgt (*Orosia, Indalecio, Voto* und *Félix*). Rund um den Kreuzgang ist der Kathedrale das sehenswerte **Diözesanmuseum** angeschlossen.

Information

- **Office de Tourisme,** place Sarraillé, Bedous, Tel. 05 59 34 57 57, www.tourisme-aspe.com.

153sf ad

Unterkunft

- **Hôtel des Voyageurs Somport**①, route du Col du Somport, Urdos, Tel. 05 59 34 88 05, www.hotel-voyageurs-valleeaspe.com. Kleines Zwei-Sterne-Haus mit Restaurant, 28 Zimmer, recht günstig und heimelig.
- In der Gegend gibt es eine Reihe an weiteren Hotels, Pensionen und Gites, etwa die **Auberge Cavalière** in Accous (Tel. 05 59 34 72 30; www.auberge-cavaliere.com), das **Maison L'Arrayade** in Accous (Tel. 05 59 34 53 65; http://chambresdhotes-larrayade.com), **Le Pic d'Anie** in Lescun (Tel. 05 59 34 71 54; http://hebergement-picdanie.fr) und **Chez Michel** in Bedous (mit Restaurant; Tel. 05 59 34 52 47; http://restaurant-chez-michel.fr).

Sport und Freizeit

- **Eselsritt:** Le Parc aux Ânes, Etsaut, Tel. 05 59 34 88 98.
- **Gleitschirmfliegen:** École de Parapente Ascendance, Accous, Tel. 05 59 34 52 07, www.ascendance.fr.

Zwischen Olorint-Sainte-Marie und dem Pass von Somport

Parc National des Pyrénées

Der 1967 geschaffene Pyrenäen-Nationalpark spannt sich von West nach Ost vom Pic Lariste (2168 m) über den Col du Somport (1640 m) bis zum Pic de la Munia (3133 m). Der südlich von Cauterets gelegene Pic de Vignemale kratzt mit 3298 m an den Wolken. Die Kernzone umfasst 457 km², der erweiterte Schutzraum nochmals 2064 km². Gleich noch ein paar Zahlen dazu: Rund 160 Arten an Vögeln, 64 verschiedene Säugetiere, 80 endemische Floravertreter sind im Park beheimatet. Im Park gibt es einige wenige Bären, dazu große Vorkommen an Gämsen, Rot- und Schwarzwild, Füchse, Murmeltiere. Mit etwas Glück bekommt man anderes typisches Wildlife zu Gesicht: Marder, Gänsegeier, Steinadler, den seltenen Fischotter, das Schneehuhn oder gar den Bisamrüssler (oder Pyrenäen-Desman). Wildromantische **Täler und Kessel** wie der Cirque de Troumouse wechseln sich ab mit Canyons, Wasserfällen, eisigen Gipfeln, Buchen- und Nadelwäldern sowie etwa 200 Seen der verschiedensten Größen.

Wanderern steht ein **Wegenetz** von 350 km offen. Während der wärmeren Jahreszeit bieten bewirtschaftete **Hütten** *(refuges)* Unterschlupf, im Juli und August starten vielerorts geführte Tagestouren (Infos über die Maisons du Parc). Der **Fernwanderweg GR-10** zieht sich von Lescun bis Saint Lary-Soulan quer durchs Gebirge und im östlichen Teil durch das Seengebiet um den Lac d'Aubert und den Lac d'Aumar. Als Ausgangs- bzw. Stützpunkt von Wanderern dient **Cauterets,** hier starten Touren zum Lac de Gaube und Lac du Pourtet. Als Klassiker ist die Route Cirque de Gavarnie unverwüstlich, zur Gegend um den 2884-Meter-Giganten Pic du Midi d'Ossau brechen Wanderer ab dem Parkplatz am Lac de Bious-Artigues auf.

Bequemer macht man sich im **Bergbähnchen** „Petit Train d'Artouste" (verkehrt etwa Ende Mai bis Anfang Oktober; www.valleedossau-tourisme.com) mit dem wilden Hochgebirge bekannt.

Trotz aller natürlichen Schätze und Urgewalt sind Kern- und Randzonen des Nationalparks nicht von Menschenhand unberührt. Die jährliche Besucherzahl beläuft sich auf rund 1,5 Mio., der Tunnel von Somport hat die Bergwelt perforiert. Passhöhen wie der **Col de Tourmalet** und der **Col d'Aubisque** zählen oft zum mörderischen Programm der **Tour de France.** Manche Straßen können im Sommer stark befahren sein.

Nationalparkverwaltung

- **Siège Parc National des Pyrénées,** 2 rue du IV Septembre, Tarbes, Tel. 05 62 54 16 40, www.parc-pyrenees.com.

Information

- Maisons du Parc: **Arrens-Marsous** im Val d'Azun (Tel. 05 62 97 43 13), **Cauterets** im Vallée de Cauterets (Tel. 05 62 92 52 56), **Etsaut** im Vallée d'Aspe (Tel. 05 59 34 88 30), **Gavarnie** (Tel. 05 62 92 42 48), **Laruns** im Vallée d'Ossau (Tel. 05 59 05 41 59) **Luz-Saint-Saveur** im Vallée de Luz (Tel. 05 62 92 38 38) und **Saint Lary** im Vallée d'Aure (Tel. 05 62 39 40 91).

Pau

„Pau hat die schönste Aussicht aufs Land, so wie Neapel die schönste Aussicht aufs Meer besitzt“, schwärmte der französische Dichter *Alphonse de Lamartine* (1790–1869). Klar, dass man ihn gern zitiert und die quicklebendige **Hauptstadt des Départements Pyrénées-Atlantiques** schmackhaft macht. Pau, weit auseinander gedriftet im Pyrenäenvorland gelegen, sonnt sich im Glanz seiner Monumente und trumpft mit geschmackvoll angelegten Grünanlagen auf. Einen besonderen Hauch von Geschichte umweht das prächtige Schloss, auf dem 1553 *Heinrich von Navarra* (später König *Heinrich IV.*) geboren wurde. Ob der Herrscher, wie örtliche Publikationen behaupten, mit einem guten Tropfen Jurançon-Wein getauft wurde, ist nicht mehr nachvollziehbar – hört sich aber gut an!

Heuzutage konzentrieren sich Weinbau und -handel unverändert auf das benachbarte Jurançon, während die Arbeit in Metall-, Textil- und Lederindustrie sowie auf dem Dienstleistungssektor viele der rund 85.000 Einwohner Paus ernährt. Für junges Gepräge sorgt die **Universität;** nicht zuletzt die Studentenschaft hat Pau zu einem liberalen Pflaster gemacht.

Besonderheit ist die kleine **Seilbahn** *(funiculaire)*, die den Höhenunterschied zwischen Unter- und Oberstadt überbrückt und auf eine ins Jahr 1900 zurückreichende Geschichte blickt. Klare Sicht vorausgesetzt, schaut man von der Oberstadt aus bis zum Pyrenäenriesen Pic du Midi d'Ossau.

Sehenswertes

Die **Place Royale** mit Office de Tourisme und Rathaus und die **Place Georges Clémenceau** markieren die Dreh- und Angelpunkte im alten Pau, von wo aus die Fäden auf den Schlossbezirk zulaufen. Hinter dem Brückenzugang zum bombastischen Château grüßt den Besucher der hier geborene Heinrich IV. als Skulptur, ein Werk der Bildhauer *Barthélémy Tremblay* und *Germain Gissey.*

Schloss

Die im Mittelalter begonnene und im Laufe der Jahrhunderte mehrfach erweiterte Anlage thront hoch über dem Fluss, gleich mehrere wuchtige Türme konkurrieren um den Platz an der Sonne und werfen ihre Schattenspitzen an die Hofwand. Im Innern des Schlosses ist das **Musée National du Château de Pau** untergebracht, ein Museum, in dem es bei den geführten Rundgängen in den prachtvollen „Saal der hundert Gedecke“ *(Salle aux Cent Couverts)* hineingeht mit seiner entsprechend voluminösen Tafel, Wandbehängen und einer neuerlichen Statue von *Heinrich IV.* Zu den weiteren Rundgangstationen zählen der Küchenbereich, die Ehrentreppe, der Familiensalon und die herrschaftlichen Schlafzimmertrakte. Es sind erstarrte Bilder der Vergangenheit, mit denen Besucher Bekanntschaft machen: schwere Vorhänge, schweres Mobiliar, feudale Leuchter und Kerzenhalter, Tapisserien, Wanduhren. Passend zum Flair: der Geruch, eine Mischung aus abgestandener Zeit und frisch aufgetragenem Bohnerwachs.

Vom Vorplatz des Schlosses aus, der Place de la Déportation, bieten sich gute Ausblicke auf das grüne, waldreiche Umland. Typisch französisch ist der geschmackvolle Rahmen des Platzes mit Springbrunnen, Blumenkübeln und Bänkchen. Unterhalb des Schlosses liegt die Place de la Monnaie mit der **Tour de la Monnaie,** in der bis zur Französischen Revolution Münzen geprägt wurden.

■ **Musée National du Château de Pau,** etwa einstündige Führungen zwischen Mitte Juni und Mitte September tägl. 9.30–12.30 und 13.30–17.45 Uhr, während des übrigen Jahres tägl. 9.30–11.45 und 14–17 Uhr; http://chateau-pau.fr.

Im Herzen der City

Zurückgekehrt aufs Altstadtplateau mit der Place de la Déportation, kann man sich ganz in der Nähe den Keimzellen stilvoller Einkehr widmen: rund um die **Rue du Château,** die **Rue du Parlement** und die **Rue du Moulin.** Auf den Freiluftterrassen lässt man es sich rundum gut gehen. Hier zeigt sich Pau von seiner schönsten Seite, doch das ist nicht alles. Freundlich empfangen darf man sich auch rund um die geschäftige **Place Georges Clémenceau** fühlen, wo Wasserspiele sprudeln und die Fußgängerzone der Rue Maréchal Foch zustößt. In der Altstadt erstrahlen manche Holzfensterläden in sanftem Blau oder Gelb, andere bräuchten dringend einen Anstrich.

Musée Bernadotte

Zu den typischen Béarnaiser Adelshäusern zählt auch jenes aus dem 18. Jh. in der Rue Tran Nr. 8, das heute das Musée Bernadotte beherbergt. Hier lebt die Erinnerung an den kuriosen Werdegang des aus Pau stammenden *Jean-Baptiste Bernadotte* (1763–1844) fort. Im Laufe seiner Militärlaufbahn wurde er von *Napoléon Bonaparte* 1804 zum Marschall erhoben und 1810 von den schwedischen Ständen zum Kronprinzen gewählt, ehe er den Anschluss Schwedens an die Gegner *Napoléons* veranlasste. Von Schwedens König *Karl XIII.* adoptiert, trat er 1818 dessen Nachfolge an und nannte sich *Karl XIV. Johann;* bis zu seinem Tode 1844 hielt er sich an der Macht.

■ **Musée Bernadotte,** tägl. außer montags 10–12 und 14–18 Uhr.

154sf ad

▷ „Pau hat die schönste Aussicht aufs Land", schwärmte der Dichter Alphonse de Lamartine

Pau

Musée des Beaux-Arts

Nicht allzu weit entfernt, in der Rue Mathieu Lalanne, liegt mit dem Musée des Beaux-Arts eine weitere kulturelle Anlaufstation. Dieses Museum der Schönen Künste mag auf den ersten Blick klein und beschaulich wirken, birgt aber eine erstaunliche Qualität. Die Spanne reicht von regionalen Malern wie dem aus Pau gebürtigen *Victor Galos* (1828–79) bis zu weithin bekannten Meistern aus Spanien, Frankreich, Deutschland und den Niederlanden. Zur Sammlung zählen Werke von *El Greco, Alonso Cano, Peter Paul Rubens, Joaquín Sorolla, Ignacio Zuloaga* und *Edgar Dégas*.

■ **Musée des Beaux-Arts,** tägl. außer dienstags 10–12 (Sa./So. bis 12.30 Uhr) und 14–18 Uhr.

Parc Beaumont

Kein Besuch in Pau wäre komplett, ohne die Grünanlagen zu erkunden, in denen insgesamt mehr als 200 verschiedene Baumarten wurzeln. Ideales Umfeld bietet der Ende des 19. Jh. in englischem Stil entworfene **Parc Beaumont** mit seinen Spazierwegen, den Ententeichen, dem Rosengarten und Pflanzen aus mehreren Kontinenten. Das um 1900 erbaute **Palais Beaumont** ist als Kongresszentrum und Casino zweckentfremdet worden.

Praktische Tipps

Information

■ **Office de Tourisme,** place Royale, Tel. 05 59 27 27 08, www.pau-pyrenees.com. Stadtführungen.

Unterkunft

■ **Hôtel Parc Beaumont**③, 1 avenue Edouard VII, Tel. 05 59 11 84 00, www.hotel-parc-beaumont. com. Der moderne, lichtdurchflutete Block grenzt an die Parkanlage. Mit kleinem Hallenbad und Sauna. Sehr gut eingerichtet und geführt.

■ **Hôtel Le Bourbon**①, 12 place Georges Clémenceau, Tel. 05 59 27 53 12, www.hotel-lebourbon.com. Zwei-Sterne-Haus in zentraler Lage, im Oberbereich dieser Preiskategorie, zu den „Logis de France" gehörig.

Camping

■ Außerhalb liegt der ganzjährig zugängliche Drei-Sterne-Campingplatz **Le Terrier** in Lescar (avenue du Vert Galant, Tel. 05 59 81 01 82, www.camping-terrier64.com). Auch Hütten und Mobile Homes.

Essen und Trinken

■ **Restaurant Henri IV**②, 18 rue Henri IV, Tel. 05 59 27 54 43. Uriges Ambiente mit Holzdecke und kalkweißen Wänden, mehrere Menüs, Schafskäse aus dem Vallée d'Aspe. Falls es hier zu voll sein sollte, hat man rundherum weitere Lokale zur Auswahl.

■ **Restaurant Chez Olive**②, 9 rue du Château, Tel. 05 59 27 81 19. Diverse Menüs, Entenstopfleber. Mitten in einer stimmungsvollen Einkehrzone.

Einkaufen

■ Gute Shoppingmöglichkeiten im Bereich von Rue Maréchal Foche und Place Georges Clémenceau. Meeresfrüchte, Würste und Käse in den Markthallen (Les Halles, place de la République). Mi. und Sa. vormittags ist die Place du Foirail Schauplatz eines Biomarktes (Le Marché Biologique du Forail). Auf der Place du Foirail kann man Fr. und Sa. jeweils vor- und nachmittags sowie So. vormittags über den Antiquitätenmarkt (Le Marché Antiquaire du Foirail) bummeln.

Verkehrsanbindung

■ **Flughafen:** Aéroport Pau-Pyrénées, liegt rund 10 km nordwestlich der City, Uzein, Tel. 05 59 33 33 00, www.pau.aeroport.fr. Flugverbindungen u.a. nach Paris und Lyon.

■ **Bahnhof:** avenue Jean Biray. Verbindungen nach Bayonne, Bordeaux und Toulouse.

In der Umgebung

Kirchen, Orte und Sehenswürdigkeiten westlich von Pau

An die aus Toulouse herleitende Jakobs-Variante Via Tolosana ist die Kathedrale von **Lescar** angeschlossen, ein Prachtbau aus dem 12. Jh. mit reich dekorierten Kapitellen. In der Kathedrale befinden sich die Gräber verschiedener Könige und Königinnen von Navarra, darunter *Cathérine de Foix* (gest. 1517), *Marguerite d'Angoulême* (gest. 1549) und *Henri II. d'Albret* (gest. 1555). Ebenfalls auf das 12. Jh. geht der Pilgerspitalkomplex von **Lacommande** („Ensemble Hospitalier" bzw. „La Commanderie") zurück. Begründer war der Kreuzritter *Gaston IV.* In Lacommande schliefen die Jakobspilger einst auch auf den Emporen der sehenswerten Kirche. Hinter dem Gotteshaus liegt ein Friedhof mit historischen kleinen Grabstelen, gegenüber das Weinhaus der Jurançon-Weine (siehe Exkurs „Auf Weintour").

Mein Tipp: Ein Höhepunkt im Béarn erwartet Besucher im beschaulichen **Monein,** das weithin sichtbar vom 40 m hohen Turm der gotischen Kirche Saint-Girons (15./16. Jh.) überragt wird. Das einzigartige Dachgebälk *(charpente)* ist 50 m lang und 18 m hoch – ein kurioser Holzwald, für den über 1000 Eichen verwendet wurden. Eine Licht- und Tonschau verleiht dem Ganzen eine eindrucksvolle Stimmung.

Beleuchteter Dachstuhl der Kirche von Monein

305sf ad

Information

- **Office de Tourisme in Lescar,** place Royale, Tel. 05 59 81 15 98, www.mairie-lescar.fr.
- **Office de Tourisme in Monein,** rue du Commerce, Tel. 05 59 12 30 40, www.coeurdebearn.com.
- **Kathedrale von Lescar,** Führungen bzw. Zugangszeiten wechselnd, weitere Infos über das Office de Tourisme in Lescar (s.o.).
- **Ensemble Hospitalier,** Lacommande, im Juli und August tägl. 10.30–12.30 und 14–18 Uhr, ansonsten meist nur Mi., Sa. und So. 14–18 Uhr.
- **Église Saint-Girons,** Monein, wechselnde Anfangszeiten der Licht- und Tonschau, Infos im Office de Tourisme (s.o.). Meist gelten folgende Zeiten: Anfang Juli bis Mitte September Mo.–Sa. 11, 15 und 17 Uhr, sonntags 15 und 17 Uhr; Mitte April bis Ende Juni sowie Mitte September bis Mitte Oktober Di., Do. und Fr. um 16 Uhr, Mi. und Sa. um 15 und 17 Uhr, während des übrigen Jahres Mi. und Sa. um 16 Uhr.

Nördlich und östlich von Pau

Nördlich von Pau schließt der Landstrich Béarn-Adour das Béarn ab. Kleinere Entdeckungstouren führen nach **Morlaàs** mit seiner eindrucksvollen romanischen Kirche Sainte-Foy, nach **Sévignacq** mit einem interessanten Kirchenportal und – weit im Osten von Pau – zum **Château de Montaner** mit wuchtigem Wehrturm und einem bunten Mittelalterfest gegen Mitte Juli. Mit dem **Château de Momas** und dem **Château de Morlanne** erreicht man weitere herrschaftliche Anlagen nordwestlich von Pau.

Information

- **Office de Tourisme,** place Sainte-Foy, Morlàas, Tel. 05 59 33 62 25, www.paysdemorlaas-tourisme.fr.
- **Château de Montaner,** im Juli und August tägl. 10–12.30 und 13.30–19 Uhr, sonst Anfang April bis Ende Juni und Sept./Okt. Mi.–Mo. 14–18 Uhr; www.tourisme-vic-montaner.com.
- **Château de Momas,** stark eingeschränkte Zugangszeiten, meist nur Anfang April bis Anfang Nov. nachmittags an den Wochenenden, Tel. 05 59 77 14 71.
- **Château de Morlanne,** im Juli und August tägl. 10–19 Uhr, sonst April bis Juni und September/Oktober Mi.–So. 14–19 Uhr; Tel. 05 59 81 60 27.

Unterkunft

- **Hôtel Bourgneuf**①, 3 rue du Bourg Neuf, Morlaàs, Tel. 05 59 33 44 02, www.hotel-bourgneuf.com. Zwei-Sterne-Hotel mit Restaurant, auch Dreierzimmer sind vorhanden. Moderate Preise.

Von Pau ins Vallée d'Ossau

Auf dem Weg nach Laruns

Tief im Süden von Pau stößt man ins Vallée d'Ossau und einmal mehr in den Parc National des Pyrénées vor. Am Weg liegt das **Château de Sévignacq** (nicht zugänglich). Tor ins Tal von Ossau ist das geschäftige Arudy.

Im Tal selbst passiert man **Aste-Béon** mit seiner Falaise aux Vautours, dem **„Geierfelsen".** Kameras, nahe der Horste installiert, machen das Leben von Gänsegeiern greifbar. Die Bilder werden direkt übertragen. Es gibt auch ein museografisches Zentrum.

- **Falaise aux Vautours,** April, Mai und September tägl. 14–17.30 Uhr, Juni tägl. 14–18.30 Uhr, Juli und August tägl. 10.30–12.30 und 14–18.30 Uhr; www.falaise-aux-vautours.com.

Rund um Laruns

In Laruns gibt es ein Infohaus des Nationalparks und eine wichtige Straßengabelung. Die Links-Variante führt über den Thermalquellenort **Eaux-Bonnes** und die Skistation **Gourette** auf den 1709 m hohen **Col d'Aubisque,** einen der magischen Pässe der Tour der France.

Im Vallée d'Ossau

Die Hauptstrecke ab Laruns führt weiter durch das Vallée d'Ossau über den Thermalort Les Eaux-Chaudes nach **Gabas.** Am rund 1200 m hoch gelegenen **Lac de Fabrèges,** südöstlich von Gabas auf dem Weg zum Col du Pourtalet gelegen, startet eine Kabinenbahn zum Gare de la Sagette auf rund 2000 m Höhe. Die Sagette-Station ist Ausgangspunkt des populären Bergbähnchens **Petit Train d'Artouste,** das zwischen Ende Mai und Anfang Oktober Richtung Lac d'Artouste auf einer etwa 10 km langen Strecke verkehrt – eine gute Gelegenheit, die Gipfel um den 2884 m hohen Pic du Midi d'Ossau näher in Augenschein zu nehmen und den See kennen zu lernen. Allerdings muss damit gerechnet werden, dass an manchen Tagen der Ansturm recht hoch sein kann!

Naturfreaks wird es ab Gabas einige Kilometer weiter an den **Lac de Bious-Artigues** ziehen, der als Ausgangspunkt für Wandertouren im Bereich des Pic du Midi d'Ossau dient. Auf dem Fernwanderweg GR-10 geht es an die **Lacs d'Ayous** heran.

- **Petit Train d'Artouste,** www.altiservice.com/excursion/train-artouste.

Information

- **Office de Tourisme,** in **Arudy** (place de la Mairie, Tel. 05 59 05 77 11, www.arudy-tourisme.com), **Laruns** (Maison de la Vallée d'Ossau, Tel. 05 59 05 31 41, www.ossau-pyrenees.com), **Eaux-Bonnes** (Jardin Arralde, Tel. 05 59 05 33 08) und **Gourette** (place Sarrière, Tel. 05 59 05 12 17, www.gourette.com).

Sport und Freizeit

- **Thermalanlagen** von **Eaux-Bonnes** und **Eaux-Chaudes.**

Von Pau nach Lourdes

Nay

Südöstlich von Pau sind es rund 40 km bis zur weltberühmten Pilgermetropole Lourdes. Auf dem Weg dorthin besteht Gelegenheit zu einem Stopp in Nay, das auf eine Vergangenheit als 1302 gegründete Bastide zurückblickt. Erhalten haben sich Stadtmauerreste und die im 15./16. Jh. erbaute Église Saint-Vincent. **Das Baskenmützen-Museum** (Musée du Béret) an der Place Saint Roch steht ganz im Zeichen der traditionellen Kopfbedeckung. Weiterhin erwähnenswert ist das im 16. Jh. erbaute **Maison Carrée** an der Place de la République, einst das private Prachthaus eines wohlhabenden Tuchhändlers; heutzutage ist in dem Renaissancepalais das **Musée de l'Industrie** untergebracht, das die ländlichen Industriezweige Holz und Textilwaren thematisiert.

Information

■ **Office de Tourisme in Nay,** place du 8 Mai 1945, Tel. 05 59 13 94 99, http://tourisme-bearn-paysdenay.com.

■ **Musée du Béret,** April bis Oktober Mo. 14–18, Di.–Fr. 10–12 und 14–18, Sa. 10–12 Uhr, November und Januar bis März Mo., Di., Do., Fr. 14–18, Dezember Mo. 14–18, Di.–Sa. 10–12 und 14–18 Uhr; www.museeduberet.com.

■ **Maison Carrée/Musée de l'Industrie,** Juli, Aug. tägl. 10–12 und 14–19 Uhr, sonst Di.–Sa. 10–12 und 14–18 Uhr; www.maison-carree-nay.fr.

Grottes de Bétharram

Rund 15 km vor Lourdes erreicht man den Parkplatz der Grottes de Bétharram. Dieser nahe Saint Pé-de-Bigorre gelegene **Tropfsteinhöhlenkomplex** ist mit unterirdischer Bootspassage und rauschender Bähnchentour stark touristisch aufbereitet – hat aber durchaus seinen Reiz.

■ **Grottes de Bétharram,** Ende März bis Ende Oktober tägl. 9–12 und 13.30–17.30 Uhr, Mitte Februar bis Ende März Mo.–Fr. 14.30–16 Uhr; www.betharram.com.

Lestelle-Bétharram

Mit seiner Tradition als **Marienheiligtum** stimmt Lestelle-Bétharram, eine Bastide aus dem 14. Jh., auf die Wallfahrtshochburg Lourdes ein. Die Brücke von Bétharram wurde 1678–87 erbaut.

Kurz vor Lourdes lohnt sich ein Abstecher an die Ufer des **Lac de Lourdes,** der seinen Ursprung einem Gletscher verdankt und von Wäldern und ganz seichten Hügeln umzogen wird.

Lourdes

Was ist wahr, was ist nicht wahr? Für Gläubige steht unumstößlich fest, dass die junge *Bernadette Soubirous* (1844–79) im Jahre 1858 an den Flussufern des Gave de Pau in der Grotte von Massabielle fürwahr eine Reihe von **Erscheinungen der heiligen Jungfrau** erlebte: zwischen Februar und Juli insgesamt 18, wobei niemand anders als *Bernadette* sie gewahr wird – obwohl bei einer Erscheinung am 1. März 1858 mehr als 1500 Menschen zugegen sind. „Ich sah eine weiß gekleidete Dame", sagte *Bernadette* über die erste Erscheinung aus, „sie trug ein weißes Kleid und einen weißen Schleier, einen blauen Gürtel und auf jedem Fuß eine gelbe Rose." Bei der neunten Erscheinung gebot ihr die Dame, aus einer Quelle trinken und sich darin waschen – hier liegt der Grund für das wundersame Wasser von Lourdes. 1862 wurden die Marienvisionen kirchlich bestätigt – die Pilgerstadt Lourdes, eine der bekanntesten in ganz Europa, war geboren. Heute zählt die im Département Hautes-Pyrénées und auf rund 420 m Höhe gelegene Stadt rund 16.000 Einwohner und stellt mit ihrem Unterkunftangebot in Frankreich – bis auf Paris – alles in den Schatten. In und um Lourdes herum gibt es weit über 200 **Hotels;** insgesamt stehen mehr als 35.000 Übernachtungsplätze zur Verfügung.

Ob Neugierige oder Glaubenseifrige – wer als einer von **jährlich bis zu sechs Millionen Besuchern** nach Lourdes kommt, muss wissen, was ihn erwartet: Rummel und Trubel, Wallfahrtstourismus in höchster Potenz – interessant, ernüchternd, schockierend, irgendwie alles parallel. Die Andenkenläden bersten vor Kitsch, der Handel mit Kerzen und leeren Kanistern und Fläschchen für **Heilwasser** hat beständig Konjunktur. Unablässig bringen Busse Ströme von Schwer- und Schwerstkranken in ihrer Hoffnung auf Genesung. Offiziell anerkannte **„Wunderheilungen"** sind selten: bis heute knapp 70 von rund 7000 angezeigten Fällen. Im Gespräch mit dem Autor dieses Buches hat es ein Arzt, *Dr. Volker E.*, der regelmäßig Schwerstkranke von Deutschland nach Lourdes begleitet, auf den Punkt gebracht: „Wir fahren nicht nach Lourdes, um den Kranken zu sagen: Der Krebs geht weg. Nein, der Krebs geht nicht weg. Es geht darum, dass man mehr Kraft und innere Ruhe und Gottvertrauen bekommt, um die Krankheit anzunehmen und den letzten Weg zu gehen." **Versöhnung mit sich selbst,** das sei der Kern und Lourdes dazu der geeignete Platz, denn gerade hier, so glaubt er auch selbst, „ist man dem Himmel näher" als andernorts.

Regelmäßig sind Messen angesetzt, die abendlichen Lichterprozessionen und die eucharistischen Prozessionen mit der Krankensegnung bleiben für Gläubige unvergesslich.

In Lourdes richten sich alle Augen auf den weit ausgreifenden Pilgerkomplex **Sanctuaires Notre-Dame,** der auf seinen 51 ha jene **Grotte de Massabielle** umfasst, in der Bernadette am 11. Februar 1858 erstmals die Madonna erschienen sein soll. Ebenfalls zum Komplex gehörig: die Basilique de l'Immaculée Conception, der riesige Freiplatz, die Krypta, die Krankenbäder, die Basilique Notre-Dame de Rosaire, die Basilique Saint-Pie X, die Église Sainte-Bernadette, der Chemin de Croix des Espélugues (Kreuzweg) und die Chapelle de l'Adoration Eucharistique.

Den Spuren der im Jahre 1933 heilig gesprochenen *Bernadette* folgt man im Zentrum in ihrem **Geburtshaus** (Le Moulin de Boly), im **Museum Sainte-Bernadette,** im **„Cachot"** (vorübergehende ärmliche Bleibe der Familie *Soubirous* in der Rue des Petits Fossés) und in der **Pfarrkirche Sacré-Coeur,** in der sie 1844 getauft wurde. Allenfalls an übereifrige Bernadette-Gläubige richtet sich das **Musée de Lourdes.** Auf dem nahen Friedhof, dem **Cimetière de l'Egalité,** befindet sich das Grab der Fa-

Wintersport im Béarn

Mein Tipp: Die Pyrenäen üben riesige Zugkraft auf Anhänger des weißen Sports aus. Gute Übersicht unter: www.neige64.com. Hier ein Kurzüberblick:

- **Artouste:** 18 Pisten, Snowpark, www.altiservice.com/artouste/la-station
- **Gourette:** Skischule, Snowpark, rund 30 Pisten; www.gourette.com
- **Iraty:** vier Langlaufpisten zwischen 1,6 und 20 km Länge, westlich von Larrau, Tel. 05 59 28 51 29, www.chalets-iraty.com
- **Issarbe:** Ski nordisch, 9 Pisten auf 31 km
- **La Pierre-Saint-Martin:** Ski nordisch auf 25 km, Ski alpin auf zwei Dutzend Pisten, Skischule, Schneekanonen bis auf 1800 m Höhe; Tel. 05 59 66 20 09, www.lapierrestmartin.com
- **Le Somport:** Wintersport auf 1600–1700 m, 8 Pisten (Langlauf); Tel. 05 59 36 00 21, www.lesomport.com

milie *Soubirous* – allerdings ohne *Bernadette*. Nachdem sie 1860 in Lourdes Aufnahme bei den Ordensschwestern der Barmherzigkeit von Nevers gefunden hatte, verließ sie 1866 ihre Heimatstadt und kehrte nie mehr zurück. 35-jährig und schwer erkrankt, verstarb sie in Nevers und wurde dort beigesetzt.

Abseits des Leitmotivs „Glauben" kann man das oberhalb gelegene **Château-Fort** besuchen, das sich markant gegen die Bergwelt abhebt und fantastische Ausblicke ermöglicht. Die Säle sind als „Pyrenäen-Museum" zum teil volkskundlich aufbereitet, die Buntglasfenster in der kleinen Festungskapelle Notre-Dame du Château rufen die legendäre Belagerung des Kastells durch **Karl den Großen** ins Gedächtnis (Öffnungszeiten: April/Mai tägl. 9–12 und 13.30–18.30 Uhr, Juni 9–18.30 Uhr, Juli bis September 9–19 Uhr, Oktober bis März 9–12 und 14–18 Uhr (nur freitags ist bereits um 17 Uhr Schließzeit).

Mein Tipp: Die Panoramaaussichten von der Burg toppt Lourdes' 948 m hoher **Hausberg Pic du Jer,** zu dem im Südteil der Stadt eine **Zahnradbahn** hinaufführt (*funiculaire;* www.picdujer.fr).

Ein letzter Abstecher auf den Spuren der Bernadette führt wenige Kilometer nördlich von Lourdes nach **Bartrès,** wo das Mädchen in der „Bergerie" Schafe hütete; der Stall liegt außerhalb des Ortskerns. Auf dem Lagües-Hof in Bartrès verrichtete Bernadette für kurze Zeit Landarbeiten.

Im tiefen Süden von Lourdes geht es den Pyrenäenspitzen um den 3298 m hohen **Pic de Vignemale** entgegen, zahlreichen Hochgebirgsseen und Wandergebieten sowie den **Skistationen** Luz-Ardiden und Gavarnie-Gèdre.

Information

- **Office de Tourisme,** place Peyramale, Tel. 05 62 42 77 40, www.lourdes-infotourisme.com. Infos zu Sport, Thermaltourismus im Umland, Wanderwegen sowie dem 18 km langen Radweg „La Voie Verte des Gaves". Unter religiösem Stern steht die Homepage des Heiligtumsbezirks: http:// de.lourdes-france.org.

Unterkunft

- **Grand Hôtel de la Grotte**②-③, 66 rue de la Grotte, Tel. 05 62 94 58 87, www.hotel-grotte.com. Geöffnet etwa Ende März bis Ende Oktober. Fünf Sterne, stilvolles Restaurant, beheizter Pool.
- **Hôtel de Nevers**①, 13 avenue Général Baron Maransin, Tel. 05 62 94 90 88, www.hotel-nevers-lourdes.fr. Solide Bleibe.

Camping

- **Camping Arrouach,** 9 rue des Trois Archanges, Tel. 05 62 42 11 43, www.camping-arrouach.com, kleiner Platz, geöffnet Mitte März bis Ende Oktober.

Feste und Veranstaltungen

- Besonders festlich geht es in Lourdes am **Jahrestag der ersten Erscheinung** zu (11. Februar), am **Tag der heiligen Bernardette** (18. Februar), während der **Karwoche** und zu **Pfingsten,** an **Mariä Himmelfahrt** (15. August), während der **Rosenkranz-Wallfahrt** (Pélerinage du Rosaire) Anfang Oktober, am **Allerheiligen-Tag** (1. November) und an **Heiligabend.**

Verkehrsanbindung

- **Bahnhof:** avenue de la Gare. Anschluss nach Pau.

360sf ad

7 Vor der Reise

< Nur nichts vergessen für einen perfekten Strandurlaub an der Atlantikküste!

Informationen im Internet

Urlaubsregionen, Städte und kleinere Orte sind ebenso standardmäßig mit Homepages vertreten wie Hotels, Restaurants, Campingplätze und Sportanbieter – ein Idealfeld der Möglichkeiten, von daheim aus Preise und Service zu vergleichen und mitunter gleich **online zu buchen.** Mit Blick auf die ausländische Klientel findet man zahlreiche mehrsprachige Homepages (inklusive Deutsch) – bei der Rechtschreibung nicht immer fehlerfrei, aber verständlich. Problematischer kann das Verständnis bei automatischen Übersetzungsprogrammen werden. Nachfolgend ein Überblick über Websites zu Südwestfrankreich, unterteilt in Stichworte: Frankreich allgemein, Kultur, Natur, Regionen, Städte und Orte.

172sf ad

Frankreich allgemein

- **www.ambafrance-de.org,** viele Frankreich-Infos auf dieser Seite der Französischen Botschaft in Berlin.
- **www.developpement-durable.gouv.fr,** Umweltthemen aus Sicht der französischen Staatslenker, trotzdem interessant; das Themenspektrum umfasst u.a. Wasser sowie Natur und Landschaften.
- **www.les-plus-beaux-villages-de-france.org,** Seite zu den „schönsten Dörfern Frankreichs" – und davon gibt es auch in Aquitanien einige!
- **http://de.rendezvousenfrance.com,** offizielle Informationsseite über Tourismus in Frankreich mit einer bunten Themenpalette u.a. zu Natur, Kultur, Wellness, Festen und Veranstaltungen; aufschlussreiche praktische Infos und ein Überblick über bestellbare Broschüren des Französischen Fremdenverkehrsamtes. Alternative zu Printprodukten sind natürlich die Online-Versionen.
- **www.fplusd.org,** deutsch-französisches Sprachenportal mit Infos zu Schüler- und Jugendaustausch, zum Schulsystem und Studium, zur Berufsausbildung.
- **www.frankreich-info.de,** deutschsprachiges Portal, das eine Mischung von allgemeinen und praktischen Infos bietet.
- **www.insee.fr,** Homepage des Nationalinstituts für Statistik und Wirtschaftsstudien (Institut National de la Statistique et des Études Économiques); gute Regionalporträts und hilfreiche aktuelle Zahlen zu Frankreich, z.B. zu Wirtschaft, Gesundheit und Arbeitslosigkeit; im Wesentlichen auf Französisch.
- **www.france.fr/de.html,** Frankreichs offizielle Website (hier auf Deutsch) mit Themen, Orten, Daten.

< Typisch französische Beschaulichkeit, hier in Monein

- **www.villes-et-villages-fleuris.com,** Wettbewerb um die schönsten blumen- und pflanzenreich gestalteten Städte und Dörfer („villes et villages fleuris") und die Preisträger.
- **www.francoallemand.com,** Homepage der Deutsch-Französischen Industrie- und Handelskammer; deutschsprachige Infos u.a. zu Themen wie Recht und Steuern; außerdem Hinweise auf Veranstaltungen und Stellenmarkt.
- Auf der Homepage des Verlages findet man aktuelle Informationen und eine ganze Reihe an Links: **www.reise-know-how.de.**

Kultur

- **www.daad.de,** die Homepage des Deutschen Akademischen Austauschdienstes bietet u.a. Infos zu Bildungs- und Hochschulwesen in Frankreich; Förderungsmöglichkeiten.
- **www.institutfrancais.de,** Webseite des französischen Kulturnetzwerkes in Deutschland, Infos zu Kursangeboten und Kulturprogrammen.
- **www.jakobus-gesellschaften.de,** verlässliche Infos der Fränkischen Sankt-Jakobus-Gesellschaft, bei der auch der Pilgerausweis beantragt werden kann.
- **www.wissenschaft-frankreich.de,** Informationsportal für Wissenschaft, Forschung und Austausch.

Natur

- **www.parc-landes-de-gascogne.fr,** alles Wissenswerte zum Parc Naturel Régional des Landes de Gascogne.
- **www.reserve-ornithologique-du-teich.com,** Vogelpark von Le Teich.
- **www.parc-pyrenees.com,** alles über den Pyrenäen-Nationalpark.
- **www.parcsnationaux.fr,** Frankreichs Nationalparks.
- **www.parcs-naturels-regionaux.tm.fr,** Vereinigung der Französischen Regionalnaturparks (Fédération des Parcs Naturels Regionaux), hilfreich die anklickbare Übersichtskarte für die Auffindung.
- **www.voiesvertes.com,** das französische Portal für „Grüne Routen" (Fahrradrouten).

Orte und Regionen

- **Agen,** www.ot-agen.org
- **Anglet,** www.anglet-tourisme.com
- **Aquitanien,** www.tourisme-aquitaine.fr
- **Arcachon,** www.arcachon-tourisme.com, www.bassin-arcachon.com
- **Arudy,** www.arudy-tourisme.com
- **Baskenland/Pays Basque,** www.tourisme-pays-basque.fr, www.tourisme64.com
- **Bayonne,** www.bayonne-tourisme.com
- **Béarn,** www.tourisme64.com
- **Biarritz,** http://tourisme.biarritz.fr
- **Bidart**, www.bidarttourisme.com
- **Biscarrosse-Plage,** www.biscarrosse.com
- **Blaye,** www.tourisme-blaye.com
- **Bordeaux,** www.bordeaux-tourismus.de
- **Cadillac,** www.cadillac-tourisme.com
- **Cap Ferret,** www.lege-capferret.com
- **Carcans-Maubuisson,** www.medococean.de
- **Contis-Plage,** www.cotelandesnaturetourisme.com
- **Dax,** www.dax-tourisme.com
- **Dordogne,** www.dordogne-perigord-tourisme.fr
- **Espelette,** www.espelette.fr
- **Gironde,** www.tourisme-gironde.fr; Wissenswertes zur Küstenregion unter www.littoral33.com
- **Hendaye,** www.hendaye-tourisme.fr
- **Hossegor,** www.hossegor.fr
- **Hourtin,** www.medococean.de
- **La Brède,** www.tourisme-montesquieu.com
- **Lacanau-Océan,** www.lacanauocean.com

- **Landes,** www.tourismelandes.com
- **Langon,** www.langon33.fr
- **La Pierre-Saint-Martin,** www.lapierrestmartin.com
- **Le Porge-Océan,** www.leporge.com
- **Lot-et-Garonne,** www.tourisme-lotetgaronne.com
- **Lourdes,** www.lourdes-infotourisme.com
- **Mimizan-Plage,** www.mimizan-tourisme.com
- **Navarrenx,** www.tourisme-bearn-gaves.com (auch für Orte wie Salies de Béarn und Sauveterre-de-Béarn)
- **Oloron-Sainte-Marie,** www.tourisme-oloron.com
- **Pau,** www.pau-pyrenees.com
- **Pyrenées-Atlantiques,** ww.tourisme64.com; zusätzlich kann man unter www.tourisme-midi-pyrenees.com die Homepage des Comité Régional du Tourisme de Midi-Pyrénées abrufen
- **Pyrénées Béarnaises,** ein Zusammenschluss mehrerer Täler und Orte in den aquitanischen Pyrenäen: www.pyrenees-bearnaises.com
- **Saint Émilion,** www.saint-emilion-tourisme.com
- **Saint Jean-de-Luz,** www.saint-jean-de-luz.com
- **Saint Jean-Pied-de-Port,** www.saintjeanpieddeport-paysbasque-tourisme.com
- **Saint Pée-sur-Nivelle,** www.saint-pee-sur-nivelle.com
- **Soulac-sur-Mer,** www.soulac.com
- **Soustons,** www.soustons.fr
- **Vieux-Boucau-les-Bains,** www.tourisme-vieuxboucau.com
- Unter **www.tourisme.fr** erhält man Aufschluss über alle Touristeninformationen in Frankreich, selbst aus den kleinsten Orten.

Wegen der Überflutung durch „Spam" sind manche Stellen – aber auch Veranstalter, Hotels etc. – dazu übergegangen, keine E-Mail-Adressen mehr zu veröffentlichen; stattdessen finden sich auf den Homepages Kontaktformulare.

Informationsstellen

„Atout France" heißt die Französische Zentrale für Tourismus, die sich um die Vermarktung der Reisedestination Frankreich kümmert. Man findet die regionalen Vertretungen im Internet unter http://de.rendezvousenfrance.com.

In Frankreich sind die Öffnungszeiten der lokalen **Touristeninformationen** *(Office de Tourisme* bzw. *Office du Tourisme)* in der Nebensaison Mo.–Fr. ab 9/10 bis 17/18 Uhr (gelegentlich mit Mittagspause) und samstags nur bis Mittag. Im Juli und August öffnet manches Büro täglich von 8 bis 20 Uhr.

Französisches Fremdenverkehrsamt

Die nachfolgenden Vertretungen haben keinen Publikumsverkehr, daher keine Straßenadressen!

220sf ad

■ **Deutschland:** Atout France – Französische Zentrale für Tourismus, Postfach 100128, D-60001 Frankfurt am Main, info.de@rendezvousenfrance.com.
■ **Österreich:** Atout France – Französische Zentrale für Tourismus, Tel. 01 503 28 92, info.at@rendezvousenfrance.com.
■ **Schweiz:** Atout France – Französische Zentrale für Tourismus, info.ch@atout-france.fr.

Diplomatische Vertretungen

Siehe „Notfälle" im Kapitel „Praktische Reisetipps A–Z".

Studieren und Französisch lernen in Frankreich

Ein, zwei Semester Frankreich oder ein mehrwöchiger Sprachkurs bieten für viele Lernwillige einen Anreiz, das Nützliche mit Urlaubsambiente zu kombinieren. Größte Lehrmetropole in Südwestfrankreich ist Bordeaux. Informationen über **Förderprogramme in Frankreich** vermittelt der Deutsche Akademische Austauschdienst (DAAD), Kennedyallee 50, D-53175 Bonn, Tel. 0228 88 20, www.daad.de.

Von Deutschland aus kann man Sprachreisen nach Südwestfrankreich buchen, als Hauptanlaufstelle tritt auch hier Bordeaux hervor. Sprachreisen nach Bordeaux und Biarritz organisiert u.a. ESL Sprachreisen (www.esl.de, www.esl-sprachreisen.at).

☐ Für Informationen vor Ort ist das jeweilige „Office du Tourisme" zuständig

Ein- und Ausreisebestimmungen

Für die Einreise nach Frankreich benötigen Bürger der EU sowie Schweizer einen **Personalausweis oder Reisepass.** Achtung: Kindereinträge im Reisepass der Eltern sind nicht mehr gültig. Kinder benötigen eigene Reisedokumente. Über Bestimmungen für längere Aufenthalte sowie Visa für Nicht-EU-Bürger informieren die **französischen Botschaften.**

■ **Deutschland:** Pariser Platz 5, D-10117 Berlin, Tel. 030 590 03 90 00. Adressen und alles Weitere zu den zahlreichen französischen Konsulaten in Deutschland auf der Homepage der Botschaft unter www.ambafrance-de.org.
■ **Österreich:** Technikerstraße 2, D-1040 Wien, Tel. 01 50 27 50, www.ambafrance-at.org.
■ **Schweiz:** Schosshaldenstraße 46, CH-3006 Bern, Tel. 031 359 21 11, www.ambafrance-ch.org.

Grenzkontrollen an den deutsch-französischen Übergängen sind bis auf gelegentliche Stichproben (Schmuggel, Terrorismus) abgeschafft.

In allen EU- und EFTA-Mitgliedstaaten gelten weiterhin **nationale Ein-,**

Aus- oder Durchfuhrbeschränkungen, beispielsweise für Tiere, Pflanzen, Waffen, starke Medikamente und Drogen (auch Cannabisbesitz und -handel). Außerdem bestehen weiterhin Grenzen für die steuerfreie Mitnahme von Alkohol, Tabak und Kaffee. Bei Überschreiten der Freigrenzen muss nachgewiesen werden, dass keine gewerbliche Verwendung beabsichtigt ist.

Freimengen innerhalb EU-Ländern

- **Alkohol** (für Personen über 17 Jahre): 90 l Wein (nach D unbegrenzt, aber davon maximal 60 l Schaumwein) oder 110 l Bier oder 10 l Spirituosen über 22 Vol.-% oder die gleiche Menge Alkopops oder 20 l unter 22 Vol.-% oder eine anteilige Zusammenstellung dieser Waren .
- **Tabakwaren** (für Personen über 17 Jahre): 800 Zigaretten oder 400 Zigarillos oder 200 Zigarren oder 1 kg Tabak oder eine anteilige Zusammenstellung dieser Waren.
- **Anderes:** 10 kg Kaffee und 20 Liter Kraftstoff im Benzinkanister.

012sf ad

< Souvenir gefällig?

Freimengen für Schweizer

- **Alkohol** (für Personen ab 17 Jahren): 1 l Spirituosen (über 22 Vol.-%) oder 2 l Spirituosen (unter 22 Vol.-%) oder eine anteilige Zusammenstellung dieser Waren, und 4 l nicht-schäumende Weine, und 16 l Bier.
- **Tabakwaren** (für Personen ab 17 Jahren): 200 Zigaretten oder 100 Zigarillos oder 50 Zigarren oder 250 g Tabak oder eine anteilige Zusammenstellung dieser Waren.
- **Andere Waren:** 10 Liter Kraftstoff im Benzinkanister; für Flugreisende bis zu einem Warenwert von insgesamt 430 €, über Land Reisende 300 €, alle Reisende unter 15 Jahren 175 €.

Freimengen bei Rückkehr in die Schweiz

- **Alkohol** (für Personen ab 17 Jahren): 5 l bis 18 Vol.-% und 1 l über 18 Vol.-%.
- **Tabakwaren** (für Personen ab 17 Jahren): 250 Zigaretten/Zigarren oder 250 g Tabak.
- **Anderes:** 25 l Kraftstoff im Benzinkanister, 1 kg Fleisch/Fisch, 1 kg Butter, 5 kg Speisefette/-öle. Übersteigt der Gesamtwert der mitgeführten Waren (inklusive der Wert aller Lebensmittel) 300 Franken, müssen Sie in jedem Fall die Mehrwertsteuer bezahlen.

Nähere Informationen

- **Deutschland:** www.zoll.de oder Tel. 0351 44834510,
- **Österreich:** www.bmf.gv.at oder Tel. 01 51433 564053,
- **Schweiz:** www.ezv.admin.ch oder Tel. 061 2871111.

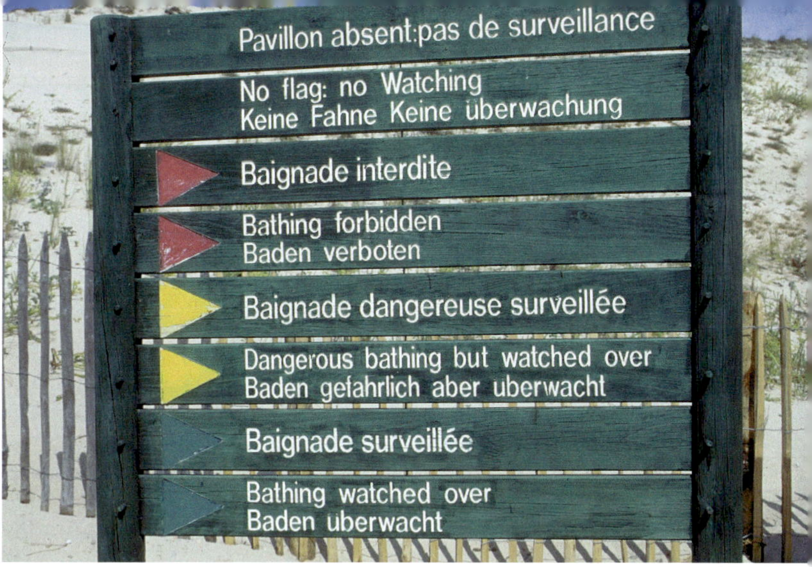

An- und Rückreise

Für die An- und Rückreise bieten sich mehrere Optionen: mit dem eigenen Fahrzeug, mit Bus, Zug oder Flugzeug. Da die Automietpreise in Frankreich recht hoch und abgelegene Strände mit öffentlichen Verkehrsmitteln nicht zu erreichen sind, ist der eigene fahrbare Untersatz durchaus zu empfehlen.

An Stränden weisen Tafeln und Flaggen auf die Gefahren des Meeres hin

Mit dem eigenen Fahrzeug

Nichts ist unmöglich – aber wer nicht zur Spezies der Bleifüßler zählt, wird die Anreise kaum an einem Tag schaffen. Allein zwischen Köln und Bordeaux liegen – je nach Wahl von Autobahn oder Landstraßen – ca. 1100 km, also alles andere als eine stressfreie Tagesreise. (Zum Thema Autofahren in Frankreich siehe „Autofahren und Verkehr" im Kapitel „Reisetipps A–Z".)

Anfahrtsstrecken

Aus dem Norden kommend, ist Paris Dreh- und Angelpunkt wichtiger Autobahnachsen, z.B. auf den Strecken Aachen – Lüttich – Mons – Valenciennes oder auch Saarbrücken – Metz – Reims. Auf den **Ringstraßen um Paris** ist äußerste Vorsicht bei den Abzweigungen und raschen Spurwechseln gefordert,

Stoßzeiten sollte man möglichst umgehen. Ab Paris führt die Autobahnfahrt auf der A 10 nach Südwestfrankreich über Orléans, Tours und Poitiers nach **Bordeaux.** Bei Saintes hat man die Möglichkeit, nach Royan abzubiegen, von dort die **Autofähre** *(bac)* über die **Gironde** zu nehmen und somit direkt an die nördlichsten Strände in Südwestfrankreich anzuknüpfen. Südlich von Bordeaux geht es rasch durch die Weiten des Landes voran, doch Vorsicht vor Radarfallen! Abzweige führen zu populären Ferienorten wie Mimizan-Plage. Wer bereits um Hossegor/Capbreton abfährt, um bis Hendaye, den letzten Ort vor der spanischen Grenze, die Autobahngebühr zu sparen, wird oft mit äußerst zähflüssigem Verkehr belohnt (und das nicht nur zur Hochsommerzeit). Sicher, die Maut ist verhältnismäßig hoch, doch speziell hier hilft sie, das Nervenkostüm zu schonen.

Ab Süddeutschland, der Schweiz und Österreich führt der traditionelle Autobahnweg über Lyon, Montpellier, Narbonne und Toulouse nach Agen bzw. weiter nach Bordeaux. Zwischendurch besteht in Toulouse die Möglichkeit des **Landstraßenabzweigs** über Auch nach Tarbes und dann auf der Autobahn weiter Richtung Bayonne und Biarritz. Kürzer als die lange, durchgehende Autobahnschleife Lyon – Bordeaux ist die von Landstraßenabschnitten unterbrochene Strecke über Clermont-Ferrand, Tulle, Cahors und Montauban – hier spart man viele Kilometer!

Angesichts der Autobahnmaut und der herrlichen französischen Landschaften am Wege entscheiden sich viele Reisende, auf **National- und Départementstraßen** auszuweichen. Als Alternativen zur Autobahn seien folgende Strecken vorgeschlagen:

- Köln – Lüttich – Namur – Sedan – Reims – Troyes – Sens – Montargis – Orléans – Blois (hier kann man die Anreise mit einer kleinen Schlössertour kombinieren!) – Tours – Poitiers – Bordeaux.
- Kaiserslautern – Saarbrücken – Nancy – Troyes – Auxerre – Bourges – Châteauroux – Poitiers – Bordeaux (ab Châteauroux Alternativstrecke über Limoges und Périgueux nach Agen).

006sf ad

■ Eine kombinierte Anreise auf Landstraßen und Autobahnen führt von Freiburg im Breisgau bzw. Basel über Mulhouse, Besançon und Beaune weiter durch Autun, Moulins, Montluçon, Guéret, Bellac und Angoulême nach Bordeaux.

Maut- und Fährgebühren

Von kleinen Ausnahmen wie Stadtumgehungen abgesehen, sind die **Autobahnen mautpflichtig.** Nicht zuletzt wegen der hohen Gebühren sind Frankreichs Autobahnen mitunter nicht allzu dicht befahren und garantieren meist eine zügige Reise. Die Rast- und Parkplätze unterwegs sind vorzüglich ausstaffiert – ideal für ein Picknick und nicht selten mit Kinderspielgerät für die Kleinsten. Toiletten sind in der Regel kostenlos, auch findet man häufig eine Baby-Wickelecke. Trotzdem darf man keine keimfreie Pflege der Sanitäranlagen erwarten. Wermutstropfen bei der Fahrt über Nationalstraßen: die oftmalige Überlastung durch den Schwerlastverkehr.

Mit Blick auf Routenplanung und Kosten sollte man einen Blick auf die Webseite www.autoroutes.fr werfen, wo individuelle Eingaben zu Start-und Zielort einen optimalen Detailüberblick über die Mautgebühren auf französischen Autobahnstrecken ermöglichen. Für die Strecke Saarbrücken – Bordeaux fallen für einen Pkw z.B. insgesamt knapp über 80 € an. An den **Mautstellen** *(péage)* bezahlt man **in bar** oder mit **Kreditkarte.** Alternative ist das **elektronische Mautsystem (Télépéage):** Dazu muss man sich mit gültiger Mailadresse, Kontonummer und Handynummer bei Bip & Go anmelden (www.bipandgo.com/de). Ob die Preisgabe der Daten in Relation zur Zeitersparnis an den Mautstellen steht, bei denen man auf den separaten „t"-Spuren durchfahren kann, muss jeder für sich entscheiden.

Mit Blick auf die Urlaubskasse sind auch die recht hohen **Fährtarife** zu beachten, sofern man zum nördlichsten Küstenzipfel Südwestfrankreichs den kürzesten Weg über die **Gironde** nehmen möchte. Von Norden her erreicht man die Gegend um **Soulac-sur-Mer** nur per Fahrzeugfähre *(bac)* ab **Royan.** Für einen Pkw kostet die Überfahrt ca. 24 €, pro Person sind 3,20 € zu entrichten. Aktuelle Preise und Fahrpläne lassen sich per Suchbefehl „bac entre Royan et Le Verdon" auf vielen Internetseiten nachschlagen, z. B. www.bernezac.com/passages_eau_royan_verdon.htm.

Zwischenübernachtung

Will man bei An- oder Rückreise unterwegs preisgünstig übernachten, bietet sich eine einfache Hotelkette wie **Ibis Budget** oder **F1** an. In recht kleinen Räumen kann man schlicht und zweckmäßig zum Einheitspreis Quartier beziehen. Gemeinschaftsduschen und -toiletten liegen im Gangbereich, das zusätzlich zu zahlende Frühstück ist in Ordnung und allemal günstiger als im Café um die Ecke. Der Zimmerpreis hängt von Saison bzw. Wochentag ab. Es gibt durchaus Zimmer um 30 € pro Nacht, doch der Preis kann auch auf über 45 € steigen.

◁ Pyrenäenlandschaft unweit des Somport-Passes

Als Alternativen bieten sich die etwas komfortableren Ketten **Première Classe, Ibis, Ibis Styles** und **Campanile an.**

Weitere Möglichkeit: ein **Gästezimmer** über die vom Französischen Fremdenverkehrsamt empfohlene Fédération des Gîtes de France.

Bei den Low-Cost-Hotels sind rechtzeitige Vorausbuchungen, besonders in der Hauptsaison, dringend zu empfehlen! Dass der Übernachtungspreis für französische Verhältnisse unschlagbar ist, wissen viele.

- Unter dem Portal **www.accorhotels.com** findet man Ketten wie F1, Ibis, Ibis Budget und Ibis Styles vereint; gute Vergleichsmöglichkeiten; auch teurere Häuser wie Mercure sind verzeichnet.
- **Première Classe,** www.premiereclasse.com.
- **Campanile Hotels,** www.campanile.com.
- **Gîtes de France,** www.gites-de-france.com.

Mit dem Bus

Zahlreiche Busverbindungen z.B. nach Bordeaux und Agen bietet **Eurolines/ Touring** an. Für die Strecke Frankfurt am Main – Bordeaux zahlt man für die einfache Fahrt etwa 90 €. Es gibt Frühbuchertarife, außerdem Ermäßigungen für Kinder bis vier Jahre (80 %) und für Kinder zwischen vier und zwölf Jahren (bis 50 %). Einen bis zu zehnprozentigen Preisnachlass gewährt man Jugendlichen unter 26 sowie Senioren über 60 Jahren. Außerdem gibt es noch Sondertarife für Studenten, bis zu 20 % Nachlass.

Die Schnelligkeit des Fortkommens entspricht dem gewählten Verkehrsmittel und den Stopps. Zwischen Frankfurt am Main und Bordeaux ist man bis zu 24 Stunden unterwegs, zwischen Hamburg und Bordeaux nur unwesentlich weniger – also nichts für wirklich Eilige.

Busverbindungen ab Österreich gibt es ebenfalls mit **Eurolines** (Infos und Buchungen unter www.eurolines.at).

Erkundigen Sie sich vorab nach den gerade gültigen Gepäckbestimmungen!

Wichtig: Die Reservierung für die Rückfahrt (Rückbestätigung) muss für offen gelassene Rückfahrttermine vier Tage vor Fahrtantritt am Zielort durchgeführt werden, wofür vor Ort eine Gebühr von 3 € erhoben wird.

Vor allem für Preisbewusste, die sich nicht Ewigkeiten im Voraus festlegen wollen, ist der Bus eine gute Wahl. Während bei sogenannten Billigfliegern und oft auch bei der Bahn alle bezahlbaren Kontingente nur bei langfristiger Vorbuchung zu haben sind, lässt sich so ein Busticket auch noch relativ kurzfristig bekommen.

Infos und Buchung – online oder persönlich – gibt es bei:

- **Gleisnost am Stadttheater,** Bertoldstr. 44, 79098 Freiburg, Tel. 0761-205513; **www.gleisnost.de.**
- **Eurolines,** www.eurolines.fr, in Frankreich: Tel. 08 92 89 90 91.

Mit dem Zug

Die meisten Verbindungen führen zunächst nach Paris. Aus der nördlichen Hälfte Deutschlands kommt man dort via Köln und Brüssel am Nordbahnhof (Gare du Nord) an, aus Süddeutschland, dem Nord-Elsass, Österreich am Ostbahnhof (Gare de l'Est). Vom Südwesten Deutschlands und aus der Schweiz geht es zum Bahnhof Paris Gare de Lyon. Direkte Fahrten gibt es ab Köln mit dem **Thalys,** ab Frankfurt mit dem **ICE,** ab München, Stuttgart, Freiburg und Zürich mit dem **TGV.** Ab Strasbourg fahren die TGV jede Stunde in 2 Stunden und 20 Minuten bis an die Seine.

Zur Weiterfahrt wechselt man in Paris per Metro zum Bahnhof Montparnasse, wofür ungefähr anderthalb Stunden eingeplant werden sollten. Bei guten Bahn-Agenturen gibt es für den Paris-Transit zu den Fahrscheinen auch gleich das Metro-Ticket dazu.
Ab Paris-Montparnasse fahren zahlreiche TGV in ungefähr 3 Stunden nach Bordeaux. Einige dieser Züge bedienen auch andere Ziele im Südwesten Frankreichs, wie z.B. Dax, Toulouse, Arcachon oder Bayonne.

Von Strasbourg aus fahren täglich drei TGV direkt nach Bordeaux, ohne dass in Paris der Bahnhof gewechselt werden muss.

Alle TGV-Züge sind **reservierungspflichtig** und haben, je nach Auslastung, erwarteter Nachfrage und Buchungszeitpunkt stark unterschiedliche Preise. Der Buchungsbeginn bei den einzelnen Zügen ist unterschiedlich früh, teils schon über vier Monate vor dem Reisedatum. Je eher man dann bucht, desto billiger kann die Fahrt sein: die einfache Fahrt ab Stuttgart oder Köln nach Bordeaux für knapp 80 € ist durchaus realisierbar. Diese stark verbilligten Tarife sind in Deutschland nur bei einigen spezalisierten Bahn-Agenturen erhältlich und nicht an den Schaltern der DB und auch nicht auf deren Internet-Seite.

Buchung

Wer sich nicht selbst durch den Dschungel der Bahntarife und Fahrpläne schlagen und trotzdem Geld sparen will, erhält bei spezialisierten Bahn-Agenturen kompetente Beratung – und auf Wunsch die Tickets an jede gewünschte Adresse in Europa geschickt. Zu empfehlen ist hier Gleisnost in Freiburg (Adresse siehe Abschnitt „Mit dem Bus").

Mit dem Flugzeug

Die wichtigsten Flughäfen in Südwestfrankreich sind **Bordeaux** und der **Aéroport „BAB"** (Biarritz-Anglet-Bayonne); letztgenannter liegt in Biarritz-Parme. Auch nahe Lourdes gibt es einen kleineren Flughafen. Ab zahlreichen Städten in Deutschland, Österreich sowie der Schweiz gibt es nach Bordeaux Umsteigeverbindungen mit **Air France** über Paris oder mit **KLM** über Amsterdam. Je nach Saison kann es auch direkte internationale Verbindungen aus dem deutschsprachigen Raum geben, doch leider wechseln die Flugpläne der Airlines häufig.

Flugpreise

Ein Economy-Ticket von Deutschland, Österreich oder der Schweiz hin und zurück nach Bordeaux bekommt man je nach Jahreszeit und Aufenthaltsdauer ab etwas über 200 € (einschließlich aller Steuern, Gebühren und Entgelte). Am teuersten ist es in der Hauptsaison im Sommerhalbjahr, in der die Preise für Flüge im Juli und August besonders

hoch sind und nicht selten über 300 € betragen können. Durch günstige Spezialtarife oder höhere Gewinnausrichtungen der Airlines kann es bei all diesen Angaben zu Abweichungen nach oben oder unten kommen; gute Vergleiche z.B. bei www.opodo.de.

Kinder unter zwei Jahren fliegen ohne Sitzplatzanspruch für 10 % des Erwachsenenpreises, ansonsten werden für ältere Kinder die regulären Preise je nach Airline um 25–50 % ermäßigt. Ab dem 12. Lebensjahr gilt der Erwachsenentarif.

Winterlandschaft nahe dem Somport-Pass

Buchung

Für die Tickets kann man bei folgendem zuverlässigen Reisebüro meistens günstigere Preise als bei vielen anderen finden:

- **Jet-Travel,** In der Flent 7, 53773 Hennef, Tel. 02242-868606, www.jet-travel.de. Buchungsanfragen oder Onlinebuchungen auf der Website unter der Auswahl „Flüge".

Mini-„Flug-Know-how"

Check-in

Nicht vergessen: Ohne einen **gültigen Reisepass oder Personalausweis** für EU-Staatsbürger und Schweizer kommt man nicht an Bord eines Flugzeuges. Kinder benötigen einen eigenen Reisepass.

Bei innereuropäischen Flügen sollte man mindestens **eine Stunde vor Abflug** am Schalter der Airline eingecheckt haben. Je nach Fluggesellschaft kann man den Check-In ab 23 Stunden vor Abflug auch vorab zu Hause im Internet erledigen und muss am Flughafen nur noch die ausgedruckte Boardkarte vorlegen und sein Gepäck an dem entsprechenden Schalter abgeben. Manche Fluglinien bieten darüber hinaus die Übermittlung des Boardkarten-Barcodes aufs Handy oder Smartphone an – interessant für Passagiere, die nur mit Handgepäck reisen.

Das Gepäck

In der Economy Class darf man pro Person in der Regel ein **Handgepäckstück bis zu 7 kg** in die Kabine mitnehmen (nicht größer als 55 x 40 x 20 cm) und bei Bedarf zusätzlich ein Gepäckstück bis zu 23 kg einchecken. In der Business Class sind es pro Person meist zwei Handgepäckstücke (insgesamt nicht mehr als 12 kg) und ein Gepäckstück bis zu 30 kg zum Einchecken. Aufgepasst: Bei sogenannten Billigfluggesellschaften wie z.B. Ryanair gelten andere Gewichtsklassen. Man sollte sich beim Kauf des Tickets über die Bestimmungen der Airline informieren.

Beim Packen des Handgepäcks sollte man darauf achten, dass man **Flüssigkeiten** oder Substanzen ähnlicher Konsistenz (Gel, Parfüm, Shampoo, Creme, Zahnpasta, Suppe, Käse, Lotion, Rasierschaum, Aerosole etc.) nur in geringen Mengen bis zu jeweils **100 ml** mit ins Flugzeug nehmen darf. Diese Substanzen muss man separat in einem durchsichtigen Plastikbeutel (z.B. Gefrierbeutel) transportieren, den man beim Durchleuchten in eine der bereitstehenden Schalen auf das Fließband legen sollte. Auch das **Notebook** oder **Smartphone** muss in eine solche Schale gelegt werden. Hat man einen **Gürtel** mit einer Schnalle aus Metall, empfiehlt es sich, diesen auszuziehen und ebenfalls in die Schale zu legen, da sonst in der Regel der Metalldetektor anschlägt und man vom Flughafenpersonal abgetastet werden muss.

Aus Sicherheitsgründen dürfen **Nagelfeilen** sowie **Messer** und **Scheren** aller Art, also auch Taschenmesser, nicht im Handgepäck untergebracht werden. Diese Gegenstände sollte man unbedingt daheim lassen oder im aufzugebenden Gepäck verstauen, sonst werden sie bei der Sicherheitskontrolle einfach weggeworfen.

Darüber hinaus gilt, dass leicht entzündliche **Gase** in Sprühdosen (Schuhspray, Campinggas, Feuerzeugfüllung), **Benzinfeuerzeuge** und **Feuerwerkskörper** etc. nicht im Koffer oder dem Handgepäck transportiert werden dürfen.

Vom **Verschließen** des Gepäcks mittels eines Vorhängeschlosses wird **abgeraten,** da das Gepäck bei Auffälligkeiten beim Durchleuchten vom Flughafenpersonal durchsuchbar sein sollte.

Fluglinien

Preiswerter geht es mit etwas Glück nur, wenn man **sehr früh online bucht.** Es werden keine Tickets ausgestellt, man bekommt nur eine Buchungsnummer per E-Mail. Zur Bezahlung wird in der Regel eine Kreditkarte verlangt, was mit einer Zusatzgebühr verbunden ist.

Im Flugzeug gibt es reservierbare Sitzplätze nur gegen Aufpreis. **Verpflegung** wird extra berechnet, bei einigen Fluggesellschaften auch aufgegebenes Gepäck. Für die Region relevant sind:

- **Air Berlin,** www.airberlin.com. Ab vielen Städten in Deutschland (auch Österreich) ins nordspanische Bilbao (Umstieg in Palma de Mallorca). Ab Bilbao organisiert man selbst die Weiterreise mit Bus bzw. Zug an die etwa 140 km entfernte Grenze. Der Flughafenbus in Bilbao fährt direkt zum Busbahnhof, ab dort täglich zahlreiche Linienbusse nach San Sebastián (je nach Jahreszeit gibt es auch Direktverbindungen ab dem Flughafen Bilbaos nach San Sebastián). Ab San Sebastián besteht Gelegenheit, mit dem regelmäßig abgehenden „Topo"-Zug nach Hendaye im Pays Basque anzubinden.
- Auch **Germanwings** (www.germanwings.com) bedient Bilbao, z.B. ab Düsseldorf oder Stuttgart.
- **Easy Jet,** www.easyjet.com. Von Genf und Basel-Mulhouse-Freiburg, Amsterdam und Brüssel nach Bordeaux.
- **Ryanair,** www.ryanair.com. Vom belgischen Charleroi nach Biarritz, Bordeaux oder Bergerac.
- **Transavia,** www.transavia.com. Von Rotterdam/Den Haag nach Bergerac.

Last-Minute

Wer sich erst im letzten Augenblick für eine Reise nach Südwestfrankreich entscheidet, kann Ausschau nach Last-Minute-Flügen halten, die von einigen Airlines mit deutlicher Ermäßigung **ab etwa 14 Tage vor Abflug** angeboten werden, wenn noch Plätze zu füllen sind. Diese Last-Minute-Flüge lassen sich nur bei Spezialisten buchen:

- **L'Tur,** www.ltur.com, Tel. Tel. 00800 21212100 europaweit.
- **Lastminute,** www.lastminute.de, (D-) Tel. 089-17923040.
- **5 vor Flug,** www.5vorflug.de, (D-) Tel. 089-710454109, (A-) Tel. 0820 203 085.
- **Holiday Check,** www.holidaycheck.at.

Ankunft am Flughafen

Einmal in **Bordeaux** gelandet, kann man einen Shuttlebus (Navette; http://navetteaeroport-bordeaux.com) in die Stadt bis zum Gare St Jean (Hauptbahnhof) nehmen. Er fährt täglich zu jeder vollen Stunde zwischen 8 und 23 Uhr (Bahnhof-Airport: 7–21 Uhr, Mo.–Fr. zusätzlich um 6 Uhr) und braucht bei normalem Verkehr etwa 30 Minuten. Kosten: 7,20 € für die einfache Fahrt bzw. 12,30 € hin und zurück (kleine Ermäßigungen gibt es für Kinder, Jugendliche und Senioren; www.bordeaux.aeroport.fr). Am **Aéroport Biarritz-Anglet-Bayonne** hält ein Linienbus nach Biarritz, Plages und Bayonne (www.biarritz.aeroport.fr bzw. www.transports-atcrb.com); auch eine Weiterfahrt bis Hendaye ist möglich).

Ansonsten kann man natürlich ein **Taxi** nehmen.

> Abgekürzt heißt er „BAB", der Flughafen Biarritz-Anglet-Bayonne

Rund ums Geld

Die Unterschiede im **Euroland Frankreich** markieren – wie in den anderen Mitgliedsstaaten des Finanzverbunds – die Rückseiten der Münzen. Auf den 1-, 2- und 5-Cent-Münzen ist die Büste der Marianne zu sehen, eine Personifikation der französischen Republik. Die 10-, 20- und 50-Cent-Münzen ziert das Motiv der Säerin, Symbol für die „Frau auf dem Weg“ und gleichermaßen Ausdruck für Hoffnung wie für Freiheit. Auf den 1- und 2-Euro-Münzen schaut man auf einen stilisierten Baum, Sinnbild des Lebens und des Wachstums.

Das Wort *Euro* spricht sich im Französischen „Öro“.

Umtauschkurs für Schweizer

Schweizer müssen nach wie vor Geld tauschen. Der Wechselkurs (Stand bei Redaktionsschluss Februar 2015):

- 1 € = 1,03 SFr
- 1 SFr = 0,97 €

Banken

Die **Öffnungszeiten** der französischen Banken sind Di.–Fr. 9/9.30 bis 12 Uhr und 14 bis 16/16.30 Uhr sowie samstags vormittags. Montags sind Banken oft geschlossen. Keine Regel ohne Ausnahme: Einige Geldinstitute öffnen zwar montags, während man samstags vor verschlossener Tür steht.

221sf ad

Kredit- und EC-Karten

Bequemer sind die weit verbreiteten **Geldautomaten,** bei denen sich das Bedienungsmenü oft auf Deutsch aufrufen lässt. Geheimzahl nicht vergessen! Bei Bankkarten ist das Maestro-System am weitesten verbreitet, aber auch solche mit **V PAY-Logo** funktionieren bereits fast an allen Automaten in Europa. Ob **Kosten für die Barabhebung** entstehen und wie hoch sie sind, ist abhängig von der kartenaustellenden Bank und von der Bank, bei der die Abhebung erfolgt. Man sollte sich daher vor der Reise bei seiner Hausbank informieren, mit welcher französischen Bank sie zusammenarbeitet. Im ungünstigsten Fall wird pro Abhebung eine Gebühr von bis zu 1 % des Abhebungsbetrags per Bankkarte oder gar 5,5 % des Abhebungsbetrags per Kreditkarte berechnet.

Für das **bargeldlose Zahlen per Kreditkarte** innerhalb der Euro-Länder darf die Hausbank keine Gebühr für den Auslandseinsatz veranschlagen; für Schweizer wird ein Entgelt von 1–2 % des Umsatzes berechnet. In vielen größeren französischen Geschäften und Supermarktketten kann man auch bargeldlos mit der Bankkarte zahlen (nach Eingabe der PIN).

Fast überall akzeptiert man gängige **Kreditkarten,** mit denen auch an den Autobahnmautstellen bezahlt werden kann. Problematisch kann es mit weit verbreiteten Kreditkarten wie Visa allerdings an Self-Service-Tankstellen werden. Bei der per Automaten abgewickelten Bezahlung wird mitunter die ansonsten bewährte Kreditkarte nicht akzeptiert. Franzosen lieben unverändert ihre handschriftlich ausgefüllten Bankschecks und lassen die Schlangen an so manchen Supermarktkassen anschwellen, was aber niemanden stört. Bei Bezahlung mit Kreditkarte wird gelegentlich der Pass oder Personalausweis verlangt, wobei eine gewissenhafte Prüfung die Ausnahme bleibt.

Siehe Kapitel „Reisetipps A–Z, Notfälle“ falls die Geldkarte gestohlen wurde bzw. verloren ging.

Reisekosten

Frankreich ist ein durchweg **teures Reisepflaster,** auf dem die gebotene Qualität ihren Preis hat. Lebensstandard, allgemeine Kosten und Dienstleistungstarife entsprechen jenen aus anderen Ländern Mitteleuropas – oder liegen zuweilen darüber! Wer auf den Cent achten muss, wird jedoch manche Schlupflöcher entdecken, die das Budget nicht über alle Maßen belasten.

Spartipps

- Camper werden nicht ohne **eigenen Kocher** auskommen, im französischen „Lidl" einkaufen und sich reichlich mit Landwein, Baguette und Käse versorgen – da kommt man durchaus günstig weg! Auch Milchprodukte sind in den großen Supermärkten deutlich billiger als in kleinen Läden.
- Bei der Planung sollte man sich fragen, ob man sich angesichts herrlicher Radwege nicht öfters aufs **Fahrrad** schwingen will – dann könnte es sich lohnen, das eigene Rad mitzubringen.
- In der **Nebensaison** kann man äußerst günstig campen bzw. auf **Campingplätzen** wochenweise Wohnwagen mieten – am besten zu viert oder sechst, damit kann man erheblich sparen! Hauptsaison ist im Grunde nur Juli/August, die Vor- bzw. Nachsaison liegt im Juni und September sowie um

Ostern herum. Ansonsten herrscht wirklich Nebensaison – wobei man den Winter ausklammern sollte, denn dann sind viele Plätze ohnehin zu.

- Im grenznahen Gebiet zum **Volltanken nach Spanien** fahren, wo Benzin etwa 10 % billiger ist!
- **Bei Museen** auf Tage mit Gratis-Eintritt *(entrée gratuite)* achten bzw. auf ein Kombiticket *(billet jumelé)* für zwei Museen; auch Familientickets sind mitunter erhältlich.
- Im Restaurant für den Nachwuchs das vergleichsweise günstige **Kindermenü** *(menu d'enfant)* bestellen.
- Für **Senioren** (über 65 Jahre) gibt es auch Ermäßigungen; im Zweifelsfall Personalausweis bereit halten!
- Zur **Reduktion der Mautgebühren** auf Nationalstraßen fahren. Ausnahmen: in Feriengebieten zur Sommersaison, da kann eine Investion in *péage* deutlich Zeit, eine Menge Nerven und nicht zuletzt Benzinkosten während des leidigen Stop-and-go sparen!

Preisbeispiele

- **Eintritt Museum:** ca. 5–8 €
- **Eintritt Vogel-/Blumenparks:** ca. 7,50–10 €
- **Eintritt Aquarium:** ca. 10–15 €
- **Doppelzimmer, einfaches Hotel:** 40–60 €
- **Doppelzimmer, Drei-Sterne-Hotel:** 70–130 € (je nach Saison)
- **Frühstück** ab 3,50 € (einfach) bis ca. 15 € (Luxus)
- **Zeltparzelle, einfacher Campingplatz:** ab ca. 12 € in der Nebensaison
- **Stellplatz, guter Campingplatz:** um 40–45 € in der Hochsaison
- **fest installierter Wohnwagen auf Campingplatz:** Wochenmiete ab ca. 250 € in der Nebensaison und 550–600 € im Hochsommer
- **Milchkaffee in der Bar:** ab ca. 2–2,50 €
- **Tagesmenü, einfaches Restaurant:** ab ca. 12 € (ohne Getränke)
- **Abendessen à la carte, gutes Restaurant:** ab ca. 30–35 € (drei Gänge, Getränke extra)
- **Fahrradmiete:** ab ca. 10 € für einen halben und ab ca. 14 € für einen ganzen Tag
- **Surfbrettverleih,** ab ca. 6 € pro Stunde, 10–12 € pro halbem Tag und etwa 18 € pro komplettem Tag
- Weitere Preisbeispiele unter „Einkaufen und Souvenirs" im Kap. „Reisetipps A–Z"

Kurtaxe

Uneinheitlich geregelt ist das Thema Kurtaxe *(taxe de séjour)*. Je nach Kategorie und Standard der Unterkunft muss man **pro Person und Tag** zwischen etwa 20 Eurocent und 1,50 € Kurtaxe einkalkulieren; zum Glück ist man häufig unter 1 € dabei. Es versteht sich von selbst, dass ein Campingplatz billiger ist als ein Drei-Sterne-Haus.

Die Gesamtkosten werden auf die Endrechnung aufgeschlagen. Um Überrasch-ungen zu vermeiden, sollte man vorab nach der Höhe der Kurtaxe fragen bzw. einen Blick auf den Aushang werfen.

Versicherungen

Egal welche Versicherungen man abschließt, hier ein Tipp: Für alle abgeschlossenen Versicherungen sollte man die **Notfallnummern** notieren und mit der **Policenummer** gut aufheben! Bei Eintreten eines Notfalles sollte die Versicherungsgesellschaft sofort telefonisch verständigt werden!

Der Abschluss einer **Jahresversicherung** ist in der Regel kostengünstiger als mehrere Einzelversicherungen. Günstiger ist auch die **Versicherung als Familie** statt als Einzelpersonen. Hier sollte man nur die Definition von „Familie" genau prüfen.

Krankenversicherung

Für gesetzlich Versicherte besteht zwischen Frankreich und anderen EU-Ländern ein gegenseitiges Abkommen über die Behandlung Dazu braucht man die **Europäische Krankenversicherungskarte.** Im Unfall- oder Krankheitsfall besteht ein Anspruch auf ambulante oder stationäre Behandlung bei jedem zugelassenen Arzt und in staatlichen Krankenhäusern. Über aktuelle Bestimmungen, zu denen u.a. Vorauszahlungen bei Arztbesuchen und verschriebene Medikamente gehören, informiert die Krankenkasse.

Da jedoch die Leistungen nach den gesetzlichen Vorschriften im Ausland abgerechnet werden, kann man auch gebeten werden, zunächst **die Kosten der Behandlung** selbst zu tragen. Obwohl bestimmte Beträge von der Krankenkasse hinterher erstattet werden, kann ein Teil der finanziellen Belastung beim Patienten bleiben und zu Kosten in kaum vorhersagbarem Umfang führen.

Deshalb wird der Abschluss einer **privaten Auslandskrankenversicherung** dringend empfohlen. Diese sollte eine Reiserückholversicherung enthalten, denn der Krankenrücktransport wird von den gesetzlichen Krankenkassen nicht übernommen.

Zur Erstattung der Kosten benötigt man ausführliche **Quittungen** (mit Datum, Namen, Bericht über Art und Umfang der Behandlung, Kosten der Behandlung und Medikamente).

Andere Versicherungen

Ist man mit einem Fahrzeug unterwegs, ist der **Europaschutzbrief** eines Automobilclubs eine Überlegung wert. Wird man erst in der Notsituation in der Schweiz Mitglied, gilt diese Mitgliedschaft auch nur für dieses Land und man ist in der Regel verpflichtet, fast einen vollen Jahresbeitrag zu zahlen, obwohl die Mitgliedschaft nur für einen Monat gültig ist.

Ob es sich lohnt, weitere Versicherungen abzuschließen wie eine Reiserücktrittsversicherung, Reisegepäckversicherung, Reisehaftpflichtversicherung oder Reiseunfallversicherung, ist individuell abzuklären. Gerade diese Versicherungen enthalten viele **Ausschlussklauseln,** sodass sie nicht immer Sinn machen.

Die **Reiserücktrittsversicherung** für 35–80 € lohnt sich nur für teure Reisen und für den Fall, dass man vor der Abreise einen schweren Unfall hat, schwer erkrankt, schwanger wird, gekündigt wird oder nach Arbeitslosigkeit einen neuen Arbeitsplatz bekommt, die Wohnung abgebrannt ist u.Ä. Nicht gelten hingegen: Terroranschlag, Streik, Naturkatastrophe etc.

Die **Reisegepäckversicherung** lohnt sich seltener, da z.B. bei Flugreisen verlorenes Gepäck oft nur nach Kilopreis und auch sonst nur der Zeitwert nach Vorlage der Rechnung ersetzt wird. Wurde eine Wertsache nicht im Safe aufbewahrt, gibt es bei Diebstahl auch keinen Ersatz. Kameraausrüstung und Laptop dürfen beim Flug nicht als Gepäck aufgegeben worden sein. Gepäck im unbeaufsichtigt abgestellten Fahrzeug ist ebenfalls nicht versichert. Die Liste der Ausschlussgründe ist endlos ... Überdies deckt häufig die Hausratsversicherung schon Einbruch, Raub und Beschädigung von Eigentum auch im Ausland. Für den Fall, dass etwas passiert ist, muss der Versicherung als Schadensnachweis ein Polizeiprotokoll vorgelegt werden.

Eine **Privathaftpflichtversicherung** hat man oft schon. Hat man eine **Unfallversicherung,** sollte man prüfen, ob diese im Falle plötzlicher Arbeitsunfähigkeit aufgrund eines Unfalls im Urlaub zahlt. Auch durch manche (Gold-)**Kreditkarten** oder eine **Automobilclubmitgliedschaft** ist man für bestimmte Fälle bereits versichert. Die Versicherung über die Kreditkarte gilt jedoch meist nur für den Karteninhaber selbst!

Ausrüstung und Bekleidung

Wie man sein Gepäck zusammenstellt, hängt natürlich ganz von der Art des Urlaubs, den persönlichen Schwerpunkten und der Jahreszeit ab. In Südwestfrankreich werden viele während der wärmeren Jahreszeit ihr Hauptaugenmerk auf die Küste legen und entsprechend präpariert sein: von Badehose und Bikini über die Strandlaken bis zur Sonnenbrille.

Man bedenke auch, dass es an vielen der traumhaft langen Strände an natürlichem Schatten mangelt. Über eine wirksame **Sonnenschutzcreme** hinaus sollte man mit Kopfbedeckungen gut gerüstet sein. Manche Selbstfahrer werden ihren transportablen Sonnenschirm mitbringen, begeisterte Picknicker (Frankreich ist schon dahingehend ein Traum!) ihre Vorratsbox. An manchen Tagen leistet auch ein **Windschutz** gute Dienste. Ebenfalls nützliche Strandutensilien sind Bast- oder Isomatte und – vor allem wegen möglicher schmerzhafter Muschelstückchen – ein Paar **Badeschlappen** bzw. Plastiksandalen. Im Sand sind überdies Hinterlassenschaften unachtsamer Urlauber (z.B. Glasscherben) niemals auszuschließen.

Angesichts herrlicher Strecken und Wege dürften **Sportbegeisterte** weder auf Jogging- noch auf Wanderschuhe verzichten – vorzugsweise natürlich keine nagelneuen, sondern „eingelaufene“. Ob sich die Mitnahme des eigenen **Fahrrads oder Surfbretts** in Relation zur Ausleihe vor Ort lohnt, muss jeder selbst entscheiden.

Für den Sommerurlaub empfiehlt sich die Mitnahme **leichter Baumwollkleidung,** doch lange Hose, leichter Pullover und leichte Jacke sollten keinesfalls im Gepäck fehlen – vor allem, wenn man Exkursionen ins Hinterland der Pyrenäen plant. Da die seenahe Bergkette Wolken anzieht und für unberechenbares Wetter sorgt, sollte man zusätzlich **Regenschutz** mitbringen. Dieser Hinweis gilt generell für Wanderer und Radler an der Küste, die mitunter von sommerlichen Wärmegewittern heimgesucht wird. Außerhalb der Sommerzeit sind **windfester Anorak und Pullover** selbstverständlich. In höheren Lagen der Pyrenäen kann es zwischen Herbst und Frühjahr bitterkalt werden. Ein Ausflug an die heiligen Stätten von Lourdes verlangt ebenso nach **angemessener Kleidung** wie eine Stippvisite im Kasino und ein Theater- oder Konzertbesuch in Bordeaux. Im Gegensatz dazu herrscht bei der Flut der sommerlichen Open-Air-Veranstaltungen legere Atmosphäre.

Zur Ausrüstung sollte gemeinhin eine **kleine Reiseapotheke** mit Verbänden, Pflastern, Desinfektionsmittel, Antibiotika und Schmerzmittel gehören. Für die kleine Wanderung oder Städtetour zwischendurch bietet sich ein **Tagesrucksack** an, Naturbegeisterte werden sich Vögel vors **Fernglas** holen. Gleichfalls nützlich: **Taschenmesser, Taschenlampe** und ein deutsch-französisches **Wörterbuch.**

Frankreich ist kein exotisches Land. Sämtliche Ausrüstungs- und Bekleidungsartikel sind vor Ort problemlos erhältlich, obgleich mitunter zu höherem Preis als gewohnt.

Kartenmaterial

Als **Straßenkarte** und für den Überblick ist die im Reise Know-How Verlag erschienene Karte „Frankreich, Süd“ (Maßstab 1:425.000) aus dem world mapping project zu empfehlen. Wer seinen Schwerpunkt auf die Pyrenäen legt, ist mit der im Maßstab 1:250.000 gehaltenen Karte „Pyrenäen/Andorra“ gut beraten. Beide haben ein ausführliches Ortsregister, farbige Höhenschichten und sind GPS-tauglich.

In französischen Buchhandlungen und Supermärkten sind diverse **Regionalkarten** erhältlich. In den Touristenbüros vor Ort werden – je nach Vorrat – **lokale Übersichtskarten** abgegeben. Fragen kann man dort auch nach einer touristischen Karte Aquitaniens (Carte touristique Aquitaine).

Reisezeit

Franzosen lieben Urlaub im eigenen Land, sodass während der **französischen Schulferien** hinsichtlich Unterkunftssuche und Verkehr naturgemäß am meisten los ist. Vor allem im **August** setzt ein großer Run auf die sommerlichen Ferienkolonien *(colonies vacances)* der Kinder ein – und auf die Strände sowieso! Frankreichs Lehrer und Schüler nehmen sich nicht weniger als fünf Ferienauszeiten pro Jahr: zwei Wochen im Februar/März („Winterferien“, Vacances d’hiver) sowie zwei weitere Wochen im Frühjahr („Frühlingsferien“, Vacances de printemps), die großen Sommerferien im Juli und August (Vacances

009sf ad

d'été; zwei Monate; mitunter ist erst Anfang September wieder Schulbeginn), etwa zehn Tage Ende Oktober/Anfang November, eine Woche um Allerheiligen (Vacances de la Toussaint) sowie zwei Wochen Weihnachtsferien (Vacances de Noël).

Vielerorts kann man sich Räder leihen

Die **Wahl der Reisezeit** hängt natürlich von individuellen Ansprüchen, Bedürfnissen und Zielgebieten ab. Wer Highlife und Nightlife sucht bzw. auf die eigenen schulischen Sommerferien angewiesen ist, kommt im Juli und August. Etwas **ruhiger** geht es im Juni und September zu, auch April und Mai sind empfehlenswert – für viele die idealen Reisemonate! Je weiter man sich vom Sommer wegbewegt, desto stärker sinken natürlich Wasser- und Außentemperaturen – was nicht ausschließt, dass man mancherorts an der Küste selbst an manch sonnig-mildem Wintertag im ärmellosen Shirt auf der Terrasse sitzen kann! Allerdings wird man bewachte Strände in der Nebensaison nicht mehr finden. Ausflugsboote bleiben mangels Nachfrage an Land, Touristenbähnchen stehen bis zum nächsten Sommer auf dem Abstellgleis.

010sf ad

Saisonale Vor- und Nachteile

Vor- und Nachteile von Haupt- bzw. Nebensaison sollte man genauestens abwägen. Im Juli und August sind **rechtzeitige Reservierung** von Hotel und Campingplatz in beliebten Ferienorten dringend anzuraten. Volle Tische im Restaurant sind im Hochsommer ebenso die Regel wie ausgelastete Parkplätze und Strände, auf mancher Straße kann das Fortkommen zur Geduldsprobe werden.

Bei Unterkünften kommt man außerhalb der Sommersaison in den Genuss deutlich **günstigerer Nebensaisontarife,** im Restaurant bekommt man problemlos sein freies Plätzchen. Allerdings steigen während der Monate Juni bis September die meisten bunten **Volksfeste,** und überall herrscht richtige Sommerstimmung. Ob mit Discos und Freiluftbars, Märkten und Sport en masse – ideale Gelegenheiten für jene, die Kontakte suchen! Bade- und Aktivtourismus stehen auf dem Höhepunkt. Manche Gemeinden fahren im Sommer ihre eigenen Programme auf. Da gibt es Open-Air-Theater und Straßenkonzerte, Turniere und Feten sowie diverse **Ferienkurse** *(stages)* vom Trommeln bis zu Afrikanischen Tänzen. Tipp: In der örtlichen Touristinformation nach dem **Veranstaltungskalender** *(programme des animations)* fragen, der detailliert Aufschluss gibt, wo und wann was los ist.

Wer in der Nebensaison kommt, kann **Ruhe und Natur** genießen und hat weniger Kosten – muss jedoch damit rechnen, dass er nicht alles geöffnet vorfindet. Manche Hotels und Campingplätze sind nur von Ostern (oder sogar erst Mai oder Mitte Juni) bis Mitte/Ende September zugänglich. Gleiches gilt für eine Reihe von Surf- und Reitcentern, für Radverleiher und Kinderstrandclubs und sogar für touristische Sehenswürdigkeiten wie Blumenparks. Zur kühleren Jahreszeit haben sich brodelnde Strände in einsame, sandige Weiten verwandelt und locken Spaziergänger an, in Häfen schaut man ungestört den landenden Fischern zu, vor Museen bilden sich keine Warteschlangen. Und Unterkunft findet man immer!

Im März und April erwacht die Natur zur Blüte, im Herbst versprüht eine **Museums- und Shoppingstadt** wie Bordeaux ihren Reiz. In welch krasser Form sich die Gesichter der Küste ändern, mag das Beispiel Arcachon zeigen. Im Hochsommer steigt die Einwohnerzahl des 12.000 Einwohner starken Städtchens um ein Vielfaches an, ab Ende der zweiten Jahreshälfte hält Arcachon Winterschlaf.

Der Winter ist eine ideale Jahreszeit, um in **Thermal- und Thalassozentren** auszuspannen! Und natürlich für Anhänger des weißen Sports, denn im Département Pyrénées-Atlantiques ist vielerorts Wintersport möglich. Allein im Bereich von Gourette und Artouste gibt es Dutzende Skipisten und mehrere Skischulen.

Eine Anmerkung zur Reisezeit **Herbst:** nicht überall empfehlenswert! Dann beginnen Frankreichs Männer ihren **Jagdtrieben** nachzugehen, schultern ihre Flinten und halten die Stellung in Unterständen. Selbst in der Nähe von Wohngebieten zerreißen Schüsse mancherorts die morgendliche Stille!

[<] Die herrlichen Sandstrände an der Atlantikküste sind größtenteils von Dünengürteln begrenzt

175sf ad

8 Reisetipps von A bis Z

Abendliches Flair in der Altstadt von Bordeaux

Autofahren und Verkehr

In Frankreich unterscheidet man Autobahnen (*autoroutes,* abgekürzt „A"), Nationalstraßen (*routes nationales,* abgekürzt „N") und Départementstraßen (*routes départementales,* abgekürzt „D"). **Die Geschwindigkeitsbegrenzungen** betragen 130 km/h auf Autobahnen (110 km/h bei Regen), 110 km/h auf zweispurigen Schnellstraßen, 90 km/h auf Landstraßen und 50 km/h innerhalb geschlossener Ortschaften. Für Wohnwagen-Gespanne über 3,5 t gelten 90 km/h auf der Autobahn und 80 km/h auf Landstraßen. Es besteht Anschnallpflicht, und die **Promillegrenze** liegt bei 0,5. In Tunnels, bei Regen oder Schnee ist das **Abblendlicht** einzuschalten. Motorräder und Mopeds müssen stets das Abblendlicht eingeschaltet lassen.

Vorfahrt-beachten-Schilder sind mit dem Hinweis „Cedez le passage" untertitelt. Ausländische Besucher dürfen weder Führerschein noch Fahrzeugschein und Versicherungsnachweis vergessen.

Kinder bis zehn Jahre müssen hinten sitzen und durch ein Sicherungssystem angeschnallt sein.

Im Innern des Autos muss eine **reflektierende Schutzweste** mitgeführt werden, die man beim Ausstieg nach Unfällen oder Notstopps am Fahrbahnrand anzulegen hat. Obligatorisch ist auch ein Warndreieck, das bei einer Panne auf der Autobahn allerdings nicht aufgestellt werden darf; der Fahrtwind könnte es wegwehen und zu Unfallgefahr führen.

Informationen zu Anfahrtsstrecken nach Frankreich und zu Zwischenübernachtungen findet man unter „An- und Rückreise" im Kapitel „Vor der Reise".

Verkehrsbesonderheiten

Franzosen gelten eigentlich als rücksichtsvolle Zeitgenossen auf den Straßen – wobei es immer wieder Ausnahmen gibt! Vor allem zu Ferienzeiten lässt die Konzentration am Steuer nach. Lenker von Autos und Wohnmobilen können kurzzeitig durch schöne Ausblicke abgelenkt werden. **Potenzielle Gefahrenquellen** – vor allem im Sommer – bilden jugendliche Heißsporne auf Mopeds und Vespas, die ihr Imponiergehabe an Lärm und Drehzahl knüpfen und sich oft in einen alkoholisch beflügelten Geschwindkeitsrausch stürzen.

Zu den gewöhnungsbedürftigen Besonderheiten des Verkehrswesens zählen die nahezu inflationär verbreiteten **Kreisverkehre** *(rond-points),* die Raser in die Schranken weisen, auf manchen Landstraßen indes ein kontinuierliches Fortkommen erschweren. Die Einheimischen blinken gern links, solange sie im Rund bleiben, und erst dann ganz normal rechts, um abzubiegen.

Eine weitere Eigenheit, vor allem bei Stadtumgehungen, ist die **Beschilderung** mit „toutes directions" (alle Richtungen). Falls das eigene Ziel auf Schildern plötzlich nicht mehr zu finden ist, folgt man diesen Tafeln. Mit „poids lourds" sind gesonderte Umgehungsvarianten für Lkw ausgewiesen. Im Baskenland findet man vielerorts zweisprachige Beschilderungen von Stadtzentren, Häfen, Stränden und anderen markanten Punkten auf Französisch und Baskisch. In Bordeaux ist die große Autobahn-Stadtumgehung als „rocade" ausgewiesen.

Es bietet sich an, die **Hauptstoßzeiten** in Städten und Stadtrandgebieten zu meiden; diese konzentrieren sich in der Regel werktags auf die Zeiten von etwa 7.30 bis 9 und 17.30 bis 19.30 Uhr. Es kann mitunter eine Stunde und länger dauern, bis man vom Zentrum Bordeaux' aus die Peripherie erreicht hat. Ebenso unerfreulich und nicht gerade zu empfehlen sind **Nachtfahrten** auf Nebenstraßen, da oftmals Rand- und gar Mittelmarkierungen fehlen – von Leitplanken und Katzenaugen gar nicht zu reden. Speziell bei Dunkelheit in Wohngebieten zu beachten: die künstlichen Bodenwellen, mitunter verknüpft mit einem markierten Übergang für Fußgänger *(passage surélevé).*

Panne und Unfall

Im Falle eines Unfalls ist Recht haben und Recht bekommen immer zweierlei – und die internationale Schadensabwicklung kann über Monate und länger zur nervlichen Zerreißprobe ausarten! Eine Erfahrung, die niemandem zu gönnen ist und bei der man am Ende meist auf der Verliererseite steht – und sei es nur ein kleiner Verlust! Wer auf einer Polizeidienststelle eine Anzeige erstatten will, kommt im Regelfall nur mit Französisch vorwärts.

Bei Panne oder Unfall **auf der Autobahn** nimmt man über die SOS-Notrufsäule Kontakt mit der Gendarmerie bzw. der Autobahngesellschaft auf. Für die Meldung benötigt man die Autobahnnummer, die Kilometermarkierung und die Fahrtrichtung – am besten, man schreibt sich kurz alles auf. **Abschleppdienste** auf Autobahnen und Schnellstraßen dürfen lediglich Firmen mit entsprechender Konzession ausführen, die Preise sind reglementiert.

Hilfe ist z.B. für ADACPlus-Mitglieder oder ÖAMTC-Mitglieder teilweise kostenlos. Man kann sich bei Unfall oder Panne auch direkt an seinen Automobilclub wenden. Hier die drei größten für Deutschland, Österreich und die Schweiz:

- **ADAC,** Notruf und Pannenhilfe über die deutsche Zentrale unter Tel. 0049 89 222222 (bei Fahrzeugschäden); bei Erkrankung und Verletzung kontaktiert man Tel. 0049 89 767676.
- **ÖAMTC,** deutschsprachige Notrufstation in Frankreich Tel. 04.72.17.12.23, sonst: (A-)Tel. 01 2512000 oder (A-)Tel. 01 2512020 für medizinische Notfälle.
- **TCS,** (0041) 58 827 22 20.

Tanken

Mitunter differieren die Literpreise innerhalb kleiner Umkreise erheblich, Vergleichen lohnt sich. Die günstigsten Preise bieten in der Regel **Tankstellen an Großsupermärkten,** doch viele Fahrer setzen lieber weiterhin auf ihre bekannte Marke. Am teuersten tankt man an Autobahnen, durchweg preisgünstig ist es an Automaten-Tankstellen. Vorteil: Diese sind im Regelfall rund um die Uhr benutzbar. Nachteil: Nicht selten wird eine andernorts verbreitete Kreditkarte wie Visa nicht akzeptiert.

Tipp: Wer sich **nahe der spanischen Grenze** aufhält, kann einen Abstecher zum Nachbarn einschieben. Dort liegen die Benzinpreise unter denen Frankreichs!

Parken

Frankreichs **Parkscheinautomaten,** mit denen die Innenstädte weitläufig abgedeckt sind, heißen *horodateurs.* Unterschiedlich wie die von Städten und Stadtvierteln abhängige Gebührenhöhe sind auch die Gebührenzeiten. In Anlehnung an die Mittagspause braucht man mancherorts die Automaten lediglich von 9 bis 12 und 14 bis 18.30 Uhr zu füttern. In touristisch besonders frequentierten Orten sind sie sieben Tage in der Woche von 9 bis 19 Uhr in Betrieb. In manchen Orten ist die maximale Parkdauer mitunter beschränkt.

Im Gegensatz zum gebührenpflichtigen Parkplatz *(parking payant)* bzw. zum Parkhaus findet man gelegentlich noch den **kostenfreien Parkplatz** *(parking gratuit)* in Citynähe. An gelb markierten Fahrbahnrändern herrscht Parkverbot, die Strafen sind drastisch!

Tipp: Bei der Unterkunftsuche in stark frequentierten Ferienorten kann es sich lohnen, ein wenig mehr für eine **Unterkunft mit eigenem Parkplatz** *(parking privé)* zu bezahlen!

Motorisierte, die mit dem **Wohnmobil** *(camping-car)* oder **Wohnwagen** *(caravane)* unterwegs sind, müssen überall besonders auf Verbotsschilder achten. Viele normale Park- und auch Rastplätze sind für Campingfahrzeuge gesperrt und aus diesem Grund mit Hochbarrieren ausstaffiert worden; die Höhen liegen um 2–2,20 m. Für Wohnmobile können in Küstenorten gesondert ausgewiesene (kostenpflichtige) Plätze zur Verfügung stehen. Laut französischer Straßenverkehrsordnung darf man jedoch sein Wohnmobil gemeinhin an Straßen parken, sofern es durch die Größe nicht den Verkehr oder die Sicht anderer Verkehrsteilnehmer behindert und nicht länger als sieben Tage an derselben Stelle steht. Tische oder Stühle daneben aufzustellen, ist nicht gestattet.

Nicht nur für Wohnmobile gilt: Wer in Innenstädten die Busspur benutzt, riskiert drastische Strafen!

Wer sein Gefährt auf einem Parkplatz abstellt, sollte **Vorsichtsmaßnahmen** treffen. Also: niemals Wertsachen im Fahrzeuginnern liegen lassen, im Zweifelsfall Alarmanlage aktivieren! Auch in diesem Teil Frankreichs sind immer wieder Langfinger unterwegs, vor allem zur Sommersaison.

Französische Hinweisschilder

- **Attention!** – Achtung!
- **Cedez le passage!** – Vorfahrt beachten!
- **centre ville** – Stadtzentrum
- **chaussée déformée** – Fahrbahnschäden
- **Danger!** – Gefahr!
- **déviation** – Umleitung
- **horodateur** – Parkscheinautomat
- **parking gratuit** – gebührenfreier Parkplatz
- **parking payant** – gebührenpflichtiger Parkplatz
- **passage surélevé** – erhöhter Fußgängerübergang
- **Passage interdit!** – Durchfahrt verboten!
- **poids lourds** – Lkw
- **Ralentir!** – Langsam fahren!
- **rond-point** – Kreisverkehr
- **rue barrée** – Straße gesperrt
- **sens unique** – Einbahnstraße
- **toutes directions** – alle Richtungen

Barrierefreies Reisen

Franzosen legen großen Wert auf Alltagserleichterungen ihrer gehbehinderten Mitbürger bzw. Besucher. Gesondert ausgewiesene **Parkplätze für Rollstuhlfahrer** gehören gleichermaßen zum Standard wie **rollstuhlgerechte** Toiletten, Hotelzimmer und Zugänge in Museen, die mit dem internationalen Rollstuhlsymbol („accés handicapés"/ „personnes à mobilité reduite") markiert sind. Nach grober Schätzung kann man davon ausgehen, dass etwa 20 % der Hotels in Südwestfrankreich über mindestens ein rollstuhlgerechtes Zimmer verfügen. Aufschluss darüber geben Hotelbroschüren, auch online. Auf der Homepage der Französischen Zentrale für Tourismus (http://de.rendezvousenfrance.com) lässt sich eine in mehrere Unterkategorien aufgesplittete Rubrik „Barrierefreies Reisen" aufrufen. Unterkunftsuche für barrierefreie Hotels und auch Hausboote z.B. unter www.handicaptravel.de.

Camping

Franzosen sind leidenschaftliche Camper, über das ganze Land verteilen sich viele Tausend offiziell registrierte Plätze – europäischer Rekord! Auch im Südwesten Frankreichs pflegen die Einheimischen mit Hingabe ihre *hôtellerie de plein air,* die „Freiluft-Hotellerie". Man findet wirklich fantastische Anlagen an Seeufern und in Meeresnähe. Zu den **Campinghochburgen** zählen die Küstenbereiche um Arcachon und Lacanau-Océan. Wer „wild" campt, sollte sich mit Blick auf mögliche Probleme mit dem Grundbesitzer einigen. Ansonsten ist das „wilde Campen" offiziell nicht gestattet – so schön die Landschaft und das Plätzchen sein mögen. Man riskiert ein Bußgeld!

Campingplätze sind mit Sternen klassifiziert und liegen erfreulich oft in grüner Umgebung mit Pinienwäldern oder Wiesen; auf **Gepflegtheit und Rundum-Service** lassen die Besitzer oder Pächter nichts kommen. Solide Qualität versprechen Ein- und Zwei-Sterne-Plätze, höhere Ansprüche befriedigen Drei- und Vier-Sterne-Plätze. Der Gipfel ist ein „Fünfer"!

Wesentlich einfacher geht es natürlich beim **Camping auf dem Bauernhof** *(camping à la ferme)* zu, das sich bei naturverbundenen Familien besonderer Beliebtheit erfreut. Die Anlagen verfügen meist über eine bescheidene Anzahl an Stellplätzen, was eine familiäre Atmosphäre garantiert. Je nach gewähltem Platz kann man direkt beim Bauern Wurst, Käse, Eier, Milch Obst oder Gemüse einkaufen. Auf der Internetseite von „Bienvenue à la ferme" („Willkommen auf dem Bauernhof", www.bienvenue-a-la-ferme.com) sind landesweit mehrere Hundert derartiger Campingmöglichkeiten verzeichnet.

Auf einem **städtischen/gemeindlichen Campingplatz** *(camping municipal)* kommt man preiswerter unter, wobei es meist mehr auf Zweckmäßigkeit, denn auf Lage, Komfort und Idylle ankommt.

176sf ad

Preise und Ausstattung

In der Regel sind die Campingplatzpreise gestaffelt und schlüsseln sich in eine **Grundpauschale für die Parzelle** (*emplacement;* inklusive Auto) sowie die Anzahl der Personen auf. Für Kinder gibt es sehr unterschiedliche Ermäßigungen. Familien sollten mit einem durchschnittlichen **Übernachtungspreis** von rund 25–35 € rechnen. Auf einfachen Plätzen kommt eine Kleinfamilie in der Nebensaison schon für ca. 20 € pro Nacht unter, auf Megaanlagen in der Hauptsaison erreichen die Preise durchaus Größenordnungen um die 40–60 €. Je nach Ort schlägt eine **Kurtaxe** zu Buche, auch das mitgebrachte Boot kann mit einer Tagespauschale zusätzlich in Rechnung gestellt werden.

Plätze der oberen Kategorie gleichen nicht selten riesigen Freizeitparks, die während der sommerlichen Hochsaison mit **Animationsprogrammen** und Sportturnieren auftrumpfen. Wer sich auspowern will, findet Tennisplätze, Fitnessstudio, Tischtennisplatten, Fußball- und Volleyballfelder sowie häufig auch Fahrradverleihstellen. Für das Wohlbefinden sorgen Whirlpool und Sauna. Oftmals findet man ein Kinderbecken und ein oder mehrere **Schwimmbäder** (gelegentlich sogar beheizt) samt Wasserrutschen, außerdem Kinderspielgerät

⌃ Campingplätze, wie hier bei Hendaye, sind beliebt bei Familien mit Kindern

› Fußballfeld auf dem Campingplatz Euskualduna zwischen Saint Jean-de-Luz und Hendaye und ein akzeptables **Restaurant.** Mitunter stehen Waschmaschinenräume zur Verfügung.

Vor allem mit Blick auf die Hochsaison (Juli und August) sollte man sich rechtzeitig um **Reservierungen** kümmern. Auf manchen Websites lassen sich Reservierungsformulare auf Deutsch ausfüllen und absenden. Äußerst kundenunfreundlich können zusätzliche Reservierungsgebühren *(frais de réservation)* sein.

An- und Abreise

Am **Anreisetag** sollte man sich in der Nebensaison bis spätestens 18 Uhr, in der Hauptsaison bis 19.30 Uhr einfinden. Ansonsten läuft man Gefahr, vor verschlossenen Rezeptionsräumen und Schranken zu stehen. **Checkoutzeit** ist in der Regel 12 Uhr mittags. Viele Anlagen öffnen nur während der lukrativeren Monate von Mai bis September.

Mietbare Bungalows und Campingwagen

Alternative zum eigenen Zelt oder Caravan sind die auf manchen Plätzen **fest installierten Campingwagen, Chalets und Mobile Homes,** deren Tages- bzw. Wochenpreise zwischen Haupt- und Nebensaison ganz erheblich schwanken. Ein für bis zu sechs Personen geeigneter Wagen ist in der Nebensaison für rund

222sf ad

Traumhafte Campingplätze

■ Pinien und Seen komponieren die Kulissen rund um zwei besonders schöne Campingplätze in Biscarrosse und Maubuisson. Die Anlage **Mayotte Vacances** in Biscarrosse (Le Lac, 368 chemin des Roseaux, 40600 Biscarrosse, Tel. 05 58 78 00 00, www.mayottevacances.com) erstreckt sich über 15 ha und bietet 630 Stellplätze. Außerdem werden fest installierte „Safarizelte“ und gut ausstaffierte Holzhäuschen (Typen: *cottage, bungalow bois*) vermietet. Mayotte Vacances bietet eine Schwimmbad-Landschaft inklusive Rutschen für die Kleinsten, Restaurant-Bar, Diskothek, Kinderanimation, einen Kinderclub sowie ein Spa. Am See von Biscarrosse wird natürlich Wassersport groß geschrieben. Anfang April bis Ende September geöffnet.

■ Eine weitläufige Anlage ist der **Camping de Maubuisson** (81 avenue de Maubuisson, 33121 Maubuisson, Tel. 05 56 03 30 12, www.camping-maubuisson.com). Der Platz liegt fünf Gehminuten vom Strand des Lac d'Hourtin et de Carcans und wenige Kilometer vom nächstgelegenen Meeresstrand Carcans-Plage entfernt. Die rund 650 Stellplätze verteilen sich über ein ausgedehntes Gelände mit Kiefernbeständen. Es gibt Tennisplätze (Benutzung gegen kleine Zusatzgebühr), ein Schwimmbad, Kinderspielgerät und die Vermietung von festen Mobile Homes und kleinen Chalets. Geöffnet März bis Mitte November.

■ Die schöne Poollandschaft macht den kiefernbestandenen Fünf-Sterne-Platz **Le Vieux Port Camping Village Resort & Spa** (Route de la Plage Sud, 40660 Messanges, Tel. aus dem Ausland 0033-176 76 70 00, innerhalb Frankreichs gebührenpflichtig 0825 70 40 40, www.levieuxport.com) vor allem bei Familien mit Kindern beliebt. Zum Angebot rund ums Wasser gehören mehrere Becken, Rutschen, ein beheiztes Hallenbad und ein 180-m²-Bassin für Kinder. Auch sonst kommen Sport und Animation nicht zu kurz. Außerdem Wellnessbereich mit Sauna, Dampfbad. Im Hochsommer Abendveranstaltungen/Themenabende, u.a. Konzerte, Karaoke,

016sf ad

Camping de Maubuisson, ein herrlich ins Grün eingebetteter Campingplatz

DJ, Zirkus, Zauberei. Vermietung von Mobile Homes, Bungalows, Cottages, Stelzenhütten und mehreren Zeltmodellen. Zugang zum Strand. Geöffnet Anfang/Mitte April bis etwa Ende September.

■ Zwischen Hendaye und Saint Jean-de-Luz, ein Stückchen hinter der Küste gelegen, an die Straße grenzend, breitet sich das grüne 10-ha-Areal der **Camping Village Eskualduna** aus (Route de la Corniche, 64700 Hendaye, Tel. 05 59 20 04 64, www.camping-eskualduna.fr); in der Regel für Camping-Caravaning geöffnet von Anfang Mai bis Ende September, Verleih von Mobile Homes und Chalets jedoch Mitte/Ende April bis Mitte/Ende Oktober. Zur Ausstattung gehören gepflegte Grasflächen, Doppelschwimmbad und Pelotaspielfeld. Während der Hauptsaison steigen Animationsprogramme. Direkt vor dem Eingang fahren im Sommer Busse an den Strand von Hendaye ab. Überquert man dieselbe Straße zu Fuß, erreicht man das ausgesprochen schöne Wegenetz des zwischen Meer und Wiesen verlaufenden Naturschutzgebietes Domaine d'Abbadia. Hier gelangt man nach knapp 1 km an die wildromantische Bucht von Loya (recht steiler Abstieg). Wer sich richtig sonnen und baden will, kann den Naturpark in kleinen, kräftezehrenden Aufs und Abs bis zum sandigen Hauptstrand von Hendaye durchwandern.

■ Das Grün gibt den Ton an auf dem Vier-Sterne-Platz **Le Truc Vert Camping International** (Route du Truc Vert, 33970 Lège-Cap Ferret, Tel. 05 56 60 89 55, www.trucvert.com). Hier gibt es reichlich Kiefernwald, der Sandstrand liegt wenige Hundert Meter entfernt. Es gibt ein Restaurant und einen Kinderspielplatz. Die Umgebung der Halbinsel Cap-Ferret lädt zum Surfen und Radfahren ein. Geöffnet ist der Platz Anfang Mai bis Ende September.

350–450 € pro Woche mietbar und erreicht im August Spitzenpreise um die 700–900 €, gelegentlich wird auch die 1000-€-Marke überschritten; auf einfacheren Drei-Sterne-Plätzen können sich die Wochenmiettarife für ein Vierer-Mobile-Home zwischen 250 und 550/600 € bewegen.

Hilfreiche Internetseiten

Wer Begriffe wie „Camping Landes" googelt, erhält umfangreiche Aufstellungen. Sehr übersichtlich gestaltet ist eine Webseite mit Campingplätzen in Aquitanien, die eine Kriteriensuche nach Regionen und/oder Kategorien erlaubt: www.camping-aquitaine.com. Unter dem Oberbegriff „Camping Qualité Aquitaine" haben sich Campingplätze mit selbsterhobenen hohen Qualitätsansprüchen zusammengeschlossen (www.campings-aquitaine.com; auch auf Deutsch). Sehr hilfreich, bislang allerdings nur auf Französisch, ist die Homepage der französischen Camping-Caravaning-Vereinigung: www.ffcc.fr. Gleiches gilt für die Seite der städtischen/gemeindlichen Campingplätze: www.camping-municipal.org.

Einkaufen und Souvenirs

Angesichts der Arbeitslöhne und Steuern, die Café- und Restaurantpreise auch in Frankreich auf recht hohem Niveau halten, werden viele Selbstversorger vor allem **Wochenmärkte** *(marchés)* und **Supermärkte** *(supermarchés)* bzw. Großsupermärkte *(hypermarchés)* ansteuern. Solide Qualität zu vergleichsweise günstigem Preis bietet der auch in Frankreichs Südwesten bekannte „Lidl", ansonsten sind Ketten wie „Carrefour", „Géant" und „Leclerc" verbreitet. Wer Sportzubehör sucht – vom Jogging- bis zum Pelota-Equipment – darf sich im **Sportsupermarkt** „Decathlon" gut aufgehoben fühlen. Die größten Angebote an Surfshops findet man in und um Biarritz.

017sf ad

Aufschnitt und Fleisch gibt es in der **Metzgerei** *(boucherie, charcuterie)*, verführerische Süßwaren in der **Konditorei** *(pâtisserie, confiserie)*, ofenfrisches Baguette und Croissants in der **Bäckerei** *(boulangerie)*. Backwaren sind – zu günstigerem Preis – auch in Supermärkten zu haben; die tiefgefrorenen Teile werden vor Ort „frisch" aufgebacken.

Auf Märkten (und ggf. in Supermärkten) findet man über reichhaltige Obst- und Gemüseangebote hinaus gelegentlich einen **Hähnchenbratstand** und warme Fertiggerichte – für den einen oder anderen sicher ein guter Tipp, denn das nächste Picknickplätzchen ist bestimmt nicht weit. Auch kann man sich auf dem Markt gut mit einem bunten Allerlei von Wein *(vin)* bis Knoblauch *(ail)* eindecken.

Ähnlich wie ihre deutschen Nachbarn achten auch die Franzosen beim Einkauf auf **Qualitätsprädikate, Warenherkunft** *(origine)* sowie Fettstufen und Fettgehalt *(matière grasse)*. Das gilt z.B. für Quark *(fromage frais)* oder Jogurt *(yaourt)*. Allseits beliebt sind Produkte frisch vom Bauernhof *(ferme)* und kleine **Kostproben** *(dégustations)*, wobei im Stillen erwartet wird, dass man etwas kauft!

Ebenfalls zu beachten sind **Sonderangebote** wie etwa die beigefügte zweite

[<] Sonntags findet man Bäckereien geöffnet vor

[>] Märkte bieten häufig eine verführerische Fischauswahl

177sf ad

Produktpackung zum halben Preis *(le 2ème à moitié prix)*. Um die Preisvergleiche zu erleichtern, schlüsseln Supermärkte zu Produkten gern die Kilo- und Literpreise auf („soit le kilo“, „soit le litre“). Dosenpfand wird in Frankreich nicht erhoben.

Tipp: Bei den Kassen in Supermärkten und Großsupermärkten gibt es oft die **caisse rapide** – an der „schnellen Kasse“ kommt man mit kleineren Einkäufen von wenigen Artikeln durch.

Tabakwaren erhält man in Frankreich nur in besonders gekennzeichneten *Bar Tabacs,* die dafür eine eigene Verkaufstheke haben.

Öffnungszeiten

Geschäfte öffnen von 9/9.30 bis 12/12.30 Uhr, legen eine Mittagspause ein und öffnen dann wieder nachmittags von 14 bis 18.30/19 Uhr; Montag ist häufig ganz oder zumindest am Vormittag geschlossen. Gleiches gilt für **Fischverkaufsstände,** da die Fischer sonntags ihren Ruhetag einlegen und somit für den Montag nicht liefern können.

Im Gegensatz dazu sind **Großsupermärkte** *(hypermarchés)* Montag bis Samstag meist durchgehend von 9.30/10 bis 20/21 Uhr zugänglich – aber nicht zwangsläufig zu jeder Jahreszeit. Je nach Lage schiebt man außerhalb der Sommersaison gern von 12 oder 12.30 bis 14 Uhr eine Siesta ein, öffnet in den Sommermonaten jedoch auch Sonntagvormittag.

Ebenfalls sonntags vormittags kann man eine **Bäckerei** bzw. Konditorei finden, in der man sich mit frischen Backwaren eindecken kann. Bäckereien können aber montags geschlossen sein. Auch **Tabakläden** bzw. Zeitungsgeschäfte sowie manche **Metzgerei** findet man am Sonntagvormittag geöffnet vor.

In Ferienorten gibt es in der **Hauptsaison** viele Shops und kleinere Supermärkte, die jeden Tag öffnen.

Preisbeispiele aus dem Reisealltag

- **Anisschnaps** (Pastis): Liter 10–18 €
- **Äpfel:** ab ca. 1,50 € pro Kilo
- **Apfelwein** *(cidre):* Liter 1,50–3 €
- **Baguette:** 0,70–1,10 €
- **Butter:** ab ca. 1,15 € pro 250 g
- **Hartwurst:** Kilopreis ab etwa 10 €
- **Jogurt:** Kilo ab etwa 1,50 €
- **Käse:** Kilopreis Hartkäse ab etwa 7–8 €, die Preise für Weichkäse beginnen bei 6 €
- **Milch:** Liter H-Vollmilch ab ca. 0,65 €
- **Mineralwasser:** ab ca. 0,25 € pro Liter für Wasser ohne Kohlensäure (beim Discounter); Markenflaschen 0,60–1 €/l
- **Orangensaft:** Liter ab etwa 0,70 € (Discounterware)
- **Quark:** Kilo ab etwa 1,30 €
- **Tomaten:** ab ca. 1,60 € pro Kilo
- **Wein:** einfacher Landwein ab etwa 3–4 € für eine 0,75-Liter-Flasche

Souvenirs

Die „Souvenirkultur“ – will man sie überhaupt als solche bezeichnen – beschränkt sich auf ausgewählte Stücke: eine Baskenmütze *(béret)* z.B., ein Keramikbild als Untersetzer, eine Sonnenuhr für die Wand oder Segeltuchsandalen *(espadrilles)*. Oder feines baskisches Leinen *(linge basque)* in Form von Tischdecken und Servietten, ein beliebter Einkauf in Biarritz. In touristischen Städtchen der Pyrenäen stehen – wie in Saint Jean-Pied-de-Port – Schafwolljacken und mit Schafwolle gefütterte Lederhausschuhe im Angebot. Eine Sonderrolle fällt Lourdes zu mit Kommerz in höchster Potenz und Pilgernippes in allen Farben und Formen. Erhältlich sind auch leere, mitunter farbig bedruckte Plastikflaschen und -kanister, in die man sich

223sf ad

Lourdes-Wasser von der heiligen Quelle selber abfüllen kann.

Ob Ölgemälde oder Aquarell – auf der Suche nach dem besonderen Souvenir kann man in einer der zahlreichen Galerien oder bei temporären Ausstellungen Ausschau nach einer typischen Orts- oder Hafenansicht halten und auf diesem Weg lokale Künstler fördern. Zum Stöbern laden **Antiquitätengeschäfte** ein, vor allem in Bordeaux – wobei man sich nirgendwo der Illusion eines „Schnäppchens" hingeben sollte. Die Antiquare wissen ebenso, was ihre gute Stücke wert sind wie all die Betreiber von Flohmärkten *(marchés aux puces).*

Während der sommerlichen Hochsaison pflegen die Franzosen ihr Faible für **Freiluft- und Allerleimärkte,** auf denen Kräuter, Marmeladengläser, Wein und Kleidungsstücke ebenso erhältlich sind wie Keramiktöpfe. Manche Orte locken sogar mit Abend- und Nachtmärkten *(marchés nocturnes).* Günstig? Meist nicht. Aber stimmungsvoll!

In Südwestfrankreich sind einige **Glasbläser** und auch **kunsthandwerkliche Töpfereien** ansässig.

< Plastikflaschen für heiliges Lourdes-Wasser in einem Souvenirshop in Lourdes

Originellere Souvenirs gefällig? Wie wäre es mit einer *chistera,* jener bananenförmigen **Wurf- und Fangröhre** aus Weidengeflecht, mit der sich die baskischen Pelota-Spieler sportlich bekriegen? Oder mit einer *makila,* jenem altbekannten baskischen **Wanderstock** aus Mispelholz, der schon in mittelalterlichen Jakobswegführern erwähnt und heute u.a. noch in Bayonne gefertigt wird. Eine *makila* trägt eine Spitze, die ihr gleichzeitig den Charakter einer Waffe verleiht – ein hieb- und stichfestes Argument von *makila*-Trägern, die sich einst von Wegelagerern oder wildem Gebirgsgetier angegriffen sahen! *Makilas* und auch *chisteras* dürften den meisten eher als Dekorations- denn als Gebrauchsgegenstand dienen, gehören aber keineswegs zu den Billigprodukten!

Im Haute-Couture-Land Frankreich treffen erlesene **Boutiquen** in Biarritz und Arcachon den Geschmack der Geldpotenz. Auch viele Modeläden in Bordeaux, Bayonne und Saint-Jean-de-Luz tragen exklusiven Charakter.

Zu den bleibenden Erinnerungen „auf Zeit" zählen **Alkoholika** ebenso wie manche **Kulinaria,** die im Kapitel „Essen und Trinken" beschrieben werden.

Elektrizität

Die Netzspannung beträgt in Frankreich 230 Volt. Die Steckdosen haben einen zusätzlichen Stift, weswegen die flachen Eurostecker, nicht aber Schutzkontaktstecker passen. Abhilfe schafft ein Adapter, den man am besten schon von zu Hause mitbringt.

178sf ad

Essen und Trinken

In Frankreichs Südwesten genießt man Gaumenfreuden satt: vom Bayonner Schinken bis zum erlesenen Schafskäse, von Steinpilzen bis zur Entenstopfleber. Allerdings beginnt der kulinarische Auftakt des Tages alles andere als verheißungsvoll. Franzosen sind keine ausdauernden Frühstücker und geben sich mit einem Croissant und einer Tasse Milchkaffee *(café au lait)* zufrieden. Solcherlei Trauerspiel ist spätestens dann vergessen, wenn man sich mittags zum *déjeuner* oder abends zum *dîner* niederlässt. Beschwichtigend sei gesagt: In guten Hotels gibt es auch gute Frühstücksbüffets.

Cafés und Bars haben von morgens durchgehend bis zum frühen Abend geöffnet. Außerhalb der Hauptsaison ist hier ebenso mit einem wöchentlichen Ruhetag *(fermeture hebdomadaire)* zu rechnen wie in den Restaurants. Verbreiteter **Ruhetag bei Restaurants** ist der Montag (zusätzlich mitunter sonntags abends), ansonsten kann man sich mittags zwischen 12 und 14 Uhr und abends ab 19/19.30 Uhr zum Tafeln niederlassen. Nach 22 Uhr gestaltet es sich schwierig bis unmöglich, noch etwas Warmes serviert zu bekommen. Gleichermaßen ist es geradezu unmöglich, nach 14 Uhr im Restaurant noch eine Bestellung an die Küche zu geben.

Restaurantsitten und Essgewohnheiten

Zum guten Ton gehört es, sich im Restaurant vom Ober bzw. der Kellnerin einen **Tisch zuweisen** zu lassen. Meist kommt die Bedienung dem Gast entgegen, wenn er das Restaurant betritt. Während der Hauptferienzeiten empfiehlt sich in manchen Speisetempeln eine Reservierung *(réservation)*. Wer bei der Speiseauswahl unsicher ist, sollte nach den Empfehlungen des Küchenchefs *(suggestions du chef)* fragen – man wird Sie gern beraten! Spitzenrestaurants sind als *grandes tables* ausgewiesen, höchstes aller Gefühle sind die legendären Sternebewertungen im „Michelin“.

⌃ Am Ende eines Essens geht doch nichts über eine gute Käseauswahl

› Überall findet sich ein gemütliches Plätzchen zur Einkehr

Wer sich seine Speisen **à la carte** zusammenstellt, bezahlt meist mehr, als wenn er das angebotene Menü bestellt. Vergleichsweise gut steht man sich mittags mit dem **Tagesmenü** *(menu du jour)* oder dem einfachen Tagesgericht *(plat du jour)*. Gleiches gilt am Morgen für ein **komplettes Frühstück** inklusive Orangensaft *(jus d'orange)*. Kulinarische Warnung vor der **Butter** *(beurre)*: Normale Butter firmiert unter dem Begriff *beurre doux* („süße Butter"), doch es gibt auch salzige!

Guter Service für Familien: Viele Restaurants bieten ein **Kindermenü** *(menu enfant)* an, das in der Regel nicht überteuert ist und aus zwei oder drei Gängen besteht. Als Hauptspeise gibt es meist ein Hackfleischsteak oder Spaghetti, als Nachtisch eine Kugel Eis oder einen dünnen Pfannkuchen *(crêpe)*.

Französische **Restaurantportionen** sind häufig – vorsichtig formuliert – nicht gerade üppig bemessen. Stilles Motto: klein, aber fein und alles mit einem Schuss kulinarischer Raffinesse. Wer glaubt, seinen Bärenhunger einzig mit einem Hauptgericht stillen zu können, läuft Gefahr, mit knurrendem Magen vom Tisch aufzustehen. Im Gourmetland Frankreich gehen die Einheimischen nicht ins Restaurant, um zu sparen oder um unter Zeitdruck lieblos zur bloßen Nahrungsaufnahme zu schreiten. Hier vermengen sich Klischees und Wirklichkeit des französischen Genussmenschen. In der Regel bestellt man mehrere Gänge (Vorspeise, Hauptgericht, Nachtisch und/oder Käse), bei de-

Buchtipp

- Eine Sprachhilfe für Restaurant und Supermarkt ist das in der Reihe Kauderwelsch des Reise Know-How Verlages erschienene Büchlein **„Französisch kulinarisch".**
- Endlich richtig eintauchen in die kulinarische Welt Frankreichs mit dem Band **„Schlemmerlexikon für Gourmets"**, Reise Know-How Verlag.

225sf ad

nen vor allem abends leicht zwei Stündchen oder mehr verstreichen. Wird der Käse in einem Käsewagen an den Tisch gerollt, verlangt der gute Ton, dass man sich auf maximal drei Sorten beschränkt. Als **Aperitif** ordert man gern einen Campari-Orange oder einen Pastis, jenen hochprozentigen Anisschnaps, den man mit Wasser zu einem milchig aussehenden, anregenden Trunk verdünnt. Zum Essen gehört selbstverständlich Wein, ob als Karaffe *(carafe),* Viertelliter *(quart)* oder halber Liter *(demi-litre).* Am Ende des Mahls steht oft ein kleiner schwarzer Kaffee *(café noir),* als **Digestif** trinkt man gern einen Armagnac.

Franzosen legen Wert auf höflichen, zuvorkommenden Service und runden den Rechnungsbetrag großzügig auf, auch wenn das **Trinkgeld** bereits enthalten ist *(service compris).* Ist es nicht enthalten *(service non compris),* sollte man – vollste Zufriedenheit vorausgesetzt – bis zu 5 % des Endbetrags ansetzen; eine 10-%-Marke ist nicht üblich. Das Trinkgeld lässt man am Ende auf dem Tisch liegen, ohne bereits bei der Bezahlung der Rechnung den Betrag genannt oder aufgerundet zu haben. Nicht üblich ist es, eine Rechnung getrennt zu bezahlen.

Preiskategorien der Restaurants

In diesem Buch werden die Restaurants in drei Preiskategorien unterteilt, dargestellt durch Ziffern. Die Preise gelten jeweils für ein Menü pro Person (ohne Getränke), wobei es bei der persönlichen Zusammenstellung selbstverständlich Abweichungen geben kann. Die Durchschnittswerte sind diese:

①	unter 20 €
②	20–40 €
③	über 40 €

Preise rund ums Essen

Wer regelmäßig ins Café, in die Brasserie oder ins Restaurant geht, sollte ein adäquates Budget einplanen! Die Preise für **Tagesmenüs** können zwar im Bereich von 12 € starten, doch ebenso gut ist man auch mit 20–25 € dabei. Es versteht sich von selbst, dass die Preisspanne in Feinschmeckerrestaurants nach oben hin weit offen ist. Bei den Menüs sind Getränke in den wenigsten Fällen inklusive. Mitunter kommt eine kostenlose Karaffe mit eiskaltem Leitungswasser auf den Tisch, ansonsten kann man sie ordern. Eine gute Flasche Wein in einem ordentlichen Restaurant kann durchaus 40–50 € kosten.

Für die **persönliche Finanzkalkulation** ist zu beachten, dass ein einfacher Milchkaffee durchaus mit 2 € und mehr zu Buche schlägt. Eis *(glace)* essen kommt purem Luxus gleich und grenzt mancherorts an riesigen Nepp! Zu den erschwinglicheren Zwischenmahlzeiten zählen *crêpes,* Waffeln *(gaufres)* oder herzhafte Pfannkuchen *(galettes)* von der Imbissbude. So oder so dürfte auf Dauer der eine oder andere in die Kategorie der Selbstversorger abdriften. Preisbeispiele aus Märkten und Supermärkten siehe unter „Einkaufen und Souvenirs“.

8

021sf ad

Spezialitäten

Fisch und Meeresfrüchte

Faustregel hier und andernorts: fang-, jagd- und erntefrische Produkte am besten direkt von der Quelle! Meeresfrüchte sind am frischesten direkt an der Küste. Frisch auf den Tisch kommen beispielsweise **Austern** *(huîtres)* aus dem Becken von Arcachon; aus den dortigen Austernparks stammt ein gewichtiger Teil der gesamten französischen Glibberproduktion.

Auf den Speisekarten treiben weitere **Schätze aus dem Ozean:** von Miesmuscheln *(moules)* bis zum gegrillten Hummer *(homard grillé),* von Garnelen *(crevettes)* bis zur Seezunge *(sole),* vom Seehecht *(merlu)* bis zu den festfleischigen Jakobsmuscheln *(coquillages Saint Jacques* bzw. *coquilles).* In Restaurants liefern der **gemischte Fischteller** *(assiette du pêcheur)* oder der **gemischte Meeresfrüchteteller** *(plateau des fruits de mer* bzw. *plateau marine)* bunte Querschnitte aus den Tiefen des Meeres. Goldbrasse *(dorade)* und Seewolf *(loup de mer)* bereitet man gern im Salzmantel zu.

Unter den **baskischen Spezialitäten** stechen das würzige Thunfischragout *(marmitako;* mit Kartoffeln, Tomaten, Erbsen, Paprika) und die in eigener Tinte gekochten Tintenfische *(chipirons à l'encre)* hervor. Im Hinterland sind geräucherte Forellen *(truites fumées)* und geräucherte Aale *(anguilles fumées)* beliebt.

Garnelen warten auf Abnehmer

226sf ad

Fleischeslust

Statt Fisch und Meeresfrüchten bestellt man im Hinterland eher Schafsfleisch, Lammfleisch und Eintopf. In Bayonne führt kein kulinarischer Weg am **Bayonner Schinken** vorbei. Der *jambon de Bayonne* kommt zunächst zwei Wochen lang in eine Einlegemischung aus Salz, Knoblauch, Essig und Pfefferschoten. Danach hängen die Keulen weitere fünfzehn Tage in vier Grad kühlen Räumen ab, bis sie in speziellen Trockenräumen *(séchoirs à jambons)* rund zehn Monate lufttrocknen müssen und erst dann ihr urtypisch-herzhaftes Aroma entfalten. Ein paar Scheiben rohen Schinken serviert man gern zur *piperade basquaise,* dem baskischen Gemüseomelette, zu dessen Zubereitung rote und grüne Paprikaschoten ebenso gehören wie Tomaten und Zwiebeln (siehe Exkurs „Typische Rezepte").

Für den persönlichen Export geeignet sind **Hartwürste** *(saucissons)* und durchaus auch diverse Pasteten *(pâtés),* wobei die „Landpastete" *(pâté de campagne)* gröbere Stücke enthält. Als baskische Spezialität sticht u.a. die Dauerwurst *chorizo* mit ihrem tagesbegleitenden Paprika- und Knoblaucharoma hervor (man habe nach dem Genuss ein Stück Zahnseide zur Hand).

224sf ad

⌃ Austern sind reine Geschmackssache

› Appetitliche Wurst- und Schinkenplatte

Ganz im Zeichen **baskischer Fleischeslust** stehen *zikiro* (gegrilltes Hammelfleisch) und *axoa* bzw. *axoa de veau,* Kalbfleisch mit grünem Pfeffer und Paprikaschoten. Beliebt sind auch das Lamm *(agneau)* und die Rinder- oder Ochsenzunge *(langue de bœuf).* Ein Entrecôte sieht man gern mit Roquefortsauce oder Kräuterbutter auf dem Tisch.

Franzosen vergöttern die Ente *(canard)* und die Gans *(oie)* – am liebsten in verschiedensten Formen auf dem Teller. Obenan in der Gunst steht die **Stopfleber** *(foie gras),* die auf grausam einfache Weise erzeugt wird. Im ureigensten Wortsinn bekommen die Tiere solange Nahrung „eingetrichtert", bis sie sich nicht mehr bewegen können und die Leber sich auf Maximalgröße ausgedehnt hat – dann bringt Gevatter Tod Erleichterung. Im Übrigen ist die Stopfleberproduktion keine Geheimniskrämerei, manche Bauernhöfe öffnen ihre Tore zur Besichtigung und verweisen auf die strikte Einhaltung europäischer Normen. Stopfleber kann kalt oder warm gegessen werden. Sie passt zum krossen Baguette und zur Kartoffel ebenso wie zum Apfel und in den Landaiser Salat *(salade landaise),* in den auch Spargel und/oder Pinienkerne wandern können. Für Enten- und Gänsestopfleber gibt es 1001 Zubereitungs- und Serviervorschläge, einer davon findet sich im Exkurs „Typische Rezepte". Im Supermarkt hat die Stopfleber ihren Weg in alle erdenklichen Dosengrößen gefunden – als besonders exquisite Zubereitungsart mit Trüffeln *(truffes).*

Foie gras zählt ebenso wenig zu den Schlankmachern wie Hasenpfeffer *(civet de lièvre),* eingekochte Gänseteile *(confit d'oie)* und Ententeile *(confit de canard).*

248sf ad

Gemüse und Pilze

Im Béarn reichert man die üppige **Gemüsesuppe** *(garbure)* gern mit *confit* oder auch mit Schinken an. Wer es gesünder und vegetarisch liebt, bestellt eine *porrusalda,* eine im Baskenland gern gegessene Suppe aus Kartoffeln und Lauch. Auf den etwas anderen Geschmacksnerv setzen **Pilzgerichte** wie Morcheln *(morilles)* und die in Öl gebackenen Steinpilze *(cèpes).* Deftig-kräftig kommen Einmachgläser mit gekochten **Linsen** *(lentilles),* **weißen Bohnen** *(hari-*

In französischen Restaurants wird man automatisch zum Genussmenschen

Typische Rezepte

Baskisches Gemüseomelette

(piperade basquaise)

Zutaten (4 Personen): 1 kg Tomaten, 4 Eier, 2 große Zwiebeln, jeweils 4 rote und grüne Paprikaschoten, 1 Knoblauchzehe, Öl, Salz, Pfeffer. Zusatz für Nicht-Vegetarier: pro Person 1 Scheibe rohen Schinken.

Zubereitung: Zunächst Paprikaschoten anbraten, etwa 15 Min. in Alufolie wickeln, dann Haut abziehen und in feine Scheiben schneiden. Tomaten 1 Min. in kochendes Wasser legen, um ebenfalls die Haut abziehen zu können. Zwiebeln und Tomaten schneiden. Zwiebeln und Öl in einen Schmortopf geben, auf kleiner Stufe köcheln lassen. Danach in dieser Reihenfolge hinzugeben: Paprikastreifen, Tomaten, Knoblauch. Ohne Deckel kochen lassen, um den Saftanteil zu reduzieren. Salzen, pfeffern nicht vergessen! In großer Pfanne vier Eier mit dem Gemüsetopf verrühren.

Warme Austern mit Enten- oder Gänsestopfleber

Zutaten: Austern und *foie gras de canard* (Entenstopfleber) oder *foie gras d'oie* (Gänsestopfleber), Menge je nach Essern beliebig wählbar, 1 Prise Salz, 1 Prise Pfeffer, Paniermehl.

Zubereitung: Austern in den erhitzten Backofen geben, bis sie sich öffnen. Herausnehmen und den oberen Teil der Schale entfernen. Jede Auster mit einer passenden dünnen Scheibe *foie gras* belegen, salzen, pfeffern und mit ein wenig Paniermehl bestreuen. Dann nochmals ein paar Minuten in den Backofen. Heiß servieren.

Crêpes

Zutaten (15–20 Stück): 2 Eier, 75 g Butter, 250 g Mehl, 0,125 l Milch, 1 TL Zucker, Salz, Öl. Für die spätere Füllung hat man freie Hand, z.B. Zucker, Honig, dünne Apfel- oder Bananenscheibchen, geraspelte Kokosnuss, Schokoladencreme, Konfitüre oder Kompott.

Zubereitung: Teig aus Mehl, Eiern, Butter, Zucker und einer Prise Salz rühren; zwischendurch langsam Flüssigkeit aus einem halb mit Milch und halb mit Wasser gefüllten Wasserglas hinzugeben, bis der Teig die gewünschte Konsistenz erreicht hat. Teig mindestens 60 Min. lang ruhen lassen, ehe man beginnt, Öl in einer Pfanne zu erhitzen. Idealerweise wählt man eine beschichtete Pfanne mit einem Boden von 14 cm Durchmesser. Teig dünn hineinstreichen. Kurz backen (in der Regel reichen 1–2 Min.), wenden und von der anderen Seite backen. Bevor man den Pfannkuchen zusammenfaltet, kann man ihn nach Belieben belegen.

cots), **Fischsuppe** *(soupe de poissons)* oder baskischem Hähnchen in Pfeffersauce *(poulet basquaise au piment d'Espelette)* daher. Außerdem gibt es **Spargel** *(asperge)* aus den Landes im Glas.

Käse und süße Sachen

Franzosen lassen nichts auf ihren Käse *(fromage)* kommen und geben sich dem Genuss insbesondere mit **Ziegenkäse** *(fromage de chèvre)* und **Schafskäse** *(fromage de brebis)* hin. Der aus den Pyrenäen stammende Schafskäse Ossau-Iraty zählt zu den Spitzenprodukten und trägt die geschützte Herkunftbezeichnung *Appellation d'Origine Contrôlée (AOC)*. Vorsicht beim „Fromage"-Vokabular – *fromage frais* bedeutet frischer Speisequark, der wahlweise locker geschlagen *(battu)* und in Fettgehaltstufen von 0 %, 20 % und 40 % daherkommt. Will man gute Käsestücke nach Hause mitnehmen, dürfte nur ein Hartkäse den Transport unbeschadet überstehen, es sei denn, man hat eine Kühlbox für den Transport dabei.

Kalorienstarke **süße Klassiker** sind *mousse au chocolat* und *crème caramel*, in Bäckereien findet man die mit Schokolade gefüllten Croissants und auch Apfeltaschen. Dem baskischen Mandelkuchen *(gâteau basque)* gibt man mit schwarzer Kirschkonfitüre *(confiture de cerises noires)* gern das gewisse Extra. Im Béarn ist *pastis* populär, ein Gebäck mit Anisgeschmack.

Zum baldigen Verzehr bestimmt sind auch erlesene Süßwaren der **Schokoladenmacher** *(chocolatiers)*, wie man sie vielfach in den baskischen Städten Bayonne und Biarritz antrifft. In den Auslagen lassen einem fein drapierte Pralinés und Schokoplättchen das Wasser im Munde zusammenlaufen. Kalorienbomben wie aus dem Bilderbuch – einzig die stolzen Preise dürften bei manchen für automatische Bremswirkung beim Kauf sorgen! Das Niveau liegt mitunter weit über dem von Filetsteaks!

Den süßen Geschmacksnerv treffen außerdem die hausgemachten **Konfitüren** und Marmeladen, die auch gern auf Märkten angeboten werden – wobei sich

Verführerische süße Auslagen

227sf ad

allerdings die Frage stellt, ob sie nicht daheim günstiger und in ähnlicher Qualität erhältlich sind. Gleiches gilt für Honig *(miel)*, bei dem man den Béarn zu den Toperzeugern rechnet.

Getränke – Wein und mehr

Eine Frankreichreise ohne Wein? Für viele gibt es nichts Abwegigeres! Zumal sich das Ziel- mit dem Anbaugebiet der **Bordeauxweine** bzw. mit dem **Médoc** deckt, wo man sich entlang der Quellen bewegt und die Trauben aus kalk-, lehm- und kieshaltigen Böden erwachsen. Seit römischen Zeiten ist die flussreiche Gegend um Bordeaux für ihre exquisiten Tropfen bekannt. Auf rund 120.000 ha breiten sich die heutigen Weinanbauflächen aus, je nach Jahrgang steht eine Produktion von über fünf Millionen Hektolitern Rot- und Weißwein an – ein Rebensaftparadies!

Im Anbaugebiet ist und bleibt der **Weinkauf direkt beim Erzeuger** ein Klassiker. Es gibt Unmengen an großen und kleinen Weingütern *(châteaux)*, die an den Landstraßen mit Direktverkauf *(vente directe)* samt Kostpröbchen *(dégustation)* locken – was mit Sicherheit stilvoller, aber nicht unbedingt preiswerter ist als in der Vinothek. Auch auf Märkten und in Supermärkten bietet sich eine akzeptable Auswahl. Getreu dem alten Motto „you get what you pay for" darf man sich als Käufer nicht wundern, wenn ein preiswerter französischer Landwein *(vin de pays)* oder Tafelwein *(vin de table)* rasch zu Kopfe steigt.

Kenner investieren in edlere Tröpfchen, **Spitzenweine** *(vins fins)*, und achten auf die geschützte Herkunftbezeichnung *Appellation d'Origine Contrôlée (AOC)*. Auf das weite Feld der Bordeauxweine entfallen mehrere Tausend *châteaux!* Im Internet kann man sich über die Weine informieren:

- **www.bordeaux.com/de,** alles über die weltberühmten Bordeauxweine, die Weinwirtschaft und die Bordelaiser Weinschule.
- **www.medoc-bordeaux.com,** Geschichte, Böden, Lagen, Weingüter.

Auf manchen Weingütern (und auch in Supermärkten und Einzelhandelsgeschäften) kann man übrigens hochwertiges **Traubenkernöl** *(huile de pépins de raisin)* kaufen.

Für Genießer steht eine Reise durch Frankreich im Zeichen des Weins

179sf ad

Spirituosen

In hochprozentigeren Sphären bewegt man sich mit dem auch in anderen Gegenden Frankreichs beliebten **Pastis** (Anisschnaps), dem aus **Cognac** stammenden gleichnamigen Weinbrand (viele Touren durch die örtlichen Cognaclager), dem aus der Gascogne stammenden **Armagnac,** einem klaren Branntwein (*eau de vie,* „Lebenswässerchen"), sowie dem baskischen **„Izarra"-Kräuterlikör** (gelb oder grün). Beliebt sind ferner der **Pineau des Charentes,** ein Aperitif aus Traubenmost und Cognac, sowie der wahlweise rote oder weiße **Floc de Gascogne,** bei dem man seit dem 16. Jh. nach altem Landrezept Weinmost und Armagnac mischt. Ein paar Alkoholgehaltsstufen darunter bewegt sich der fein moussierende **Cidre** (Apfelwein).

Weitere Getränke

Im Weinland Frankreich fließen natürlich auch **Bier** *(bière),* **Säfte** aller Art *(jus)* und **Mineral- bzw. Quellwasser** *(eau minérale, eau de source)* mit oder ohne Kohlensäure *(gazeuse, non-gazeuse).*

Kauftipp für Spirituosen

Recht günstige Spirituosen bekommt man in den Ladenkomplexen an der **französisch-spanischen Grenze** bei Béhobie: auf der N 10 aus Richtung Saint Jean-de-Luz kommend, direkt rechts hinter der Brücke über den Grenzfluss Bidassoa, also auf spanischem Terrain. Eine kleine Zusatzinvestition erfordern die gebührenpflichtigen Parkplätze (strenge Kontrollen!).

Feier- und Festtage

Keine Frage, in Frankreich versteht man zu feiern. Vielleicht nicht so südländisch exzessiv, sondern etwas gesetzter – aber mit viel, viel Enthusiasmus. Der bunte Reigen an Festen und Festivals umfasst Abertausende von Terminen, ist naturgemäß an die Jahreszeiten gekoppelt und erstreckt sich in erster Linie **von Mai bis Oktober.** Die unbestrittenen Höhepunkte sind im Juli und August erreicht, wenn in vielen Urlaubsgemeinden mit einem regelrechten Überangebot von Festen und Veranstaltungen aufgewartet wird: Konzerte, Feuerwerk, Ausstellungen, Folklore oder Sportturniere. Oder im Rahmen von Patronatsfeierlichkeiten, *fêtes patronales,* alles zusammen innerhalb weniger Tage! Wirklich von Einfallsreichtum beseelt sind die Macher der umfangreichen **Sommerprogramme,** denen es stets gelingt, breit gefächerte Kulturangebote auf die Beine zu stellen. Atlantikstrände und kleine Kirchen bilden einen ebenso gelungenen Rahmen für Konzerte und allerlei andere Veranstaltungen wie Schlösser und Burgen. Die Organisation ist meist vorbildlich.

In der Pflege von Althergebrachtem gebührt den Basken mit ihrem blitzschnellen **Pelota-Spiel** und diversen

Kraftsportwettbewerben einmal mehr eine Sonderstellung (siehe Exkurs „Traditionen der Basken“ im Kapitel „Land und Leute“).

Ein Herz für Kinder zeigt man mit **Unterhaltungsprogrammen für Kinder:** Straßenanimation *(animation de rue)*, Akrobatik *(acrobaties)*, Jonglierakten *(jongleries)*, Clownshow *(spectacle de clowns)*, Zirkus *(cirque)* und Marionetten- bzw. Kasperletheater *(guignol)*.

Bei den zahlreichen Volksfesten pflegt man das gesellige Beisammensein

Märkte

Allerseits beliebt sind **Open-air-Märkte** mit Trödel oder Antiquitäten *(brocante, antiquités)* bzw. reine **Flohmärkte** *(marchés aux puces)*. Gern veranstaltet man auch einen mittelalterlichen Markt *(marché médiéval)* mit entsprechendem Dekor sowie **Nachtmärkte** *(marchés nocturnes)*, bei denen man zwischen acht Uhr abends und Mitternacht an Kunsthandwerk- und Kulinariaständen vorbeistreift.

Im Dezember sorgt mancherorts ein **Weihnachtsmarkt** *(Marché de Noël)* für festliche Stimmung – inklusive Glühwein *(vin chaud)* aus der Thermos-kanne, aber meist mit sehr teurenProdukten. Außerordentlich groß ist der

Weihnachtsmarkt im Zentrum von Bordeaux. Über Straßenstände hinaus sieht man andernorts mitunter eine mühevoll aufbereitete „lebende Krippe".

Stierkämpfe und Kuhrennen

Für Tierfreunde unangenehm: Unter dem Einfluss Spaniens pflegt man zwischen Juli und September die blutige Tradition des **Stierkampfs** *(course de taureaux, corrida)* und Jungstierkampfs *(novilladas)*. Bei Volksfesten kommt ein auch auf spanischen Vorbildern fußender **„Feuerstier"** *(toro de fuego)* daher. Der Stier ist in diesem Fall nichts weiter als ein Mensch, der mit aufgesetzten Hörnern und einem Gestellaufbau voll explodierender Feuerwerkskörper durch die Straßen rennt, eine Volksbelustigung, die nicht ganz ungefährlich ist! Für Zaungäste gilt im Zweifelsfall: rechtzeitig in Deckung gehen!

Sonderbare tierische Traditionen pflegt man mit den **Landaiser „Kuhrennen"** *(courses landaises;* auch *courses de vache)*, eine aus den Landes stammende Gaudi in der Arena, bei der Mensch und Rind schlechtestenfalls aufeinander prallen! Grundsätzlich gilt allerdings, dass Zweibeiner den heranstürzenden Vierbeinern mit athletischen Sprüngen oder auf andere Weise ausweichen. Natürlich möglichst elegant und im letzten Augenblick – verständlich, dass das nicht immer plangemäß abläuft! Landauf landab finden in den Départements Landes und Lot-et-Garonne jährlich rund hundert *courses landaises* statt. Die „Kuhrennen"-Saison startet im April, weitere Infos dazu findet man unter www.courselandaise.org.

Kulinarische Treffs

Während der Sommerzeit bringen sich Franzosen selbst auf den Geschmack kulinarischer Festivals, Verkostung *(dégustation)* inklusive. Vielerorts im Küstenbereich sind bei Patronatsfeierlichkeiten **Sardinengrillen** *(sardinade)* oder **Thunfischgrillen** *(thonade)* angesetzt, bei denen auch Auswärtige willkommen sind und sich an durchweg guter Preis-Leistungs-Qualität erfreuen dürfen. Gleiches gilt für ein großes **Schinkenessen** *(jambonnade)* oder ein **Aalgrillen** *(anguillade)*. Als Leitmotiv werden ebenso gern Stopfleber *(foie gras)* oder Muscheln *(moules)* in den Mittelpunkt gestellt, oder aber eine zünftige ländliche Mahlzeit *(repas champêtre)* und ein Barbecue-Abend *(soirée barbecue)*. Als Rahmen für Verkostungen dient mitunter ein **See- oder Hafenfest.**

Im Banne der Musik

Während die Franzosen zur kühleren Jahreszeit bereits früh die Bürgersteige hochklappen und ihre Abende sang- und klanglos daheim verbringen, bricht es im Sommer umso urgewaltiger aus vielen heraus. Bei manchen Patronatsfesten geben Rock und Salsarhythmen den Ton an, Straßenmusiker bringen internationale Klänge von Spanien bis Brasilien zu Gehör. Ob sich all dies in Zukunft reibungslos fortsetzt, bleibt abzuwarten – schließlich macht die chronische Finanzkrise vor Kulturetats nicht Halt!

Eines besonderen Zuspruchs erfreut sich das Jazzfestival von Andernos-les-Bains, das normalerweise gegen Ende

Juli steigt, drei Tage dauert und für besondere Klänge am Bassin d'Arcachon sorgt. Andere Konzerte finden im Laufe des Veranstaltungsjahrs ihre Anhänger: ob die Konzerte der Académie Maurice Ravel in Saint Jean-de-Luz (www.academie-ravel.com), das Flamencofestival Anfang Juli in Mont-de-Marsan (http://arteflamenco.landes.org) oder die „Atypischen Nächte" (*nuits atypiques*; www.nuitsatypiques.org) von Langon, bei denen Ende Juli bis zu fortgeschrittenen Stunden Musikinstrumente aus aller Welt erklingen. Eine Sonderstellung gebührt den Ballettveranstaltungen „Le temps d'aimer" (www.letempsdaimer.com) im September in Biarritz. Bei Interesse an getragener Chormusik sollte man ein Auge auf Auftritte des berühmtesten baskischen Männerchors „Oldarra" werfen; Konzerttermine werden auf der Homepage angekündigt (www.oldarra.com).

Folkloristischer Rahmen

Von folkloristischem Rahmen umzogen sind eine Reihe ungewöhnlicherer Festivitäten, so das über 730 Jahre alte „Fest der fetten Ochsen" im Februar in Bazas (mit Umzug, Musikanten, Stelzenläufern und Prämiierung der schönsten geschmückten Tiere), das von baskischem Brauchtum bestimmte Baskenfest „Bi Harriz Lau Xori" im März in Biarritz sowie das von geschmückten Bötchen begleitete Meeresfest am 1. Mai in Mimizan-Plage.

Großes Sardinengrillen auf dem Rost

024sf ad

Nationalfeiertag

Eine festliche Sonderstellung nimmt der Nationalfeiertag **14. Juli** ein, der an den Sturm auf die Bastille und damit die Französische Revolution anno 1789 erinnert. Jeder Ort begeht den Tag bzw. den Vorabend auf eigene Art, mit Konfettischlacht oder Tanzball, in den meisten Fällen mit **Feuerwerk** *(feu d'artifice)*. Mitunter wird das blitzende Lichterspektakel musikalisch unterlegt. Schöne Feuerwerksveranstaltungen bekommt man u.a. in Bayonne, Biarritz, Biscarrosse-Plage, Bordeaux, Carcans-Maubuisson und Lacanau-Océan zu sehen.

228sf ad

Festkalender

Die **gesetzlichen Feiertage** sind nachfolgend immer mit einem **Stern*** markiert. Bei den lokalen Festtagen kann lediglich eine Auswahl vorgestellt werden. Insgesamt ist die Zahl der Veranstaltungen kaum überschaubar. Über alte Traditionen hinaus – alleine das Schinkenfest in Bayonne blickt auf über 550 Jahre Geschichte zurück – entstehen immer neue Initiativen, um den Besucherzulauf zu stimulieren. Die genauen Termine aller Festtage und Patronatsfeierlichkeiten *(fêtes patronales)* mit ihren Tagesprogrammen erfährt man in dem Heftchen „Programme des animations/fêtes" der örtlichen Touristeninformationen; zu den unterschiedlichsten Festivals und Events, die vor allem im Sommer in Aquitanien steigen, gibt die gut aufgebaute Website http://aquitaineenscene. fr Aufschluss. Mitunter kann es zu kleinen Terminverschiebungen kommen. Ebenfalls zu beachten: Witterungsbedingt können Veranstaltungen im wahrsten Sinne des Wortes ins Wasser fallen.

Januar

- **Neujahrstag*,** 1. Januar
- **Foire aux pottoks,** in der zweiten Monatshälfte, Pottok-Pferdemarkt in Espelette
- **Fête de la Truffe,** Trüffelfest in Sorges, im Regelfall am letzten Sonntag im Januar.

Der baskische Männerchor „Oldarra"

Februar

- **Fête des Bœufs Gras,** „Fest der fetten Ochsen" in Bazas, mit Umzug und Preisen für die besten geschmückten Tiere
- **Carnaval,** u.a. in Bayonne, Ciboure, Dax und Saint Jean-de-Luz

März

- **Festival d'expressions basques** (Bi Harriz Lau Xori), Baskenfest in Biarritz
- **Fête d'Arcachon,** Stadtfest gegen Monatsende in Arcachon
- **Ostermontag*** (oder erst im April)

April

- **Ostermontag*** (oder schon im März)
- **Foire au Jambon,** Schinkenfest in Bayonne, deckt sich mit Ostern, mitunter bereits im März
- **Printemps de l'Académie,** Frühjahrskonzerte der Académie Maurice Ravel in Saint Jean-de-Luz
- **Courses landaises,** Beginn der Kuhrennen-Saison, vor allem im Département Landes; ein Jahreskalender, auf Mausklick geordnet nach Orten, lässt sich auf der Seite www.courselandaise.org abrufen

Mai

- **Tag der Arbeit*,** 1. Mai
- **Fête de la Mer,** Meeresfest in Mimizan-Plage
- **Christi Himmelfahrt*,** Donnerstag 40 Tage nach Ostern
- **Gedenktag zum Ende des Zweiten Weltkrieges*,** 8. Mai
- **Tonte des moutons,** Schafschur in Sabres (Ecomusée de Marquèze), meist Ende des Monats
- **Journées du Chocolat,** Schokoladentage in Bayonne, in der Regel gegen Monatsende
- **Jumping des Sables** in Arcachon, Pferdespringen am Strand, in der zweiten Monatshälfte

Juni

- **Fête de la Morue,** Stockfischfest in Bègles (mitunter auch bereits Ende Mai)
- **Fête de la Musique,** der große Musiktag am 21. Juni, u.a. in Bayonne und Arcachon
- **Patronatsfest von Saint Jean-de-Luz,** um den 24. Juni
- **Weinfest** in Bordeaux, gegen Monatsende, gelegentlich aber auch um den 20. Juni, aber nur in zweijährigem Rhythmus (gerade Jahreszahlen); www.bordeaux-fete-le-vin.com; während der ungeraden Jahre ist die Reihe dann am Flussfest (mitunter bereits Ende Mai/Anfang Juni); www.bordeauxfetelefleuve.com
- **Festival des Abbayes,** Musikalisches Abteien-Festival im ganzen Monat Juni; in verschiedenen Orten des Départements Landes; klassische Musik; www.festivaldesabbayes.org
- **Force Basque,** Demonstrationswettkämpfe baskischer Kraftsportarten u.a. in Anglet, Arbonne, Arcangues, Bidart, Hendaye, Saint Jean-de-Luz, Saint-Palais, Sare und Urrugne, Juni bis September
- **Pelotamatches,** u.a. in Anglet, Bayonne, Biarritz, Bidart, Biriatou, Ciboure, Hasparren, Hendaye, Mauléon, Saint Jean-de-Luz, Saint-Jean-Pied-de-Port, Saint-Palais, Saint- Pée-sur-Nivelle und Sare; insbesondere Juni bis September

Juli

- **Flamencofestival** in Mont-de-Marsan, Anfang Juli
- **Patronatsfeiern, Saint-Justin,** um den 10. Juli
- **Französischer Nationalfeiertag*,** 14. Juli, am Tag selbst bzw. am Vorabend vielerorts Feuerwerk, so in Bayonne, Biarritz, Biscarrosse-Plage, Bordeaux, Cambo-les-Bains, Carcans-Maubuisson,

Ciboure, Hendaye, Lacanau-Océan, Mauléon, Saint Jean-de-Luz und Saint Jean-Pied-de-Port; rund um den 14. Juli auch Mittelaltermarkt (Marché médiéval; www.marchemedieval.org) in der Altstadt von Bayonne

- **Fête du Thon,** Thunfischfest, Saint Jean-de-Luz
- **Fête du Chipiron,** Tintenfischfest in Hendaye, etwa Mitte des Monats
- **La Junte de Roncal/choix de trois vaches,** „Tribut der drei Kühe" auf dem Pyrenäengipfel Saint Martín, bei dem eine Abordnung der Bewohner des spanischen Tals von Roncal ihren französischen Talnachbarn drei Kühe übergibt – Zeichen eines im Mittelalter besiegelten Friedensschlusses; 13. Juli
- **Fête de l'Huître,** Austernfest von Lanton, gegen Mitte des Monats
- **Bataille de Castillon,** in zumeist zwölf Vorstellungen und mithilfe von einigen Hundert Laiendarstellern wird das Ende des Hundertjährigen Krieges zwischen Franzosen und Engländern lebendig, ein Schauspiel, das bereits Hunderttausende Besucher verfolgt haben; zwischen Mitte Juli und Mitte August; www.batailledecastillon.com
- **Fêtes de la Madeleine** in Mont-de-Marsan, inklusive Stierkämpfe und Kuhrennen; um den 15./20. Juli; www.fetesmadeleine.fr
- **Fêtes de Bayonne,** mehrtägiges Stadtfest in Bayonne; meist Ende Juli; www.fetes.bayonne.fr
- **Jazzfestival** in Andernos-les-Bains; Ende des Monats
- **Nuits Atypiques,** „Atypische Nächte" in Langon, bei denen Musikinstrumente aus aller Welt erklingen; letztes Juli-Drittel
- **Courses Landaises,** diverse Landaiser Kuhrennen in der Gemeinde Mimizan, auch im August

August

- **Reggae Sun Ska Festival** in Pauillac, meist Monatsbeginn, www.reggaesunska.com
- **Ortsfeste** in Parentis-en-Born und Monein, jeweils Monatsanfang
- Zu Monatsbeginn Start des **Festival du Périgord Noir,** klassische und Barockkonzerte an ausgewählten Punkten in der Dordogne; kann bis in den Oktober hinein dauern; www.festivalmusiqueperigordnoir.com
- **„Mimos"-Festival** in Périgueux
- Während des ganzen Monats August **Stierkämpfe** (Corridas) in Bayonne
- **Mariä Himmelfahrt*,** 15. August
- **Fête de l'Huître,** Austernfest am Bassin d'Arcachon, etwa Monatsmitte
- **Fêtes de la Mer,** Meeres- und Hafenfest in Arcachon
- **„Hestiv'Òc"-Kulturfestival** in Pau, etwa um den 21. August; www.hestivoc.com
- **Feria de Dax,** Stadtfest von Dax mit viel Musik, Feuerwerk und Stierkämpfen; etwa in der Monatsmitte; http://feria.dax.fr
- **Festival de Force Basque,** Festival des baskischen Kraftsports in Saint Palais; etwa Monatsmitte; www.forcebasquesaintpalais.com
- **Cross des Contrebandiers,** „Schmuggler-Crosslauf" in Sare; in der Regel am dritten Augustsonntag
- **Theaterfestival** in der Zitadelle von Blaye, Ende August

September

- **„Musique en Côte Basque"** – so ist eine Reihe von Kirchenkonzerten in baskischen Küstenorten übertitelt, diverse Termine im September; www.musiquecotebasque.fr
- **Le temps d'aimer,** Ballettveranstaltungen in Biarritz
- **Médoc-Marathon** an lauschigen Orten und in Weingärten; www.marathondumedoc.com
- **Schäferfest** (Fête des Bergers) in Aramits, in der Regel am dritten September-Wochenende; www.aramitsfetedesbergers.fr
- **„Sarako bestak",** Volksfest in Sare, etwa Monatsmitte

- **Cadences-Festival** in Arcachon mit Ballett- und Tanzaufführungen; meist gegen Monatsende
- **Triathlon** in Saint-Jean-de-Luz, ca. Mitte September; www.triathlon-saintjeandeluz.fr
- **Weinlesebeginn** in Saint Émilion
- **Fête du Sel,** Salzfest mit Musik und Tänzen in Salies-de-Béarn; www.fetedusel.org
- **Filmfestival,** Filmkunst und Kultur aus Lateinamerika in Biarritz (Festival de Biarritz – Cinémas et Culture d'Amérique Latine; www.festivaldebiarritz.com); meist Ende September und zuweilen bis Anfang Oktober

Oktober

- **Historischer Markt** in Laruns (Foire aux fromages et marché à l'ancienne), im Regelfall am ersten Oktober-Wochenende
- **Marathon** am westlichen Teil des Bassin d'Arcachon („Marathon des Villages"; www.marathon-des-villages.com)
- **Fête du Piment,** Pfefferschotenfest in Espelette; gegen Ende des Monats
- **Halloween-Feste** Ende des Monats, u.a. in Arcachon

November

- **Allerheiligen*,** 1. November
- **Gedenktag Waffenstillstand 1918*,** 11. November
- **Filmfestival** in Sarlat; www.festivaldufilmdesarlat.com
- **Fêtes de Saint Martin,** in Biarritz

Dezember

- **Weihnachten*,** 25. Dezember
- **Marché de Noël,** Weihnachtsmärkte u.a. in Aire-sur-l'Adour, Biscarrosse, Bayonne, Bordeaux, Dax und Saint Vincent-de-Tyrosse.

025sf ad

FKK

Für die Damenwelt an Frankreichs Stränden zählt es zu den Selbstverständlichkeiten, die oberen Hüllen fallen zu lassen. Im komplettem Adams- und Evakostüm sonnt man sich an einsameren Stränden, abgelegenen Buchten oder speziell ausgewiesenen Strandbereichen *(plages des naturistes)*. Einige Ferienzentren und Campingplätze haben sich ganz auf die Anhänger der Freikörperkultur *(naturisme)* eingestellt, insgesamt gibt es landesweit einige Dutzend FKK-Zentren.

Fotografieren

Speicherkarten, Batterien und Ladegerät bringt man am besten von daheim mit; in Frankreich ist alles etwas teurer. Hilfreich ist eine Kamera mit guten Zoomfunktionen, falls man die Natur – nicht nur im Vogelpark von Le Teich – vor die Linse holen will. Zu beachten ist, dass in manchen Museen, Kirchen, Schlössern, Höhlen etc. das Fotografieren komplett bzw. mit Blitzlicht verboten ist. Ein Stativ tut manchmal gute Dienste.

◁ Platz ums Handtuch – auch im Sommer kein Problem

Führungen

Eine Reise auf eigene Faust muss die gelegentliche Teilnahme an Führungen nicht ausschließen. Das gilt nicht nur für interessante Rundgänge durch Schlösser, sondern auch für **Stadt- und Naturerkundungen.** Schwerpunktmäßig im Sommer offeriert man über die Touristeninformationen Führungen *(visites guidées)*, die Gelegenheit geben, sich in Städten und Ferienorten in kompakter Form auf das Wesentliche zu konzentrieren. Über Preise, Sprachenwahl und gegebenenfalls die Notwendigkeit einer Reservierung *(réservation)* informiert das jeweilige örtliche Office de Tourisme.

In Schutzgebieten werden mitunter **naturkundliche Exkursionen** *(visites guidées naturalistes)* angeboten. Touren durch die Natur gibt es nicht nur zu Fuß, sondern – im Falle des L'Eyre-Deltas – auch per Kanu. Mitunter findet man **spezielle Angebote für Kinder,** allerdings wird dabei nur Französisch gesprochen.

Fundsachen

In größeren Städten ist das Fundbüro *(bureau des objets trouvés)* meist im Rathaus *(mairie, hôtel de ville)* oder gelegentlich auch in einer Außenstelle untergebracht. In kleineren Orten können Fundsachen in der Regel bei der Polizeiwache *(gendarmerie)* abgegeben oder abgeholt werden.

Haustiere

In Frankreich sind Haustiere nicht überall willkommen. In Restaurant-, Hotel- und Campingverzeichnissen gibt meist ein Hundesymbol darüber Aufschluss, ob Haustiere Zugang haben *(animaux acceptés)*. Budgetbewusste dürften angesichts der Haustieraufschläge bei Unterkünften Preisvergleiche anstellen.

Naturschutzpfade und Strände sind **für Hunde geschlossen,** an den Zugängen sind vielfach Betreten-verboten-Schilder aufgestellt. Dabei spielt es keine Rolle, ob der Hund an der Leine geführt wird oder nicht.

Für die EU-Länder gilt, dass man eine **Tollwutschutzimpfung** und einen **EU-Heimtierausweis** (Pet Passport) für Hund oder Katze haben muss. Dieser gilt auch im Nicht-EU-Land Schweiz, kostet ca. 15–25 € (zuzüglich der Kosten für Impfungen und der Untersuchung). Darüber hinaus muss das Tier mit einem **Microchip** gekennzeichnet sein (für Tiere die vor dem 3. Juli 2011 registriert wurden, reicht ihre bestehende Tätowierung aus, wenn diese gut lesbar ist). Weitere Informationen gibt es beim Tierarzt.

Internet

Hinweis für die, die nicht ständig online sind: Vor Ort gibt es Internetcafés *(cyber café, espace internet)*, in denen man seine E-Mails auf schnellen Rechnern abrufen kann. Manche öffnen allerdings nur während der lukrativen Sommersaison. In einigen Orten muss man mit bis zu 2 € für 15 Minuten, 3–4 € für eine halbe Stunde und 5–7 € für eine Stunde rechnen. Alternative dazu – und meistens günstiger – sind Computerplätze in der örtlichen Mediathek *(médiathèque)*. Manche Unterkünfte bieten Internetecken oder -räumchen als kostenlosen Kundenservice. Gleiches gilt für WLAN, das auf Französisch als „WIFI" bekannt ist. Auch manche Cafés und Schnellrestaurants bieten „WIFI" kostenlos, gleichermaßen sieht man „WIFI"-Punkte in Bahnhöfen und auf öffentlichen Plätzen.

Im Kapitel „Vor der Reise" gibt es unter „Informationen im Internet" eine Liste von kommentierten Websites zu Südwestfrankreich und thematischen Schwerpunkten.

Mit Kindern reisen

In Frankreich sind Kinder willkommene Gäste. Vielerorts zeigt man sich bestens auf die Bedürfnisse von Familien eingestellt: ob mit der Wickelecke auf dem Rastplatz, dem Abenteuerspielplatz am Meer, dem Trampolinspringen am Strand. Im Restaurant trifft das portionsgerechte **Kindermenü** *(menu d'enfant)* den Geschmack, in manchen Museen haben Kinder und Jugendliche bis 18 Jahre **freien Eintritt.** Beim Eintritt in ein Aquarium oder bei der Mitfahrt in einem Ausflugsbähnchen kann man oft von Kinderfreundlichkeit für die Kleinsten ausgehen; mancherorts bezahlen Kinder bis vier Jahre nichts.

026sf ad

Eine segensreiche Erfindung an Frankreichs Stränden: die Kinderstrandclubs „clubs de plage"

Viele **Campingplätze** präsentieren sich als wahre Spielparadiese und trumpfen mit Kinderbädern und Klettergerüsten auf, mit Wasserrutschen, Tischtennisplatten, Volleyballfeldern und speziellen Animationsprogrammen. Ebenfalls beliebt: **„Camping auf dem Bauernhof"** *(camping à la ferme)* mit Kontakt zu Schweinen und Kühen – und natürlich zu anderen naturbegeisterten Familien!

Für das Vergnügen der **Strandburgenbauer** sorgen die zahlreichen traumhaften Strände – wobei die Strömungen und der extrem starke Tidenhub des Atlantiks keinesfalls unterschätzt werden dürfen und besondere Vorsicht erfordern (siehe „Sicherheit"). Jungen Sportskanonen stehen Reit- und Tenniscenter offen, ein guter Radverleiher hält stets Kinderbikes samt -helmen bereit.

Burgen und Schlösser tragen ebenso Erlebnischarakter wie Binnenseen, Bootstouren, bunte Volksfeste mit viel Musik und spannende Pfade durch Naturschutzgebiete. Als Zugabe hält Frankreichs Südwesten einige **besondere Attraktionen** bereit, die in den jeweiligen Regionalkapiteln dieses Buches detaillierter beschrieben sind: in Le Teich der Streifzug durch den Vogelpark, südlich von Arcachon die Besteigung der sagenhaften 104-Meter-Düne von Pilat, in Biarritz der Besuch des Meeresmuseums, in Sare und Isturitz-Oxocelhaya das Eintauchen in Höhlenwelten.

350sf ad

Ein schönes Erlebnis ist sicher, Wanderwege gemeinsam zu entdecken – und davon gibt es im Zielgebiet eine ganze Menge! Tipp: der Küstenwanderweg *(Sentier du Littoral)* nördlich von Saint Jean-de-Luz.

Kinderstrandclubs

Familienfreundliche Hits schlechthin sind die Sand- und Spielparadiese der Kinderstrandclubs *(clubs de plage)*, die im Sommer Hochkonjunktur haben. Wo welcher Strandclub zu welcher Zeit zugänglich ist, erfährt man im örtlichen *Office de Tourisme.* Aus Wetter- und Zulaufgründen öffnen viele Clubs nur im Juli und August, schließen häufig über Mittag und haben sonntags ihren Ruhetag. Die untere **Altersgrenze** liegt bei drei oder vier Jahren, nach oben hin ist zwischen 12 und 14 Jahren Schluss. Jungen und Mädchen können halbe oder ganze Tage an den Spiel-, Wettbewerbs- und Animationsprogrammen teilnehmen sowie Schaukeln, Rutschen, Trampoline und Kinderspielgerät benutzen.

Das Angebot hat aber auch seinen **Preis**; Schwimmstunden in den kleinen Bädern kosten extra. Ehe man preisgünstigere Ganztages- oder Wochenpakete im Strandclub bucht, sollte man den Nachwuchs testen lassen, ob er sich wohl fühlt – allein schon wegen der **Sprache,** denn es wird natürlich Französisch gesprochen. Oft wird verlangt, dass Kinder einen beschrifteten Beutel mit Handtuch, Ersatzkleidung und Sonnenschutz mitbringen.

⌃ Im Familienverbund auf dem Küstenwanderweg nördlich von Saint Jean-de-Luz

„Fischfang zu Fuß"

Drei Dinge braucht das Kind: Eimerchen, Rechen und Schaufel. Damit ist man bestens gerüstet für einen Erlebnis-Evergreen unter französischen Familien, dem Auswärtige gern nacheifern: *pêche à pied,* wörtlich „Fischfang zu Fuß". Zieht sich das Meer zur Ebbe zurück, schwärmen die Kleinsten mit Feuereifer an all den leergelaufenen Strandstücken aus und suchen den Grund nach zurückgebliebenen **Muscheln und Krebsen** ab. Wer keine Utensilien für solcherlei Beutezüge mitgebracht hat, braucht in den Küstenorten nicht lange Ausschau in den Strandläden zu halten. Vielerorts stehen komplette „Fischfang"-Sets inklusive Kescher im Angebot.

Medizinische Versorgung

Bei der medizinischen Versorgung bewegen sich Verlässlichkeit und Ausbildungsstandard auf dem von zu Hause gewohnten Niveau, inklusive Göttern in Weiß und schwarzen Schafen. Zum Thema **Krankenversicherung** siehe „Versicherungen" im Kapitel „Vor der Reise".

In Frankreich gilt es zu unterscheiden zwischen **Vertragsärzten,** deren Honorare nach der gesetzlichen Versicherung festgelegt sind, sowie **freien Ärzten** mit ebenso freien (= hohen) Honorarforderungen. Um böse finanzielle Überraschungen zu vermeiden, sollte man sich nicht scheuen, im Vorfeld der Behandlung nach den Konditionen zu fragen.

Mediziner mit Deutschkenntnissen kann man in Frankreich nicht erwarten. Adressen von **deutschsprachigen Ärzten** vermitteln die diplomatischen Vertretungen.

Französische **Apotheken** *(pharmacies)* zeigen sich durchweg gut sortiert und haben außen mit Kondomautomaten Vorbeugung für hormonelle Notfälle getroffen. Die Adressen der Notapotheken sind in der örtlichen Tageszeitung aufgeführt bzw. hängen an den einzelnen Apotheken aus. Auch in Apotheken wird man deutschsprachiges Personal nur in Ausnahmefällen antreffen. Wer ein ähnliches Mittel braucht wie jenes, das er gerade aufgebraucht hat, sollte den Beipackzettel mit der Zusammensetzung des Medikaments mitnehmen – so lässt sich ein vergleichbares leichter finden.

Der **Rettungsdienst** *(Samu)* ist landesweit über die Telefonnummer 15 erreichbar, Krankenwagen heißt *ambulance.* Ist ein akuter Notfall eingetreten, sollte man sich umgehend zum nächsten Arzt *(médicin)* oder Krankenhaus *(hôpital/clinique)* bringen lassen.

Notfälle

Zu beachten sind die hinter manchen Stränden angebrachten **Notrufsäulen** mit dem Zeichen „S.O.S.".

Wichtige Notrufnummern

Die europaweite Notrufnummer ist die **112.** Sonst gilt in Frankreich:

- **Krankenwagen** *(ambulance)* 15
- **Polizei** *(police)* 17
- **Feuerwehr** *(pompiers)* 18

Autopanne/-unfall

Siehe „Autofahren und Verkehr“ im Kapitel „Reisetipps A–Z“

Verlust von „Plastikkarten“

Bei Verlust oder Diebstahl der Kredit- oder Maestro-(EC-)Karte sollte man diese umgehend sperren lassen. Für deutsche Maestro-(EC-) und Kreditkarten gibt es die **Sperrnummer 0049 116116** und im Ausland zusätzlich 0049 30 40504050. Der TCS (Schweiz) betreibt einen Kartensperrservice; Infos unter Tel. 0844 888 111. Ansonsten gelten für österreicherische und schweizerische Karten:

- **Maestro/Bankomat,** (A-) Tel. 0043 1 204 8800; (CH-) Tel. 0041 44 2712230, UBS: 0041 800 888 601, Credit Suisse: 0041 800 800488.
- Für **MasterCard, VISA, American Express** und **Diners Club** sollten Österreicher und Schweizer sich vor der Reise die Rufnummer der kartenausstellenden Bank notiert haben.

Geldnot

Wer dringend eine größere Summe ins Ausland überweisen lassen muss, kann sich auch nach Frankreich über **Western Union** Geld an eine beliebige Vertretung von Western Union vor Ort (www.westernunion.de, „Vertriebsstandort suchen“) schicken lassen. Je nach Höhe der Summe muss der Absender eine Gebühr zahlen (bei einer Bargeldauszahlung von 2000 € nach Frankreich beträgt diese beispielsweise 5 €).

Ausweisverlust/dringender Notfall

Wird der Reisepass oder Personalausweis im Ausland gestohlen, muss man diesen bei der örtlichen Polizei melden. Darüber hinaus sollte man sich an die nächste diplomatische Auslandsvertretung seines Landes wenden, damit man einen Ersatz-Reiseausweis zur Rückkehr ausgestellt bekommt (ohne kommt man nicht an Bord eines Flugzeuges!).

Auch in **dringenden Notfällen,** z.B. medizinischer oder rechtlicher Art, Vermisstensuche, Hilfe bei Todesfällen, Häftlingsbetreuung o.Ä. sind die **Diplomatischen Vertretungen** bemüht, vermittelnd zu helfen.

- **Deutschland:** Deutsche Botschaft in **Paris,** 28 rue Marbeau (Rechts- und Konsularabteilung), Tel. 01 53 64 76 70 und in Notfällen auch Tel. 01 53 83 45 00; Generalkonsulat in **Bordeaux-Cauderan,** 377 boulevard du Président Wilson, Tel. 05 56 17 12 22 und in dringenden Notfällen Tel. 01 53 83 45 00, www.allemagne.diplo.de.
- **Österreich:** Österreichische Botschaft in **Paris** (Konsularabteilung), 17 avenue de Villars, Tel. 01 40 63 30 90, www.amb-autriche.fr.
- **Schweiz:** Schweizer Botschaft in **Paris,** 142 rue de Grenelle, Tel. 01 49 55 67 00, www.eda.admin.ch/paris; Konsulat in **Bordeaux,** 51 rue Tranchère, Tel. 05 56 32 31 15.

[>] Gibt gute Orientierung in einer Stadt wie Bordeaux: der Hauptplatz vor dem Theater

Orientierung in Städten

Fährt man in größere Orte ein, orientiert man sich an den Schildern Richtung Zentrum *(centre ville)* und hält dort nach **Parkplatz-Schildern** *(parking)* Ausschau. Wohnmobil- und Wohnwagenfahrer müssen dringend auf Durchfahrtverboten-Schilder achten, was sich auch auf Zufahrten zu Parkplätzen bezieht, wo metallene Höhenbarrieren angebracht sind!

Mitunter teilen sich Küstenorte in ein Stadtviertel *bourg* (eigentlich: „Marktflecken", hier liegt der ältere Teil der Stadt) und ein Viertel *plage* (Strand). Im **Stadt- oder Ortsmittelpunkt** bieten sich als Orientierungsmarken meist die Kathedrale *(cathédrale)* oder das Rathaus *(mairie/hôtel de ville)* an. Der Hauptplatz trägt oft patriotisch angehauchte Bezeichnungen wie *Place de la République* oder *Place de la Liberté* bzw. Namen illustrer französischer Persönlichkeiten. Ebenfalls zentral gelegen sind die Markthallen *(halles)* bzw. der Markt *(marché)* und das Postamt *(poste)*. Da Franzosen das Grün auch in der Innenstadt lieben, dürfte der nächste öffentliche Park *(parc/ jardin public)* nicht allzu weit entfernt sein. Wer an den Strand will, folgt den Schildern „plage". Der Sport-, Handels- oder Fischerhafen ist als „port" ausgeschildert. In der Stadtmitte liegt meist die **Touristinformation** *(office de tourisme)*, in der ein Stadtplan erhältlich ist.

180sf ad

Post

Frankreichs Post arbeitet gut und zuverlässig. Bei Briefen und Postkarten ins europäische Ausland darf man von einer Zustellung **innerhalb von drei bis vier Tagen** ausgehen. Größere Sendungen können allerdings etwas länger unterwegs sein.

Die **Öffnungszeiten** der Postämter sind Mo.–Fr. 9 bis 12 und 14 bis 17/17.30 Uhr, samstags nur vormittags; in größeren Städten sind die Hauptpostämter mitunter durchgehend geöffnet.

Bei den **Briefkästen** ist auf die unterschiedlichen Aufschriften zu achten: Bei den Schlitzen ist gelegentlich einer den regionalen Zielen vorbehalten, der andere mit dem Vermerk „autres destinations“ (andere Bestimmungsorte) versehen.

Versender von Briefen und Karten sollten das **Landeskürzel** mit Bindestrich vor die Postleitzahl stellen: „D-“ für Deutschland *(Allemagne)*, „A-“ für Österreich *(Autriche)* und „CH-“ für die Schweiz *(Suisse)*.

Die **Portokosten** ändern sich so schnell wie andernorts auch. Auf der Homepage der französischen Post (www.laposte.fr) sind die aktuellen Tarife einsehbar. Hilfreich ist der Online-Portokalkulator *(calculateur de tarifs)*. Briefmarken sind auch in Tabak- und Zeitschriftenläden erhältlich. Alternative für Paketzustellungen sind international bekannte Kurierdienste.

Beim Postverkehr nach Frankreich findet man bei Adressenangaben stets fünfstellige **Postleitzahlen,** wobei die ersten beiden Ziffern für die Kennzahl des Départements stehen. Maßgeblich für Südwestfrankreich sind die Départements Gironde (33), Lot-et-Garonne (47), Landes (40) und Pyrénées Atlantiques (64). Bei Adressenhinweisen steht die Abkürzung „BP“ für *boîte postale* (Postfach).

Eine französische **Besonderheit** bei Angaben von Adressen ist das verbreitete **„bis“.** Ein Beispiel: Haus „numéro 14 bis“ heißt schlicht „Nummer 14 a“.

Routen- und Tourenvorschläge

Das Gros der Urlauber dürfte sich zunächst einmal den Küstengegenden zuwenden, die sich wegen ihrer naturräumlichen Lage in zwei große Bereiche splitten: das nördliche Küstenstück zwischen dem Bassin d'Arcachon und der Gironde-Mündung sowie der südliche Küstenteil zwischen Arcachon und der französisch-spanischen Grenze. Wo auch immer man zu Entdeckungstouren starten will, man sollte sich stets vor Augen halten, dass es keine durchgehende „klassische“ Küstenstraße gibt. Immer wieder sind es Nebensträßchen, über die man Strände erreicht.

Nördliche Küste und Weingebiete

Setzt man mit der kostenintensiven Fähre *(bac)* ab Royan über die Gironde, lädt die küstennahe Strecke unter dem **Leitmotiv „Strände“** bis zum Becken von Arcachon zu folgendem Verlauf ein:

Soulac-sur-Mer, Montalivet-les-Bains, Hourtin-Plage, Carcans-Plage, Lacanau-Océan, Le Porge-Océan, Lège und dann hinunter bis Cap-Ferret. Auf schnellster Strecke liegen etwa 100 km zwischen Gironde und dem Becken von Arcachon, doch mit allen Abstechern kommt man leicht auf das Doppelte. Außerdem lädt die Seenplatte mit dem Étang d'Hourtin-Carcans, Étang de Cousseau und Lac de Lacanau zu Entdeckungen ein.

Unter dem **Leitmotiv „Wein"** gäbe es weiter östlich eine Strecke nahe der Gironde über Saint Vivien-de-Médoc, Pauillac und Cussac-Fort-Médoc nach Lamarque; in Lamarque gibt es eine regelmäßig verkehrende Fahrzeugfähre über die Gironde in die Festungsstadt Blaye, von wo aus man die Fahrt nach Bordeaux fortsetzen kann.

Tipp: In den Strand- bzw. Weingebieten des Médoc nord-nordwestlich von Bordeaux sollte man sein Quartier beziehen und von dort aus Touren starten. Klassiker an der nördlichen Küste ist Lacanau-Océan, doch das kann manchem während der Saison zu überlaufen vorkommen; gute Alternativen bieten die Gegenden um Carcans-Maubuisson. Ab hier können jene, die weniger Wert auf eine Großstadt legen, Bordeaux als Tagesausflug angehen.

Von Bordeaux zu den Vorpyrenäen

Wer Museen und Shopping, Kirchen, Märkte und Ausgehvergnügen liebt, dürfte sich vorübergehend in Bordeaux einquartieren. Ausflugsklassiker ab Bordeaux ist das mittelalterlich geprägte Städtchen **Saint Émilion,** wo man der Großstadt ebensogut den Rücken kehren und sich in der Nähe behaglich in einem Landhaus einquartieren kann. Ab Saint-Émilion geht es weiter östlich hinein in die Dordogne (ein Abstecher ist im Kapitel „Bordeaux und Umgebung" beschrieben). Wer sich in Bordeaux für die **Inlandsstrecke Richtung Arcachon** entscheidet, folgt dem Lauf der Garonne über Cadillac und Langon nach Agen; Abstecher führen zu bermerkenswerten Monumenten nach Bazas, Roquetaillade und Villandraut. Ab Agen kann man nördlich über Villeneuve-sur-Lot wieder an die Dordogne anknüpfen, weiter südwestlich schafft man über Aire-sur-l'Adour die Anbindung an Pau und die Vorpyrenäen.

Ein **Hinweis für Eilige:** Die Strecke Bordeaux – Pau lässt sich auch wesentlich schneller bewältigen: über die Kombination aus Autobahn (A 63), Nationalstraße (N 10) und wiederum Autobahn (A 63) bis Bayonne und ab dort weiter östlich auf der Autobahn (A 64) Richtung Toulouse. Pau ist sehr gut ans Autobahnnetz angeschlossen.

Arcachon und südliche Küste

Meeres- und Naturliebhaber sollten ihr Quartier am südlichen Teil des Beckens von Arcachon beziehen: entweder in Arcachon oder bei Le Teich mit Anbindung an schöne **Feucht- und Wandergebiete** im Naturschutzgebiet des L'Eyre-Deltas.

Südlich von Arcachon stehen Entdeckungen des längsten und für viele **schönsten Küstenstücks** an, für das man sich Zeit nehmen und an folgendem Verlauf orientieren sollte: Biscarrosse-Plage mit umliegender Seenplatte, Mimizan-Plage, Contis-Plage, Saint-Girons-Plage, Vieux-Boucau, Soustons, Hossegor, Capbreton, Anglet, Biarritz, Saint Jean-de-Luz, Hendaye. Unterwegs bieten sich gut gelegene Quartiere an, von wo aus sich die Strände erkunden lassen und auch Abstecher ins Hinterland lohnen: Biscarrosse-Plage (Abstecher in den Parc Naturel Régional des Landes de Gascogne mit Wanderwegen), Mimizan-Plage, Capbreton (Abstecher in die Thermalstadt Dax), Biarritz oder Anglet (Abstecher in die Kathedralstadt Bayonne) und Saint Jean-de-Luz (Abstecher auf den Berg La Rhune). Luftlinie liegen zwischen Arcachon und Hendaye, dem südlichsten Ort der französischen Atlantikküste, gerade einmal 150 km, aber mit den Abstechern kann man es leicht auf das Drei- bis Vierfache bringen.

Pyrenäenlandschaften im Baskenland und Béarn

Östlich des Küstenstädtchens Saint Jean-de-Luz fühlt man sich bald von den **Gebirgswelten** der Pyrenäen verschluckt – eine Kombination von Meer und Bergen, die Südwestfrankreich für viele so reizvoll macht! Hier kann man die Pyrenäenlandschaften des Baskenlands und des Béarn erkunden, heute Verwaltungseinheit des Départements Pyrénées-Atlantiques. Eine klassische Strecke führt von Saint Jean-de-Luz ins Jakobswegstädtchen Saint Jean-Pied-de-Port. Ab dort erreicht man weiter nordöstlich Saint Palais und Sauveterre-de-Béarn, ehe man Richtung Südosten nach Oloron-Sainte-Marie abdreht. Dort besteht Gelegenheit zu Abstechern gen Süden in

229sf ad

die höheren Gebirgsgegenden der Pyrenäen bzw. den **Pyrenäen-Nationalpark,** während man rund 30 km nordöstlich an Pau anbindet.

Ab Pau wiederum kann man Ziele wie die **Wallfahrtsmetropole Lourdes** ansteuern bzw. über andere Anfahrtswege tiefer in den Pyrenäen-Nationalpark eintauchen. An Pau vorbei verläuft die einzige Autobahnachse weit und breit, die einen über die Ostvariante (Toulouse – Montpellier – Lyon) gen Heimat oder über die Westvariante (Bayonne) an die Atlantikküste zurückträgt.

Sehenswürdigkeiten

Südwestfrankreich hat keinen Eiffelturm und keinen Louvre, dafür eine ganze Menge an interessanten **Burgen** und **Museen** zu bieten. Die große **Theaterkultur** beschränkt sich im Wesentlichen auf Bordeaux. Informationen zu Sehenswürdigkeiten findet man sehr verstreut; im Hinblick auf touristischen Service hat dahingehend das Baskenland die Nase vorn. Dort kann man sich in den Touristeninformationen die Broschüre „Sites et Musées en Pays Basque“ besorgen, die alle wichtigen Museen und sonstige Sehenswürdigkeiten gebündelt vorstellt; Alternative ist der Aufruf der entsprechenden Website (www.sitesetmuseesen paysbasque.com).

Bei den **Museen** ist in der Regel montags oder dienstags Ruhetag, manchmal auch feiertags. Ansonsten gilt der grobe tägliche Standard von 10 bis 12.30 und 14 bis 18 Uhr, wobei es zwischen dem Winterplan *(horaire d'hiver)* und dem Sommerplan *(horaire d'été)* zu unterscheiden gilt. „Winterplan“ bedeutet meist November bis April, „Sommerplan“ Mai bis September.

Im Sommer kann man – auch bei anderen touristischen Sehenswürdigkeiten – mit durchgehenden und abends etwas längeren Öffnungszeiten rechnen, gelegentlich sind im Juli oder August Nachtbesuche angesetzt. Manche touristischen Attraktionen schließen komplett während der Wintermonate.

Sicherheit

Frankreich ist kein Räuberpflaster und zum Glück ebenso „zivilisiert“ wie Deutschland – was aber einschließt, dass auch hier Gelegenheit Diebe macht! Zu den goldenen Regeln zählt, keine **Wertsachen** mit an den Strand zu nehmen oder im Inneren des Wagens liegen zu lassen. Im dichten Gedränge von (Trödel-)Märkten trägt man die Tasche lieber vor dem Bauch als auf dem Rücken – man weiß ja, wie flink Taschendiebe sein können. In einer Großstadt wie Bordeaux sollte man einem vertrauenerweckenden, gebührenpflichtigen **Parkplatz** den Vorzug vor einer dunklen Gratisecke geben.

◁ Ausblick auf Lourdes vom Pic du Jer

Gefahren am Wasser

Der Atlantik ist nicht zu unterschätzen! Das gilt nicht nur für den oftmals rauen Wellengang an den Stränden, die dem offenen Meer ungeschützt zugewandt sind, sondern auch für unterseeische **Strömungen.** Besonders starke Strömungen bilden sich erfahrungsgemäß an vorgelagerten Sandbänken. Der Tidenhub an der französischen Atlantikküste tut sein Übriges, mitunter liegen die Pegelunterschiede zwischen **Ebbe und Flut** bei 4 m. Bei Ebbe wird die Sogwirkung der Strömungen noch verstärkt. Die Flut kommt schneller zurück als man denkt, und ganze Strandlakenlandschaften werden weggespült! Man kann sich in der örtlichen Touristeninformation eine im Regelfall kostenlos erhältliche Gezeitentabelle *(table des marées)* besorgen, die Aufschluss über die täglichen Höchststände *(pleins mers)* und Niedrigststände *(basses mers)* des Meeres gibt. Auch in Regionalzeitungen finden sich oft Angaben zu den Gezeiten.

Man sollte darauf achten, ob es sich um einen **bewachten Strand** *(plage surveillée)* oder einen unbewachten *(plage non surveillée)* handelt. An bewachten Stränden mit Lebensretterposten *(poste de sécours)* signalisiert die grüne **Signalflagge** „bewachtes Baden ohne Gefahr" *(baignade surveillée sans danger)* und die gelbe „bewachtes Baden, aber gefährlich" *(baignade dangereuse surveillée).* Rot signalisiert Badeverbot *(baignade interdite).*

In Frankreich sind natürlich nicht so viele Lebensretter disponibel, dass alle Strände Kilometer um Kilometer und zu jeder Jahreszeit überblickt werden könnten. So gilt es für Badegäste, auf **Masten mit blauen Fähnchen** zu achten, die die bewachten Abschnitte eingrenzen. In der Regel sind die Lebensretter maximal von Juni bis Anfang September im Einsatz – aber nicht von Sonnenauf- bis Sonnenuntergang! Meist halten sie täglich von 11 bis 19 Uhr Ausschau.

Sport und Freizeit

Nichts ist unmöglich in Frankreichs Südwesten, der zwischen Atlantik und Pyrenäen ein Neid erweckendes Umfeld bietet! Ob Wälder, Strände, Seen oder Berge: In einer solchen Sport- und Erlebnisregion kann man hiken und biken, segeln und surfen, tauchen und golfen, reiten und sogar Wintersport treiben. **Besonders wichtig:** Bei Kursen bzw. Veranstaltungen von Sportarten, die nach besonderen körperlichen Anforderungen verlangen (z.B. Fallschirmspringen, Marathons etc.), ist häufig ein **Gesundheitszertifikat** beizubringen, das aus medizinischer Sicht die **Unbedenklichkeit der Teilnahme** bestätigt. Ehe man sich zu einem Kurs oder einer Veranstaltung einschreibt, sollte man sich dringend lange vorher bei der jeweils verantwortlichen Stelle erkundigen, ob solch eine Bescheinigung (und in welcher Sprache!) gebraucht wird.

Allgemeine Informationen über das Angebot sind hier nachfolgend von A bis Z aufgelistet. Die einzelnen **Adressen** stehen in den jeweiligen **Ortsbeschreibungen** unter „Sport und Freizeit".

Broschüren über das Sport- und Freizeitangebot sind bei zahlreichen lokalen Touristinformationen erhältlich; am bes-

033sf ad

ten man fragt nach der aktuellen Ausgabe des „guide loisirs". Alternativ genügen ein paar Mausklicks im Internet; viele Stadt- und Gemeindeseiten sind samt solcher Hinweise gut aufgebaut.

Abenteuerparks

In der ganzen Zielregion ziehen einige Abenteuerparks (ausgewiesen als „Aventure Parc" oder „Parc d'aventure") Besucher in den Bann. Hier kann jeder Wagemut, Akrobatik und Geschicklichkeit austesten. Zugänge gibt es mancherorts bereits für Kinder ab vier bzw. sechs Jahren. Beliebt ist der Abenteuerpark in Aramits (www. aventure-parc.fr), in Biscarrosse findet Bisc'Aventure (www.biscaventure.fr) seine Anhänger. Auf jeden Fall sollte man Sportschuhe tragen. Der Eintritt ist nicht ganz billig und liegt je nach gewähltem Abenteuerparcours und Altersgruppe zwischen etwa 12 und 22 €, kann jedoch bei Zusatzaktivitäten auch höher liegen.

Bootsausflüge

Frankreichs Südwesten von der Seeseite erleben – in einigen Atlantikhäfen machen es vornehmlich während der von April/Mai bis September/Oktober laufenden Saison diverse Bootstouren möglich. Für eineinhalb- bis zweistündige Fahrten sollte man von Preisen um 12 bis 22 € für Erwachsene und 8 bis 13 €

Vielerorts finden im Sommer Volleyballturniere statt

183sf ad

für Kinder ausgehen. Halbtagestrips auf einem vom Skipper begleiteten Segelboot schlagen mit etwa 40 bis 65 € p.P. zu Buche.

Für hohen Erlebniswert bürgen Bootstouren durch die 155 km² umfassende **Bucht von Arcachon,** die zu den Austernparks und an die Vogelinsel führen. Auch die typischen Watthütten *(cabanes tchanquées)* bekommt man zu Gesicht. Eine ausgedehntere Tour schließt die Sandbank von Arguin mit ein. Abfahrten in Arcachon. Während der Saison lässt sich außerdem ab diversen Häfen tageweise zum Sportfischen (*pêche sportive* bzw. *pêche de loisirs*) in See stechen. Beliebter Hafen ist ebenfalls Arcachon (Informationen und Angebote z.B. unter www.peche-sportive-arcachon.com, www.gagnette-fishing.com). Im Baskenland kann man z.B. ab Hendaye ausfahren.

Boule

Mit dem Klischee vom ewig Boule-spielenden Franzosen liegt man gar nicht so falsch. Selbst Jugendliche, die man eher als Heißsporne auf Motorrollern vermu-

⌃ Boot in der Bucht von Arcachon

› Wegen der großen Unterschiede im Wasserstand liegen bei Ebbe viele Boote auf dem Trockenen

ten würde, schieben gelassen, aber hochkonzentriert ihre ruhige Kugel. Boule-Bahnen bzw. improvisierte Spielstätten gibt es wie Sand am Meer.

Auch Campingplätze bieten immer wieder ein Spieleckchen – eine ideale Gelegenheit, mit Franzosen in Kontakt zu kommen! Nur eines sollte man sich abschminken: siegen zu wollen. Gegen Einheimische, die quasi mit ihren Kugeln aufgewachsen sind, kommt man schwerlich an.

Canyoning

Wo sich die Schluchten der Pyrenäen spektakulär öffnen und schließen, sind Canyoning-Anbieter nicht weit. Adrenalinausstöße besonderer Art garantieren die Gebirgslandschaften des Baskenlands und des Béarn. Für eine Canyoning-Tagestour muss man mit ca. 60 € p./P. rechnen, viele Anbieter veranstalten Trips nur von April/Mai bis Oktober/November. Touranbieter gibt es z.B. bei Bidarray und im Tal von Barétous in den Pyrenäen (u.a.: www.pyrenees-aventures-nouvelles.com).

Fahrradfahren

Frankreichs Südwesten ist eine ausgesprochen fahrradfreundliche Region, Radeln vielerorts ein richtiger Traum – im Duft von Pinien und mit dem Rauschen der Brandung im Ohr. Durch die Kulissen aus Wäldern und Dünen laufen in Aquitanien vielfach **ausgewiesene Radwege** *(pistes cyclables)*, oftmals abseits von Straßen! Gerade das macht das Naturerleben so angenehm. Besonders schöne Streckenabschnitte findet man

031sfad

südlich von Arcachon auf der Achse Biscarrosse-Plage, Mimizan-Plage, Vieux-Boucau, Hossegor. Zwischendurch sind immer wieder Abstecher zu Stränden und Binnenseen möglich, als Übernachtungsquartiere bieten sich zahlreiche Campingplätze an. Eine gute Radelgegend gibt es auch weiter nördlich an der **Küste** rund um Lacanau-Océan, Maubuisson, Carcans-Plage, Bombannes, Hourtin-Plage und Hourtin.

Im Süden ist eine *piste cyclable* von **Bayonne nach Hendaye** ausgeschildert, wobei man sich dort Nebenstraßen mit motorisierten Fahrzeugen teilen muss.

Gute Radstrecken

Eine **küstennahe 279-km-Route** führt über diese Etappen: Montalivet-les-Bains – Lacanau-Océan – Le Porge-Océan (60 km) – Arcachon – Parentis (83 km) – Mimizan – Saint-Girons (55 km) – Bayonne – Biarritz – Saint Jean-de-Luz (81 km).

Im **Baskenland** können ausdauernde Radwanderer eine große 643-km-Hinterlandsschleife angehen: Saint Jean-de-Luz – Saint-Jean-Pied-de-Port – Mauléon (103 km) – Mauléon – Lestelle-Bétharram (86 km) – Lourdes – Mauvezin (53 km) – L'Isle-en-Dodon (63 km) – Toulouse (64 km) – Moissac (73 km) – Agen (56 km) – Barbaste (36 km) – Langon (64 km) – Bordeaux (45 km).

Guter Einstieg für eine **kleinere 283-km-Hinterlandrunde** ab der Côte d'Argent ist Parentis-en-Born. Ab hier sind die Etappen: Sabres (40 km) – Silo la Gare (47 km) – Barbaste (48 km) – Langon (64 km) – Bordeaux (45 km) – Facture (39 km) und zurück ins Küstengebiet.

Die von Saint Jean-de-Luz nach Hendaye verlaufende Küstenstrecke **Corniche** ist zwar wunderschön und bietet herrliche Ausblicke, aber vor allem während der Sommersaison ist die Straße extrem stark befahren und deshalb nicht ganz ungefährlich. Im ferneren Pyrenäenhinterland kann man all den Radsporthelden (ob gedopt oder ungedopt) nacheifern, die im Zuge der Tour de France legendäre Berge wie den Tourmalet hinaufgeklettert sind. Wer es nicht ganz so extrem liebt, geht im **Hinterland von Sare,** Cambo-les-Bains, Bidarray und Saint Etienne-de-Baigorry Pässe Richtung Spanien an. **Jakobswegradler** erwartet hinter Saint Jean-Pied-de-Port eine kurvige, kräftezehrende Auffahrt zum legendären Ibañeta-Pass bei Roncesvalles.

Selbst in Küstennähe sollte man die Anforderungen nicht unterschätzen. Häufig wird einem der Atlantikwind ins Gesicht blasen, kleine Aufs und Abs zehren an der Kondition. Wo keine Radwege sind, stößt man immer wieder auf wenig befahrene Nebensträßchen, auf denen es sich exzellent radeln lässt.

Auf die Nachfrage von Pedalrittern haben sich zahlreiche **Radverleiher** eingestellt, entsprechende Adressen finden sich in den Ortsbeschreibungen unter dem Stichpunkt „Sport und Freizeit". Im Übrigen bieten gelegentlich auch Campingplätze Fahrräder zum Verleih an. Vor Ort muss man mit folgenden **Preisen** rechnen: Mountain- oder Tourenbike für Erwachsene halber Tag ab ca. 11–15 € und ganzer Tag ab ca. 15–20 €, Mountainbike für Kinder oder Jugendliche halber Tag ab ca. 8 € und ganzer Tag ab etwa 10–11 €. Die Wochenmietpreise beginnen bei etwa 35 € für ein Kinder-

230sf ad

Mountainbike und 55–65 € für ein Erwachsenen-Mountainbike. Höher sind die Preise für E-Bikes. Ohne Aufschlag ist oft ein Kindersitz erhältlich, manchmal kostet er aber auch 3–4 €/ Tag. Für einen Kinderanhänger *(remorque)* sind in etwa die gleichen Preise wie beim Tourenbike selber anzusetzen. Manche Radverleiher schließen mangels Nachfrage ihre Pforten zwischen Herbst und Frühjahr.

Bei den Radverleihern bzw. gut sortierten Touristinformationen kann man sich nach **Streckenplänen** mit eingezeichneten Radwegen *(pistes cyclables)* bzw. Mountainbikepisten *(pistes VTT)* erkundigen.

Wichtiger Sicherheitshinweis für Radler: Bei schlechter Sicht – nicht nur bei Dunkelheit, auch über Tag – müssen Radler zu ihrem eigenen Schutz eine reflektierende Sicherheitsweste anlegen. Wer dem nicht nachkommt, riskiert ein Bußgeld. Ob dies bei einer Kontrolle vor Ort wirklich greift, ist nicht zuletzt Auslegungssache der Beamten.

Ausgewiesener Radweg

Fallschirmspringen

Clubs für Fallschirmspringen *(parachutisme)* findet man bei Arcachon in La Teste-de-Buch (Aérodrome de Villemarie; www.paraclub-arcachon.com), Mimizan (www.ojbpara.com) und Soulac-sur-Mer (www.parachutisme-altitude.com).

■ Unter **www.ffp.asso.fr** Infos der Französischen Fallschirmspringer-Vereinigung *(Fédération Française de Parachutisme)*.

Gleitschirmfliegen

Gleitschirmfliegen *(parapente)* ist in Aquitanien u.a. um die Düne von Pilat möglich (www.sand-fly.com). Weitere Infos, die allerdings Französischkenntnisse voraussetzen, unter http://federation.ffvl.fr.

Golf

Längst hat der „Golfstrom" Frankreichs Südwesten erfasst, über Aquitanien verteilen sich über 40 Plätze. Der bereits 1856 ins Leben gerufene Pau Golf Club gilt als ältester Golfplatz des Landes. Auch Biarritz blickt auf eine lange Tradition als Golf-Hochburg zurück und veranstaltet mehr als 30 Wettbewerbe jährlich. Schon 1888 wurde der „Golf de Biarritz Le Phare" angelegt. Im Umkreis von Biarritz liegen eine ganze Reihe weiterer Plätze, zu denen Hossegor und Seignosse ebenso gehören wie Moliets-et-Maa und Arcangues. In Bidart gibt es drei Golfplätze. Weiter nördlich treibt man die Kugel auf Courts in Lacanau-Océan und La Teste de Buch durchs Grün. Die jeweiligen **Gebühren** fürs „Green" sind saisonabhängig.

■ Unter **www.ffgolf.org** findet man alle maßgeblichen Infos und News der Französischen Golfvereinigung (Fédération Française de Golf).

Jogging und Walking

Überall laden herrliche Promenaden und Wege zum Joggen und Walken ein – in den Hochsaisonmonaten Juli und August allerdings weitaus weniger, weil manche Passagen einem Menschenslalom gleichkämen. Auch an den zahlreichen Stränden kann man den Sand unter die Füße nehmen, vorzugsweise bei Ebbe, um auf hartem Untergrund gegen den Wind und das eigene Ich zu kämpfen. Manche Orte unterhalten einen Fitnessparcours *(parcours de santé)*.

Wer höhere Ansprüche hat, kann sich diverse **Langlaufveranstaltungen** vormerken, so z.B. den alljährlich im September stattfindenden Médoc-Marathon durch die Weingärten (www.marathondumedoc.com). Wer sich als Teilnehmer derlei Strapazen unterwerfen will, muss aus versicherungstechnischen Gründen eine Fitnessbestätigung seines Hausarztes vorlegen.

Fachliche Instruktionen eines Lehrers auf einem Golfplatz bei Biarritz

Kanu und Kajak

Selbstentdeckern bietet sich rund um das vogelreiche Becken von Arcachon im Kanu *(canoë)* ein ideales Terrain, vor allem im grünen L'Eyre-Delta bei Le Teich (siehe dort). Das Areal gehört zum nordwestlichen Gebiet des Parc Naturel Régional des Landes de Gascogne. Kanutouren kann man mancherorts als begleitete Touren *(randonnées accompagnées, balades accompagnées)* buchen, wahlweise einen halben Tag *(demi-journée)* oder ganztägig *(journée)*.

Während der Sommermonate bestehen vielerorts Möglichkeiten, sich ein **Seekajak** *(kayak de mer)* zu mieten. Dies gilt vor allem für die von kleinen Buchten durchsetzte Küstenlinie des Baskenlands. Doch Vorsicht, Seekajaks, ob Ein- oder Zweisitzer, sind extrem leicht und schnell, daher kann man schon bei einer geringen Seitenverlagerung des Gewichtes kentern! Eine Kajakfahrt setzt einen sicheren Umgang mit Gleichgewicht und Wellen voraus. Wer dahingehend nicht ganz standfest ist, sollte zumindest an einer Einführung teilnehmen bzw. einen mehrtägigen Anfängerkurs buchen. Eine zweistündige Einführung in die Techniken kostet etwa 20–25 €; ebenso viel bezahlt man für eine zweistündige Ausleihe. Mit Ciboure/Saint Jean-de-Luz und Hendaye sind beliebte Ausgangsziele für Seekajaktouren genannt. Die Verleiher haben in der Regel nur in den Sommermonaten geöffnet.

Wer sich Kanus auf eigene Faust ausleiht, sollte von folgenden **Preisen** ausgehen: Zweier-Kanu: eine Stunde 10–12 €, zwei Stunden ab 18 €, halber Tag 25–30 €, ganzer Tag ab 35 €. Keine Regel ohne Ausnahme, denn manche Verleiher bieten mitunter deutlich günstigere Angebote.

Pelota

Der **baskische Traditionssport** Pelota (siehe Exkurs „Traditionen der Basken" im Kap. „Land und Leute") ist knallhart und verlangt nach ausgefeilter Technik und einem guten Auge. Man knüppelt dabei einen Gummiball mit Holzschlägern oder gar der blanken Hand gegen die Wand. Profis müssen beidhändig gleich gut spielen. Wer Pelota unter fachkundiger Anleitung selbst einmal austesten möchte, wende sich am besten an die Französische Pelota-Vereinigung in Bayonne (60 avenue Dubrocq, Tel. 05 59 59 22 34, www.ffpb.net); mancherorts werden Ferienkurse angeboten.

Rafting

An den Wasserläufen der Pyrenäen gibt es zahlreiche Rafting-Anbieter, die sich über Baskenland und Béarn verteilen. Besonders beliebt sind die **Wildbäche,** die nach der Schneeschmelze stark anschwellen. Als Raftingziele populär: die Nive, die Gave d'Ossau, die Gave de Pau und die Gave d'Oloron.

Man sollte von **Preisen** von 25–30 € p.P. für eineinhalb- bis zweistündige Touren sowie 35–50 € für Ganztagestrips ausgehen. Je nach Anbieter kann man zu kleinem Aufpreis eine individuelle Unfallversicherung abschließen *(assurance individuelle accident)*. Helme, Rettungswesten und Neopren-Kombis werden gestellt. Mitbringen muss man wasserfestes Schuhwerk, Handtuch, Badezeug und Kleidung zum Wechseln. Über das klassische Groß-Schlauchboot hinaus gibt es mancherorts auch kleinere Schlauchboote *(mini-raft, cata-raft, torpille)*, Zweisitzer *(hot dog)* und Einsitzer *(air boat)*. Wichtig: Oft hängt die Durchführung der Touren von der Saison (Wasserstand!) und der ausreichenden Teilnehmerzahl ab! Es gibt zahlreiche Anbieter, Links unter www.afleurdepau.com.

Reiten

Populär bei Jung und Alt, ob an der Küste oder im Hinterland, sind die zahlreichen **Reitcenter** *(centres équestres/fermes équestres)* bzw. Pferdeclubs *(clubs hippiques)*. Hier findet man umfangreiche Angebote sowohl für Anfänger als auch Fortgeschrittene: von Ponyausritten für die Kleinsten *(promenades à poney)* über individuellen Unterricht bis hin zu geführten Ausritten *(promenades à cheval)* durch Pinienwälder und an Stränden entlang. Mancherorts werden auch Ferienkurse *(stages)* angeboten.

Mit folgenden **Preisen** sollte man rechnen: halbstündiges Ponyreiten für Kinder ab etwa 7–8 €, Reitunterricht für Kinder etwa bis zu 20 € pro Stunde, Reitunterricht für Erwachsene ca. 20–30 € pro Stunde, geführte Forst- und Strandausritte im Bereich zwischen 20 und 30 € pro Stunde bzw. je nach Gruppengröße 40–80 € pro Tag, fünftägiger Ferienkurs im Durchschnitt 300–400 €. Alle Angaben sind nur als Richtwerte zu verstehen!

- **Reiterreisen** in den Südwesten Frankreichs organisiert u.a. der Veranstalter „Das Urlaubspferd", Wiesenstr. 25, D-64331 Weiterstadt, Tel. 06151 89 56 38, www.urlaubspferd.de.
- Unter **www.ffe.com** bietet die Französische Reitsportvereinigung *(Fédération Française d'Équitation)* einen Überblick über zahlreiche hilfreiche Adressen.

Schwimmen und Baden

Man sollte bei einem **Bad im Meer** niemals die Kraft und Wucht des Atlantiks unterschätzen. Auch gehören geschützte Buchten in Südwestfrankreich eher zur Ausnahme als zur Regel, und die Strömungen können selbst geübten Schwimmern zusetzen. Devise: nicht weit hinausschwimmen und an bewachten Stränden stets die **farbigen Signalflaggen** beachten. Zu Gefahrenhinweisen und Sicherheitstipps rund ums Wasser: siehe „Sicherheit". Hinzu kommt der Gefahrenfaktor Mensch in Form von Jetski-Fahrern und Bootshaltern!

Für Schwimmer bieten zahlreiche **Seen** sowie öffentliche **Schwimmbäder** *(piscines municipales)*, die der jeweiligen Gemeinde unterstehen, eine Alternative zum Atlantik. Über aktuelle Preise und Öffnungszeiten der Bäder geben die Touristinformationen Aufschluss. Campingfreaks wird es freuen, dass auf höherklassigen Plätzen im Sommer oft Freibäder zu finden sind. Wer wärmere künstliche Gewässer bevorzugt und es sich richtig gut gehen lassen will, blättere vor zum Stichwort „Wellness" bzw. zum Exkurs über die Thalassotherapie im Kapitel „Baskisches Küstenland".

Während der Hauptreisezeit füllen sich die Strände

Segeln

Arcachon, Hossegor sowie die baskischen Jachthäfen von Saint Jean-de-Luz und Hendaye zählen zu den Küstenhighlights unter Seglern. Auch in Andernos-les-Bains, Anglet, Arès, Biscarrosse, Cazaux, Lanton, Lège-Cap Ferret, Mimizan, Pyla-sur-Mer und Socoa findet man diverse Segel- und Wassersportclubs *(cercles de voile, clubs nautiques)*. Vereinzelt sind **Segelschulen** *(école de voiles)* zu finden, die vornehmlich während der Sommersaison Anfänger- und Fortgeschrittenenkurse mit diplomierten Lehrern anbieten. Bevor man einen Kurs bucht, sollte man selbstkritisch checken, ob man genügend Französischkenntnisse hat. Nicht zu vergessen: Auch die Binnenseen wie der Lac de Lacanau und der Lac d'Hourtin et de Carcans zählen zu den Segelrevieren!

Wer Törns auf eigene Faust plant, hat in manchen Häfen die Möglichkeit, Jachten ohne Skipper zu **chartern.** Voraussetzungen: der entsprechende Segelschein und ein adäquates Budget ab etwa 700 € pro Woche für das kleinste Modell. Die Preise sind nach Saison gestaffelt und können bei größeren Booten während der Sommersaison durchaus über der 2500-Euro-Marke pro Woche liegen. Allein in und um Arcachon bzw. die Bucht von Arcachon sind über zehn Segelbootverleiher und -clubs ansässig, Infos gibt es über die Hafenbehörde oder die örtliche Touristinformation.

Für einen Fünf-Tages-Kurs (wahlweise vor- oder nachmittags) mit Katamaran oder 420-Optimist zahlen Kinder und Jugendliche ab etwa 120–180 € und Erwachsene bis zu 200/220 €. Eine Privatstunde mit diplomiertem Lehrer kann durchaus 45–55 € kosten.

035sf ad

■ Unter **www.ffvoile.fr** bietet die Französische Segelvereinigung *(Fédération Française de Voile)* weitere Infos.

Stand Up Paddling

Stehpaddeln ist vielerorts in Mode gekommen – und der Atlantik dabei eine besondere Herausforderung, um das Gleichgewicht zu halten. Doch es geht auch auf Flüssen wie der Dordogne. Es gibt Kurse und/oder Boardverleih.

■ Unter www.supjournal.com, Unterpunkt „Où SUPer", wählt man Aquitanien und findet dort hilfreiche Links von Veranstaltern/Verleihern.

036sf ad

Surfen

Als Surferhochburgen des französischen Südwestens gelten **Anglet und Biarritz.** In Biarritz wurde – einer modernen Legende zufolge – das Surfen (wohlgemerkt das segellose Wellenreiten) Ende der 1950er Jahre geboren, hier konzentrieren sich die meisten Surferläden und Surfschulen, hier finden die meisten Wettbewerbe statt. Weitere beliebte Spots liegen u.a. um Hossegor, Mimizan-Plage, Guéthary, Hendaye und Arcachon. Zu wechselnden Terminen finden an der südlichen Küste – auch dort sind Biarritz und Anglet Vorreiter – immer wieder Surfwettbewerbe statt.

Wer sich in einer der Surfschulen *(écoles de surf)* zu einem Anfänger- oder Fortgeschrittenenkurs anmeldet, sollte sich – ebenso wie bei anderen Sportarten – vorab selbstkritisch fragen, ob er auch mit Details der Landessprache zurecht kommt. Bei Surfkursen liegt die maximale **Teilnehmerzahl** in der Regel bei acht Personen, Material und obligatorische Versicherung sind – falls nicht anders angegeben – im Preis enthalten. Als preislicher Anhaltspunkt für einen Fünf-Tages-Kurs in der Gruppe mit eineinhalb oder zwei Übungsstunden täglich sind zwischen 140 und 200 € für Erwachsene realistisch, 90-minütige Schnuppereinstiege werden („formule découverte“ oder „séance découverte“) ab 30–35 € angeboten, eine Privatstunde mit einem diplomierten Lehrer liegt in Bereichen um 45–70 €. Wer sich ein Brett ausleihen will, sollte von folgenden Tarifen ausgehen: eine Stunde ab 7 €, halbe Tage um 15 €, ganze Tage ab um 20–25 €. Zeitlicher Schwerpunkt der Surfkurse ist naturgemäß der Sommer, Einstiegsalter für Kinder sechs Jahre.

■ Unter **www.surfingfrance.com** bietet die Französische Surfvereinigung *(Fédération Française de Surf)* Hinweise auf Wettbewerbe.

Tauchen

Arcachon und die baskische Küste (Biarritz, Biscarrosse, Ciboure, Socoa und Hendaye) sind Ausgangspunkte für organisierte Tauchtrips. Diverse Tauchcenter *(centres de plongée)* bieten Einstiege für Anfänger und Fortgeschrittene an,

⌃ Die Atlantikküste fordert auch den Seglernachwuchs heraus

› Die küstennahen Seen versprechen gute Reviere für Windsurfer

die Erfahrensten gleiten beim Nachttauchen durchs Wasser. Für einen Tauchgang sollte man inklusive Material 45–50 € einkalkulieren, für ein Zehnerpaket um 300 €. Richtwerte für Kurse: Rescue um 300 €, Open Water 400–450 €.

■ Umfassende **Übersicht der Clubs** unter www.plongee-cias.org (dafür: Stichpunkt „Où pratiquer" und das Département wählen).

Tennis

Tennisspieler suchen sich gern ein Hotel oder einen Campingplatz mit angeschlossenen Courts aus, meist Aschen- oder Hartplätze. Vielerorts lassen sich Courts mieten, z.B. **städtische Tennisplätze** *(courts de tennis municipaux)*.

231sf ad

In manchen Tennisclubs kann man **Einzelstunden** *(leçons particulières)* bzw. **Gruppenunterricht** *(cours collectifs)* mit diplomierten Tennislehrern nehmen. Außerdem gibt es wochenweise Ferienkurse *(stages)*, vor allem im Hochsommer, mit bis zu zweieinhalb Stunden Praxis pro Tag.

■ Im Land der French Open weist die Französische Tennisvereinigung *(Fédération Française de Tennis)* auf ihrer Website auf Turniere hin: **www.fft.fr.**

Wandern

Franzosen zählen zur Gattung der begeisterten Wandervögel und haben entsprechend viele Wege und Fernwanderwege *(Grandes Randonnées, GR)* in Mutter Natur gut markiert. Guter Westeinstieg in die Pyrenäen ist der Ort Biriatou. Großer internationaler Beliebtheit erfreuen sich die verschiedenen Varianten auf dem **Jakobsweg** (franz. *Chemin de Saint Jacques*, siehe Exkurs im Kap. „Land und Leute").

Die **Naturschutzgebiete** laden zu Erkundungen ein, so der 315.300 ha große Parc Naturel Régional des Landes de Gascogne. Als Wanderpardies gilt der von Bergriesen durchzogene **Pyrenäen-Nationalpark,** der Parc National des Pyrénées. Bergwanderungen in den Pyrenäen erfordern große Vorsicht, da stets mit raschen Wetterwechseln gerechnet werden muss.

Auch kleinere Naturschutzareale bürgen für besondere Wandererlebnisse, so z.B. die **Réserve Naturelle de l'Étang de Cousseau** (bei Maubuisson) und die **Site Naturel Protégé Domaine d'Abbadia** (bei Hendaye); detaillierte Infos mit

Hinweisen auf empfehlenswerte Wegstrecken findet man in den Ortsbeschreibungen. Hoch im Kurs stehen ebenfalls die Wandergebiete rund ums **Becken von Arcachon,** speziell das Gebiet um den Vogelpark von Le Teich und der markierte Küstenweg *(Sentier du Littoral).* Zwischen Mont-de-Marsan und Gabarret ist ein vormaliges Stück Bahnstrecke in einen „Grünen Weg" (Voie Verte) verwandelt worden; der ca. 50 km lange Abschnitt ist für Radler und Wanderer geeignet. Diese „Voie Verte" ist jedoch nur eine von vielen; gute, anschauliche Übersicht unter www.voiesvertes.com.

Im Sommer veranstalten manche Urlaubsgemeinden **naturkundliche Wanderungen,** an denen auch Kinder teilnehmen können; Informationen erteilen die Touristinformationen.

Im Béarn haben sich ganze Heerscharen an **Wanderführern** auf die Nachfrage von Bewegungshungrigen eingestellt. Die Guides kann man in vielen Ortschaften kontaktieren; Infos bekommt man über die lokalen Fremdenverkehrsämter oder im jährlich neu herausgegebenen Freizeitführer für Baskenland und Béarn („Guide de loisirs Pays Basque & Béarn").

- Infos über die Naturschutzgebiete erteilen die Touristinformationen und – in diesem Fall speziell zum Parc Naturel Régional des Landes de Gascogne – das Maison du Parc in F-33830 Belin-Beliet, Tel. 05 57 71 99 99, www.parc-landes-de-gascogne.fr.
- Infos über den Pyrenäen-Nationalpark gibt es unter www.parc-pyrenees.com oder über den Sitz des Parc National des Pyrénées, 2 rue du IV Septembre, F-65007 Tarbes, Tel. 05 62 54 16 40.
- Unter Titeln wie „Itinéraires" und „Randonnées Pédestres" hält man in den Touristinformationen Faltblätter, Broschüren und Büchlein zum Wandern bereit. Manche werden kostenlos abgegeben, andere zu stattlichen Preisen verkauft.
- Unter **www.ffrandonnee.fr** gibt es mehr Informationen der Französischen Wandervereinigung *(Fédération Française de la Randonnée Pédestre).*

Wellness

Ob erwärmtes Meerwasser oder heiße Quellen – dank der Kraft der Natur schwimmt der Südwesten Frankreichs erfolgreich auf der **Wellnesswelle.** Besonders unter Dampf steht die Stadt **Dax.** Schon die alten Römer aalten sich in den kalk- und schwefelhaltigen Thermen des Städtchens am Adour, 1871 wurde das erste **Thermalzentrum** eröffnet; zu Zeiten der Belle Époque begann auch andernorts die Blüte vieler Einrichtungen. Nach Dax kommen heute jährlich mehrere zehntausend Gäste, um in verschiedenen Thermaleinrichtungen Rheuma und andere Leiden zu lindern. Basis vieler Anwendungen ist der „péloïde", ein aus dem Adourlehm gewonnener und in einem langen Prozess aufbereiteter **Naturschlamm,** der in Temperaturen zwischen 38 und 44 °C auf die Körperzonen aufgetragen wird. Und schon spürt man inmitten des Gefühls von Wärme und Gelöstheit Lust auf eine kleine Schlummereinheit …

Ob Schlamm- oder Schwitzbad, Heilgymnastik oder Hochdruckduschen –

Dünenwanderung
auf dem Dünenriesen von Pilat

184sf ad

nicht nur Dax erfüllt alle Ansprüche an eine besondere Art der Erholung. Dabei bewegt sich die **Altersklasse** der Klientel nicht, wie oft fälschlich vermutet, zwischen Sechzig und Scheintot. Junge Manager und Wissenschaftler schöpfen gleichermaßen **neue Kraft** wie ganze Familien. Mitunter gibt es Spezialkurprogramme wie „Junge Mutter" („jeune maman"), „Mann spezial" („spécial homme"), „Anti-Stress" („anti-stress") und „Anti-Tabak" („anti-tabac").

Bekannte Thermalstation im Béarn ist das historische Salzstädtchen **Salies-de-Béarn.** Über die Küste verteilen sich zwischen Arcachon und Hendaye diverse **Thalassotherapie-Zentren,** darunter die Gruppe **„Biarritz Thalasso Resort"** mit Einrichtungen in Anglet und Biarritz (www.biarritz-thalasso.com; siehe Exkurs zur Thalassotherapie im Kapitel „Baskisches Küstenland").

Viele Zentren stehen in einer Kombination mit Hotels, doch sind manche Pakete auch ohne Unterkunft buchbar. Außerdem lassen sich Thermal- und Thalassoanlagen samt ihren Meerwasser- und Whirlpools je nach Einrichtung **stunden- und tagesweise** nutzen, wobei die Angebote variieren. Die Spanne reicht vom Stunden- bzw. Zwei-Stunden-Ticket „Remise en forme" über den Tageseintritt bis zum Tagespaket mit mehreren Anwendungen.

Wellness-Glossar

Nachfolgend ein Wellness-Glossar, das die französische Tourismus-Zentrale *Atout France* erstellt und für das sie den Abdruck freundlicherweise erlaubt hat.

- **application de boues marines** – Maritime Fangopackungen
- **aquagym** – Aqua-Fitness
- **bain bouillonnant** – Sprudelbad
- **bain hydromassant** – Hydromassage-Bad
- **douche à affusion** – Vichy-Dusche
- **douche à jet** – Jet-Dusche
- **douche sous-marine** – Unterwasser-massagebad
- **enveloppements d'algues marines** – Maritime Algenpackungen
- **enveloppements réfrigérants** – Frigi-Kältewickel
- **gommage du corps** – Körperpeeling
- **hydrojet** – Hydrojet-Massage
- **jet sous-marin** – Unterwasser-Jet
- **massage détente** – Entspannungs-massage
- **massage sous affusion** – Vichy-Massage
- **modelage drainant lymphatique** – Lymphdrainage
- **oxygénothérapie** – Sauerstofftherapie
- **réflexologie plantaire** – Fußreflex-zonenmassage

Im Internet finden sich unter **www.allo-thalasso.com** Beschreibungen diverser Thalassozentren, einen Überblick über Thermaleinrichtungen gibt **www.medecinethermale.fr.**

☒ Skischule nahe dem Somport-Pass

Wintersport

In den Pyrenäen ist im Winter vielerorts Skisport möglich. Allein im Béarn stehen eine ganze Reihe von Stationen offen.

Zu den beliebten Skigebieten und -stationen zählen Artouste (www.ossau-pyrenees.com), Gourette (www.gourette.com), La Pierre-Saint-Martin (www.lapierrestmartin.com; ski nordisch in Issarbe) und Le Somport (www.lesomport.com; Langlauf, nahe dem Pass auf spanischer Seite Ski alpin in Candanchú).

Sprache und Verständigung

Wer mit den Einheimischen in Kontakt kommen will, wird an der französischen Sprache nicht vorbeikommen. Allerdings gehört jene strikte Verbohrtheit, nach der die Einheimischen einzig Französisch verstehen wollen, zu den angestaubten Klischees. Klar, dass es Ausnahmen gibt, doch vor allem jüngere Leute pflegen einen ungezwungenen Umgang und freuen sich mitunter sogar, ihre **Deutsch- oder Englischkenntnisse** zu testen. Im Umgang mit Behörden findet man die Vorurteile jedoch meist bestätigt.

Natürlich bricht man stärker und schneller das Eis, wenn man als Besucher Französisch spricht. Perfekte Kenntnisse setzt niemand voraus, allein Wille und Bemühen sorgen für Pluspunkte. Um dahingehend gut gerüstet zu sein, hilft schon eine kleine Nachhilfe daheim in Form eines Auffrischungskurses an der Volkshochschule. Die **Französisch-Sprachhilfe im Anhang** dieses Buches ist nicht zuletzt dazu gedacht, zur Entdeckung oder Wiederentdeckung dieser melodischen Sprache zu animieren.

Auf **Französischkurse** mit Muttersprachlern und facettenreiche kulturelle Veranstaltungen setzen die französischen Kulturinstitute, die in Deutschland u.a. in Berlin, Köln und Dresden zu finden sind. Außerdem gibt es noch deutsch-französische Kulturzentren, u.a. in Freiburg, Rostock und Tübingen. Im Internet kann man unter www.institutfrancais.de auch gut Veranstaltungshinweise abrufen.

Gascognisch und Baskisch

In der Gascogne hat sich das Gascognische erhalten, ein provenzalischer, also französischer, Dialekt. Im Béarn pflegt man Gascognisch als „bearnesische Variante" *(variété béarnaise).*

Außer Französisch ist im südlichen Teil Südwestfrankreichs Baskisch verbreitet (siehe Exkurs „Euskera – baskische Sprache im Baskenland"). Das Baskische *(euskera)* gehört nicht zu den indogermanischen Sprachen und hat somit keinerlei Verwandtschaft mit dem Französischen, von einigen übernommenen Wörtern abgesehen. Von Ausländern werden keine Baskisch-Kenntnisse erwartet. Gleichwohl kommen Reisende mit *euskera* spätestens auf zweisprachig ausgewiesenen **Straßenschildern** in Berührung. Strand (franz. *plage*) heißt hier *hondartza,* der Hafen (franz. *port*) *portua,* das Rathaus (franz. *mairie*) *udala,* die lokale Polizei (franz. *police municipale*) *udaltzaingoa,* die Touristinformation (franz. *office de tourisme*) *turismo bulegoa.* Außerdem weichen baskische von französischen **Stadt- und Ortsnamen**

351sf ad

ab. Für den Außenstehenden mag dies bei Bayonne – baskisch *Baiona* – noch ersichtlich sein, nicht aber bei Saint Jean-Pied-de-Port, dessen baskische Bezeichnung *Donibane Garazi* lautet.

Baskisch-Sprachhilfe

Nachfolgend eine kleine Hilfe für jene, die ein paar Brocken Baskisch sprechen und verstehen wollen:

Willkommen!	*ongi etorri*
Guten Tag!	*egun on*
Guten Abend!	*arratsalde on; gau on*
Auf Wiedersehen!	*ikus arte*
Bis morgen!	*bihar arte*
ja	*bai*
nein	*ez*
danke	*eskerrik asko*
Vielen Dank!	*milesker*
Entschuldigung!	*barkatu*
Sprechen Sie langsam!	*emeki mintza zaitez!*
Ich verstehe nicht	*ez dut ulertzen*
Eingang	*sarrera*
Ausgang	*irteera*
eins	*bat*
zwei	*bi*
drei	*hiru*
vier	*lau*
fünf	*bost*
sechs	*sei*
sieben	*sazpi*
acht	*zortzi*
neun	*bederatzi*
zehn	*hamar*
hundert	*ehun*
tausend	*mila*

Telefonieren

Das eigene **Mobiltelefon** lässt sich in Frankreich problemlos benutzen, denn die Mobilfunkgesellschaften haben Roamingverträge mit allen französischen Gesellschaften Bouygues, Orange oder SFR (alle bieten GSM 900/ 1800 MHz und 3G). Wer im europäischen Ausland telefoniert (für Schweizer gelten diese Regeln einstweilen noch nicht), zahlt seit 2014 höchstens 7,14 Cent für eine SMS, maximal 22,61 Cent pro Minute für einen Anruf, den er tätigt, und nicht mehr als 5,95 Cent pro Minute für einen empfangenen Anruf. Der Empfang von **SMS** ist in der Regel kostenfrei.

Gewarnt seien jedoch Nutzer von **Smartphones,** denn die Nutzung des Datapacks im Ausland ist mitunter mit hohen Kosten verbunden (seit Juli 2014 23,80 Cent pro MB). Empfehlenswert ist die Nutzung von **Skype** über eine kostenlosen Wifi-Verbindung im Hotel oder Café.

Vor allem bei längeren Aufenthalten kann sich der Erwerb einer französischen Prepaid-Karte lohnen, die im Shop des jeweiligen Mobilfunkanbieters wie Orange, Bouygues oder SFR erhältlich ist; oft ist bereits ein Guthaben enthalten, das sich jedoch bei Auslandsgesprächen schneller als vielleicht erwartet aufbraucht.

Wer statt des eigenen Handys, das im Regelfall automatisch auf den frequenzstärksten Netzbetreiber umstellt, auf traditionelle öffentliche **Telefonzellen** *(cabines téléphoniques)* angewiesen ist, stößt überall auf Kartentelefone der France Telecom. Die Telefonkarten *(télécartes/*

cartes téléphoniques) sind in im Regelfall Postämtern, Tabak- und Zeitschriftenläden, vereinzelt auch in Souvenirshops erhältlich. Dabei handelt es sich meist um Code-Karten: Man gibt eine kostenlose Vermittlungsnummer ein, dann den Code der Karte, dann die Teilnehmernummer (zwischendurch sind Anweisungen vom Band zu hören). Code-Karten von Kertel gibt es zu verschiedensten Preisen, die günstigsten kosten 7,50 €. Damit lässt sich durchaus preiswert ins Ausland telefonieren!

Französische Telefonnummern haben keine Vorwahl und setzen sich aus zehn Stellen zusammen, wobei die beiden ersten die Region verraten: 01 Île de France, 02 Nordwest, 03 Nordost, 04 Südost, 05 Südwest. Bei nationalen Gesprächen muss man stets die gesamten zehn Nummern wählen, auch innerorts. Kostenpflichtige Servicenummern beginnen mit 08, Handynummern mit 06 oder 07.

Vorwahlnummern

Nach der Landeskennzahl entfällt immer die erste Null der eigentlichen Rufnummer bzw. Vorwahl. Das gilt gleichermaßen bei Gesprächen nach Frankreich wie aus Frankreich ins Ausland.

- **Deutschland:** 0049
- **Österreich:** 0043
- **Schweiz:** 0041
- **Frankreich:** 0033

Trinkgeld

Ein Trinkgeld *(pourboire)* ist immer willkommen, selbst wenn die Rechnung im Restaurant mitunter schon „Service inbegriffen" *(service compris)* ausweist. Ist dies nicht der Fall *(service non compris),* sollte man von maximal 5 % der Gesamtsumme ausgehen. Auch Gepäckträger, Garderobendamen, Tourguides und Zimmermädchen freuen sich über ein finanzielles Zubrot – die Höhe hingegen sollte man stets an die erbrachte Leistung, Freundlichkeit und Aufmerksamkeit knüpfen.

Unterkunft

In Südwestfrankreich kann man in altehrwürdigen Häusern logieren wie Gott in Frankreich, in rustikalen Landhotels unterschlüpfen, ein durchgelegenes Doppelbett in einer Pension austesten, auf dem Campingplatz sein Zelt aufschlagen oder ein fest installiertes Mobil-Home mieten (siehe „Camping"), sein Quartier im Bergsschlafsaal oder in einem privaten Appartement beziehen – eine breite Spanne für jeden Geschmack und Geldbeutel.

Private Gästezimmer sind als *chambres d'hôtes* ausgewiesen. Zu beachten ist, dass in manchen Hotels und Pensionen nur Saisonbetrieb herrscht, d.h. manche Häuser legen in der Winterzeit häufig einen **Ruhemonat** ein oder sie öffnen ohnehin nur zwischen Frühjahr und Herbst.

Angesichts des Urlauberansturms in den Sommermonaten Juli/August ist es mancherorts ratsam, das Hotelzimmer und auch die Ferienwohnung *(studio, résidence meublée)* Monate vorher zu **reservieren.** Vieles lässt sich übers Internet abwickeln. Außerhalb der Schulferien bzw. vor Ende Juni und nach Anfang September ist es meist kein Problem, die Unterkunft ohne Reservierung zu bekommen.

In der **Hauptsaison** ziehen die Übernachtungspreise stark an und können bis zu 100 % über den Nebensaisontarifen liegen. Die Touristinformationen halten aktuelle Unterkunftslisten *(guides hébergements touristiques)* bereit bzw. haben diese auf ihre Website gestellt.

Individualisten müssen sich darauf einstellen, oft den **vollen Doppelzimmerpreis** für ein Zimmer zu bezahlen – egal, ob sie einzeln oder zu zweit darin nächtigen.

Das **Frühstück** *(pétit déjeuner)* ist in französischen Hotels gewöhnlich nicht im Preis inbegriffen.

Luxus: „Relais & Châteaux"

Im Luxusbereich angesiedelt sind die mit Gourmettempeln verbundenen Spitzenhotels der Kette „Relais & Châteaux" (www.relaischateaux.com). Diese werben nicht nur mit größtmöglichem Komfort, sondern auch mit Charme. Im Zielgebiet gibt es Häuser u.a. in Anglet (Château de Brindos; www.chateaudebrindos.com), Bouliac (Le Saint-James; www.saintjames-bouliac.com), Magesq (Relais de la Poste; www.relaisposte.com), Mirambeau (Château de Mirambeau; www.chateauxmirambeau.com), Pauillac (Château Cordeillan-Bages; www. cordeillanbages.com), Saint-Émilion (Hostellerie de Plaisance; www.hos

186sf ad

telleriedeplaisance.com), Saint Jean-de-Luz (Le Parc Victoria; www.parcvictoria.com). Die Zimmerpreise beginnen oft erst bei 250 oder gar 300 Euro.

Bekannt, mitunter gleichförmig: Hotelketten

In Südwestfrankreich sind international bekannte Hotelketten wie „Best Western" vertreten. Auf soliderer Basis in der Preiskategorie darunter stehen „Ibis" und „Campanile". Ganz im Sinne preisgünstiger Zweckmäßigkeit für Zwischenübernachtungen bei der An- und Rückreise stehen Billighotelketten wie „Ibis Budget Hôtel" (siehe Kapitel „Vor der Reise, An- und Rückreise"). Für einen längeren Aufenthalt sind sie aber nicht geeignet.

Komfortabel: Hotels

Landesweit haben sich etwa 26500 Hotels mit jeweils angegliedertem Restaurant zum Verband **„Logis de France"** zusammengeschlossen, darunter etwa 160 Häuser in Aquitanien.

Je nach Saison findet man ansprechende, bezahlbare Angebote. Die **Qualitätsstufen** der Hotels sind mit 1–3 Kaminen *(cheminées)* gekennzeichnet, meist befinden sie sich in dörflicher Lage. Innerstädtisch liegen manche Hotels direkt an stark befahrenen Straßen. Oft handelt es sich um kleine oder mittelgroße **Familienbetriebe,** die seit Jahrzehnten Lebenskunst *à la française* pflegen und im Durchschnitt knapp 20 Zimmer haben. Die Küchenchefs der Logis verstehen sich als Botschafter ihrer Region und machen ihren Gästen mit Hingabe typische Spezialitätengerichte schmackhaft. Die Qualitätsstufen der Restaurants sind mit 1–3 Symbolen von Schmortöpfen *(cocottes)* gekennzeichnet; eine vierte Kategorie *(table table distinguée)* weist ein Spitzenrestaurant aus.

Die gut und übersichtlich aufgebaute Website www.logishotels.com ist auch auf Deutsch aufrufbar. Sie erlaubt Schnellsuche, interaktive Suche per Gebietskarte, Kriterien-Filtrierung und Onlinebuchungen.

■ Wer es weiterhin telefonisch bevorzugt: Die Buchungszentrale hat ihren Sitz in Paris, Tel. 01 45 84 83 84. Noch ein Tipp: Häuser mit Charme haben sich zum Verbund der Relais du Silence zusammengeschlossen, gut zehn sind in Aquitanien vertreten (u.a. in Bidarray, Bidart und Hagetmau). Infos unter www.relaisdusilence.com.

Preiskategorien der Unterkünfte

In diesem Buch sind Unterkünfte preislich in **drei Kategorien** unterteilt, dargestellt durch Ziffern. Diese Preiskategorien haben mit der offiziellen Einteilung nach Sternen nichts zu tun; die Sterne werden bei den meisten Hotels aber zusätzlich angegeben. Die unten genannten Preise verstehen sich als Zimmerpreise, also für zwei Personen.

①	Doppelzimmer unter 80 €
②	Doppelzimmer 80–130 €
③	Doppelzimmer über 130 €

◁ Eine Spitzenunterkunft zum Spitzenpreis: das Hôtel du Palais in Biarritz

Selbstversorgt: Ferienunterkunft

Wer Frankreich auf besonders authentische Art erleben will, quartiert sich in einer **gîte** (Unterkunft/Herberge) ein, die eine gute Alternative zu herkömmlichen Ferienwohnungen darstellt. Ein Pool aus rund 55.000 ländlichen Bleiben *(gîtes ruraux),* Gästezimmern *(chambres d'hôtes)* und diversen Campingmöglichkeiten auf kleinen Plätzen sind bei **Gîtes de France,** dem größten und ältesten Verband Europas für Ferienunterkünfte auf dem Lande, zusammengeschlossen.

Die *gîtes ruraux* liegen oft im Gebirge oder auch in Meeresnähe. Dabei handelt es sich um Unterkünfte **mit Selbstverpflegung,** meist eine Wohnung mit einem oder mehreren Schlafzimmern, einem Wohn- und/oder Essraum, einer Kochecke bzw. Küche sowie sanitären Anlagen. Eine *gîte rural* kann man für mindestens ein paar Tage, ein Wochenende oder auch für eine oder mehrere Wochen mieten, was während der französischen Schulferien besonders beliebt ist und den Tendenzen des „grünen Tourismus" *(tourisme vert)* entspricht.

Unter **www.gites-de-france.com** findet man alle Adressen. Statt mit Sternen hat man die Qualitätsstufen der Ferienunterkünfte je nach Einrichtung und Lage mit 1–5 Ähren *(épis)* klassifiziert, die Unterkünfte unterstehen einer strengen Kontrolle.

- **www.gites-de-france.com** (auch auf Deutsch wählbar) mit Online-Reservierungen und Suchfunktionen per Landkarte.

„Clévacances" (www.clevacances.com) verfügt ebenfalls über eine breite Auswahl, wobei Städte ebenso vertreten sind wie Ziele im ländlichen Raum; die Ange-

185sf ad

bote reichen von *chambres d'hôtes* über Studios und Appartements bis zu Chalets. Charmante, teils sehr erlesene Unterkünfte lassen sich über www.chambresdhotesdecharme.com finden. Darüber hinaus findet man diverse kommerzielle Vermittler von **Ferienhäusern und -wohnungen.** Dazu zählen Inter Chalet (www.interchalet.de) und Atraveo (www.atraveo.de).

Urlaub auf dem Bauernhof

Wer Urlaub auf dem Bauernhof machen will, klickt sich am besten auf der Homepage des Netzes „Bienvenue à la ferme" durch (www.bienvenue-a-la-ferme.com; Unterkünfte unter „Séjours" und „Loisirs"). Bei „Bienvenue à la ferme" haben sich landesweit mehrere tausend Landwirte zusammengeschlossen. Je nach Hof gibt es Fremdenzimmer, Camping- und Speisemöglichkeiten. Mitunter kann man auch gleich die Hofprodukte kaufen!

< Gefälliges Zimmer im Hôtel Parc Beaumont in Pau

Praktisch: Schlafplatz für Wanderer

Über ganz Frankreich verteilen sich zahlreiche **gîtes d'étape;** hier handelt es sich um einfache Unterkünfte, die nur nichtmotorisierten Reisenden offen stehen und überwiegend von Wanderern genutzt werden. Dies verheißt schon ihre Lage an den populären **Fernwanderwegen** *(Grandes Randonnées).* Klar, dass die meisten Gäste die Bleibe nur für kurze Stopovers nutzen.

Diese Art der *gîtes* verfügt über Schlafräume bzw. Zimmer, sanitäre Einrichtungen und mitunter Küche und Aufenthaltsraum. Unter **www.gites-refuges.com** kann man diese Herbergen und auch Refuges in den einzelnen Départements durchsurfen. Die stets aktualisierten Karteien listen Kontaktadressen und grundsätzliche Kapazitäten auf. In der Hauptsaison sollte man es nicht versäumen, vor der geplanten Übernachtung telefonisch Kontakt aufzunehmen.

Jugendherbergen

Über Südwestfrankreich verteilen sich nur wenige Jugendherbergen *(auberges de jeunesse),* die dem französischen Jugendherbergsnetz „Fédération Unie des Auberges de Jeunesse" (FUAJ) und somit dem Internationalen Jugendherbergsverband angeschlossen sind. Adressen u.a. in Anglet und Biarritz. Verfügt man über einen **internationalen Jugendherbergsausweis** aus dem Heimatland, schläft man auch bei diesen Jugendherbergen zum günstigeren Tarif, andererseits muss man eine Tagesmitgliedschaft erwerben. Eine Jahresmitgliedschaft bei den Verbänden daheim kostet jährlich

Hausbootferien – unterwegs auf Frankreichs Flüssen

Wasserwege aus neuer Perspektive, im Schneckentempo an Wiesen und Rinderweiden vorbei – in Frankreich lässt sich der Wunschtraum, sein eigener Kapitän zu sein, problemlos erfüllen! Mit 8500 Fluss- und Kanalkilometern hat man es in Frankreich mit dem **größten befahrbaren Wassernetz Europas** zu tun. Kein Wunder, dass Hausbootferien besonders hoch im Kurs stehen – zumal den motorisierten Gästen keine bürokratischen Knüppel zwischen die Beine geworfen werden. Die offiziellen Bestimmungen besagen, dass man ein bewohnbares Boot unter 15 m Länge **ohne Bootsführerschein** mieten darf. Voraussetzung ist, dass man mindestens 18 Jahre alt ist und sich einer detaillierten **Einweisung** unterzieht. Der Verleiher stellt eine Navigationskarte.

Hausboote werden gern für eine oder zwei Wochen gemietet. Die Maße liegen bei 8–15 m, an Bord finden je nach Bootstyp **zwei bis zwölf Personen** Platz. Von kompletter Ausstattung kann man ausgehen: Kombüse samt Kühlschrank und Herd sowie Kochzubehör, Tischdecken, Spültücher, Bettzeug, Heizung sowie Bad mit Dusche und Toilette. Gelegentlich steht ein Safe zur Verfügung, eine Heckplattform erlaubt den Sprung ins erfrischende Nass. Beliebt sind zwischendurch auch Fahrradtouren an den Kanalufern entlang.

Die wenigsten Passagiere werden an Bord gehen, um Kilometerrekorde zu brechen. Dafür sorgen schon die zulässigen **Höchstgeschwindigkeiten:** 10 km/h auf Flüssen, 6 km/h auf Kanälen. Welch wunderbare Form der Entschleunigung! **Nach Sonnenuntergang ist das Fahren verboten,** Anlegen ist an (fast) jedem beliebigen Ort möglich, Saison ist von Frühjahr bis Herbst.

Zu den befahrbaren Flüssen Südwestfrankreichs zählen Dordogne, Garonne und Lot. Eine Sonderrolle kommt dem Canal du Midi zu, der die Garonne bei Toulouse mit dem Mittelmeer bei Sète verbindet.

Auf der Homepage von „Voies Navegables de France" (VNF, www.vnf.fr) kann man sich zu weiteren Informationen durchklicken.

In Südwestfrankreich unterhalten mehrere Verleiher ihre Basen, so wie Le Boat, wo mehrere einwöchige Touren zur Wahl stehen: als Einwegfahrten Le Mas d'Agenais-Condom und Le Mas d'Agenais-Castelsarrasin, als Hin-und Rückfahrt zum Beispiel Le Mas d'Agenais-Nerac-Moissac-Le Mas d'Agenais. Im deutschsprachigen Raum vermittelt u.a. Hausboot Böckl Touren durch Aquitanien. Fragen zu Mietpreisen, Kaution, Mautgebühren auf den Flüssen, Preisnachlässen in der Nebensaison und bei Langzeitbuchungen, Versicherungen und Pannenhilfsdienst richtet man direkt an den jeweiligen Verleiher.

- **Le Boat,** Vertretung in Deutschland: Theodor-Heuss-Str. 53–63, Eingang B, 61118 Bad Vilbel, Tel. (06101) 55 791 75, www.leboat.de.
- **Hausboot Böckl,** Haizingerg 33, A-1180 Wien, Tel. 01 470 47 08; Zeppelinstr. 73, D-81669 München, Tel. (089) 54 29 01 09, www.hausboote-boeckl.com und www.hausboot-boeckl.at.
- Zwecks Vergleich von Preisen und Qualität kommen fernerhin **Nautic Tours** (www.nautic-tours.de) und **Nicols Hausboot** (www.hausboot-nicols.de) in Betracht.
- **Buchtipp:** Im Stürtz-Verlag (Verlagshaus Würzburg) liegt die völlig überarbeitete Neuauflage eines Bildbands vor, der die Touren auf den französischen Wasserstraßen so richtig schmackhaft macht: „Reise durch Frankreich mit dem Hausboot". In etwa 250 Bildern zeigen die Fotografen *Martin Schulte-Kellinghaus* und *Erich Spiegelhalter* die Landschaften und idyllischen Dörfer und Städte entlang der Flüsse und Kanäle Frankreichs sowie das Leben an Bord. Die Texte stammen von *Beate Kierey* und *Hubert Matt-Willmatt.*

7–21 € in Deutschland (www.jugendherberge.de), 15–25 € in Österreich (www.oejhv.at) und 22–44 SFr in der Schweiz (www.youthostel.ch). Für österreichische Jugendliche bis 16 Jahre oder Schweizer Jugendliche bis 18 Jahre ist die Mitgliedschaft kostenlos. Lebenspartner und Kinder bis 26 Jahre erhalten kostenlos eigene Mitgliedskarten. Übrigens: In den Jugendherbergen kann man auch als älteres Semester absteigen!

- Auf der Homepage des **französischen Jugendherbergsverbandes FUAJ** (www.fuaj.org) findet man eine Übersicht sowie Adressen und Beschreibungen aller Herbergen.

Verkehrsmittel

Ein eigener fahrbarer Untersatz ist für ausgiebige Entdeckungen in Südwestfrankreich so gut wie unverzichtbar, und sei es ein Fahrrad (siehe „Fahrradfahren" in „Sport und Freizeit"). Wer ganz oder teilweise trotzdem auf Busse und Bahnen angewiesen ist, findet im örtlichen Office de Tourisme die Standorte von Busterminal *(gare routière)* bzw. Bushaltestelle *(arrêt/bus stop)* sowie Bahnhof *(gare SNCF)* heraus.

Wichtiger Hinweis: Während der Sommersaison bieten manche Feriengemeinden ihren Gästen **kostenlose Busverbindungen zu den Stränden** an und entlasten damit erheblich den Straßenverkehr. Die Haltepunkte befinden sich dann oft auch in der Nähe von Campingplätzen.

Mancherorts rollen umweltfreundliche **Elektrobusse.** Besonderes Fortbewegungsmittel in Bordeaux ist die **Straßenbahn** (tramway).

Regionalbusse und -bahnen

Regionalbusse verbinden wichtige Städte untereinander. Konkrete Verbindungen mit der schnellen Regionalbahn (Transport Express Régional) ruft man am besten unter www.ter-sncf.com ab.

Noch schneller als mit regulären Bussen und Bahnen ist man mit den TGV-Hochgeschwindigkeitszügen unterwegs, die auf der Achse Bordeaux – Dax – Biarritz – Saint Jean-de-Luz – Hendaye verkehren.

Übersichten über nationale Zugstrecken bei SNCF unter **www.sncf.com.**

Taxis

Taxis warten – ähnlich wie daheim – an Bahnhöfen und großen Plätzen. Es gibt unterschiedliche Tarife für Tagesfahrten *(tarif de jour)* und für Fahrten in der Nacht *(tarif de nuit),* der Mindestbetrag ist jederzeit recht hoch. Ein Trinkgeld braucht man nicht zu geben.

Mietwagen

Leihwagenfirmen findet man in größeren Städten und Urlaubsorten. An Flughäfen wie Biarritz-Anglet-Bayonne sind diverse Repräsentanzen von Verleihern ansässig, z.B. Avis, Budget, Europcar, Hertz, National und Sixt; Infos über deren Homepages, Vorbestellungen online oder über die Reservierungshotlines. Es lohnt sich, Tarife und Service bei gängigen Vermittlern zu vergleichen. Besonders zu empfehlen ist dabei „Billiger Mietwagen", bei dem sich bis zu 24 Stunden vor Anmietung kostenlos stornieren lässt und der auch sonst mit Kundenfreundlichkeit punktet. Buchungszentrale in Deutschland: Tel. 07 61 55 77 250, kostenfreie Hotline 0800 334 334 334; www.billiger-mietwagen.de.

Vorbestellungen sind erfahrungsgemäß deutlich günstiger als (spontane) Buchungen direkt in Frankreich!

Vor Ort sollte man auf gelegentlich auftauchende **Wochenendangebote** *(spécial week-end)* achten sowie darauf, ob der Preis Freikilometer, Steuern und Versicherungsleistungen einschließt.

Man sollte bedenken, dass das Mindestalter bei der Fahrzeugmiete bei 21 oder mitunter bei 25 Jahren liegen kann. Zudem muss man bereits mindestens ein Jahr (gelegentlich: drei Jahre) im Besitz der gültigen Fahrerlaubnis sein. Wer zwischen 21 und 25 bzw. über 65 Jahre alt ist, muss manchmal mit einem Zuschlag rechnen.

[>] Im Zeichen der Pfefferschote steht die Gemeinde Espelettein den Pyrénées-Atlantiques

Zeitungen und Zeitschriften

Wer nicht die Online-Ausgabe „seiner" Zeitung anklickt, sondern ein Printprodukt bevorzugt, findet in Urlaubsorten auch **deutschsprachige** Zeitungen und Zeitschriften. In der Regel sind die auswärtigen Blätter etwa einen Tag nach Erscheinen erhältlich.

Wer mit Französisch vertraut ist, informiert sich in Zeitungen wie **„Le Monde"** über das Welt- und Landesgeschehen. Regionale Blätter, aus denen sich gut aktuelle Veranstaltungstipps und Wettervorhersagen filtrieren lassen, informieren über das Geschehen vor Ort. Weit verbreitet im Zielgebiet ist die Tageszeitung **„Sud-Ouest"** (www.sudouest.fr). **Zeitungslädchen** sind mit dem Schriftzug „presse" gekennzeichnet.

307sf ad

9 Land und Leute

Blühende Bilder allerorten – Franzosen beweisen auch bei Blumengehängen Geschmack!

Geografie

Frankreich breitet sich auf einer Fläche von rund 544.000 km² aus, ist damit in etwa so groß wie Spanien und die Schweiz zusammen und wird von etwa 66 Millionen Menschen bewohnt. Weite Teile des Gebietes, das in diesem Buch beschrieben wird, gehören zum **Aquitanischen Becken,** das sich im Westen vom Atlantik und im Süden von den Bergflanken der Pyrenäen begrenzt sieht. Weiter östlich und nordöstlich geht es hinein ins Zentralmassiv, im hohen Küstennorden schließt sich die Vendée mit der Poitou-Schwelle sowie mehreren vorgelagerten Inseln (Noirmoutier, Oléron, Ré, Aix, Yeu) an.

Im Aquitanischen Becken wechseln sich die Hügelländer im Einzugsgebiet der **Flüsse Garonne** (647 km lang, Einzugsgebiet rund 94.000 km²) und **Dordogne** (490 km lang, Einzugsgebiet rund 24.000 km²) mit langen sandigen Strandweiten und Dünenwellungen ab. Als wahrer Gigant erhebt sich südwestlich von Arcachon zwischen Pinienwäldern und Ozean die **Dune du Pilat,** Europas mächtigste Düne.

Einen markanten Küsteneinschnitt formt das breite **Delta der Gironde,** die ihrerseits aus den Zusammenflüssen von Garonne und Dordogne gebildet wird. Als breites Band zieht sich die Gironde über eine Strecke von rund 75 km dahin, lässt das Médoc zur Linken und das Zitadellenstädtchen Blaye zur Rechten liegen und erreicht in ihrem Mündungsgebiet eine maximale Breite von 12 km. Mittendrin, auf der ersten Weghälfte zum Atlantik, liegen Inseln wie die Île Verte, die Île de Patiras und die Île San Pain.

Südlich der Gironde-Mündung erstreckt sich eine knapp 250 km lange Küste, die einzig vom 155 km² umfassenden **Becken von Arcachon** sowie kleineren Flussmündungen wie der des Adour (bei Bayonne) unterbrochen wird; der **Adour** selbst entspringt in den Pyrenäen und ist mit seinen 335 km Länge alles andere als ein Flusszwerg.

Im südöstlichen Bereich nimmt das Becken von Arcachon den Flusslauf der **L'Eyre** auf, weiter im Inland strömt der in den Cevennen entspringende **Lot** dahin und mündet bei Aiguillon in die Garonne. Der Lot ist rund 500 km lang und umfasst ein über 11.000 km² großes Einzugsgebiet.

Andernorts haben sich im unmittelbaren Küstenhinterland **Binnenseen** gebildet. Die bedeutendsten dieser Wasserflächen sind der Lac d'Hourtin et de Carcans (bei Hourtin, Maubuisson und Carcans), der Lac de Lacanau (bei Lacanau), der Étang de Cazaux-Biscarrosse-Sanguinet (bei Biscarrosse), der Étang de Biscarrosse-Parentis (ebenfalls dort) sowie der Étang de Mimizan-Aureilhan (bei Mimizan).

Die weit ins Hinterland greifende Küstenebene zwischen der Gironde und dem Golf von Biscaya wird von den **Landes de Gascogne** geprägt, einem rund 14.000 km² großen Landstrich, dessen Name auf die ursprüngliche Vegetationsdecke aus Mooren und Heidekraut weist. Heute prägen die von Menschenhand angelegten **Pinienwälder** das Bild, viele Gebiete sind längst entsumpft.

Südlich der **Côte d'Argent** (Silberküste) schließt sich die stark zergliederte **baskische Küste** mit einigen Klippenland-

schaften an. Der Fluss Bidassoa bildet die Grenze zu Spanien. Im Blickfeld liegen bereits die Pyrenäen (franz. *Pyrénées,* span. *Pirineos*), deren westliche Ausläufer hier ins Meer abfallen und die weiter landeinwärts Höhen von über 3400 m erreichen. Auf einer Breite von über 400 km bilden die Pyrenäen eine natürliche Sperre zwischen Frankreich und der Iberischen Halbinsel. Der Ursprung der Bergbarriere liegt in einem vor über 300 Millionen Jahren gebildeten Faltengebirge, das durch spätere Anhebungen weitere Veränderungen erfuhr. Zudem bildeten sich immer wieder **Höhlen,** von denen manche – wie die Grottes de Sare – zu besuchen sind.

Feuchtgebiete bei Le Teich

Aquitanien und seine Départements

Zum Kernraum des Aquitanischen Beckens gehört die weit und breit größte Metropole **Bordeaux,** Hauptstadt der rund 41.309 km² umfassenden Großregion Aquitanien. Zu Aquitanien wiederum zählen die Départements (Verwaltungsgebiete) **Gironde** (10.000 km²; Hauptstadt Bordeaux), **Dordogne** (9060 km²; Hauptstadt Périgueux), **Landes** (9243 km²; Hauptstadt Mont-de-Marsan), **Lot-et-Garonne** (5361 km²; Hauptstadt Agen) und **Pyrénées-Atlantiques** (7645 km²; Hauptstadt Pau). Im Norden grenzt Aquitanien an Poitou-Charentes, im Nordosten an das Limousin, im Osten und Südosten an Midi-Pyrénées, im Süden an Spanien und im Westen komplett an den Atlantik.

Verwaltungstechnisch tragen die Départements **Kennzahlen,** hier eine kleine Übersicht:

- **Dordogne:** 24
- **Gironde:** 33
- **Landes:** 40
- **Lot-et-Garonne:** 47
- **Pyrénées-Atlantiques:** 64

Klima

Mit dem Begriff „stark wechselhaft" wird man dem Klima Südwestfrankreichs am ehesten gerecht. Mancherorts schlagen an der Atlantikküste bis zu 2500 Sonnenstunden jährlich zu Buche, doch vor Regen und Stürmen ist man nie gefeit. Der ständige Einfluss des Atlantiks sorgt für ein buntes **Wechselspiel aus Wolken und Sonne** und macht verlässliche Prognosen schwierig bis unmöglich. Selbst Erfahrungswerte sind wenig aussagekräftig, denn alle Extreme sind vertreten. So gab es im Baskenland in manchem Juli schon 28 reine Sonnentage und ebenso viele regendurchflutete Tage! Im Frühsommer können **Stürme** und verheerende Gewitter über die Silberküste hinwegziehen, wie man sie im Normalfall nicht einmal im Herbst und Winter erlebt. Ähnlich wie in heimischen Gefilden muss im Sommer mit **Wärmegewittern** gerechnet werden.

Als grobe Faustregel bleibt: Je näher man den Pyrenäen auf den schroffen Pelz rückt, desto größere Feuchtigkeit ist zu erwarten. Doch es sind gerade die **Niederschläge** – örtlich vereinzelt über 2000 mm pro Jahr –, die das Pflanzenkleid so herrlich frisch und grün halten! Selbst in Arcachon muss man im Sommer mit monatlich sieben bis neun Tagen rechnen, an denen Schauer niedergehen – dem stehen im selben Zeitraum im Tagesdurchschnitt allerdings acht bis neun Sonnenstunden entgegen ...

An der Küste kann man im Allgemeinen von **Tagestemperaturen** zwi-

188sf ad

233sf ad

schen 19 und 20 °C im Mai, 21–22 °C im Juni, 24–25 °C im Juli, 25 °C im August, 22 °C im September sowie 18–19 °C im Oktober ausgehen. Ein Blick auf die Klimawerte der Nebensaison in einer Küstenstadt wie Biarritz zeigt, dass die täglichen Durchschnittstemperaturen im Januar dort um 8–9 °C und im April um 13 °C liegen. Im Hochsommer steigt die Quecksilbersäule nicht allzu oft über die 30-Grad-Marke, der **Atlantik** erwärmt sich gemeinhin selten über 20 °C.

⌃ Rau, frisch und beeindruckend: Der Atlantik an der Silberküste

‹ Typisch für das Küstenflachland Aquitaniens sind die Pinienhaine

Flora, Fauna und Schutzgebiete

Mit Stränden, Sümpfen und Gebirgsriesen blättert sich die Natur im Südwesten Frankreichs facettenreich auf. Zusätze bieten ausgedehnte Pinienwälder und Binnenseen, bei Arcachon bäumt sich die Düne von Pilat (auch: Pyla) spektakuläre 104 m hoch auf. Im tiefen Süden Südwestfrankreichs geht das Küstenflach- ins Pyrenäenvorland über, sandige Strandadern wechseln sich mit rauen baskischen Buchten und Klippen ab. Vor dem Hintergrund der Pyrenäen-Bergriesen markiert der Fluss Bidassoa den französisch-spanischen Grenzverlauf. Kurz vor seiner Mündung verbreitert

047sf ad

kleinerer Schutzgebiete wie die Site Naturel Protegé Domaine d'Abbadia bei Hendaye und die Réserve Naturelle de l'Étang de Cousseau bei Maubuisson. Wichtigste und größte Naturschutzareale sind der **Parc Naturel Régional des Landes de Gascogne** und der **Parc National des Pyrénées.**

Auf Streifzügen durch die Naturvielfalt kann man sich am Himmelgewimmel der **Vögel** ebenso erfreuen wie an dem, was in Bodennähe kreucht und fleucht – von der Libelle bis zum Schmetterling. Südwestfrankreich ist allerdings kein Stück Tropenexotik. Zwangsläufig entdecken Besucher in Fauna und Flora manch **Altbekanntes aus der Heimat** wieder. Das gilt gleichermaßen für Fingerhüte und Farnwiesen, für Stechginster und Brombeerhecken, für Heidekraut und Seerosenteiche.

Obgleich man herrliche Küsten- und Waldlandschaften durchstreift und in reichlich **ökologische Nischen** vorstößt, darf man in Südwestfrankreich nicht von grundsätzlich „unberührten Gegenden" ausgehen. Allein im rund 336.000 ha großen Parc Naturel Régional des Landes de Gascogne leben rund 50.000 Menschen. Im Laufe der Jahrhunderte wurde die Forst- und Landwirtschaft vorangetrieben. So haben all die **Weingärten** und **Mais- und Sonnenblumenfelder** die Ur-Natur abgelöst, Abermillionen von Strandkiefern sind seit dem 19. Jh. der Harzgewinnung und Papierindustrie zum Opfer gefallen. Zu den ernüchternden Eindrücken in Aquitanien zählen einige Papierfabriken wie jene von Mimizan und Biganos, das militärische Sperrgebiet südlich von Biscarrosse sowie die Raffinerien und Industrien im Großraum Bordeaux. Demhingegen

sich der nur 65 km lange Strom in der **Baie de Txingudy,** die als Réserve Naturelle unter Schutz steht und vielen Seevögeln ebenso eine temporäre Heimat gibt wie die **Banc d'Arguin,** eine hell leuchtende Sandbank am Auslauf des Beckens von Arcachon. Auf ihrem Weg in die afrikanischen Winterquartiere machen dort immer wieder Zugvögel Station.

Die Baie de Txingudy und die Banc d'Arguin gehören ebenso zum Verbund

⌃ Stechginster zählt zu den verbreitetsten Pflanzenarten

› Möglichkeiten zur Erkundung der Vogelwelt geben zahlreiche Gewässer, wie hier der See bei Saint Pée-sur-Nivelle

wirkt die gigantische **Austernzucht** im Becken von Arcachon alles andere als störend, da sie zu den naturräumlichen Gegebenheiten passt.

Artenreiche Vogelwelt

Von Krähenscharben und Störchen, Reihern und Geiern

Zu den stattlichen Vertretern der Vogelwelt zählt die dunkel gefärbte Krähenscharbe *(Phalacrocorax aristotelis),* die zur Familie der Kormorane gehört, eine Körperlänge von bis zu 75 cm erreicht und an einem langen Hakenschnabel erkennbar ist. Krähenscharben finden an den Küsten Südwestfrankreichs einen ebenso reich gedeckten Fischtisch wie der kleine, azurblaue **Europäische Eisvogel** *(Alcedo atthis)* und **Möwenarten** wie die grau-schwarz geflügelte Heringsmöwe *(Larus fuscus)* und die überwiegend weiß gefiederte Lachmöwe *(Larus ridibundus).* Ein roter Fleck am gelben Schnabel verrät die silbrig-grau gefiederte Silbermöwe *(Larus argentarus).* Zur Familie der langbeinigen Schreitvögel gehören der bis zu 1 m große und grau-weiß gefärbte **Graureiher** *(Ardea cinerea),* der leuchtend weiße **Silberreiher** *(Casmerodius albus)* und der **Seidenreiher** *(Egretta garzetta).* Viele Reiher treten als Einzeljäger hervor und verharren vor dem raschen Beutestoß reglos in Lauerstellung – ein guter Beobachtungsmoment! Auf Rinderweiden sieht man den vergleichsweise klein gewachsenen **Kuhreiher** *(Bubulcus ibis)* in charakteristischer Duckhaltung.

An und um Binnengewässer und Sümpfe wimmelt es vor Enten, Gänsen und Schwänen. Verbreitet ist die bis zu 60 cm lange **Stockente** *(Anas platyrhynchos),* die kleine **Krickente** *(Anas crecca),* die **Knäkente** *(Anas querquedula)* und die mit einem breiten Löffelschnabel

405sf ad

048sf ad

049sf ad

ausgestattete **Löffelente** *(Anas clypeata)*. Im Pflanzendickickt von Flüssen und Bächen verschwindet das entengroße **Blesshuhn** *(Fulica atra)*, dessen weißer Stirnschild in deutlichem Kontrast zum schwarzen Gefieder steht. Lebensgenosse in Feuchtgebieten ist die **Graugans** *(Anser anser)*.

Während aus heimischen Gefilden der **Höckerschwan** *(Cygnus olor)* und der **Buntspecht** *(Dendrocopos major)* bekannt sind, bieten der **Weiße Storch** *(Ciconia ciconia)* und der **Schwarze Milan** *(Milvus migrans)* eher ungewöhnliche Anblicke. In den Küstenregionen lassen sich der **Küstenstrandläufer** *(Calidris canutus)* und der rotschnäbelige **Austernfischer** *(Haematopus ostralegus)* beobachten. Im felsigen Hinterland der Pyrenäen erheben **Gänsegeier** *(Gyps fulvus)*, **Bartgeier** *(Gypaetus barbatus)* und **Steinadler** *(Aquila chrysaetus)* ihre Schwingen.

Paradiese für Ornithologen

An der Küste findet man immer wieder kleine Unterstände und Aussichtsplateaus – Paradiese für Ornithologen. Idealfall ist die **Réserve Ornithologique von Le Teich,** die mit ihren 120 ha einen Teil der natürlichen Ökosysteme zwischen dem L'Eyre-Delta und dem Bassin d'Arcachon einnimmt. Auf Rundwanderwegen durch Feuchtgebiete bietet dieser einzigartige Vogelpark Gelegenheit, sich mit allen erdenklichen Arten gefiederter Freunde vertraut zu machen – und das in absolut freier Wildbahn! In manchen Jahren registriert der Park bis zu **300.000 Zugvögel,** von 260 nachgewiesenen Arten nistet über ein Drittel hier. Je nach Jahreszeit und Glück erspäht man diverse Möwen- und Reiherarten, Haubentaucher und Wasserrallen, Bekassine und Bussarde. Krähenscharben breiten auf Holzstelzen gerne ihre Flügel zum Trocknen aus. Eher den „Exoten" zuzuordnen sind Kraniche und Wildgänse.

⌃ An der Küste ist die Silbermöwe häufig zu finden

‹ Weißstorch beim Landeanflug im Vogelpark von Le Teich

Zwischen Sumpfschildkröten, Feuersalamandern und Pottok-Pferden

Abseits der Vogelwelten kommt in Feuchtgebieten ein Minireptil vor, die **Europäische Sumpfschildkröte** *(Enys orbicularis)*, deren Panzerlänge allenfalls 35 cm erreicht. Nahe am Wasser hält sich gern die **Ringelnatter** *(Natrix natrix)* auf, eine gefährlich aussehende und bis zu 1 m lange Schlange, die absolut harmlos ist und gelbe Flecken am Hinterhaupt trägt. Giftig hingegen ist die **Kreuzotter** *(Vipera berus)*, die ein dunkles Zickzackband auf dem Rücken trägt und sich überwiegend von Fröschen, Mäusen und Eidechsen ernährt. Leuchtend grün bis grün-blau gefärbt kommt die **Smaragdeidechse** *(Lacerta viridis)* daher, die es von Kopf bis Schwanz auf eine Länge von bis zu 40 cm bringt. Mit Glück bekommt man auch den schwarz-gelb gefärbten Feuersalamander *(Sala-*

234sf ad

mandra salamandra) zu Gesicht. Nicht zu den Ratten, sondern zu den Wühlmäusen zählt die **Bisamratte** *(Ondatra zibethicus),* die an Flüssen wie der Garonne lebt und an ihrem langen, dicken Schwanz erkennbar ist.

In den Gebirgswäldern leben **Wildschweine** und **Rotwild,** auch die **Wildkatze** kommt mancherorts noch vor. Zu den Besonderheiten der Pyrenäen zählen die halbwilden **Pottok-Pferde,** eine kleinwüchsige und extrem robuste Rasse. In den Berggegenden tragen andere Pferde und auch Schafe ein klimaresistentes Fellkleid. Autofahrer müssen auf Straßenbegegnungen mit **Schaf- und Rinderherden** und deren Hinterlassenschaften gefasst sein.

Aus den Tiefen des Meeres

Ein Blick auf den Teller im Restaurant reicht meist, um der Atlantikfauna auf den Grund zu gehen. Aus professioneller Zucht stammen **Austern und Miesmuscheln,** „wild" aus dem Ozean zieht man **Sardinen, Seehechte** und **Makrelen.** Haupthafen für **Thunfische** ist das baskische Städtchen Saint Jean-de-Luz. Im Süßwasser bringt man Forellen, Aale und Karpfen an Land.

Immer wieder kommt es an der Küste zu Anspülungen von **Seegras** – für Badende nicht das angenehmste Erlebnis, doch für die Selbstreinigung der Gewässer sind die Pflanzen unentbehrlich. Besonders üppige Seegras-Anschwemmungen sind in Hendaye zu verzeichnen.

⌃ Bisamratte an der Garonne

Geschichte und Gegenwart

Steinzeitmenschen und Basken

Was für den Steinzeitler gut war, soll für den Menschen des dritten Jahrtausends recht und billig sein: Die einen waren, die anderen sind vom Südwesten Frankreichs begeistert. Nicht alle Vorväter und -mütter folgten vor rund 20.000 Jahren jedoch ausschließlich niederen Instinkten und beschränkten sich auf muntere Kopulationen und Nahrungssuche. Mitunter schufen sie auf steinernen Wänden und Decken fantastische Kunstwerke, man denke nur an die Grotten von Isturitz-Oxocelhaya und Lascaux. Letztgenannte gehört, etwas außerhalb des in diesem Buch beschriebenen Gebietes, zum Flusstal der Vézère, das sich wiederum Wiege des **Cro-Magnon-Menschen** nennt – und der war bekanntermaßen kein Geringerer als ein Extremtypus des frühen Homo sapiens sapiens!

In direkter Abstammungslinie des Cro-Magnon-Menschen könnten die Basken stehen, die sich selbst die **„ältesten Europäer"** nennen. Warum? Weil, so wollen sie glaubhaft machen, sie sich diesseits und jenseits der Pyrenäen aus sich selbst heraus entwickelt haben. Andere Theorien besagen, dass sie von anderen Völkern aus Osteuropa bis zu den Pyrenäen getrieben wurden oder aus dem vorderindogermanischen Volk der Liguren hervorgegangen sein könnten. Wie dem auch sei, ihre wahre Herkunft und die ihrer **Sprache Euskera** (siehe Exkurs „Euskera – baskische Sprache im Baskenland") geben bis heute Rätsel auf. Die historischen Siedlungsgebiete der Basken umfassen Teile des Départements Pyrénées-Atlantiques sowie die spanischen Autonomen Gemeinschaften Baskenland und Navarra. Ihrer Sonderrolle entspricht es, dass sie nach wie vor ein unverwechselbares **folkloristisches Gut** pflegen. Die ersten fassbaren Zeugnisse dieses Volkes weisen auf Zeiten vor etwa 10.000 bis 8000 Jahren. Im Zuge ihrer religiösen Praktiken (Totenkult) hinterließen sie monumentale Steinkonstruktionen in Gestalt von Dolmen und Menhiren.

Römer und Franken

Auf ein längeres Gastspiel der Kelten im ersten vorchristlichen Jahrtausend folgten die Römer und zementierten nach den letzten großen Eroberungszügen 56 v. Chr. unter *Julius Caesar* ihre Macht. Es dauerte nicht lange, bis Bordeaux, das vormalige „Burdigala", zum Dreh- und Angelpunkt der bis an die Loire heranreichenden **römischen Provinz Aquitanien** aufstieg. In überschwänglichem Rückblick bezeichnen manche das Bordeaux jener Ära als „das kleine Rom". Die römische Herrschaft auf französischem Boden währte ein gutes halbes Jahrtausend.

Den Römern folgten im 5. Jh. die Westgoten, die sich bald darauf von den Franken abgelöst sahen. Im Jahre 507 konnte *Chlodwig I.*, **Begründer des Frankenreiches,** bei Poitiers den entscheidenden Sieg über die Westgoten erringen und sicherte sich und den Seinen die Gebiete zwischen Loire und Garonne.

Der Jakobsweg – vom Pilgerpfad zur sportlichen Herausforderung

Das Apostelgrab

Es begab sich zu Beginn des 9. Jh., als Sternenlichter einem Einsiedler – und dann einem Bischof – auf wundersame Weise das vergessene Grab des **Apostels Jakobus** anzeigten. Der Schauplatz: ein abgeschiedenes Fleckchen Erde im äußersten Nordwesten Spaniens, dem heutigen **Santiago de Compostela.** Warum gerade dort? Weil der Apostel Jakobus – der Legende zufolge – nach seinem Märtyrertod im Heiligen Land von seinen Getreuen auf einem Engelsschiff bis ins galicische Padrón und auf einem Ochsenkarren ein Stück weiter ins Landesinnere gebracht worden war. Nun war das Grab neu aufgefunden, Bischof *Teodomiro* und das herrschende asturisch-leonesische Königshaus bestätigten die **Echtheit des Grabes** und ließen eine erste kleine Kapelle errichten – die Geburt des Wallfahrtsortes Santiago de Compostela.

Ein Wunder, eine Sensation? Kritische Jakobswegforscher wie *Rolf Legler* haben die Geschehnisse nüchterner auf den Punkt gebracht und zielen eher auf eine gelungene PR-Strategie im Mittelalter ab. In seinem Buch „Sternenstraße und Pilgerweg" schreibt *Legler:* „Jakobus der Ältere war zu Beginn des 9. Jh. ein fast vergessener Apostel. Er war sozusagen verwendungsfrei. Deshalb konnte man auch, per Legendenbildung, nicht ohne Zwischenschaltung eines Wunders, sein Grab in Compostela propagieren."

Beginn der Wallfahrt

Die Kunde des sensationellen Fundes verbreitete sich wie ein Lauffeuer durch Europa. Schubwirkung erhielt der Kult um Jakobus (span. *Santiago,* franz. *Saint-Jacques*) dadurch, dass der Heilige von den spanischen Christen zum **Schutzheiligen im Kampf gegen die Mauren** erhoben wurde. Schließlich soll er schon Mitte des 9. Jh. entscheidend in die Schlacht von Clavijo eingegriffen und als Schwert schwingender Schlächter gezeigt haben, wie man die Feinde besiegt! Ein Vorbild, dem jeder Kämpfer auf den Schlachtfeldern der Reconquista, der Rückeroberung Spaniens, nachzueifern versuchte. Noch heute findet man sonderbare Darstellun-

[<] Eine der Varianten des Jakobsweges läuft nahe der Küste entlang

gen des „Maurentöters Santiago" an vielerlei Kirchen. Beflügelt von all den Pilgerscharen, stieg Santiago de Compostela bald zum **drittwichtigsten christlichen Wallfahrtsziel** im Abendland auf und wurde einzig von Rom und Jerusalem übertroffen.

Pilgerrouten und kulturelle Zentren

Frankreich ist seit jeher Durchzugsgebiet der Pilger gewesen. Schon früh brachten Mönche aus Cluny den Stein ins Rollen und organisierten die ersten internationalen **Pilgerzüge,** die im Laufe des 10. Jh. wesentlich Gestalt annahmen. Später traf sich in Frankreich und Spanien halb Europa auf dem Weg nach Santiago: Deutsche und Nordländer, Italiener und Engländer. Im Mittelalter zogen sich mehrere **Hauptpilgerwege durch Frankreich** in Richtung Pyrenäen. Zu den Ausgangs- bzw. Bündelungspunkten gehörten Paris, Le Puy, Vézelay und Arles. Hauptpässe über die Pyrenäen waren Ibañeta (1057 m) und Somport (1640 m). Beide Hauptwege vereinten und vereinen sich im spanischen Puente la Reina südwestlich von Pamplona.

Die Pilger belebten den **Handel,** sorgten für monumentalen Reichtum und kulturelle Einflüsse aller Art. Entlang der Straßen und Wege ließen regionale Herrscher Klöster, Kathedralen, Krankenhäuser, Kirchen, Kapellen, Hospize und Brücken errichten. Kirchen und Klöster erhielten Schenkungen aus ganz Europa, von denen wiederum Bauwerke und Wallfahrer profitierten. Viele **Klöster** stiegen zu **geistigen und kulturellen Zentren** auf, die Kirche schuf sich eine Position geistlicher und weltlicher Macht. Zu den schönsten **Kirchen** am *Chemin de Saint Jacques* zählt jene von **Oloron-Sainte- Marie,** ein Bauwerk aus dem 12.–14. Jh. mit kunstvoll gearbeitetem Portal und kleinen Kuriositäten wie dem Weihwasserbecken der Aussätzigen *(benitier des lépreux).*

354sf ad

Ein historischer Pilgerbericht

Eindrucksvolles Zeugnis einer Jakobswegtour hin und zurück durch Frankreich mit Wendepunkt am Grab des Apostels legt der 1495 erschienene Pilgerbericht **„Die walfart und Straß zu sant Jacob"** ab (Nachdruck: „Pilgerführer nach Santiago de Compostela", Nink-Verlag, Solingen), ein höchst amüsantes Werk. Sein Autor, der Servitenmönch *Hermann Künig van Vach,* beschreibt u.a. den Weg ab Toulouse (Tolosa), gibt diverse Einkehr- und Unterkunftstipps, weist auf unvermeidbare Ausgaben wie den Wegezoll hin und erwähnt den seinerzeitigen „Schusterort" Larceveau.

⌃ Privatunterkunft-Angebot für Pilger im so wichtigen Durchgangsort Saint Jean-Pied-de-Port

051sf ad

Von Kathedrale zu Kathedrale – moderner Erlebnisurlaub

Der Jakobsweg-Reichtum hat sich in Frankreich in Form von **romanischen und gotischen Bauten** bis heute erhalten. Manche Orte und Städte am Weg wirken unverändert wie Museen unter freiem Himmel. 1998 wurden die französischen Achsen des Jakobsweges von der Unesco zum **Weltkulturerbe** ernannt.

Die Kathedrale in Oloron-Sainte-Marie zählt zu den Highlights des Jakobswegs

Nicht nur der katholische Glaube versetzt bis in unsere Zeit hinein Berge. Vor dem Hintergrund spiritueller Neuorientierungen, sportlicher Herausforderungen und individueller Selbstfindungen in den Hightech- und Hochstressgesellschaften feiert der Jakobsweg als **Wander- und Fahrradroute** seit den 1990er Jahren eine ungeahnte Renaissance. Außerdem ist dies – Hand aufs Herz – eine recht preisgünstige Form des Erlebnisurlaubs, bei dem man Kontakte zu Mitwanderern und Mitradlern aus aller Welt knüpfen kann. Verbindendes Symbol aller ist die Schale der Jakobsmuschel, die als stilisiertes Motiv auf Schildern auch den Weg weist.

Unterwegs auf dem Jakobsweg

Wanderer sollten nicht mehr als **zehn Kilogramm Gepäck** schultern (ideal wäre: max. 10 % des eigenen Körpergewichts) und sich nur mit gut eingelaufenen – keinesfalls brandneuen – **Schuhen** auf den Weg machen. Empfehlenswerte **Wandersaison** ist Frühjahr und Herbst, dies vor allem als Hinweis für jene, die es in wochenlangem Marsch tatsächlich bis nach Santiago de Compostela schaffen wollen. Natürlich braucht man es den Pilgern des Mittelalters nicht gleich zu tun, die seinerzeit auf Schusters Rappen auch wieder zurück in die Heimat mussten. Ab Santiago bieten sich **Flüge** und internationale **Busse** für die Rückkehr in die Heimat an. Umfangreiche Informationen zu den Jakobswegen durch Frankreich auf den Websites www.chemins-compostelle.com und www.chemin-compostelle.info.

Die Routen durch Südwestfrankreich

Auf dem Weg zum spanischen Sehnsuchtsziel Santiago de Compostela laufen in Frankreichs Südwesten mehrere Jakobswegstrecken zusammen und ziehen sich in **zwei Hauptachsen** über die Pyrenäen: ab Oloron-Sainte-Marie über den 1640 m hohen Somport-Pass hinab nach Jaca sowie ab Saint Jean-Pied-de-Port über den 1057 m hohen Ibañeta-Pass Richtung Roncesvalles und Pamplona. Die Strecke über den Pyrenäenpass Ibañeta ist die meistbegangene Variante und längst nicht so kräfteraubend wie die Strecke über den Somport. Im Winter kann der Somport-Pass wegen Eis und Schnee gesperrt sein.

Von Nord nach Süd zieht sich die aus Tours herführende Jakobswegvariante **Via Turonensis** durch Südwestfrankreich. Sie führt durch die Weinbaugebiete um Blaye und durch Bordeaux und weiter über Labouheyre, Dax und Peyrehorade nach Ostabat. Dort vereint sich die Via Turonensis mit der **Via Lemovicensis** (aus Périgueux, Bazas, Mont-de-Marsan, Orthez, Sauveterre-de-Béarn, Saint-Palais) und der **Via Podiensis** (aus Cahors, Condom, Aire sur l'Adour). Die bei Ostabat verschmelzenden Achsen ziehen sich nun als eine einzige nach Saint Jean-Pied-de-Port und zum Ibañeta-Pass.

Weiter östlich vereinen sich in Oloron-Sainte-Marie die **Via Tolosana** (aus Toulouse, Auch, Lescar) und der **Pyrenäenweg** (aus Carcassonne, Saint-Lizier, Lourdes), ehe es hinaufgeht zum Pass von Somport.

Eine Sonderrolle nimmt der **Küstenweg** ein, der sich mit den in diesem Buch beschriebenen Zielen deckt und traditionell die Zugangsstrecken vom Nordwesten und Norden her aufnahm. Allerdings setzten Sand und Sümpfe den Altvorderen zu. Als Anhaltspunkt dient **Soulac-sur-Mer,** dann geht es gen Süden bis zur französisch-spanischen Grenze über folgende Stationen: Hourtin, Carcans, Lacanau, Lège-Cap Ferret, Biganos, Le Teich, Biscarrosse, Mimizan, Aureilhan, Moliets, Capbreton, Bayonne, Biarritz, Saint Jean-de-Luz und **Hendaye.**

Der Pilgerweg in Spanien

Von den Pyrenäenübergängen bis Santiago de Compostela verbleiben etwa 760 km (Ibañeta) bzw. 858 km (Somport). Das Netz der spanischen

Pilgerherbergen ist vorzüglich ausgebaut und setzt die Benutzung eines **Pilgerausweises** zwingend voraus. Dieser Pilgerausweis ist per Postweg oder Online-Antrag, stets verbunden mit kleinem Kostenbeitrag plus Porto, bei diversen Jakobusweggesellschaften im deutschen Sprachraum erhältlich, u.a. bei:

- **Fränkische St. Jakobus-Gesellschaft,** Ottostr. 1 – Kilianeum, D-97070 Würzburg, Tel. 0931 38 66 38 70, www.jakobus-gesellschaften.de.
- **Freundeskreis der Jakobuspilger – Hermandad Santiago Paderborn,** Busdorfmauer 33, D-33098 Paderborn, Tel. 05251 506 86 77 oder 147 47 94, www.jakobusfreunde-paderborn.eu.
- **Sankt-Jakobusbruderschaft Düsseldorf,** Lützowstr. 245, D-42653 Solingen, www.jakobusbruderschaft.de.

Literaturtipps

Zum Jakobsweg gibt es eine riesige Bandbreite an Büchern, die entweder praktisch ausgelegt sind oder mit Hintergrundwissen bereichern. In den Verlagen Rother und DuMont sind diverse Wanderführer für die französischen Gebiete erschienen. Als Reisebegleiter für Ziele jenseits der Pyrenäen empfiehlt sich der im Reise Know-How Verlag erschiene Band **„Nordspanien und der Jakobsweg".** Mit Legenden und mysteriösen Geschichten stimmt das in der Reihe „Topos plus" 2013 neu erschienene Lesebuch **„Geheimnisse am Jakobsweg"** auf die Ziele ein. Beide sind vom Autor dieses Reisehandbuchs verfasst worden. **„Abenteuer Jakobswege in Frankreich"** heißt ein schöner, preisgünstiger Bildband, der die maßgeblichen Strecken und Monumente vorstellt. Die Fotos stammen von *Martin Schulte-Kellinghaus* und *Erich Spiegelhalter*, die Texte von *Andreas Drouve;* erschienen ist der Band im Stürtz-Verlag, Würzburg (www.verlagshaus.com).

Auf der Homepage von „Aquitanien-Tourismus" (www.tourisme-aquitaine.fr) werden die verschiedensten Wegstrecken im Südwesten Frankreichs kurz vorgestellt (inklusive downloadbarer Broschüre; auf Französisch).

Der Jakobsweg im Film

Ein schöner, schon etwas älterer, aber immer noch sehenswerter Streifen ist „Saint Jacques – Pilgern auf Französisch" der Regisseurin *Coline Serreau.*

2015 erlebte der teils an Originalschauplätzen gedrehte Jakobsweg-Film „Ich bin dann mal weg" seine Premiere; den Pilger *Hape Kerkeling* spielte *Devid Striesow.*

236sf ad

⊡ Ins Pflaster eingelegte Jakobsmuscheln zeigen in Bordeaux den Verlauf des Jakobsweges durch die Innenstadt an

Karl Martell und seine Streiter bewahrten 732 durch die Schlacht von Tours und Poitiers das Frankenreich und damit Mitteleuropa vor den feindlichen Mauren, die nur zwei Jahrzehnte zuvor weite Teile der Iberischen Halbinsel unter ihre Kontrolle gebracht hatten. Mit *Martell* (688–741) setzte der Aufstieg der **karolingischen Dynastie** ein, dank des historischen Sieges war die Großmachtstellung des **Fränkischen Reiches** gesichert. Auf dieser Schiene fuhr *Karl der Große* (747–814) weiter, König der Franken und Römischer Kaiser. Von Expansionseifer gezeichnet, erweiterte er das Imperium bis zum Oberlauf des Ebro. Allerdings mussten seine Kämpfer 778 bei der legendären Schlacht von Roncesvalles eine empfindliche Niederlage einstecken. In den Pyrenäen, oberhalb von Saint Jean-Pied-de-Port, geriet die von *Roland* angeführte Heeresnachhut in einen tödlichen Hinterhalt. Ob es Basken oder Mauren oder beide mit vereinter Kraft waren, ist im Dunkel der Geschichte verhüllt geblieben. Eine weitere Episode ist für Lourdes verbürgt. Laut Überlieferung hatten sich die Mauren nach der Schlacht von Tours und Poitiers auf das Felsenkastell zurückgezogen und lebten dort Jahrzehnte in Ruhe, bis die Armee *Karls des Großen* auftauchte. Der Monarch ordnete die Belagerung an, doch das Geschehen nahm letztlich einen unblutigen Ausgang. Gegen Zusicherung vielfacher Privilegien nahm Maurenführer *Mirat* den christlichen Glauben an und gab die Burg friedlich aus der Hand.

Unwesentlich später diente das historische Siedlungsgebiet der Basken ganz anders gesonnenen Durchzüglern: **Jakobspilger** machten sich auf den Weg zum Apostelgrab nach Santiago de Compostela. Für Bedrohung von außen sorgten gelegentliche Einfälle von Normannen, so 848 in Bordeaux.

Wirren des Mittelalters

Von innen heraus sah sich Frankreichs Südwesten im Mittelalter nicht als geschlossener Block, was sich durch die Teilung in die beiden **Herzogtümer Aquitanien und Gascogne** ausdrückte. Mitte des 11. Jh. wurden sie vereint, das politische Fahrwasser schien ruhiger.

235sf ad

▷ Darstellung Karls des Großen auf einem Buntglasfenster in der Kapelle der Festung von Lourdes

Ein Jahrhundert später kam es jedoch zu ganz **neuen Machtkonstellationen.** Nach Annullierung der 1137 in Bordeaux geschlossenen Ehe zwischen Frankreichs König *Ludwig VII.* (um 1120–80) und *Eleonore von Aquitanien* (1122–1204) verlor der Herrscher die reiche west- und südwestfranzösische Erbschaft *Eleonores.* Doch das war nicht alles. *Eleonore,* die nebenbei die Troubadourdichtung maßgeblich beeinflusste, schloss einen neuerlichen Bund fürs Leben: diesmal mit *Heinrich Plantagenet* (1133–89), Graf von Anjou und aufgrund seines Erbes ab 1154 König *Heinrich II.* von England.

Statue von Heinrich IV. vor dem Schloss von Pau

Somit fielen **weite Teile Frankreichs an England** und bewirkten dauerhaft schwelende Konflikte, eine Stadt wie Bayonne blieb gleich drei Jahrhundertelang unter feindlicher Herrschaft. Was jedoch nicht bedeutet, dass die lokalen Autoritäten darüber übermäßig unglücklich waren – denn die Engländer waren weit weg, wenn es um die Beschneidung der örtlichen Freiheiten ging. *Eleonore von Aquitanien* war im Übrigen Mutter von **Richard Löwenherz** (1157–99), der in jungen Jahren die Herzogswürden von Aquitanien und Poitiers annahm. Ab 1189 verteidigte *Richard I. Löwenherz* den englischen Festlandsbesitz gegen den französischen König *Philipp II. August.* Später war Aquitanien besser bekannt unter dem Namen Guyenne.

Englands Festlandsbesitz in Frankreich war Auslöser des **Hundertjährigen Krieges** (1337/39–1453), der auf französischem Boden Bauernaufstände und Machtkämpfe des Adels mit sich brachte. Im Bordeaux des 14. Jh. bezog *Eduard,* „Der Schwarze Prinz", Sohn von Englands König *Eduard III.,* sein Quartier und startete erfolgreiche Kriegs- und Beutezüge. Die von *Jeanne d'Arc* (um 1410–31) bewirkte **Befreiung von Orléans** führte zur Wende und schließlich zum Sieg der Franzosen im Hundertjährigen Krieg. Erst Mitte des 15. Jh. kamen Städte wie das seinerzeit bereits vom Weinhandel geprägte Bordeaux und auch Bayonne wieder in französische Hand. In Castillon-la-Bataille ruft alljährlich gleich zu mehreren Spielterminen im Sommer das pompöse Historienschauspiel „Bataille de Castillon" das Ende des Hundertjährigen Krieges ins Gedächtnis.

Glaubenskriege und Absolutismus

Siegesgestärkt durch den letztendlichen Erfolg im Hundertjährigen Krieg, richtete Frankreich in der frühen Neuzeit sein Augenmerk auf weitere territoriale Gewinne und schuf die Basis absolutistischer Strukturen. Die aus Pau gebürtige *Johanna von Albret* (1528–72) führte den **Calvinismus** ein, dem rasch ein eisiger Wind entgegenstrich. Die Glaubenskonfrontationen eskalierten, bald schlugen sich die Franzosen gegenseitig die Köpfe ein. Im Zeichen des Kreuzes standen sich Katholiken und Hugenotten (calvinistische Protestanten) gegenüber, 1562 begannen die **Hugenottenkriege.**

Als besonders tragischer Markstein ist die **Bartholomäusnacht** („Pariser Bluthochzeit") in die Geschichte eingegangen. Damals, 1572, waren die Hugenotten um Admiral *Gaspard de Coligny* anlässlich einer außergewöhnlichen Hochzeit zusammengekommen: die des ursprünglich protestantischen und aus Pau gebürtigen *Heinrich von Navarra* (später König *Heinrich IV.,* 1553–1610) mit *Margarete von Valois.* Auf Geheiß *Katharina von Medicis* wurden *Coligny* und die Seinen zu Tausenden ermordet.

Zu Beginn der französischen Königsherrschaft **Heinrichs IV.,** 1589, fiel die vormalige südwestfranzösische Vizegrafschaft Béarn offiziell an die Krone. Wenige Jahre später trat *Heinrich IV.* offiziell zum **Katholizismus** über („Paris ist eine Messe wert") und wahrte damit Frankreichs nationale Einheit. Indes gewährte er den Hugenotten durch das 1598 erlassene Edikt von Nantes **freie Religionsausübung,** was nicht gleichbedeutend war mit dem Ende des Glaubensstreits. Zu Zeiten von *Ludwig XIII.* (1601–43) war der umtriebige **Kardinal Richelieu** (1585–1642) vor allem darauf bedacht, die Sonderstellung der unliebsamen Hugenotten zu beseitigen. Mit dem Fall des hugenottischen La Rochelle erreichten die Konflikte 1628 einen neuerlichen traurigen Höhepunkt. *Richelieu* ließ ihnen im Gnadenedikt von Alès (1629) zumindest die kirchliche Organisation. Wenige Jahre später griff er in den **Dreißigjährigen Krieg** (bis 1648) ein und bekämpfte die Übermacht des Hauses Habsburg.

Richelieus Politik stand ganz im Zeichen des Absolutismus und ließ König **Ludwig XIV.** (1638–1715) in ein gemachtes Nest fallen. Der Leitspruch des „Sonnenkönigs" hat Geschichte gemacht: „L'État c'est moi" (Der Staat bin ich). Mit dem Aufbau einer mächtigen Kriegsflotte, der Ausweitung des französischen **Kolonialreiches,** diversen Eroberungskriegen sowie schier unübertrefflichem **höfischem Prunk** an der Heimatfront durfte sich *Ludwig XIV.* fürwahr auf der Sonnenseite des Lebens fühlen.

Nach langen kriegerischen Jahren mit Spanien bescherte ihm der 1659 bei Hendaye geschlossene **Pyrenäenfriede** territoriale Zugewinne in Form von Roussillon und Artois. An den Pyrenäenfrieden war ein Heiratsvertrag geschlossen, der sogleich erfüllt wurde: In Saint Jean-de-Luz ehelichte *Ludwig XIV.* die spanische Infantin **Maria Theresia,** Tochter des spanischen Königs *Philipp IV.* Diese Heirat sollte den Weg frei machen für spätere **Erbansprüche des Hauses Bourbon** auf den spanischen Thron.

Trotz des Hochzeitsschauplatzes Saint Jean-de-Luz dümpelte Frankreichs Südwesten dennoch eher als Randregion durch die Zeiten, das Scheinwerferlicht der Geschichte richtete sich vor allem auf Paris und Versailles. Mit der 1678 erfolgten Ernennung von Baumeister *Sébastien le Prestre de Vauban* (1633–1707) zum Generalinspekteur des Festungswesens erhielten zahlreiche Zitadellen – wie jene in Blaye und Saint Jean-Pied-de-Port – eine unverwechselbare Gestalt.

Finanzdesaster und Revolution

Was mit politisch-kultureller Vorherrschaft in Europa begann, endete zu Beginn des 18. Jh. im Desaster: *Ludwig XIV.* hinterließ zerrüttete Staatskassen. Gleichwohl hielt sein Nachfolger *Ludwig XV.* (1710–74) an Verschwendungssucht und aufwendiger Kriegspolitik fest, territoriale Verluste und Mätressenwirtschaft riefen seine Kritiker auf den Plan. Allerdings traten die Vertreter der Aufklärung nicht in geschlossener Front gegen Monarchie und katholische Kirche auf. Während des **Siebenjährigen Krieges** (1756–63) ging es um den Kolonialkonflikt zwischen **Briten** und Franzosen, wobei Erstgenannte klar die Oberhand behielten und überseeische Besitztümer in Indien und Nordamerika an sich rissen.

Die politisch-gesellschaftliche Großwetterlage änderte sich mit der **Französischen Revolution** 1789; der Sturm auf die Bastille am 14. Juli jenen Jahres wird noch heute als hochheiligster **Nationalfeiertag** begangen. Nach Ausrufung der Republik wurden König *Ludwig XVI.* und seine Frau *Marie Antoinette* ebenso hingerichtet (1793) wie maßgebliche Vertreter der **Girondisten,** benannt nach jenen Abgeordneten aus dem Département Gironde, die zu den gemäßigten Republikanern der Französischen Revolution gehörten. Das große Girondistendenkmal in Bordeaux ruft bis heute jene

Das Girondistendenkmal in Bordeaux

düsteren Ereignisse ins Gedächtnis, auf die der machthungrige *Maximilien de Robespierre* (1758–94) hingearbeitet hatte – doch der Lauf der Geschichte rächte sich, er wurde selbst hingerichtet. Bereits zu Zeiten der Revolution stellte Paris mit über einer halben Million Einwohnern alles andere in den Schatten; auf Rang zwei der Bevölkerungsstatistik folgte Lyon, immerhin auf Platz drei Bordeaux.

Napoléon – Wahn und Untergang

Kleiner Mann ganz groß und größenwahnsinnig: Der aus dem korsischen Ajaccio stammende *Napoléon Bonaparte* (1769–1821) hatte bereits eine glänzende Militärkarriere hinter sich, als ihm der Staatsstreich von 1799 oberste Machtbefugnisse bescherte. Sein Aufstieg verlief unaufhaltsam, 1804 krönte er sich in Paris zum **„Kaiser der Franzosen"**. Was folgte, waren *Napoléons* goldene Herrschafts- und Expansionsjahre. Europaweit trieb es ihn und die Seinen an die verschiedensten Fronten, er selbst befehligte Aufgebote von hunderttausenden Soldaten. Ein ums andere Mal war Frankreichs Südwesten Truppendurchlaufstation.

Seine Geschwister setzte der selbsternannte Kaiser an diversen Schaltzentralen der Macht ein. Sein ältester Bruder *Joseph* fungierte 1808–13 als König Spaniens, *Louis* wurde König von Holland, *Jérôme* König von Westfalen, *Caroline* Königin von Neapel, *Elisa* Fürstin von Lucca und Piombino. *Napoléons* Anfang vom Ende läutete der Russlandfeldzug ein, der 1812 mit dem Untergang der „Großen Armee" endete. 1813 folgte die verheerende **Niederlage in der Völkerschlacht bei Leipzig,** 1814 dankte er zwangsweise ab und wurde auf die Insel Elba verbannt. Noch einmal, im März 1815, kehrte *Napoléon* nach Paris zurück, doch drei Monate darauf erlebte er sein Waterloo. Nun brachten ihn die Engländer als Gefangenen auf die Südatlantikinsel Sankt Helena, wo er 1821 sein einsames Leben aushauchte.

054sf ad

Napoléon Bonaparte stammte aus Korsika

Wechselbäder im 19. Jh.

Nach der Ära Napoléon traten im weiteren Verlauf des 19. Jh. Machtkämpfe auf höchster politischer Ebene ebenso zu Tage wie ein verschärfter sozialer Unfriede. Auch einer aus der Napoléon-Dynastie mischte wieder mit: des verbannten Ex-

Frankreichs Geschichte im Überblick

Etwa 20.000–15.000 v. Chr.: Im Flusstal der Vézère (Département Dordogne) werden Höhlen von Menschen genutzt; in Grotten wie Lascaux und Font-de-Gaume hinterlassen sie künstlerische Zeugnisse ersten Grades.

Ab etwa 8000 v. Chr.: Erste fassbare Spuren der Basken im Bereich der Pyrenäen

Ab etwa 4000 v. Chr.: Kultische Errichtung von Dolmen und Menhiren

1. Jahrtausend v. Chr.: Ausdehnung der Kelten

56 v. Chr.: Eroberung Aquitaniens (Teil Galliens) zu Zeiten von *Julius Caesar;* Ende der Kelten-Kultur

28 v. Chr.: Burdigala (Bordeaux) steigt zur Hauptstadt der Provinz Aquitania auf.

1.–4. Jh. n. Chr.: Romanisierung und Christianisierung des Landes

5. Jh.: Verstärkte Völkerwanderungen, Ablösung der Römer durch die Westgoten

6. Jh.: Ablösung der Westgoten durch die Franken, 507 unterwirft der fränkische König *Chlodwig I.* das Westgotenterritorium zwischen Loire und Garonne.

Beginn 7. Jh.: Merowinger unterwerfen die Vaskonen und gliedern die Gascogne in Aquitanien ein.

732: Schlacht von Tours und Poitiers, bei der die Truppen von *Karl Martell* die Mauren am weiteren Vordringen nach Zentraleuropa hindern.

768: *Karl der Große* (747–814) wird König der Franken und bleibt es bis zu seinem Tod.

778: Die vom legendären *Roland* angeführte Truppennachhut *Karls des Großen* gerät in den Pyrenäen in einen tödlichen Hinterhalt; die Geschehnisse gehen später ins älteste französische Heldenepos („Rolandslied") ein.

Ab dem 9. Jh.: Einfälle von Normannen, u.a. 848 in Bordeaux

Anfang 9. Jh.: Entdeckung des Apostelgrabes von *Jakobus dem Älteren* im nordwestspanischen Santiago de Compostela; Beginn der Pilgerfahrten, die im weiteren Verlauf des Mittelalters durch den Südwesten Frankreichs verlaufen.

Mitte 11. Jh.: Die eigenständigen Herzogtümer Gascogne und Aquitanien vereinen sich.

Ab dem 11. Jh.: Im Zuge des internationalen Jakobswegbooms Bau zahlreicher Kirchen und Klöster auch im Südwesten Frankreichs

Ab dem 12. Jh.: Verbreitung der Troubadourdichtung, maßgeblich beeinflusst von Aquitaniens Herzog *Wilhelm IX.* (1071–1127) und *Eleonore von Aquitanien*

1137: In Bordeaux ehelicht die Erbtochter *Wilhelms X.* von Aquitanien, *Eleonore von Aquitanien* (um 1122–1204), König *Ludwig VII.* (1120–80) und bringt als Mitgift u.a. die Gascogne und das Poitou mit ein.

1152: *Eleonore von Aquitanien* heiratet *Heinrich Plantagenet* (1133–89), ab 1154 König *Heinrich II.* von England. Weite Teile des Landes fallen an England. Beginn langer kriegerischer Zeiten.

1157: Aus der Verbindung *Eleonores* mit *Heinrich II.* geht *Richard Löwenherz* (gestorben 1199) hervor, der später den englischen Festlandsbesitz gegen den französischen König *Philipp II. August* verteidigt.

1314: Tod von Papst *Klemens V.*, der in der Stiftskirche von Uzeste beigesetzt ist.

1337: Beginn des Hundertjährigen Krieges zwischen Frankreich und England um die Vorherrschaft in Westeuropa; Kämpfe auch in Südwestfrankreich.

1362: *Eduard,* Sohn von Englands König *Eduard III.*, erhält als Herzog von Aquitanien die englischen Besitzungen in Südwestfrankreich und wählt Bordeaux als Stützpunkt.

1453: Ende des Hundertjährigen Krieges. Mit dem Ende der englischen Fremdherrschaft gehen Städte wie Bayonne und Bordeaux zurück in französischen Besitz.

■ **1527:** *Margarete von Angoulême* (1492–1549), die Schwester von König *Franz I.* von Frankreich, heiratet *Heinrich von Albret*.

■ **1562:** Beginn der Hugenottenkriege

■ **1572:** Bartholomäusnacht, Anführer des hugenottischen Adels und Tausende von Glaubensgenossen werden ermordet.

■ **1582–86:** Der Schriftsteller und Philosoph *Michel de Montaigne* (1533–92) ist Bürgermeister von Bordeaux.

■ **1589:** Beginn der Herrschaft König *Heinrichs IV.*, das Béarn fällt an die Krone.

■ **1593:** Heinrich IV. tritt zum Katholizismus über, belässt den Hugenotten jedoch freie Ausübung ihrer Religion (Edikt von Nantes, 1598).

■ **Ab Anfang 17. Jh.:** Frankreich wird aufstrebende Kolonialmacht.

■ **1628:** Fall der Hugenottenhochburg La Rochelle

■ **1643:** Beginn der Herrschaft des „Sonnenkönigs" *Ludwig XIV.* (1638–1715), Frankreich auf dem Höhepunkt des Absolutismus.

■ **1648:** Ende des Dreißigjährigen Krieges

■ **1659:** Pyrenäenfrieden zwischen Frankreich und Spanien, gefolgt von der prunkvollen Heirat von Ludwig XIV. und der spanischen Infantin *Maria Theresia* in Saint Jean-de-Luz

■ **1678:** *Sébastien le Prestre de Vauban* (1633–1707) wird zum Generalinspekteur des Festungswesens ernannt, zahlreiche Zitadellen (u.a. Blaye) bekommen eine neue Gestalt.

■ **1685:** Aufhebung des Ediktes von Nantes, was zur Flucht vieler Hugenotten führt

■ **1689:** Auf dem Château de La Brède Geburt des Aufklärers und Staatstheoretikers *Charles de Montesquieu* (gest. 1755); sein Hauptwerk „Vom Geist der Gesetze" erscheint 1748.

■ **1756–63:** Siebenjähriger Krieg unter König *Ludwig XV.*

■ **1789:** Französische Revolution, Sturm auf die Bastille am 14. Juli

■ **1792:** Ausrufung der Republik

■ **1793:** König *Ludwig XVI.* wird in Paris hingerichtet.

■ **1801:** Erste offizielle Volkszählung: Frankreich hat 29,4 Millionen Einwohner.

■ **1804:** *Napoléon Bonaparte* (1769–1821) krönt sich selbst zum „Kaiser der Franzosen".

■ **1812:** Vernichtender Russlandfeldzug der napoleonischen Truppen, Untergang der „Großen Armee"

■ **1815:** Schlacht von Waterloo und Verbannung Napoléons nach Sankt Helena

■ **1828:** Der wenige Jahre zuvor aus seiner Heimat Spanien emigrierte Maler *Francisco José de Goya* stirbt in Bordeaux.

■ **1854:** Der kaiserliche Palast von Kaiserin *Eugénie* und *Napoléon III.* entsteht in Biarritz, das bald zum Seebad aufsteigt.

■ **1858:** Marienvisionen der jungen Bernadette (1844–79) in einer Höhle in Lourdes; mit der kirchlichen Akzeptanz der Erscheinungen (1862) Beginn der Wallfahrten

■ **1867:** Erste Reblausplagen, die rund um Bordeaux Weinernten vernichten

■ **1870/71:** Deutsch-Französischer Krieg, Ende des französischen Kaiserreiches, Proklamation der Republik

■ **1914–18:** Erster Weltkrieg; 1,5 Mio. Franzosen sterben, 3 Mio. werden verwundet.

■ **1939–45:** Zweiter Weltkrieg

■ **1940:** Wiederentdeckung der Höhle von Lascaux (Département Dordogne)

■ **1944:** Landung der Alliierten in der Normandie

■ **1945:** Bombardement von Royan durch die Alliierten, die dort deutsche Truppen vermuten

■ **1945/46:** Kurzzeitige Präsidentschaft von *Charles de Gaulle* (1890–1970)

■ **1946–58:** Vierte Republik mit mehr als zwei Dutzend verschiedenen Regierungen

■ **1952:** Nobelpreis für Literatur an den aus Bordeaux stammenden Schriftsteller *François Mauriac* (1885–1970)

■ **1958:** Fünfte Republik, neue Verfassung, *General de Gaulle* wird Präsident und bleibt es bis 1969.

■ **1959:** Gründung der baskischen Terrororganisation ETA.

■ **1963:** Deutsch-Französischer Vertrag als Zeichen der Aussöhnung

■ **1969:** Studententumulte, nationale Revolte, Rücktritt *de Gaulles*

■ **1969–74:** Präsidentschaft von *Georges Pompidou*

■ **1974–81:** Präsidentschaft von *Valéry Giscard d'Estaing*

■ **1981:** *François Mitterrand* wird Nachfolger von Giscard d'Estaing.

■ **1992:** Referendum zum Vertrag von Maastricht; 51 % Ja- und 49 % Nein-Stimmen

■ **Ab den 1990er Jahren:** Renaissance des Jakobswegbooms, von dem das Tourismusgeschäft in Südwestfrankreich profitiert

■ **1995:** *Jacques Chirac* wird Nachfolger von *François Mitterrand*

■ **1997:** Wegfall des konventionellen Wehrdienstes

■ **1998:** Frankreich wird im eigenen Land Fußball-Weltmeister. Der Jakobsweg wird von der UNESCO zum Weltkulturerbe erklärt.

■ **2002:** Frankreich ist Euro-Land. Beginn der weiteren Amtszeit von Staatspräsident *Chirac*

■ **2003:** Frankreich stellt sich gegen den Irak-Krieg.

■ **2005:** Ergebnis des französischen Referendums zur Europäischen Verfassung: mehrheitlich „Nein"

■ **2007:** *Nicolas Sarkozy* wird Staatspräsident; Ernennung von Bordeaux zum Weltkulturerbe der UNESCO

■ **2008:** Literaturnobelpreis an *Jean-Marie Le Clézio;* Einführung des Rauchverbots

■ **2012:** Bei den Präsidentschaftswahlen siegt der Sozialist *François Hollande.*

■ **2014:** Privat und politisch steckt Präsident *Hollande* in Nöten; eine verhängnisvolle Liebesaffäre kommt ans Licht, es gibt Dauerstreit um die Sparpolitik, es kommt zu Kabinettsumbildungen und bei den Senatswahlen im September zu einem Rechtsruck.

■ **2015:** Frankreich kann sich immer noch nicht aus den Folgen der Wirtschaftskrise befreien, wirbt international um Vertrauen in die Reformfähigkeit des Landes; die Verschuldung hingegen hat die Zwei-Billionen-Euro-Marke überschritten und liegt bei annähernd 100 % des Bruttoinlandsprodukts (die Obergrenze laut Maastricht-Vertrag liegt bei 60 %).

■ **Bis 2017:** Planung der Einsparung von 50 Milliarden Euro Staatsausgaben

Potentaten Neffe *Charles Louis Napoléon Bonaparte* (1808–73), der dem **Zweiten Kaiserreich** seinen Stempel aufdrückte und 1852–70 als Kaiser *Napoléon III.* den Thron bestieg. Gemeinsam mit seiner Gemahlin *Eugénie* (1826–1920), einer spanischen Grafentochter, wählte er das sturmumtoste südwestfranzösische Atlantiknest **Biarritz als Sitz eines kaiserlichen Palastes** aus – und legte gleichsam den Grundstein für ein Seebad, das bis heute Weltruf genießt und die Geldelite aller Herren Länder anlockt.

Tiefer im Inland trugen sich Ereignisse zu, die von der breiten Öffentlichkeit zunächst unbeachtet blieben. Man schrieb den 11. Februar 1858, als einem jungen Mädchen, *Bernadette Soubirous,* beim Holzsammeln in einer Grotte der Ortschaft **Lourdes** die **heilige Jungfrau Maria erschien** – so ist es verbürgt. Bis Mitte desselben Jahres folgten weitere Erscheinungen, die erst vier Jahre später von der Kirche offiziell anerkannt wurden. Damit war der Weg geebnet zu einem der weltweit bekanntesten Marienwallfahrtsziele. Bis heute verehrt man auch die **heilige Bernadette** (1844–1879).

Zurück zum Kaiserpaar Eugénie und Napoléon III. Dieses trieb sein Land in den **Deutsch-Französischen Krieg** 1870/71. Nach der Gefangennahme Napoléons III. 1870 in Sedan war die Revolution nicht mehr zu stoppen, der linksgerichtete *Léon Gambetta* (1838–1882) rief die Dritte Republik aus – doch aus gesellschaftlicher und wirtschaftlicher Sicht änderte sich so gut wie nichts. Mit seiner Kolonialpolitik in Nordafrika und Indochina fing Frankreich verlorenes Kolonialterrain auf, während in den 1890er Jahren der Finanzskandal um *Lesseps'* missglückten Bau des Panamakanals und die antisemitisch bestimmte Affäre um *Alfred Dreyfus* für politische Beben sorgten.

Schwerer Weg durch das 20. Jh.

Anfang des 20. Jh. kam es zur gesetzlich verankerten **Trennung von Staat und Kirche,** ehe der **Erste Weltkrieg** 1914–18 Elend und Schrecken brachte: allein 1,5 Mio. Tote und drei Mio. Verwundete auf französischer Seite. Aus anderer Sicht gehörte Frankreich zu den Gewinnern, bekam per Versailler Vertrag Elsass-Lothringen zugesprochen und durfte sich einer starken Position im Völkerbund wähnen. In der kurzen Epoche danach sah man Bilder, die in anderen Ländern ähnlich abliefen: Weltwirtschaftskrise, wechselnde Kabinette, Radikalisierung. Zu Beginn des **Zweiten Weltkriegs** 1939–45 sah sich Frankreich zunächst von der deutschen Wehrmacht überrannt, ehe die Landung der Alliierten in der Normandie (1944) die Wende einleitete. Noch 1945 kam es seitens der Alliierten zum verheerenden **Bombardement von Royan,** da man hier deutsche Truppen vermutete.

Nach **Ende des Zweiten Weltkriegs** trat General *Charles de Gaulle* (1890–1970) Ende 1945 bis Anfang 1946 eine kurzzeitige Präsidentschaft an, dann setzte während der Vierten Republik (bis 1958) ein Wechselspiel von Regierungen ein. Das Jahr 1958 brachte eine neue Verfassung und **General de Gaulle als Ministerpräsident** der Fünften Republik zurück an die Macht (bis 1969).

Die 1959 erfolgte Gründung der **baskischen Terrororganisation ETA** nahm man allenfalls am Rande zur Kenntnis (Ziel der Radikalen war vor allem das diktatorische Franco-Regime im benachbarten Spanien) und konzentrierte sich auf das Wesentlichere: die afrikanischen Kolonien ab Ende der 1950er Jahre in die Unabhängigkeit zu entlassen und gleichwohl seiner internationalen Rolle als **Großmacht** gerecht zu werden. General de Gaulle näherte sich sowohl Deutschland (Deutsch-Französischer Vertrag 1963) als auch den Staaten des Ostblocks an, doch Studententumulte und ein Generalstreik läuteten den Anfang seines politischen Endes ein. 1969 trat de Gaulle zurück.

Sein Nachfolger, der Gaullist *Georges Pompidou* (1911–74), legte die Schwerpunkte seiner Arbeit auf die **wirtschaftliche Modernisierung** des Landes und die Erweiterung der **Europäischen Gemeinschaft.** Pompidous Nachfolger, *Valéry Giscard d'Estaing,* hielt sich 1974 bis 1981 am höchsten politischen Ruder, Zeit genug für diverse Reform- und Kernenergieprogramme. 1981 nahm der Hochgeschwindigkeitszug TGV seinen Betrieb auf, ein Paradepferd der französischen Hightech. Zu Beginn des 21. Jh. trat Altpräsident Giscard d'Estaing im Übrigen als einer der Väter des **europäischen Verfassungsentwurfs** hervor.

Prägende Gestalt der 1980er und -90er Jahre war der Sozialist **François Mitterrand** (1916–96), während dessen zweiter siebenjähriger Amtszeit das Referendum zum **Vertrag von Maastricht** hauchdünn ausging (51 % Ja- und 49 % Nein-Stimmen). 1995 folgte **Jacques Chirac** (geb. 1932) als neuer Staatspräsident nach, ein Gaullist, der lange Jahre das Amt des Bürgermeisters von Paris inne hatte. Nach den französischen **Atomtestreihen** in der Südsee geriet er zu Beginn seiner Amtszeit ins internationale Kreuzfeuer. Nach dem Wegfall des konventionellen Wehrdienstes (1997) gab es nun Ersatzdienst auf den Gebieten Humanitäre Hilfe, Internationale Kooperation und Sicherheit. In den letzten Jahren des Jahrtausends gab es einen steten Wirtschaftsaufschwung zu verzeichnen – Frankreich als Konjunkturlokomotive in der EU.

[>] Das Fischerhandwerk ist an der Atlantikküste in stetem Rückgang begriffen

Frankreich im dritten Jahrtausend

2002 wird Staatspräsident *Jacques Chirac* von seinen Landsleuten wiedergewählt; im selben Jahr beginnt Frankreich seine Ära als Euro-Land und führt die 35-Stunden-Woche ein.

Eine stärkere bilaterale Zusammenarbeit mit Spanien führt zu zahlreichen Festnahmen von Mitgliedern der Terrororganisation ETA. 2005 brechen Sozialkrawalle, Schüler- und Studentenproteste gegen den sogenannten „Ersteinstellungsvertrag" *(Contrat première embauche)* aus; nach langen Protesten muss sich die Regierung dem Druck der Straße beugen und ersetzt das umstrittene Gesetz durch eine Initiative zur **Berufsförderung benachteiliger Jugendlicher.**

Bei der Wahl zum Staatspräsidenten 2007 sticht der Konservative **Nicolas Sarkozy** seine sozialistische Widersacherin *Ségolène Royal* aus und folgt auf *Chirac.* Der quirlige, umtriebige *Sarkozy* (Jahrgang 1955) macht nicht nur durch seine eiserne, selbstgerechte Art und die Einführung umstrittener Steuermaßnahmen auf der Politibühne von sich reden. Nach seiner Scheidung heiratet er das einstige Fotomodell *Carla Bruni* – ein Fest für die Regenbogenpresse.

In die Amtszeit *Sarkozys* fallen Massenstreiks, die Massenabschiebungen illegaler Einwanderer, die Einführung des Rauchverbots in öffentlichen Gebäuden, der Anstieg der Arbeitslosigkeit, die Auswirkungen der Finanz- und Wirtschaftskrise, die u.a. das Konsumverhalten, den Immobiliensektor und nicht zuletzt die Absatzmärkte der Bordeaux-Weinbauern empfindlich trifft.

Die Präsidentschaftswahlen 2012 zeitigen zunächst einen Linksruck. *Sarkozy* hat das Nachsehen gegenüber dem Sozialisten **François Hollande** (geb. 1954), der umfangreiche Pläne zur Sanierung seines Landes vorlegt und Steuererhöhungen für Besserverdienende einführt. Massive Probleme bleiben die Schuldenkrise der Euro-Zone sowie die Arbeitslosigkeit, die in Frankreich die Drei-Millionen-Marke durchbricht.

Anfang 2015 steht die Nation nach islamistischen **Attentaten** in Paris unter Schock. In der Redaktion der Satirezeitschrift „Charlie Hebdo" und in einem jüdischen Supermarkt verüben Terroristen Massaker. Landesweit treffen sich die Menschen zu Solidaraktionen gegen derlei Gewalt. Neben der Angst vor einer Terrorwelle steht im Raum, dass es auf Dauer zu Feindseligkeiten gegenüber muslimischen Mitbürgern kommen könnte; gerade Bordeaux ist eine Multikulti-Stadt, in der u.a. Muslime leben. Umso stärker ist auch in Zukunft der Zusammenhalt der „Grande Nation" gefragt.

Wirtschaft

Misswirtschaft, überkommene Privilegien und das Beamtentum mit einem unmäßig aufgeblähten behördlichen Wasserkopf spielen bei Frankreichs jüngerer wirtschaftlicher Negativentwicklung eine wichtige Rolle. Die Wirtschaftserträge schrumpfen, werden jedoch weitestgehend von einer soliden Binnennachfrage aufgefangen. Andererseits: Bei der gebremsten Wirtschaftsentwicklung, die durch die internationale Finanz- und Wirtschaftskrise verschärft worden ist, klagt man natürlich auf einem hohen Niveau ...

Zum Glück für die Zukunft des Landes liegt Frankreich nicht nur beim Haushaltsdefizit an der EU-Spitze, sondern auch bei den **Geburtenraten.** Nicht zuletzt die ausgezeichnete finanzielle Unterstützung von Familien macht dies möglich.

057sf ad

1190sf ad

Größter demografischer und wirtschaftlicher **Ballungsraum** in Südwestfrankreich ist **Bordeaux.** Ein florierender Weinhandel und ein ausgiebiger Dienstleistungssektor gehören ebenso zum Gepräge wie Fahrzeug-, Maschinen-, Apparate-, Nahrungsmittel- und chemische Industrie. Dort, wo es Arbeit gibt, herrscht dichte Besiedlung: eben im Großraum Bordeaux.

Über den **traditionellen Weinhandel** hinaus haben in Aquitanien pfiffige Geschäftsleute neue Geldquellen erschlossen, u.a. durch **Kaviarproduktion.** In der Landwirtschaft pflanzt man oft **Mais und Sonnenblumen** an, im Hinterland (vor allem in den Pyrenäen) spielen **Rinder- und Schafzucht** noch eine wichtige Rolle. Fischfang hat an Boden verloren, viele Gründe sind schlichtweg überfischt. Größere **Fischerhäfen** findet man heute noch in Arcachon, Capbreton/Hossegor und Saint Jean-de-Luz.

Eine lukrativere Einnahmequelle bedeutet der **Tourismus,** auf den nicht zuletzt viele Menschen auf dem Land setzen. Um in Krisenzeiten konkurrenzfähig zu bleiben, müssen vielerorts die Preise gesenkt und „Sonderangebote" offeriert werden.

Die **Arbeitslosigkeit** liegt gegenwärtig im Bereich der Zehn-Prozent-Marke.

Gravierendes Problem ist und bleibt die **Jugendarbeitslosigkeit,** die sich im Landesdurchschnitt auf über 20 % Stellensuchende unter 25 Jahren beläuft; Maßnahmenpakete, auch millionenschwere Maßnahmen mit EU-Geldern, haben bis heute nicht entscheidend gegriffen. Jungen Hochschulabsolventen bleibt oft nichts anderes übrig, als sich bis auf Weiteres als Briefträger, Verkäufer oder Hamburger-Bräter in Fast-food-Tempeln zu verdingen.

Frankreichs Wirtschaftswachstum liegt derzeit unter einem Prozent.

Bevölkerung

Über **Aquitanien** verteilen sich etwa **3 Mio. Menschen,** was im Südwesten des Landes einer Bevölkerungsdichte von etwa 70 Einwohnern pro km² entspricht. Innerhalb Aquitaniens ist das Département Gironde das am dichtesten besiedelte. Hier konzentrieren sich allein 750.000 Menschen auf den Großraum Bordeaux. Zum Vergleich: Pau, Hauptstadt des Départements Pyrénées-Atlantiques, bringt es gerade einmal auf etwa 85 000 Einwohner.

Erhebungen zufolge verteilen sich rund 3,7 Mio. Ausländer über das Land, was einem Bevölkerungsanteil von etwa 6 % entspricht. Besonders stark sind Portugiesen, Algerier und Marokkaner vertreten, ferner Italiener, Spanier und Tunesier. Ganz deutlich erkennbar wird das Multikulti-Miteinander in der südwestlichen Metropole Bordeaux, wesentlich stärker indes in der Hauptstadtregion Ile-de-France.

Ein Randvölkchen besonderer Art sind die Basken, die im westlichen Teil des Départements Pyrénées-Atlantiques leben. Schätzungen zufolge kann man im Südwesten Frankreichs von **etwa 100.000 Basken** ausgehen, wobei etwa fünf- bis sechsmal so viele auf der spanischen Seite des Baskenlands leben. „Eingefleischte" Basken pflegen nach wie vor ihre **eigene Sprache und Volkskultur.** Weitere sprachliche Besonderheit ist das nach wie vor in der Gascogne anzutreffende **Gascognisch.**

◁ Schafzucht spielt nach wie vor eine Rolle

Annäherungen an die Mentalität

Die Mentalität der Franzosen im Südwesten des Landes entspricht gemeinhin jener in den gemäßigteren Breiten Mitteleuropas – doch sollte man sich hüten, drei Millionen Menschen samt ihren Empfind- und Befindlichkeiten über einen Kamm zu scheren! Manche geben sich herzerfrischend offen, andere verschlossen und unzugänglich. Ältere sind oftmals häuslich und finden sich allenfalls zu einem gesetzteren geselligen Beisammensein bei Rotwein und guter Küche ein, während sich Jüngere gern in ihren Disco- und Fiesta-Rausch stürzen – vor allem während der Sommermonate, wenn es aus einigen regelrecht herausbricht.

Franzosen sind eines bestimmt nicht: verkrustet, verklemmt oder prüde. *Plaisir* (Vergnügen) und *amour* (Liebe) sind vielbesungen und werden handfest praktiziert, ob in längerer Beziehung oder als One-night-stand. Vor der Ehe tobt man sich nach Herzenslust aus und fackelt nicht lange, bis das Sofa wackelt. Oder die Zeltwand vibriert.

Der **französischen Freizügigkeit** entsprechen die Gepflogenheiten an manchen Stränden, wo man raushängen lässt, was – der Ästhetik wegen – besser in Hose und Badeanzug gehörte. Andererseits pflegen viele Franzosen **Stil und Eleganz,** man denke nur an die Einkehr in feine Schlemmertempel. Allen Franzosen ist gemein, dass sie ihren Hauptferienmonat August regelrecht zelebrieren und während der Urlaubszeit nicht unnötig sparen. Dann genießt man besonders sein Gläschen Rotwein oder Pastis, den Kaffee oder das frisch gezapfte Bier zwischendurch. Endlich kann

man sich Zeit nehmen für die Familie, für die umfangreichen Freizeitaktivitäten – während man übers Jahr genauso unter Strom und Stress steht wie in anderen Teilen Europas.

Gemeinhin zeichnen sich Franzosen durch eine **höfliche, zuvorkommende und verbindliche Art** aus. Das gilt gleichermaßen für Senioren wie für Kinder und Jugendliche. Der häufige Gebrauch von „danke" *(merci)* und „bitte" *(s'il vous plaît* in der Siez- und *s'il te plaît* in der Duz-Form) gehört zu den Selbstverständlichkeiten des guten Tons.

Gern schaltet man von den Schnelllebigkeiten des Alltags ab, trifft sich im Café oder in der Brasserie auf einen Espresso oder Wein. Auch die Gabe, sich lange zum Tafeln niederzusetzen und in der ausgedehnten Speisefolge zwischen Aperitif und Käse nicht zu knausern, versinnbildlicht das **Savoir-vivre.** Ob ein Zusammenhang besteht zwischen diesem typisch französischen Lebensstil und der außerordentlich hohen Lebenserwartung, kann allerdings nur

Einen Großteil der Franzosen zieht es im Hauptferienmonat August an die Küste

059sf ad

vermutet werden. Wie dem auch sei: Frankreichs Männer werden durchschnittlich über 78 und Frauen gar 85 Jahre alt – europäische Spitzenwerte! Kinder schließt man ins Herz, der Nachwuchs ist gern gesehen und trifft vielerorts vorzügliche Spielplätze an.

Kaum einem Reisenden dürfte entgehen, dass Franzosen mit Talent und Geschmack ihr besonderes Faible für die **Ausgestaltung ihrer Orte** pflegen: mit reichlich Blumentöpfen und bunten Blütengehängen an Fassaden, Plätzen und Brückengeländern. In ausgiebiger Dekorationsfreude kleidet man Garageneinfahrten und ganze Häuserfassaden in einen grünen Mantel, pflegt Türklopfer alten Stils und setzt ein Plätzchen oder eine Gasse mit verschnörkelten Laternchen ins rechte Licht.

Kunst und Architektur

Für Kunst- und Kulturschübe hat seit jeher der zum Weltkulturerbe ernannte Jakobsweg gesorgt, an dessen verschiedenen Achsen sich bedeutende **Abteien und Kirchen** wie an einer Perlenschnur aufreihen. Als einer der Höhepunkte der romanischen Kirchenbaukunst sticht die Kirche des Hôpital Saint Blaise hervor. Auf dem von Soulac-sur-Mer nach Hendaye verlaufenden Küstenweg nahm das von seiner gotischen Kathedrale überragte Bayonne die Jakobspilger auf, während Bordeaux als bedeutende Station auf der Inlandsachse „Via Turonensis" lag. In Aquitaniens größter Stadt trieben die Kirchenfürsten einst monumentale Bauten voran: zwischen dem 11. und 15. Jh. die Kathedrale Saint André, im 14. und 15. Jh. die Basilique Saint Michel, im 18. Jh. den Erzbischofspalast Palais Rohan.

Andernorts legen gigantische **Festungsanlagen** Zeugnis von kriegerischen Zeiten ab – aber auch von einer einzigartigen architektonischen Blüte! Allen voran jener von Baumeister *Sébastien le Prestre de Vauban* (1633–1707), dessen Aufstieg 1678 mit der Ernennung zum Generalinspekteur des Festungswesens begann. Auf Vauban gehen ausge-

Traditionen der Basken – Kraftsport, Pelota und eingängige Rhythmen

Die spinnen, die Basken – mag man meinen, wenn man als Zaungast archaische Landsportwettbewerbe dieser Kraftmenschen erlebt. Zu den befremdlichen Disziplinen gehören Steinestemmen und Baumstammzerlegen, Tauziehen und Milchkannenlaufen. Warum solch wunderliche Dinge, die man gern mit den Worten „force basque" („baskische Kraft") bündelt und als große Veranstaltung ankündigt? Weil die Basken Naturmenschen und traditionsgemäß in bäuerlichem Umfeld aufgewachsen sind. Klar, dass man sich dereinst im Anschluss an vollbrachtes Tageswerk nach Freizeitgestaltung sehnte. Waren die Bäume gerodet, die Felder bestellt und die Tiere im Stall, kamen Fragen nach Freizeitspaß und Zeitvertreib auf. Wer konnte am besten mit Milchkannen sprinten, wer die dicksten Steine heben, wer am schnellsten sensen? So wurden sportliche Wettstreits geboren, die bis heute ihr neugieriges Publikum finden. Im Sommer fechten die baskischen Provinzen sogar ihr **Force-basque-Championnat** aus ...

Die sonderbare Spezies der **Steinestemmer** (bask. *harrijasotzailes*, franz. *leveurs des pierres*) gehört nicht gerade zu den Federgewichten. Wer sechs Zentner und mehr auf die Schultern wuchten will, muss selbst gut im Futter stehen und ähnelt mit seinen Fleisch- und Muskellandschaften einem Verschnitt aus Mister Universum und Sumo-Ringer.

Filigraner als die *harrijasotzailes* kommen die **Baumstammzerleger** (bask. *aizkolaris*, franz. *coupeurs des troncs*) daher, die meterlange Stämme zu Kleinholz zertrümmern. Millimetergenau hämmern sie die messerscharfen Klingen zwischen ihren Füßen ins vorab gerindete Holz und stehen dabei auf Trittbrettern, die in den Stamm eingelassen sind – ein kurioser Anblick, denn sie arbeiten sich Schlag für Schlag und Span für Span von oben nach unten. Was bedeutet, dass sie ein paar Meter über dem Boden in schwindelnden Höhen beginnen, während die Fußstützen bedrohlich vibrieren. Holzfällerakrobatik *à la basque* ...

Zur schweißtreibenden Force-basque-Show zählen ferner der Wettkampf der **Milchkannenläufer** (bask. *txinga*, franz. *course de bidon de lait*) mit ihren bleischweren Gewichten an Händen sowie das **Tauziehen** (bask. *sokatira*, franz. *tir à la corde*) zwischen zwei Teams.

Schmuggel im spanisch-französischen Grenzgebiet und Flucht vor den Zöllnern sind die Ursprünge des kuriosen **„Schmuggler-Crosslaufs"** *(cross des contrebandiers)* am dritten Sonntag im August im Pyrenäendorf Sare. Heute schicken die Dörfer der Grenzregion ihre besten Läufer an den Start – jeder ausstaffiert mit einem acht Kilogramm schweren „Schmugglersack"! Dem entgegen steht die Softie-Variante des weniger ernst gemeinten *lancer de bérets*, **Weitwurf der Baskenmütze** ...

Haudraufdisziplin par excellence ist der baskische Nationalsport Pelota (franz. *pelote*), ein **Schlagballspiel,** das in mehreren Variationen mit Gummi- oder Lederbällen praktiziert wird: mit einem Handschuh samt bananenförmiger Fang- und Wurfröhre aus Weidengeflecht und Leder *(chistera)*, diversen knochenschweren Holzrackets *(pala, pala corta, paleta)* oder gar mit der blanken Hand *(main nue)*. Pelota ist eine (Sport-)Wissenschaft für sich, das Fachvokabular gewöhnungsbedürftig und an dieser Stelle längst nicht zu Ende! Die bis zu 900 Gramm

060sf ad

schwere Handschuh-Röhren-Kombi z.B. kann groß oder klein sein *(petit chistera* bzw. *grand chistera)* und wird bei unterschiedlichen Spielarten wie *cesta punta, chistera, joko garbi* und *rebot* eingesetzt.

Fast jedes Dorf verfügt über ein eigenes Spielfeld, den **Fronton.** Die Spezialisten unterscheiden diverse Stätten, die den unterschiedlichen **Spieldisziplinen** dienen: die einfache Open-air-Mauer auf dem freien Platz *(place libre;* hier u.a.: *pala, main nue),* das überdachte Feld mit Einbezug aller vier Wände *(trinquet;* hier u.a. *main nue, paleta),* den kleineren überdachten oder unüberdachten Drei-Wand-Fronton *(mur à gauche;* hier u.a. *pala, joko garbi, main nue)* sowie den größeren überdachten Drei-Wand-Fronton *(jaï alaï;* hier u.a. *cesta punta* und *main nue).* Alles klar? Falls nicht: einfach ansehen und auf den Seitentribünen mitjubeln! Oder mitleiden. Kein Match *main nue* geht schmerzfrei ab, die Bälle wiegen knapp hundert Gramm. Pflaster mögen da allenfalls das Gröbste lindern! Hier glühen die Handflächen rot, nach Jahren gnadenloser Matches haben sich bei Pelota-Profis – auch die gibt es, und zwar gut bezahlt – längst die Finger gekrümmt! In manchen Spielanlagen ist der Boden ein wenig gefedert bzw. mit Holz ausgelegt, ansonsten hat man es mit einer knallharten Betonspielwiese zu tun.

Das **Pelota-Spielprinzip** ist denkbar einfach und dem des **Squash vergleichbar.** Man neh-

Der baskische Traditionssport Pelota wird je nach Disziplin in großen Hallen gespielt

me einen Ball und schleudere ihn zwischen die markierten Linien der Stirnwand. Nun ist der Gegner gefordert und befördert ihn nach maximal einer Bodenberührung auf die gleiche Fläche zurück, wobei er sämtliche Wände mit einbeziehen kann – ein kräftezehrendes Hin und Her bis zum Punktgewinn. Im Gegensatz zu Squash spielt man Pelota auch im Doppel. Manch einer spricht vom baskischen Nationalsport als dem **schnellsten Ballspiel der Welt.** Mit der *chistera* erreichen die Bälle die höchsten Geschwindigkeiten von bis zu über 300 km/h, die Spieler tragen daher Helme.

Auf der Suche nach den **Wurzeln des Pelota-Spiels** spannt sich der Bogen der Geschichte weit zurück. Zu Zeiten der Römer nannte man den Sport *pila,* im alten Frankreich *jeu de paume.* Schon der römische Dichter *Vergil* und Frankreichs König *Heinrich IV.* sollen exzellente Spieler gewesen sein. In früheren Zeiten bekriegte man sich mit Bällchen aus Leder und Wolle, meist unter freiem Himmel und mit der bloßen oder handschuhbedeckten Hand. Später wurden Gummibälle eingeführt, die Weiterentwicklung brachte Mitte des 19. Jh. die *grand chistera* ans Licht. Pelota ist bei mehreren Olympiaden Demonstrationssportart gewesen. Überdies ermittelt man regelmäßig seine Weltmeister, die nicht selten aus Nord-, Mittel- und Südamerika kommen. Im Zuge baskischer Emigration hat sich das Spiel dorthin ausgedehnt – von den USA über Mexiko bis Argentinien.

Pelota-Spieler gehören durchweg zur Kategorie der grobmotorischen Dauerknüppler. Mit sanften Stoppbällchen gewinnt man hier die wenigsten Punkte, allenfalls beim *main nue.* So steht die raue Disziplin – ähnlich wie der Landsport – gleichsam als **Sinnbild für ein grobes baskisches Wesen.** Doch dahinter verbirgt sich nicht selten ein weicher Kern, den wiederum Tänze und samtig-weiche Gesänge symbolisieren mögen. So wie der grazile Begrüßungs- und Ehrentanz *(aurresku)* und der Auftritt eines Verseschmieds *(bertsulari).* **Verseschmiede** sind seit Urzeiten bekannt und tragen in sanften, eingängigen Tönen improvisierte Sprechgesänge vor, die zwischen Schalk und Sozialkritik pendeln. Dabei folgen sie strengen Reim- und Metrikregeln und haben bei der mündlich tradierten Überlieferung der baskischen Sprache eine ganz besondere Rolle gespielt.

Der Gebrauch der **Sprache** (siehe Exkurs „Euskera – baskische Sprache im Baskenland"), ist ebenso als Ausdruck baskischer Eigenständigkeit zu verstehen wie das Hissen der **eigenen Fahne,** der *ikurriña.* Auf rotem Hintergrund, Symbol für das Volk, sieht man ein grünes und ein weißes Kreuz, die als Sinnbilder für Gesetz und christlichen Glauben stehen.

Auf **musikalischem Gebiet** heben sich die baskischen Traditionen ebenfalls bewusst von anderen ab. Mit dem *txistu* zaubert man hohe Flötenklänge hervor, mit seiner *trikitixa* gibt der Akkordeonspieler den rhythmischen Ton an.

klügelte Zitadellen wie Blaye zurück. Vielfältige **Burgen und Schlösser** runden die architektonischen Bilder vergangener Zeiten ab – ob das im 14. Jh. begonnene Château von Pau oder eine kleinere Anlage wie das von *Eugène Viollet-le-Duc* um 1860 konzipierte Château d'Antoine d'Abbadie bei Hendaye. Ebenfalls auf die zweite Hälfte des 19. Jh. geht die Wallfahrtsbasilika in Lourdes zurück. Zu den Zeugnissen der **moderner Architektur** zählt die Cité de l'Océan in Biarritz, ein interaktiv aufgezogenes Museum.

Mit Bordeaux sind einheimische Maler wie **Odilon Redon** (1840–1916) und

Albert Marquet (1875–1947) verknüpft. Vier Jahre vor seinem Tod kehrte der spanische Maler, Lithograf und Radierer **Francisco José de Goya** (1746–1828) seiner spanischen Heimat den Rücken und fand im Zentrum von Bordeaux eine neue Bleibe: am Cours de l'Intendance Nummer 57. Zeitgenossen, die sich, wie König *Fernando VII.* in seinem Spanien, grenzenlose Autorität anmaßten, widerten ihn an. Konsequent distanzierte er sich von den Auswüchsen des Absolutismus, innerlich und geografisch. Das bekannteste Werk aus seiner französischen Epoche schuf er ein Jahr vor seinem Tod: das impressionstisch anmutende „Milchmädchen von Bordeaux", *La Laitière.* 1919 wurden *Goyas* sterbliche Reste nach Spanien überführt.

Mit dem bei Langon gelegenen Château de Malromé ist der Maler und Grafiker **Henri de Toulouse-Lautrec** verbunden, der auf dem Schloss im Jahre 1901 sein junges Leben aushauchte. *Toulouse-Lautrec,* einem alten Adelsgeschlecht entstammend und früh zum Krüppel geworden, wurde nicht einmal 37 Jahre alt.

In Bayonne machte später der Maler und Kunstsammler **Léon Bonnat** (1833–1922) von sich reden, auf den sich die bedeutende Sammlung des Musée Bonnat gründet.

Gebürtig aus Mont-de-Marsan war der Bildhauer **Charles Despiau** (1874–1946), der jahrelang mit *Auguste Rodin* zusammenarbeitete; ein Teil seiner Werke ist in seiner Heimatstadt im Musée

Die Kathedrale von Bayonne

061sf ad

062sf ad

Despiau-Wlérick zu sehen. In der Tradition der Impressionisten sah sich **Georgette Dupouy** (1902–92), der heute ein Kunstzentrum in der Thermalstadt Dax gewidmet ist. Aus Dax stammte auch der Maler **Léon Gischia** (1903–91), dessen Werke in der örtlichen Chapelle des Carmes gezeigt werden.

Literatur

Zu den frühen literarischen Aushängeschildern des französischen Südwestens zählen der aus Burdigala (Bordeaux) gebürtige römische Dichter **Decimus Magnus Ausonius** (310– 95) sowie der aus der Dordogne stammende Schriftsteller und Philosoph **Michel de Montaigne** (1533–92), der sogar einige Jahre lang das Bürgermeisteramt von Bordeaux bekleidete. Darüber hinaus kam im Mittelalter die **Troubadourdichtung** auf, zu deren wichtigsten Vertretern der aquitanische Herzog *Wilhelm IX.* (1071–1127) gehörte.

Auf dem südlich von Bordeaux gelegenen Château de La Brède kam 1689 **Charles de Montesquieu** zur Welt (gest. 1755), der sich im Laufe des 18. Jh. einen Namen als Schriftsteller, Aufklärer und Staatstheoretiker machte. Auch einem guten Tropfen seiner Heimat schien er nicht abgeneigt zu sein und schrieb: „Die Luft, die Trauben und der Wein von den Ufern der Garonne sind ein ausgezeichnetes Gegenmittel gegen Melancholie."

Untrennbar mit Cambo-les-Bains verbunden ist der französische Dramatiker **Edmond Rostand** (1868–1918; „Cyrano de Bergerac"), der lange Jahre in der heute besuchbaren und von herrlichen Gärten umgebenen Villa Arnaga lebte und arbeitete. Hendaye ist als Sterbeort des aus Rochefort gebürtigen Romanciers und Marineoffiziers **Pierre Loti** (eigentlich *Julien Viaud,* 1850–1923; „Roman eines Kindes", „Islandfischer", „Madame Chrysanthème") verzeichnet, während der aus Pau stammende Erzähler und Lyriker **Paul-Jean Toulet** (1867–1920) in Guéthary verstarb. In Ciboure stößt man auf die letzte Ruhestätte des Schriftstellers **Pierre Benoit** (1886–1962; „Das Fräulein von La Ferté", „Der Jakobsbrunnen"), dem in Saint Paul-les-Dax ein eigenes kleines Museum gewidmet ist.

In der moderneren literarischen Reihe stehen gleich mehrere aus Bordeaux stammende „große Tiere" des französischen Kulturbetriebs: der Dramatiker **Jean Anouilh** (1910–87; „Becket oder die Ehre Gottes", „Seltsame Vögel"), der Lyriker, Drehbuchautor und Romancier **Jean Cayrol** (1911–2005; „Die Fremdkörper", „Die kalte Sonne") sowie **François Mauriac** (1885–1970). Mauriac verfasste Romane wie „Natterngezücht" und „Der Aussätzige und die Heilige" und erhielt 1952 den Literatur-Nobelpreis; sein Sohn **Claude Mauriac** (1914–96) trat als Journalist, Romancier und Kritiker hervor.

< Das Schloss von Pau zählt zu den trutzigsten Anlagen in Frankreichs Südwesten

Stimmen der Begeisterung

Immer wieder hat Reisende und Literaten gerade Frankreichs Südwesten in ihren Bann gezogen. Im Deutsch jener Ära zeichnete der deutsche Philosoph **Wilhelm Freiherr von Humboldt** (1767–1835) im Jahre 1801 sein poetisches Bild von Biarritz: „Was man von einer schönen Meeresansicht erwarten kann, findet sich hier vereint, mahlerische Gestalten eines felsigen Ufers in der Nähe und ein unbeschränkter Blick auf die ungeheure Fläche.“ Später schwärmte der Franzose **Henri Beyle Stendhal** (1783–1842) in Bordeaux vom „Schauspiel der Hafentätigkeit und all den vielen Schiffen, die jeden Tag aus allen Teilen der Welt einlaufen“. Sein Landsmann und Zeitgenosse **Victor Hugo** (1802–85) lobte sowohl Bayonne („Die Stadt könnte nicht anmutiger gelegen sein“) als auch

063sf ad

Dörfliches Steinhaus im Blütenmeer – dafür haben die Franzosen etwas übrig

Biarritz („Ich wüsste keinen Ort, der reizvoller und herrlicher wäre") und schwärmte auch von Bordeaux in höchsten Tönen: „Das moderne Bordeaux strahlt Größe aus wie Versailles, das alte Bordeaux atmet Geschichte wie Antwerpen." Selbst Vergleiche mit Paris brauchte die Stadt nicht zu scheuen, folgt man den 1870 entstandenen Notizen von **Émile Zola** (1840–1902): „Hier im Café de Bordeaux und auf den Bürgersteigen am Theater geht es zu wie auf dem Boulevard des Italiens in Paris."

Mit einer speziellen weingespeisten Bordeaux-Begeisterung hielt der US-Amerikaner **Henry James** (1843–1916) nicht hinterm Berg: „Als Umschlagplatz des besten Weines der Welt ist es wahrhaftig eine heilige Stadt – geweiht dem Kult des Bacchus in diskretester Form." Den begnadeten deutschen Schriftsteller **Kurt Tucholsky** (1890–1935) ließen die Bergblicke nicht los: „Von der Terrasse der Place Royale in Pau über die Ebene zu sehen – auf die Gebirgskette der Pyrenäen: das ist wie eine Symphonie in A-Dur." **Wolfgang Koeppen** (1906–96) wiederum hatten es „schöne Straßen und charmante Plätze" in Bordeaux angetan.

10 Anhang

Häuserfassade
mit trocknenden Paprika in Espelette

Literaturtipps

Essen und Trinken

■ **À table. Die wunderbaren Rezepte meiner französischen Familie,** von *Murielle Rousseau,* Gerstenberg-Verlag, Hildesheim, neueste Auflage 2012. Ein kunstvoll gestaltetes Kochbuch und gleichzeitig eine Liebeserklärung an die französische Lebensart.

■ **Schlemmerlexikon für Gourmets, Wörterbuch Französisch – Deutsch,** von *Peter W. L. Weber,* Reise Know-How Verlag, Bielefeld. Der Untertitel ist Programm und wertvolle Hilfe bei der Verständigung und Bestellung: Endlich essen können wie Gott in Frankreich!

■ **Meine fabelhafte Bistro-Küche: Klassische und neue Rezepte mit O là là,** von *Anne-Katrin Weber,* Gräfe und Unzer, München, 2014. So holen Sie sich das kulinarische Frankreich-Feeling nach Hause.

Frankreich allgemein

■ **Alltag in Frankreich: Auswandern, leben und arbeiten,** von *Andrea Kother,* Conbook Verlag, Meerbusch, 2011. Ein aufschlussreicher Leitfaden.

■ **Frankreich, ein Länderporträt,** von *Günter Liehr,* Ch. Links Verlag, Kultur, 2. Auflage 2013. Der Autor leuchtet Klischees und Alltag, Mentalität und deutsch-französische Unterschiede aus.

■ **KulturSchock Frankreich,** von *Gabriele Kalmbach,* Reise Know-How-Verlag, Bielefeld. Alltagskultur, Traditionen, Verhaltensregeln und Savoir vivre aus der beliebten „KulturSchock"-Reihe.

■ **Lust auf Frankreich: Leben, Arbeit, Urlaub, Freizeit. Der große Frankreichratgeber,** von *Michael Kuss-Setz,* Interconnections Verlag, Freiburg, Neuauflage 2011. „La France" in unterschiedlichsten Facetten.

Geschichte und Gesellschaft

■ **Die Basken: Ein historisches Porträt,** von *Carlos Collado Seidel,* Verlag C. H. Beck, München, 2010. Ein historisches Porträt, das Fragen des Wie und Woher der kulturellen Eigenständigkeit der Basken nachgeht.

■ **Eleonore von Aquitanien: Königin des Mittelalters,** von *Ralph V. Turner,* Verlag C. H. Beck, München, 2012. Gut recherchiertes Standardwerk zur 1204 gestorbenen *Eleonore von Aquitanien.*

Belletristik

■ **Bordeaux, mon amour: Eine Liebe zwischen Résistance und Wehrmacht,** von *Erich Schaake,* CreateSpace Independent Publishing Platform, 2014. Im Zweiten Weltkrieg kommt ein deutscher Feldwebel nach Bordeaux, verliebt sich und stellt Gefühle und Verantwortung über sinnlose Befehle.

■ **Commissaire Carlucci: Der Austernzüchter von Arcachon,** von *Monsieur Rainer,* Books on Demand, Norderstedt, 2009. Ein neuer Fall für Carlucci: Der Präsident des Verbands der Austernzüchter ist ermordet worden. Was steckt dahinter?

■ **Die Dichterin von Aquitanien,** von *Tereza Vanek,* Kindle Edition, 2013. Voluminöser historischer Roman um Intrigen und Liebe am Hof der *Eleonore von Aquitanien.*

■ **Die dunklen Wasser von Arcachon,** von *David Tanner,* Bastei Lübbe, Köln, 2013. Kriminalroman, der mit einem ungewöhnlichen Todesfall beginnt: Vor der Atlantikküste am Cap Ferret treibt die Leiche des französischen Finanzministers. Ein Journalist begibt sich auf Recherche.

■ **Französische Dichter und ihre Häuser,** von *Ralf Nestmeyer,* Insel-Verlag, Frankfurt am Main und Leipzig, 2005. Ein empfehlenswertes Taschenbuch, das Persönlichkeiten aus dem französischen Literaturbetrieb in Form von kleinen Lebens- und Werkporträts vorstellt. In dieser Reihe stehen unter anderem *Jules Verne, Pierre Loti, Victor Hugo, Honoré de Balzac* und *Jean Cocteau*. Das mit einigen Farbfotos aufgelockerte Buch kommt anspruchsvoll und zugleich verständlich daher.

- **Grand Cru,** von *Martin Walker*, Diogenes, Zürich, Neuauflage, 2012. Der gebürtige Schotte Walker entdeckt in seinen Romanen die Dordogne, sprich: das Périgord, für die Krimiwelt. Hier nun wird in einem Weinfass kein Wein, sondern eine Leiche entdeckt. Ein Fall für Bruno, Chef de Police.
- **Hölderlin. Eine Winterreise,** von *Thomas Knubben*, Klöpfer & Meyer Verlag, Tübingen, 2012. Der Autor, Professor für Kulturwissenschaft, begibt sich auf die Spurensuche des Friedrich Hölderlin und seiner Reise, die er im Jahre 1801 in Richtung Bordeaux begann. Großformat-Ausgabe.
- **Literarischer Führer Frankreich,** *Hans Georg Bauner*, Insel-Verlag, Frankfurt/Main und Leipzig, 2002 – eine wahre Fundgrube an literarischen Informationen, mag sie mittlerweile über ein Jahrzehnt alt sein. Quer durch die Republik öffnet sich eine aufschlussreiche, regional gegliederte Spurensuche. Was schrieben einst *Kurt Tucholsky* über Biarritz und *Victor Hugo* über Bayonne, was beeindruckte Stendhal an Pau, welche Dichter und Dramatiker stammten aus Bordeaux?
- **Die Löwin von Aquitanien,** *Tanja Kinkel*, Goldmann, München, Neuauflage 2015 – historischer Roman über *Eleonore von Aquitanien*, flüssig und ansprechend geschrieben.
- **Ein Pyrenäenbuch,** *Kurt Tucholsky*, Rowohlt Verlag, Reinbek – Eindrücke und Empfindungen von Tucholskys legendärer Pyrenäenreise, erstmals erschienen 1927.
- **Tod in Bordeaux,** von *Paul Grote*, Deutscher Taschenbuch Verlag, München, Neuauflage 2014. Der Tod eines Winzers ist für seinen Freund rätselhaft. Er behauptet: Das war kein Unfall! Der Autor unterfüttert die Handlung mit guter Weinkenntnis.

Reise

- **Abenteuer Jakobswege in Frankreich,** von *Andreas Drouve* (Text) sowie *Martin Schulte-Kellinghaus* und *Erich Spiegelhalter* (Fotos), Stürtz-Verlag, Würzburg. Bildband, der die verschiedenen Jakobswegstrecken durch Frankreich vorstellt. Eingestreute Specials haben Themen wie „Legenden und Wunder", „Heilige", „Pilgern im Mittelalter", „Die Jakobsmuschel" und „Pilgern heute".
- **Pilgerwege Lourdes,** von *Irmgard Jehle*, Heinrichs-Verlag, Neuausgabe, Bamberg, 2012. Einführung in einen der weltweit bekanntesten Marienwallfahrtsorte. Aufmachung und Stil allerdings etwas altbacken.
- **Pyrenäen-Handbuch,** von *Michael Schuh*, Reise Know-How, Bielefeld. Ideal für alle diejenigen, die diesseits und jenseits der französisch-spanischen Grenze in die Pyrenäen eintauchen wollen.

Sprache

- Aus der **„Kauderwelsch"-Reihe** des Reise Know-How Verlags bieten sich folgende Titel an: Französisch – Wort für Wort, Französisch Slang, Baskisch – Wort für Wort sowie Französisch kulinarisch. Zu den Bänden gibt es begleitendes Tonmaterial als AusspracheTrainer auf Audio-CD. Ebenfalls erhältlich ist das komplette Buch Französisch – Wort für Wort als CD-ROM: Französisch digital.

Filmtipp

- **Lourdes,** von *Jessica Hausner*. Spielfilm um eine junge Frau, gespielt von der dafür preisgekrönten *Sylvie Testud*, bei der auf der Wallfahrt nach Lourdes plötzlich eine wundersame Heilung eintritt.

Kleine Sprachhilfe

Französisch – Deutsch

Dieses Glossar soll das Lesen und Verstehen der wichtigsten französischen Begriffe erleichtern, denen man unterwegs begegnet.

Begriffe aus Geografie, Kunst und Kultur

abbaye	Abtei
avenue	Allee
baie	Bucht
barrage	Staudamm
bassin	Becken
bastide	alter bewehrter Ort
boulevard	breite Straße
bourg	Marktflecken
cap	Kap
carrefour	(Straßen-)Kreuzung
cascade	Wasserfall
cathédrale	Kathedrale
chais	Weinlager/-kellerei
chapelle	Kapelle
château	Schloss, Burg, Weingut
chemin	Weg
chemin de Saint Jacques	Jakobsweg
citadelle	Zitadelle
clocher	Kirch-/Glockenturm
cloître	Kreuzgang
côte	Küste
cours	Promenade
couvent	Kloster
donjon	Wehr-/Festungsturm
dune	Düne
école	Schule
église	Kirche
ermitage	Einsiedelei
esplanade	(großer) Vorplatz
étang	Teich, See
ferme	Bauernhof
fontaine	Springbrunnen
forêt	Wald
fort	Fort
forteresse	Festung
fronton	Spielanlage für Pelota
golfe	Golf (geogr.)
gorge	Schlucht
grotte	Höhle
halles	Markthallen
hôtel de ville	Rathaus
île	Insel
impasse	Sackgasse
jardin	Garten
jardin public	öffentliche Parkanlage
jetée	Hafendamm, Mole
lac	See
lande	Heideland
mairie	Rathaus
maison	Haus
marais	Moor
marché	Markt
mer	Meer
monastère	Kloster
montagne	Berg, Gebirge
moulin	Mühle
musée	Museum
parc	Park
parc national	Nationalpark
parvis	Vorplatz (vor Kirchen)
passage	Durchgang
phare	Leuchtturm
place	Platz
plage	Strand
pointe	Landspitze
pont	Brücke
port	Hafen
port de plaisance	Sporthafen

port de pêche	Fischerhafen
porte	Tor, Stadttor
quai	Kai, Bahnsteig
quartier	Stadtviertel
remparts	Stadtmauern
rivière	Fluss
rocher	Fels
rond-point	Kreisverkehr
route	Landstraße
rue	Straße
ruelle	Gässchen
ruines	Ruinen
sentier	Pfad
tour	Turm
trinquet	Pelota-Spielfeld
vallée	Tal
vignobles	Weingärten/-berge
village	Dorf
ville	Stadt
voie	Weg, Straße

Kleines Festvokabular

bal	Tanzball
cirque	Zirkus
compétition	Wettbewerb
concert	Konzert
concours	Wettbewerb
corrida	Stierkampf
corso fleuri	Blumenkorso
course de taureaux	Stierkampf
danse	Tanz
défilé	Parade
dégustation	Verkostung
festival	Festival
fête	Fest
feu d'artifice	Feuerwerk
foire	Messe, Jahrmarkt
force basque	baskischer Kraftsport
guignol	Marionettentheater
kermesse	Kirmes
marché	Markt
marché aux puces	Flohmarkt
marché de Noël	Weihnachtsmarkt
marché de nuit	Nachtmarkt
musique	Musik
pèlerinage	Wallfahrt
pelote basque	baskisches Pelotaspiel
procession	Prozession
récital	Liedervortrag
soirée	Abendveranstaltung
spectacle	Schau, Schauspiel
théâtre	Theater
tournoi	Turnier

Essen und Trinken

abricots	Aprikosen
agneau	Lamm
ail	Knoblauch
amandes	Mandeln
anchois	Sardellen
anguille	Aal
à point	durchgebraten
Appellation d'Origine Contrôlée	geschützte Herkunftsbezeichnung bei Wein und Käse
artichaut	Artischocke
asperge	Spargel
aubergine	Aubergine
axoa	Kalbsfleisch mit grünem Pfeffer (baskisch)
baguette	Stangenweißbrot
bar	Barsch
béchamel	weiße Sahnesauce
beignet	Krapfen
beurre	Butter
bière	Bier
bière blonde	helles Bier
bière noire	dunkles Bier
boudin	Blutwurst
bouillabaisse	Fischsuppe
bouteille	Flasche
brochette	Spießchen

brut herb, trocken
café au lait Milchkaffee
café décaféiné koffeinfreier Kaffee
café noir schwarzer Kaffee
cagouilles grillées gegrillte Schnecken
calvados Apfelschnaps
canard Ente
carafe Karaffe
carottes Möhren
cassis schw. Johannisbeeren, Johannisbeerlikör
cèpes Steinpilze
cerises Kirschen
charcuterie Wurstaufschnitt, Metzgerei (Wurstwaren)
chèvre Ziege
chevreuil Reh
chipirons Tintenfische
chocolat Schokolade
chorizo Dauerwurst mit Paprika und Knoblauch
cidre Apfelwein
citron Zitrone
coings Quitten
concombre Gurke
confit de canard eingekochte Ententeile
coquill(ag)es Saint Jacques Jakobsmuscheln
cornichons Gewürzgurken
côte Kotelett, Rippenstück
courgette Zucchini
couvert Gedeck
crabes Krabben
crème Sahne
crêpe dünner Pfannkuchen
crevettes Garnelen
cru roh
crudités Rohkost
crustacés Krustentiere
déjeuner Mittagessen
demi-sec halbtrocken
digestif Schnaps, Digestif
dinde Pute
dîner Abendessen
dorade Goldbrasse
eau de vie Branntwein
eau minérale Mineralwasser (still)
eau minérale gazeuse Mineralwasser mit Kohlensäure
épinards Spinat
escalope Schnitzel
escargots (Weinberg-)Schnecken
fermeture hebdomadaire wöchentlicher Ruhetag
figues Feigen
foie gras Stopfleber
fraises Erdbeeren
framboises Himbeeren
fromage Käse
fromage de brebis Schafkäse
fromage de chèvre Ziegenkäse
fromage frais Speisequark
fruits Obst
fruits de mer Meeresfrüchte
fumé geräuchert
galettes herzhafte Pfannkuchen, Salzgebäck
gâteau Kuchen
gâteau basque bask. Mandelkuchen
gaufres Waffeln
glace Eis
grenouille Frosch
grillade Grillgericht
groseilles Johannisbeeren
haricots verts grüne Bohnen
herbes Kräuter
homard Hummer
huile Öl
huile d'olive Olivenöl
huîtres Austern
jambon cuit gekochter Schinken
jambon de Bayonne luftgetrockneter Bayonne-Schinken
jambon fumé geräucherter Schinken
jarret Haxe
jus Saft

jus d'orange	Orangensaft
lait	Milch
lait demi-écremé	halbfette Milch
lait entier	Vollmilch
langue de boeuf	Ochsenzunge
lapin	Kaninchen
légumes	Gemüse
lentilles	Linsen
lièvre	Hase
loup de mer	Seewolf
macédonie de fruits	Obstsalat
maïs	Mais
maquereau	Makrele
marmelade	Marmelade (aus Zitrusfrüchten), Kompott
marmitako	Thunfischragout (bask.)
marron	Esskastanie
matière grasse	Fettgehalt, Fettstufe
melon	Melone
menu d'enfant	Kindermenü
menu du jour	Tagesmenü
merlu	Seehecht
miel	Honig
morilles	Morcheln
moules	Miesmuscheln
moutarde	Senf
mouton	Hammel, Schaf
myrtilles	Heidelbeeren
noisettes	Haselnüsse
noix	Walnuss
oeuf	Ei
oie	Gans
oignons	Zwiebeln
orange	Orange
pain	Brot
palourdes	Venusmuscheln
pastis	Anislikör, Anisgebäck
pâté	Pastete
pêche	Pfirsich
petit déjeuner	Frühstück
petits pois	Erbsen
pièce	Stück
piments	Paprikaschoten
pineau des Charentes	Aperitif aus Traubenmost und Cognac
piperade basquaise	baskisches Gemüseomelette
plat	Gericht, Teller
plat d'enfant	Kinderteller
plat du jour	Tagesgericht
plateau de fromage	Käseplatte
poire	Birne
poireau	Lauch
poisson	Fisch
poivre	Pfeffer
pomme	Apfel
pomme de terre	Kartoffel
porc	Schwein
porrusalda	Kartoffel-Lauch-Suppe (bask.)
poulet	Brathähnchen
prune	Pflaume
raisin	Weintraube
riz	Reis
rondelle	Scheibe (z.B. Wurst)
rôti	gebraten
salade	Salat
sardines	Sardinen
saucisses	(Grill-)Würstchen
saucisson	Wurst
saumon	Lachs
sel	Salz
service non compris	Bedienung nicht inbegriffen (im Restaurant)
sirop	Fruchtsirup
sole	Seezunge
soupe	Suppe
steak haché	Hackfleischsteak,
sucre	Zucker
suggestion du chef	Empfehlung des Kochs
tarte	Torte
thé	Tee
thon	Thunfisch
tomate	Tomate

tranche	Scheibe (z.B. Fleisch)
truffes	Trüffel
truite	Forelle
veau	Kalbfleisch
verveine	Eisenkraut (Kräutertee)
viande	Fleisch
vinaigre	Essig
vin blanc	Weißwein
vin de pays	Landwein
vin de table	Tafelwein
vin fin	Spitzenwein
vin mousseux	Schaumwein
vin rouge	Rotwein
yaourt	Joghurt

Deutsch – Französisch

Diese kleine Sprachhilfe macht mit wichtigen französischen Grundbegriffen bekannt und hilft im touristischen Alltag, ob im Hotel oder beim Einkaufen, im Restaurant oder auf der Suche nach Sportmöglichkeiten. Außerdem soll der kleine Sprachführer die Kontaktaufnahme zu Einheimischen erleichtern. Vielleicht animiert er den einen oder anderen ein wenig zum intensiveren Französischlernen.

Allgemeine Verständigung und Orientierung

guten Tag	bonjour
guten Abend	bonsoir
hallo	salut
auf Wiedersehen	au revoir
ja	oui
nein	non
bitte	s'il vous plaît (Sie), s'il te plaît (Du)
danke	merci
vielen Dank	merci beaucoup
Entschuldigung	pardon
Entschuldigen Sie bitte	Excusez-moi
Sprechen Sie Deutsch/ Englisch?	Parlez-vous allemand/ anglais?
Ich verstehe nicht.	Je ne comprends pas.
Ich spreche kein Französisch.	Je ne parle pas français.
Ich heiße ...	Je m'appelle ...
Ich komme aus Deutschland.	Je suis d'Allemagne.
Wie geht es Ihnen?	Comment allez-vous?
danke, gut	bien, merci
wer?	qui?
was?	que?, quoi?
wann?	quand?
wo?	où?
wie viel?	combien?
wie lange?	combien de temps?
Wie viele Kilometer sind es bis ...?	Combien de kilomètres y a-t-il ...?
Wo ist ...?	Où est ...?
Ich suche ...	Je cherche ...
weit	loin
nah	proche
rechts	à droite
links	à gauche
geradeaus	tout droit
Norden	nord
Süden	sud
Osten	est
Westen	ouest

Zahlen

eins	un
zwei	deux
drei	trois
vier	quatre
fünf	cinq
sechs	six
sieben	sept

acht	huit
neun	neuf
zehn	dix
zwanzig	vingt
hundert	cent
tausend	mille

Jahreszeiten und Monate

Monat	mois
Frühjahr	printemps
Sommer	été
Herbst	automne
Winter	hiver
Januar	janvier
Februar	février
März	mars
April	avril
Mai	mai
Juni	juin
Juli	juillet
August	août
September	septembre
Oktober	octobre
November	novembre
Dezember	décembre

Tage und Tageszeit

Tag	jour, journée
Feiertag	jour férié
Montag	lundi
Dienstag	mardi
Mittwoch	mercredi
Donnerstag	jeudi
Freitag	vendredi
Samstag	samedi
Sonntag	dimanche
morgens	le matin
mittags	à midi
nachmittags	l'après-midi
abends	le soir
heute	aujourd'hui
gestern	hier
morgen	demain
heute Abend	ce soir

Unterkunft

Haben Sie ein Zimmer für ein/zwei Personen?	Avez-vous une chambre pour une/deux personnes?
Badezimmer	salle de bain
Campingplatz	camping
Doppelbett	grand lit
Dusche	douche
Hotel	hôtel
Jugendherberge	auberge de jeunesse
Zelt	tente
Zimmer	chambre
zwei getrennte Betten	deux lits

Öffentliche Verkehrsmittel

Abfahrt	départ
Ankunft	arrivée
Ankunftzeit	heure d'arrivée
Bahnhof	gare
Bahnsteig	quai
Buslinie	ligne d'autobus
Busterminal	gare routière
Fähre	bac
Flug	vol
Flughafen	aéroport
Flugzeug	avion
Hafen	port
Hochgeschwindigkeitszug	TGV (train de grande vitesse)
Ticket (Fernverkehr)	billet
Ticket (Nahverkehr)	ticket
Zug	train

Mit Auto, Fahrrad und Co. unterwegs

Ich möchte ein Fahrrad/Auto mieten.	Je voudrais louer une bicyclette/voiture.
Abschleppdienst	service de dépannage
Ausfahrt	sortie
Auto (Pkw)	voiture
Autobahn	autoroute
Autowerkstatt	garage
Benzin	essence
Bremsen	freins
Diesel	gazole
Fahrrad	vélo, bicyclette
Fahrrad-/Fahrzeugverleih	location de vélo/véhicules
Fahrradweg	piste/voie cyclable
Führerschein	permis de conduire
Kindersitz	siège d'enfant
Kreisverkehr	rond-point
Landstraße	route
Maut	péage
Motorrad	moto
Mountainbike	VTT (vélo tout terrain)
Nationalstraße	route nationale
Parkplatz	parking
Parkscheinautomat	horodateur
Radfahren, Radsport	cyclisme
Reifen	pneu
Tankstelle	station d'essence
Umleitung	déviation
Motorroller	scooter

Bank, Post und Kommunikation

Bank	banque
Brief	lettre
Briefmarken	timbres
Computer	ordinateur
Einschreibebrief	lettre recommandée
E-Mail	courrier électronique
Geldautomat	guichet automatique, distributeur de billets
Handy	portable
Internetcafé	cybercafé
Paket	paquet
Post	poste
Postkarte	carte postale
SMS schreiben	écrire un SMS
Telefonkarte	carte téléphonique
Telefonnummer	numéro de téléphone
Telefonzelle	cabine téléphonique

Krankheit und Notfälle

Apotheke	pharmacie
Arzt	médicin
Bauchschmerzen	mal de ventre
Erste Hilfe	premiers secours
Feuerwehr	pompiers
Kopfschmerzen	mal de tête
Krankenhaus	hôpital/clinique
Krankenwagen	ambulance
Magenschmerzen	maux d'estomac
Polizei	gendarmerie, police
Spritze	injection
Tablette	comprimé
Unfall	accident
Zahnarzt	dentiste
Zahnschmerzen	mal de dents

Reisen mit Kindern

Babynahrung (Glas)	nourriture-bébé
Ball	ballon
feuchte Tücher	lingettes
Fläschchen	biberon
Hochstuhl	chaise haute
Kind	enfant
Kinderbett	lit d'enfant
Kindermenü	menu d'enfant
Kinderspielplatz	terrain de jeux
Kinderteller	plat d'enfant
Kinderwagen	poussette

Lätzchen	bavette
Schnuller	tétine, sucette
Wickelecke	coin bébé
Windeln	couches

Essen und Trinken

Ich hätte gern ...	Je voudrais bien ...
Was können Sie uns empfehlen?	Qu'est-ce que vous nous conseillez?
Es hat gut geschmeckt.	C'était délicieux.
Abendessen	dîner
Apfel	pomme
Apfelsine	orange
Aprikose	abricot
Artischocke	artichaut
Aubergine	aubergine
Auster	huître
Bier	bière
Birne	poire
Bistro	bistro, bistrot
Bohnen	haricots
Branntwein	eau de vie
Brot	pain
Butter	beurre
Ei	œuf
Eis	glace
Ente	canard
Erbsen	petits pois
Erdbeere	fraise
Essig	vinaigre
Fenchel	fenouil
Fisch	poisson
Flasche	bouteille
Fleisch	viande
Frosch	grenouille
Frühstück	petit déjeuner
Gabel	fourchette
Gans	oie
Gemüse	légumes
Gericht	plat
Getränk	boisson
Glas	verre
Gurke	concombre
Hase	lièvre
Himbeere	framboise
Honig	miel
Honigmelone	melon
Huhn	poulet
Hummer	homard
Kaffee, schwarzer	café noir
Kalb	veau
Kaninchen	lapin
Karaffe	carafe, pichet
Kartoffel	pomme de terre
Käse	fromage
Kastanie	marron
Kellner	garçon
Kirsche	cerise
Knoblauch	ail
Kohl	chou
Lachs	saumon
Lamm	agneau
Lauch	poireau
Linsen	lentilles
Löffel	cuillère
Mandel	amande
Marmelade	confiture
Meeresfrüchte	fruits de mer
Messer	couteau
Miesmuschel	moule
Milch	lait
Milchkaffee	café au lait
Mineralwasser (mit/ ohne Kohlensäure)	eau minérale (gazeuse/ plate)
Mittagessen	déjeuner
Möhre	carotte
Nachtisch	dessert
Nuss (Walnuss)	noix
Obst	fruits
Öl	huile
Olive	olive
Paprika	poivron
Petersilie	persil
Pfeffer	poivre

Pfirsich	pêche
Pflaume	prune, pruneau
Pute	dinde
Rechnung	addition
Reis	riz
Reservierung	réservation
Restaurant	restaurant
Rind	bœuf
Rohkost	crudités
Rotwein	vin rouge
Saft	jus
Salat	salade
Salz	sel
Schinken	jambon
Schnecke	escargot
Schokolade	chocolat
Schwein	porc
Sellerie	céleri
Senf	moutarde
Spargel	asperge
Speisekarte	carte
Spinat	épinards
Suppe	soupe
Tagesgericht	plat du jour
Tasse	tasse
Tee	thé
Teller	assiette
Tisch	table
Tomate	tomate
Trinkgeld	pourboire
Vorspeise	entrée
Wassermelone	pastèque
Weintrauben	raisins
Weißwein	vin blanc
Wurst	saucisson
Zitrone	citron
Zucchini	courgette
Zucker	sucre
Zwiebel	oignon

Einkaufen

Wie viel kostet das?	Combien ça coûte?
Nehmen Sie Kreditkarten?	Acceptez-vous des cartes de crédit?
Wo findet man ...?	Où est-ce qu'il se trouve ...?
Haben Sie ...?	Avez-vous ...?
Antiquitäten	antiquités
Bäckerei	boulangerie
bezahlen	payer
Groß-Supermarkt	hypermarché
Kleidergröße	taille
Konditorei	pâtisserie
Laden	magasin
Lebensmittelladen	épicerie
Markt	marché
Markthallen	halles
Metzgerei	boucherie
(für Wurstwaren)	charcuterie
Preis	prix
Supermarkt	supermarché
Trödelmarkt	marché aux puces
Zeitung	journal

Sport und Freizeit

Angeln	pêche
baden	se baigner
Bergsteigen	alpinisme
Bootsanlegeplatz	embarcadère
Bootsausflug	promenade en mer
Bootsverleih	location de bateaux
Fallschirmspringen	parachutisme
Fitnesscenter	salle de gym
Fußball	football
Gezeitentabelle	table des marées
Golf	golf
Kanu	canoë
Paragliding	parapente
Pelota	pelote

Reiten	équitation
Schwimmbad	piscine
schwimmen	nager
Segeln	voile
spazieren	se promener
Sport	sport
Sporthafen	port de plaisance
Strand	plage
Strandsegeln	char à voile
Surfen	surf
Tauchen	plongée
Tennis	tennis
Tischtennis	tennis de table
Tretboot	pédalo
Wanderung	randonnée
Wanderweg	sentier (de randonnée)
Wasserski	ski nautique
Wassersport	sports nautiques

Besuche und Veranstaltungen

Animationsprogramm	programme des animations
Ausstellung	exposition
Blumenpark	parc floral
Botanischer Garten	jardin botanique
Ferienkurse	stages
Fest	fête
Festival	festival
Führung	visite guidée
geöffnet	ouvert
geschlossen	fermé
Haus	maison
Innenstadt	centre ville
Jahrmarkt	foire
Kathedrale	cathédrale
Kino	cinéma
Kirche	église
Kloster	monastère
Konzert	concert
Museum	musée
Öffnungszeit	heure d'ouverture
Parade	défilé
Park	parc, jardin public
Platz	place
Rathaus	hôtel de ville, mairie
Schloss	château
Stadt	ville
Straße	rue
Tanz	danse
Theater	théâtre
Touristeninformation	office de tourisme, syndicat d'initiative
Turnier	tournoi
Viertel	quartier
Vortrag	conférence
Wettbewerb	concours
Zirkus	cirque
Zoo	jardin zoologique

Reise Know-How
Kauderwelsch
Wörterbuch
Schlemmerlexikon
für Gourmets
Französisch - Deutsch
Endlich essen können wie Gott in Frankreich

Register

A

B

C

D

E

F

L

M

Der Autor

Andreas Drouve, Dr. phil., Jahrgang 1964, steht in der Riege der produktivsten deutschsprachigen Reise- und Kulturbuchautoren mit über 100 veröffentlichten Titeln. Er hält sich regelmäßig in Frankreichs Südwesten auf, wo er besonders gern an den langen Stränden joggt, auf Traumstrecken zwischen Küste und Pyrenäenausläufern Rad fährt sowie mit seiner Familie die Naturschutzgebiete durchstreift. Im Reise Know-How Verlag sind von ihm das Reisehandbuch „Nordspanien und der Jakobsweg" und das Buch „KulturSchock Spanien" erschienen.

Drouve arbeitet als freiberuflicher Autor und Journalist und lebt seit vielen Jahren im Gebiet der Vorpyrenäen.

358sf-Autor

Legende zu den Stadtplänen

- Übernachtung
- Essen und Trinken
- Einkaufen
- Nachtleben
- Wassersport
- Touristeninformation
- Sehenswürdigkeit